Das große Karl Valentin Buch

Das große Karl Valentin Buch

Herausgegeben von Michael Schulte

R. Piper & Co. Verlag
München   Zürich

Wir danken folgenden Verlagen und Rechtsinhabern für die Genehmigung zum Abdruck: Kurt Horwitz; Internationaal Literatuur Bureau, Hilversum: Franz Blei; Kiepenheuer und Witsch: Alfred Kerr; Knorr & Hirth: Wilhelm Hausenstein und Tim Klein; Neske: Hans Mayer; Rowohlt: Alfred Polgar und Kurt Tucholsky; Südverlag: Viktor Mann; Suhrkamp: Bertolt Brecht.
Für die Genehmigung zum Abdruck der Illustrationen danken wir Frau Bertl Böheim-Valentin, Herrn Fritz Arnold, dem Bilderdienst des Süddeutschen Verlags und dem Stadtarchiv München.

ISBN 3-492-02018-6
2. Auflage, 21.–40. Tausend 1974
© R. Piper & Co. Verlag, München 1973
Gesetzt aus der Linotype-Garamond
Typographische Gestaltung: Ise Billig und Roswitha Hoffmann
Gesamtherstellung: Graph. Werkstätten Kösel, Kempten
Printed in Germany

1

Ich nehm den Fisch und tu ihn ertränken
Monologe eines gescheiterten Musikclowns (1908–1912)

Erinnerung an die Erste Liebe   10
Das Aquarium   12
Im Gärtnertheater   13
Die Uhr von Loewe   16
Der verlorene Brillantring   17
Der Feuerwehrtrompeter   18
Riesenblödsinn   20
All Heil   22
Ernst Raupach: Der Müller und sein Kind (Auszug)   24

2

Sie ham halt a andre Weltanschauung
Die Zeit mit Liesl Karlstadt (1913–1939)

Viktor Mann: Das Gegenteil eines Opportunisten   27
Alpensängerterzett   27
Sturzflüge im Zuschauerraum   33
Der Maskenball der Tiere (E)   38
Das futuristische Couplet   41
Der Photograph   41
Der Herzog kommt   44
Alfred Kerr: Karl Valentin   52
Kurt Tucholsky: Der Linksdenker   53
Tingeltangel   58
Bertolt Brecht: Karl Valentin   91
Hans Mayer: Karl Valentin   92
Der Weltuntergang   94
Das Christbaumbrettl   96
Liesl Karlstadt: Wie Der Firmling entstand   106
Der Firmling   107
Kurt Horwitz: Erinnerung   116
Großfeuer   119
Hermann Hesse: Ein Abend in den Kammerspielen   136
Kurt Horwitz: Erinnerung   137
Die Raubritter vor München   138
Der reparierte Scheinwerfer   162
Das Brillantfeuerwerk oder ein Sonntag in der Rosenau   172
Im Photoatelier   195
Brief an einen Berliner   210

Inhaltsverzeichnis Hochwasser 210
Zwangsvorstellungen 213
Der Regen 216
Neues vom Starnberger See 217
An Bord 220
Brief an seine Tochter Bertl 232
Wilhelm Hausenstein: Karl Valentin, der große Komiker 234
Der Theaterbesuch 240
Tim Klein: Der Komiker Karl Valentin 251
Karl Valentins Olympia-Besuch 255
Zitherstunde 256
Im Zoologischen Garten 258
Der Hasenbraten 260
Am Heuboden 262
Vereinsrede 263
In der Apotheke 264
Der neue Buchhalter 267
Wo ist meine Brille? 269
Unpolitische Käsrede 272
Der Radfahrer 273
Der Wilddieb (E) 274
Der Umzug 277
Das Derby (E) 288
Semmelnknödeln 291
Die verfluchte Hobelmaschine 293
Alfred Polgar: Karl Valentin 295
Franz Blei: Karl Valentin 297
Vier Anekdoten 298

3
Feld- und Wiesentrommeln
Die Ritterspelunke (1939–1940)

Die alten Volkssänger I (E) 301
Die alten Volkssänger II (E) 310
Ritter Unkenstein 317
Aus guter alter Zeit (E) 342

4
Nein
Die letzten Jahre (1940–1948)
Kurt Horwitz: Erinnerung 354

Hausmeisterseheleute gesucht (E)   357

Die Friedenspfeife   365

Vergeßlich   365

Verein der Katzenfreunde (E)   367

Die Fremden   369

Buchbinder Wanninger   371

Wie heißt der Notenwart?   373

Mozart (E)   376

Pessimistischer Optimismus (E)   379

Alte Volksliedertexte – wieder zeitgemäß (E)   380

Familiensorgen   383

Sie weiß nicht, was sie will (E)   386

Im Jenseits (E)   389

Nein   391

Geschäftsleute (E)   393

Vater und Sohn über den Krieg   395

Zeittafel   399

Original Lichtreklame

(E) = Erstveröffentlichung

Karl Valentin, eigentlich Valentin Ludwig Fey, kommt am 4. Juni 1882 in der Münchener Vorstadt Au zur Welt. Der Vater stammt aus Hessen, die Mutter aus Sachsen. Der Vater, ein gelernter Tapezierer, ist Kompagnon der Möbeltransportfirma Falk & Fey. Valentin absolviert die Volksschule, auf Wunsch des Vaters erlernt er das Schreinerhandwerk. Mit Erfolg besteht er die Gehilfenprüfung. 1902 tritt er in die Münchener Varietéschule ein. Im selben Jahr stirbt der Vater und Valentin übernimmt die Firma, die er 1906 verkauft. Inzwischen hat Valentin einen Musikapparat fertiggestellt, dessen nahezu 20 Instrumente er gleichzeitig bedienen kann. Er nennt sich Charles Fey und geht mit dem Musikapparat auf Deutschlandtournee. Bis nach Berlin. Er hat fast nirgends Erfolg und kehrt völlig mittellos nach München zurück. Etwa 1908 trägt er beim Ba-

1

Ich nehm den Fisch und tu ihn ertränken

Monologe eines gescheiterten Musikclowns (1908–1912)

Karl Valentin vor einem Orchestrion

derwirt den selbstverfaßten Monolog Das Aquarium vor. Er hat unerwarteten Erfolg. Er schreibt Couplets und weitere Monologe. Der Singspielhallenbesitzer des renommierten Frankfurter Hof engagiert Valentin. Schon nach wenigen Auftritten ist Valentin der populärste Komiker Münchens.

Erinnerung an die Erste Liebe

Das nebenstehende – ernstgemeinte – Gedicht schrieb Valentin im Alter von zwanzig Jahren. Es ist möglicherweise Valentins erster literarischer Versuch. Gewidmet ist dieses Gedicht Gisela Royes, die Dienstmädchen im Hause Fey war und 1911 Valentins Frau wurde.

Hier! Du mein liebend Herzlein,
Nimm mein Bild, bewahr es auf!
Denn die Stunden sind gezählet,
Wo unsre Lieb muß hören auf!
Doch zwei gute, edle Freunde
Bleiben wir, wenn Du es willst.
Wenn Dich auch mit wahrem Kosen
Andres Liebesherz umhüllt.
Wenn Du Deine Blicke so
Auf die Vergangenheiten lenkst,
Glaub ich, daß in schwersten Zeiten
Du auch meiner noch gedenkst!
Denn die erste Liebe wird doch,
Sprichwörtlich ist's ja bekannt,
Als die beste ja gezeichnet,
Als die glücklichste genannt!
Wenn wir traumverloren saßen,
So auf laubumschlungner Bank
Und an Deinen süßen Lippen
Ich den Weg zur Liebe fand!
Und Du sahst mir in die Augen,
Sprachst dabei: Ich liebe Dich!
O dieses Wörtlein bleibt bewahret
In meinem Herzen ewiglich.
Und sollten wir mal scheiden müssen
Und brechen unsere Liebelei,
So ist mein Größtes Glück auf Erden
Und meine Lebenslust vorbei.

Gedichtet und Dir gewidmet von
Deinem Dich liebenden VALENTIN.

1890

Valentin geht zur Rosenau

Weil wir grad vom Aquarium redn, ich hab nämlich früher – nicht im Frühjahr – früher in der Sendlinger Straße gwohnt, nicht *in* der Sendlinger Straße, das wär ja lächerbar, *in* der Sendlinger Straße könnt man ja gar nicht wohnen, weil immer die Straßenbahn durchfährt, in den Häusern hab ich gwohnt in der Sendlinger Straße. Nicht in allen Häusern, in einem davon, in dem, das zwischen den andern so drin steckt, ich weiß net, ob Sie das Haus kennen. Und da wohn ich, aber nicht im ganzen Haus, sondern nur im ersten Stock, der ist unterm zweiten Stock und ober dem Parterre, so zwischen drin, und da geht in den zweiten Stock eine Stiege nauf, die geht schon wieder runter auch, die Stiege geht nicht nauf, wir gehn auf die Stiege nauf, man sagt halt so.

Und da hab ich, in dem Wohnzimmer, wo ich schlaf, ich hab ein extra Wohnzimmer, wo ich schlaf, und im Schlafzimmer wohn ich und im Wohnzimmer hab ich zu meinem Privatvergnügen ein Aquarium, das steht so im Eck drin, das paßt auch wunderschön in das Eck hinein.

Die Mutter

Ich hätt ja so ein rundes Aquarium auch haben können, dann wär das Eck halt nicht ausgefüllt. Das ganze Aquarium ist nicht größer als so – *zeigend* – sagn wir, das sind die zwei Glaswände – das sind meine Hände, ich erklärs Ihnen nur, daß Sies besser verstehn – und das sind auch zwei Wände und unten is der Boden, ders Wasser haltet, damits Wasser nicht unten wieder durchläuft, wenn man oben eines hineinschüttet. Wenn der Boden nicht wär, da dürfen Sie oben zehn, zwanzig, dreißig Liter neinschütten, das tät alles wieder unten durchrinnen. Bei einem Vogelhaus ist das ganz etwas anderes.

Der Vater

Bei einem Vogelhaus sind die Wände auch so ähnlich wie bei einem Aquarium, nur sind die beim Vogelhaus nicht aus Glas, sondern aus Draht. Das wär natürlich ein großer Unsinn, wenn das bei einem Aquarium auch so wär, weil dann das Aquarium 's Wasser nicht halten könnt, da rinnets Wasser immer neben dem Draht heraus. Drum is eben alles von der Natur so wunderbar eingrichtet. Ja, und ich hab eben in dem Aquarium Goldfisch drin, und im Vogelhaus hab ich einen Vogel; jetzt hat mich neulich einmal die Dummheit plagt, hab ich die Goldfisch ins Vogelhaus und den Kanarienvogel ins Aquarium getan.

Natürlich sind die Goldfisch im Vogelhaus immer wieder vom Stangl runtergrutscht und der Kanarienvogel wär mir im Aquarium bald ersoffen, dann hab ich wieder die ganze Gschicht beim alten lassen und hab den Vogel wieder ins Vogelhaus und die Goldfisch wieder ins Aquarium getan, wos hingehören.

Jetzt sind die Fisch wieder lustig im Aquarium umherge-
schwommen, zuerst so nüber, dann so nunter, die schwimmen
fast jeden Tag anders. Vorgestern ist mir nun ein Malheur passiert, ich hab gesehn, daß die Fisch mehr Wasser brauchen, und
hab einen Wassereimer voll nachgfüllt, derweil war das zu viel,
jetzt ist das Wasser so hoch – *zeigend* – über das Aquarium her-
ausgstandn, das hab ich aber erst den andern Tag bemerkt, und
ein Goldfisch ist über den Rand nausgschwommen und ist am
Boden nuntergfallen, weil wir in dem Zimmer, wo das Aquarium
steht, habn wir unten einen Boden, und da ist er dann dortglegn,
aber erst, wie ers Falln aufgehört hat.

Jetzt hat aber der Fisch am Boden kein Wasser ghabt, weil wir
so außer im Aquarium habn wir weiter kein Wasser im Zimmer.

Dann hat meine Hausfrau gsagt: »Sie werden sehn, der Fisch
wird am Boden drunt kaputt, es ist das beste, Sie bringen den
Fisch um.« Daß er nicht so lang leiden muß, hab ich mir gedacht,
mitn Hammer erschlagn? Schließlich haust dich aufn Finger,
also erschieß ich ihn. Dann hab ich mir aber gedacht: Schließlich
triffst ihn nicht recht, dann muß er erst recht leiden, da ists
schon gscheiter, hab ich gsagt, ich nehm den Fisch und trag ihn in
die Isar und tu ihn ertränken.

Um 1900

Im Gärtnertheater

Ich weiß nicht mehr genau, war es gestern, oder wars im vierten Stock oben, da bin ich mit meiner Mutter ins Gärtnertheater gegangen. Wir haben zwei Billetten ghabt, eins hab ich
ghabt unds andere sie, und die zwei Billetten haben wir zusam-
mengetan, und mit diesen z w e i Billetten sind wir zu e i n e r
Vorstellung gangen.

Wir hätten uns zuerst bald nicht hinein traut, weil wir glaubt
habn, ins Gärtnertheater dürfen nur die Gärtner hinein, wir
haben aber vorsichtshalber in einem Auskunftsbüro telephonisch
angfragt, und da hats dann gheißen »Ja«, dann waren wir wenigstens sicher, daß wir uns nicht umsonst anzogen habn – weil
wir unanzogn nicht ins Theater hineingangen wären.

Kaum sind wir drin gsessen – is's noch lang net angangen,
da habn wir uns gedacht, jetzt wartn wir schon, bis es angeht,
wenn wir schon positiv das Theaterstück sehen wollen, denn
wegen dem Theaterstück sind wir hauptsächlich hineingangen.

No, wie wir so a halbe Stund drin sitzen, auf einmal – gehts noch nicht an. Ja, habn wir uns gedacht, wir zahln doch nicht fürs noch net angehn.

Auf einmal sind die Musiker hereinkommen, die habn sich gleich vorn an die Bühne hingsetzt, daß sie ja alles recht gut sehn und hörn, die andern Leut, wo zahln unds Jahr vielleicht einmal ins Theater neinkommen, die dürfen sich hint hinsetzen.

Endlich is danns Theaterstück selbst angangen, jetzt das hat uns eigentlich weniger interessiert, weils uns der Vater zu Haus schon erzählt hat, gehn habn wir aber auch nicht gleich wieder wolln, wenn wir schon extra deswegen hergangen sind.

Nach dem ersten Akt ist eine Pause gekommen, während der Pause haben sie überhaupt nicht gspielt, da is der Vorhang runtergangen, dann habn wir nicht mehr gsehn, wies droben weiterspieln. Jetzt habn uns ich und meine Mutter gedacht, jetzt könnten wir eigentlich in den Erfrischungsraum naufgehn, weils uns so heiß war; no, wir sind naufgangen, da habn wir uns gar nicht auskennt droben, da hats Flaschenbier geben, Schokoladebonbons, belegte Brötchen und lauter so Zeugs, und ich und meine Mutter, wir haben uns den Erfrischungsraum so wie ein Brausebad vorgestellt.

No, dann sind wir wieder nuntergangen auf unsere Plätz, ins Parkett, da is uns beim nächsten Akt was Dumms passiert, da habn wir sehn wolln, ob auf der Bühne ein Teppich liegt, drum sind wir aufgestanden von unsere Sitz, derweil schreins hinter uns »Setzen«; wie wir uns niedersetzen wolln, haben wir keine Sessel mehr, habns uns in diesem Moment d'Sessel gstohlen.

Jetzt habn uns ich und meine Mutter, bis der Akt aus war, in der Kniebeuge so hinbuckln müssen, wissens, wie uns d'Haxn weh getan habn; erst wie der Akt gar gewesen ist und wie das Theater heller wurde, sind wir auch heller worn, da sind wir draufgekommen, daß die Sitz bloß so naufgeschnappt sind.

Nach dem vierten Akt wars dann beim Schluß gar, jetzt hats uns erst intressiert, wie das Theaterstück heißt, wo wir grad gsehen habn. Wir habn schon einen Theaterzettel dabei ghabt, aber den alten, vom Hoftheater einen, aus Lohengrün, den habn wir uns nur mitgenommen, daß wir uns im Gärtnertheater nicht extra einen kaufen müssen, drum hat nix gstimmt drauf, weil das Stück, wo wir grad gsehen habn, hat der Herr neben uns gsagt, heißt Bruder Straubinger. Drum ist auch kein Schwan dahergekommen, anstatt dem Schwan ist eben dann der Bruder kommen, der Straubinger. – Wir wärn dann schon noch sitzen blieben, aber die andern Leut sind schon alle drauß gwesen, haben wir uns denkt, gehn wir auch, und weil wir so müd warn, wärn wir gleich gefahren, weil grad wie wir zum Theater naus sind, is a Auto drauß gstanden – drauß gstanden sind ja mehr, jetzt wir wärn bloß mit einem gefahrn, weil wir nicht mehr Geld dabeighabt haben.

Wie wir an das Auto hinkommen, fragt der Chauffeur, wo wir hinfahren wolln – da sind wir nicht gfahren, grad weil er so neugierig gewesen ist, und zweitens hätt sichs Fahren bei uns so nicht recht rentiert, weil wir gleich vis-à-vis vom Theater wohnen.

No, dann sind wir heim und ins Bett gegangen, d. h. nicht gegangen, sondern hineingestiegen, weil wir vom Zimmer bis zum Bett nicht gar so weit zum gehen haben.

Wir haben die ganze Nacht geschlafen, wie wir in der Früh aufwachen, hat uns die ganze Nacht vom Theaterstück geträumt, habn wir das ganze Theaterstück im Bett gsehn, wissens, wie uns das Geld gereut hat für die zwei Billetten, wir haben uns aber verschworen, daß wir nie mehr ins Gärtnertheater gehen, außer wir sind den Tag vorher im Bett gelegen.

Mit der Mutter

Gestatte mir, Ihnen die Ballade Die Uhr von Loewe vorzutragen mit Zitherbegleitung. Ich begleite mich selbst. Gott sei Dank kann ich mich selbst begleiten. Neulich hab ich mich selbst nach Hause begleitet, das hat furchtbar dumm ausgschaut, wie ich so allein neben mir gegangen bin. – Die Uhr von Loewe – aber die Hauptsache is eben, daß man sich selbst begleiten kann, da bin ich meinem Vater noch dankbar, daß er mich so streng musikalisch erzogen hat. Ich hab als Kind zu Haus nur mit der Stimmgabel essen dürfen, gschlagen hat mich mein Vater nach Noten. – 's Schönste war, wie mir mei Vater 's Zitherspieln lernen hat lassen, da hat er mir eine ganz alte Zither gekauft, bei einem Tändler um zwei Mark, auf dieser Zither war keine einzige Saiten mehr drauf, also nicht amal a einzige, aber mei Vater hat gsagt, zum Lernen tuts die auch. – Die Uhr von Loewe. Ich schicke voraus, daß der Loewe kein Uhrmacher war, sondern Komponist. Die Uhr von Loewe. Sehn Sie, weil wir grad von einer Uhr reden, mein Urgroßvater, der lebt nämlich noch, und dem habns vor vierzehn Tag d'Uhr gstohln, und durch den Diebstahl is er jetzt wieder jünger geworden, denn jetzt is er wieder Großvater. – Die Uhr von Loewe. Ich hab auch amal was Dummes erlebt mit einer Uhr. Da hab ich mir bei einem Uhrmacher eine Taschenuhr gekauft, mit dieser Uhr bin ich drei Wochen rumgelaufen und hab nicht gewußt, wieviel Uhr daß is, weil kein Zifferblatt dran war und keine Zeiger, koane Zeiger, keine Zoager net, und das ist doch die Hauptsach von einer Uhr. Aus lauter Wut, weil ich mich mit dieser Uhr nicht ausgekannt hab, hab ich die Taschenuhr an d'Wand hingschmissen, hab ich mir gedacht, vielleicht wird dann wenigstens eine Wanduhr draus, daweil hab ichs zu tausend Scherbn gschmissen, und unter die Scherben hab ich rausgefunden, daß ein Zifferblatt dabei war und Zeiger auch, aber jedenfalls war das innen drin. Dann bin ich aber sofort zu dem Uhrmacher hin und hab ihm alles gsagt. Ja, sagt der, da hätten Sie doch bloß den Sprungdeckel aufmachen solln. So, sag ich, das sagen Sie mir jetzt, weil ich die Uhr daworfen hab. – Die Uhr von Loewe. Und über den Uhrmacher, sehns, da hab ich heut noch eine Wut, weil er mir das nicht gsagt hat mit dem Sprungdeckel. Dann hab ich mir aus Rache bei ihm eine wirkliche Wanduhr gekauft, so a altmodische mit Ketten und Perpendickel, hab mir mit einem Hammer einen kleinen Nagel in die Brust geschlagen und die Uhr hingehängt. Ich sag Ihnen, da wäre ich bald wahnsinnig geworden. Wie ich das erste Mal mit dieser Wanduhr spazieren gegangen bin, sind mir immer die

Gewichte zwischen d'Füß neinkommen – und der Nagel hat mir weh getan. – Die Uhr von Loewe: Ich trage, wo ich gehe, stets eine Uhr bei mir, wie viel ... Sehns, wenn mans richtig nimmt, paßt eigentlich diese Ballade gar nicht für Zitherbegleitung, weil es heißt, ich trage, wo ich gehe, stets eine Uhr bei mir, ich geh aber jetzt nicht, ich sitz ja, und zweitens hab ich gar keine Uhr, die hab ich versetzt.

Hochgeehrtes Auditorium – nachdem ich unterm Zitherspielen nicht gehen kann und außerdem meine Uhr versetzt hab, ist es mir leider nicht möglich, Ihnen die Uhr von Loewe zum Vortrag zu bringen.

Trotzdem ich zwei Jahre beim Militär gedient habe, hab ich vor acht Tag meinen Brillantring verlorn. Den Ring kann ich halt gar nicht vergessen, denn jedes Mal, wenn ich da herschau, wo ich immer hingschaut hab, muß ich gleich wegschaun. Also der Ring war einzig – erstens schon aus dem Grund, weil ich bloß den einzigen ghabt hab ... Ein Feuer hat der Ring ghabt – wegen dem Ring is scho amal d'Feuerwehr ausgruckt. Blitzt hat der Ring, wie der Blitz. Dem Ring hat nur mehr das Donnern gfehlt, dann wärs direkt ein Donnerwetterring gwesen. – Einer hat sogar einmal zu mir gsagt: »Donnerwetter, ham Sie an schönen Ring.« – Wie das gegangen is, daß ich den Ring verloren hab, is mir heut noch ein Rätsel, denn acht Tag vorher hab ich ihn doch noch ghabt; also hat der Ring neun Tag gebraucht, bis er verlorengegangen is. Mir liegt ja weniger an dem Ring, aber was tu ich jetzt mit dem blausamtenen Etui, da hat der Ring so schön neipaßt. Wer weiß, ob ich wieder so einen Ring krieg, der wo so schön da neipaßt wie der. Aber mei, jetzt is er schon fort, jetzt kann ma nix mehr ändern. Ja freilich, einmal hab ich ihn schon ändern lassn beim Goldarbeiter, da hab ich den Ring weiter machen lassen, weil er mir immer vom Finger runtergfallen is. Der Goldarbeiter hat ihn aber gleich wieder so weit gmacht, daßn mei Frau als Armreif tragn hat könna. Durch das is er wieder verlorngegangen. – Wissen Sie, ich hätt den Ring schon wiederbekommen, wenn ich gleich eine Annonce aufgegeben hätt in der Zeitung, aber jetzt is auch schon wieder acht Tag her, jetzt weiß ich nicht mehr genau, wie der Ring ausgschaut hat; ich weiß bloß noch, daß er in der Mittn a Loch ghabt hat, wo man den Finger durchsteckt und daß er 50 Mark kost hat.

Der verlorene Brillantring

Aber mein Gott, solche Ring gibts halt mehr auf der Welt. Eigentlich bin ich froh, daß ich den Ring verlorn hab, wie leicht hätts sein können, daß er mir amal gstohln wordn wär.

Kreuzsakra, könnt ich da nervös werdn mit der saudummen Fragerei! Sooft wir Feuerwehrleut in Uniform auf der Straßn gehn, fragt jeder Mensch: »Wo brennts denn?« Das ist doch zu dumm, dann müßte man doch einen Polizisten auch fragen: »Wer hat denn da was gstohln, Herr Polizist?« Überhaupt, was für dumme Leut es gibt, das ist nicht zu glauben. – Es gibt tatsächlich Leut, die können keinen Trompeter von einem Feuerwehrmann unterscheiden. Ich bin doch ein Trompeter – das heißt – ich bin schon ein Feuerwehrmann, aber ich bin eigentlich kein direkter Feuerwehrmann, der wo es direkt mit dem Feuer zu tun hat, ich muß natürlich schon dabeisein beim Feuer – nur brauch ich nicht spritzen, sondern ich muß blasen, damit der andere spritzen kann; denn wenn ich nicht blas, dann kann der andere nicht spritzen, das heißt, können tut er ja schon, aber dürfen tut er nicht – ich darf ja auch nicht blasen, wenn ich will, ich häng wieder vom Kommandanten ab; der schafft mir an, wenn ich blasen muß; schafft mir der Kommandant nix an, dann darf ich auch nicht blasen, und wenn ich nicht blas, darf der andere nicht spritzen, und wenn der nicht spritzt, verbrennt das Haus.

Drum ist die Hauptsache von der ganzen Feuerwehr der Kommandant, und ich bin der Trompeter, und darum ärgert mich das so furchtbar, wenn mich die Leut immer für einen Feuerwehrmann anschaun. Bei dem letzten Brand bin ich auch wieder verwechselt worden. Wir stehn vor dem brennenden Haus am Brandplatz, auf einmal kommt eine Frau aus dem brennenden Haus herausgestürzt und rennt ausgerechnet auf mich zu und sagt: »Bittschön, Herr Feuerwehrmann, holen Sie mir mein kleines Kind herunter vom fünften Stock, das liegt in der Wiegn drinnen und muß sonst verbrennen.« – »Liebe Frau«, hab ich gesagt, »das geht mich nichts an, das müssen Sie dem Feuerwehrmann sagen, ich bin der Trompeter; aber daß Sie sehen, daß ich auch tue, was in meinen Kräften steht: Blasen tu ich Ihrem Kind schon, daß es runterkommen soll.«

Ja, ja, die Sach ist nicht so einfach, wie Sie sich die Blaserei vorstellen, die vielen Signale, wo ich im Kopf haben muß! Viel

Signale haben wir eigentlich nicht, nur zwei, aber von diesen zwei Signalen hängt alles ab. Sehn Sie, Sie werden das ja nicht begreifen, weil Sie ja selbst keine Feuerwehr sind. Das erste Signal, Nr. 1, heißt: Zum Angriff! Signal Nr. 2 heißt: Gefahr vorüber – abrücken! Stellens Ihnen vor, was das für eine Sauerei gibt, wenn ich die zwei Signale verwechsle und statt Zum Angriff! – Gefahr vorüber! blas.

Ja, das ist nicht so einfach, das muß alles gelernt sein. Mein Gott, wenn ich an meine Lehrzeit denk, wie ich die Feuerwehrerei glernt hab, da grausts mir heut noch. Wissen Sie, ich hab auch, offen gestanden, nichts lernen können, weils grad ausgerechnet die drei Jahr, wo ich in die Lehr gangen bin, nirgends brennt hat, und selber haben wir nichts anzünden wolln, wegen dem Verdruß von den Leuten.

Ich wär überhaupt kein Feuerwehrmann geworden, aber das war so: Mein Vater, der war dreißig Jahr dabei, dann war die Uniform da, dann hab ich mir denkt, wirst halt auch einer. Passen tut mir alles bis auf den Helmriemen, der ist mir zu weit, weil mein Vater so einen großen Kropf ghabt hat. – Ich könnt ihn schon kürzer machen lassen, aber schließlich krieg ich auch einmal einen Kropf, dann hört die Abänderei nicht auf – lieber wart ich, bis ich auch einen Kropf krieg. Ja, mein Vater war bei der Berufsfeuerwehr, der hat immer die Leiter betreiben müssen, die wo so naufgeht, der war Betriebsleiter.

Wissen Sie, wir haben zweierlei Feuerwehr; es gibt eine freiwillige Feuerwehr und eine Berufsfeuerwehr. – Jetzt, wir in unserem Dorf, wir haben nur eine freiwillige Feuerwehr, zehn Mann und die Spritze. Den größten Brand, wo ich mitgemacht hab, das war damals, wie unser Dorf abbrennt ist. Heut sind es grad sechs Jahr, das war groß! Fünfzig Meter breit und sechzig Meter hoch, zweiundsechzig Meter darf man sagen, ganz genau habn wirs nicht abmessn können, weils immer so hinaufgschwänzlt ist.

Ja, das Feuer wär nicht so groß geworden, wenn wir es gleich bemerkt hätten, aber erstens ist es bei der Nacht auskommen und unser Dorf ist so schlecht beleuchtet gwesen, daß wir nicht einmal das Feuer gsehn habn. Zweitens hat der Turmwächter grad in dieser Nacht Ausgang ghabt. Am dritten Tag haben wir es erst gemerkt, daß das halbe Dorf lichterloh gebrannt hat.

Dann sind wir erst ausgrückt. Wie wir an das Spritzenhaus hinkommen, sehen wir zum größten Unglück, daß das Spritzenhaus selber schon abbrennt ist; jetzt hat der Kommandant sofort zum Baumeister hinübergschickt, er soll so schnell wie möglich ein neues Spritzenhaus bauen, daß wir wenigstens die Spritzn rausfahrn können. – Zu uns hat er gsagt, wir sollen einstweilen löschen, so gut als es geht. »Ja, mit was denn?« haben wir gsagt. »Im Winter, wo das ganze Wasser eingfroren ist!« Jetzt haben wir schnell ein paar Zentner Schnee gekocht, daß wir Wasser bekommen haben zum Löschen. Das gekochte Wasser war aber so heiß, daß wir uns die Finger verbrannt haben beim Spritzen. Nach zehn Minuten ist Wassernot eingetreten, da hat der Herr Apotheker in liebenswürdiger Weise zehn Flaschen Mineralwasser gespendet, das war natürlich gleich verspritzt. – Die Wassernot war so groß, daß zwei Feuerwehrmänner mit einer Kinderbadewanne zum Dorfschuster hinunter gangen sind, der wo schon sechs Jahre die Wassersucht hat; den habens ersucht, ob er nicht mit ein paar Maß Wasser aushelfen könnt, sonst ist das ganze Dorf beim Teufel.

Auf einmal ist doch ein anderer Wind kommen, und das Feuer hat aufghört am Abend, und seit dieser Zeit haben wir zur Erinnerung an das große Feuer alle Abend – Feierabend.

Riesenblödsinn

Gestatte mir, Ihnen ein Lied mit Gesang zum Vortrag zu bringen, ich hab nämlich a wunderbare Stimm, ich habe das Singen gelernt auf einer Maschine, auf einer Singermaschine, ich hab bis neunzehn Jahre einen wunderbaren Tenor gehabt, mit zwanzig Jahren hab ich an Baß bekommen, einen Reisepaß.
Vorspiel auf der Gitarre.

Also ein Lied mit Gesang! Jetzt fällt mir der Anfang nicht ein von dem Lied, das ist mir aber peinlich, daheim hab ichs großartig können, aber ich kann doch jetzt nicht extra heimgehen, an Schluß weiß ich schon, aber wenn ich mitn Schluß anfang, werd ich zu früh fertig – fällt mir nicht ein – dann erzähl ich Ihnen daweil was, bis mir das Lied einfällt.

Sehn Sie, die Gitarre da, das ist noch ein Andenken von meinem Großvater, denn diese Gitarre hab ich mir vor vierzehn Tagen gekauft, aber nicht auf einmal, sondern so stückweise, zuerst hab ich mir das billige Zeug dazu gekauft, das Loch hier! Da hab ich eine Mordslauferei ghabt, bis ich das Loch bekommen hab, ich bin zu einem Instrumentenmacher gegangen und hab gsagt: Bitte, habn Sie ein Loch? – Ja, sagt er, zu was brauchen Sie denn ein Loch? – Sag ich: für meine Gitarre. – Nein, sagt er, ein solches hab ich leider nicht! – Dann hab ich mir ein Ofenrohr gekauft, hab das Loch von dem Ofenrohr weggerissen und ich hab dadurch ein Loch bekommen, dann hab ich um das Loch Bretter machen lassen, dazu einen Saitenhals, hab Saiten drangspannt und die Guitarre war fertig. Zum Aufziehen der sechs Saiten hab ich zwei Tag gebraucht, denn ich hab die Saiten in die Schraubwirbel nei gsteckt – habs Drehen angefangen, aber ich hab vergessen, daß ich die Saiten unten nicht angefügt hab. Durch dieses Untennichtangefügtsein haben sich die Saiten immer auf den – na, das verstehn Sie ja doch nicht, wenn Sie noch nie im Leben eine Gitarre gsehn habn, für die Gitarre hab ich einen Sack machen lassen, aus Wachsleinwand – der Sack is immer größer und größer worn, weil er aus Wachsleinwand war ...

Also ein Lied:

In einem kühlen Grunde, da geht ein Mühlenrad!

Mein Liebchen ist verschwunden, das dort gewohnet hat.

Sehn Sie, das ist ein schönes altes Lied, aber ich find das furchtbar blöd. Des müassns Ihnen amal genau überlegen, des kummt doch in dem Lied grad so raus, als wenn das Liebchen – also mir is ja ganz wurscht, wo die gwohnt hat – von mir aus kann ja das Liebchen wohnen, wos mag – aber dem Lied nach hat die unbedingt in dem Mühlenrad gwohnt, wie gsagt von mir aus kann die wohnen, wos mag, aber wenn das Liebchen wirklich in dem Mühlenrad gwohnt hat, dann hat das Mädel noch koa ruhige Stund ghabt! Es gibt ja noch so Lieder – da hab ich amal einen singen hören, der is auf der Bühne gstanden und hat gsungen: Ob du mich liebst, hab ich den Wind gefragt! An Wind muaß er fragn, er solls doch glei selber fragn, der Gletzenkopf, der kann sichs do denken, daß er eine windige Antwort kriagt! Einen noch größeren Blödsinn hab ich in einem Theater singen hören, bei der Operette – ich weiß nicht mehr, wie es heißt, da kommt das schöne Lied vor: Und der Himmel hängt voller Geigen, also das tät ich mir noch gfalln lassn, daß der Himmel voller Geigen hängt – aber den möcht ich kennen, der wo die vielen Nägel in Himmel neigschlagn hat, wo die Geigen alle dran hängen!

Na, da sehn Sie doch ganz deutlich,
hochverehrtes Publikum,
nichts als Blödsinn, Blödsinn, Blödsinn,
nehmens mir die Sach nicht krumm!

*Der Vortragende
soll auffallend
schlank gewachsen
sein*

Wenn man es eigentlich richtig nimmt, ist das Radfahren eine große Dummheit. – Ich zum Beispiel würde überhaupt nicht radfahren, aber mir hat es der Doktor verordnet. »Sie müssen Bewegung haben, sonst werden Sie zu fett«, hat er gsagt. Fett bin ich eigentlich gar nicht, ich bin nur leichtsinnig. Wie oft bin ich schon auf d'Nacht ohne Glocke ausgfahrn, nicht amal a Licht hab ich dabei ghabt. Auf d'Nacht fahr ich nämlich nie ohne Licht aus – bei Tag weniger, außerdem es wird recht früh Nacht wie im Winter zum Beispiel. Und im Winter fahr ich überhaupt nicht. Malheur hab ich schon ghabt mit der Radlerei und immer fahr i wieder. Erst kürzlich bin ich mit meim Radl unter ein Automobil neinkommen. Da hab ich ein Mordsglück ghabt: der Chauffeur war nämlich a guata Freund von mir – hat mich gleich erkannt, wia ich dahergfahrn bin und hat deswegn natürlich sofort bremst, sonst wär ich sicher kaputt gwesn. Darum sage ich, ich gib die ganze Radfahrerei noch auf; aber bevor ich mei Radl einem andern verkauf, fahr ich doch lieber selber, und mir tut das Radfahren gut. Ein jeder kanns net vertragn – da muß man gut beinand sein, vor allem gsund auf der Brust. *Hustet verdächtig.* Jetzt, ich halt was auf mei Gsundheit, ich leb auch danach. Bei mir heißts in der Früh um 11 Uhr raus ausm Bett, a paar guate Zigarrn graucht, z'Mittag a paar Regensburger in Essig und Öl – recht sauer, des macht Blut. Nachmittags a kleine Radtour nach Holzkirchen, aber gemütlich 40 km. Wenn man dann so erhitzt am Ziel angelangt ist, net gleich in a warms Lokal neisetzen, nein, zuerst im Hausgang stehn bleibn, wos recht zieht, und wenns einm dann friert, dann a frische Maß Bier nunterstürzen und a Stückl Brot danach essen – da kann einem nix passiern. Nur auf diese Weise bekommt man ein kräftiges, blühendes Aussehen. Schauns mich an – ich treib das schon wochenlang. A paar Freund vor mir habn diesen Rat auch befolgt – denen fehlt jetzt nix mehr. – Verunglückt bin ich auch schon. Beim letzten Rennen hab ich einen Nabelbruch erlitten, an Gabelbruch wollt ich sagn; seit dieser Zeit hab ich die Rennerei satt. In meinem Leben mach ich kein Radrennen mehr mit. Zu meiner Schande muß ich gestehen, daß ich bei jedem Rennen der letzte war; da war aber nicht ich schuld, da warn die andern schuld, weil mir die immer vorgfahrn sind. Schauns, der wo den ersten Preis gmacht hat, der Mann is krank – der leidet an Verfolgungswahn, der bildet sich bei jedem Rennen ein, der zweite fahrt ihm immer nach; natürlich fährt er dann wie wahnsinnig dahin, dann muß er doch der erste werdn. Jeder kann ja auch nicht der erste

sein, das soll bei einem richtigen Rennen gar nicht vorkommen – das hätte auch gar keinen Sinn. – A paarmal hab ich einen Schrittmacher gmacht, aber da ham s' mich net brauchen können, weil ich zu wenig Luft verdrängt hab. – Was Interessantes muß ich Ihnen noch erzähln. Ich bin doch der Vorstand vom Radlerclub D'Windhund, und neulich ham wir von der Fabrik für unsern Club eine neue Standarte kriegt. Eine wunderschöne Standarte! Und in diese Standarte war mit goldenen Buchstaben der schöne Spruch hineingestickt: Der Mensch denkt und Gott lenkt. Einige Sekunden besann ich mich grübelnd und nachdenklich über dieses Symbol der Velozipedistik. Stillschweigend nahm ich mein Rad, verließ den Club, setzte mich auf meine Maschine, verschränkte die Arme ineinander, die Nase stolz zum Himmel gerichtet, und fuhr eben dahin, ohne zu lenken. Nach fünf Meter Fahrt schleuderte es mich gegen ein Hauseck, und ich lag unschwer verwundet am Boden. Ich stand zerknirscht auf, setzte mich wieder auf mein Rad, und seit dieser Zeit lenke ich wieder selbst. – Die Radfahrerei betreib ich schon seit meiner Jugend. Als ich kaum ein Kind von 19 Jahren war, beschloß ich, mit meinem Dreirad nach Nürnberg zu fahren. Pro Stunde leistete dieses Veloziped 4 km, und ich dachte, bei gutem Rückenwind in 9 Tagen in Nürnberg einzutreffen. Ich konnte damals erst übermorgen starten, denn der Abschied von meinen Eltern dauerte einen Tag, der von meiner Braut – eine Nacht. Keine Behörde, kein Bürgermeister, nur ich selbst hatte mich am Startplatz eingefunden. Das Wetter war herrlich – fast schön. Leise Winde durchhuschten die Speichen meiner Überlandmaschine. Ein kühner Sprung auf das Stahlroß, noch ein Rückblick auf die Heimat, und mein Vehikel durchschnitt die Atmosphäre. Nach einer halben Stunde rasender Fahrt kehrte ich zum erstenmal ein. Da ich mein Rad auf dieser langen Fahrt voraussichtlich beim Einkehren immer allein auf der Straße stehen lassen mußte, habe ich vorsichtshalber ein großes Blechschild angebracht: Bitte nicht stehlen! Und so war ich wenigstens vor einem eventuellen Diebstahl sicher, und frisch gestärkt ging die Fahrt fortwährend hurtig weiter. – All Heil!

Einmal jährlich ging Karl Valentin – als Zuschauer – ins Theater, und zwar regelmäßig zu Allerseelen, wenn im Volkstheater Ernst Raupachs Schauerdrama Der Müller und sein Kind gegeben wurde. Nicht etwa, daß sich Valentin über diesen prachtvollen Kitsch amüsiert hätte, er nahm alles ernst und war sichtlich gerührt. Der Müller und sein Kind, das einzige Raupach-Werk, das seinen Verfasser überlebte, ist eine Synthese von Schicksalsdrama und sentimentalem Volksstück. Der arme Müllersbursch möchte die reiche Müllerstochter heiraten; deren Vater, verwitwet, bösartig und geizig, schikaniert die Liebenden auf die niederträchtigste Weise. Totenvogel und Friedhofsspuk künden das nahe Ende des grausigen Müllers und seiner unschuldigen Tochter.

Um einen genaueren Eindruck von Valentins Lieblingsdrama zu vermitteln, sei hier eine Szene aus dem 4. Akt abgedruckt. Der von Todesahnung gezeichnete Müller Reinhold hat beschlossen, sein Gold im Garten zu vergraben, um seine Tochter Marie und deren Liebhaber Konrad um das Erbe zu bringen. Konrad schleicht zur selben Stunde in denselben Garten. Er möchte Marie ein letztes Mal sehen und dann sein Heimatdorf verlassen.

Auszug

Im Garten des Müllers. Es ist Nacht.

KONRAD *für sich* Die Lampe brennt noch; sie ist noch auf. Aber sehen kann ich sie doch nicht – ich kann sie nicht mehr sehen. Ihren Schatten habe ich gesehen und ihm alles abgebeten und Lebewohl gesagt.

REINHOLD *der schon außerstande ist, zu graben* Frisch! – frisch! – Der Tod könnte jetzt kommen – dann fänden sie mein schönes Gold. – Frisch! – frisch! *Er will wieder graben, das Grabscheit entfällt ihm.*

KONRAD *aufmerksam gemacht* Was ist das? *Er erblickt den Müller, eilt auf ihn zu und faßt ihn.* Wer –?

REINHOLD *schreiend* Der Tod! der Tod! *Er sinkt zusammen.*

KONRAD *mit ihm beschäftigt* Hilf, Gott! Es ist der Alte. *Rufend nach der Linken* Hilfe! Hilfe! Hilfe! – Wie kommt er hierher? Er stirbt mir unter den Händen. *Rufend* Zu Hilfe! zu Hilfe! *Er findet die Geldsäcke.* Geld? Gott im Himmel, er wollte hier sein Geld vergraben, sich auch um die Ruhe in der Erde bringen. *Rufend* Helft! helft! helft! *Zwei Müllersburschen kommen eiligst von der Linken.*

BURSCHE Was ist? Wer ruft?

KONRAD Der Meister. – – – Kommt! kommt! Er stirbt.

EIN BURSCHE Was, der Meister? Und hier? *Sie treten beide hinzu und beschäftigen sich mit Reinhold. Marie kommt von der Linken.*

MARIE Um Gottes willen, was geschieht?

EIN BURSCHE Der Meister stirbt.

MARIE Mein Vater?

KONRAD Vorbei. Tot.

MARIE Konrad? Fort! Abscheulicher Mörder!

KONRAD *zurückschreckend* Kain! Kain! *Er entflieht nach der Rechten. Marie sinkt bei Reinhold nieder.*

Als Artist

2

Sie ham
halt a andre
Weltanschauung

*Die Zeit
mit Liesl Karlstadt
(1913–1939)*

Im Frankfurter Hof tritt 1912 ein Singspielensemble auf, dem eine schmächtige Soubrette angehört. Valentin rät ihr, ins komische Fach zu wechseln. Doch Elisabeth Wellano, die bald unter dem Pseudonym Liesl Karlstadt berühmt werden soll, lehnt ab. Nach kurzer Zeit löst sich das Singspielensemble auf, und die Wellano schließt sich einer etwas obskuren Truppe an, die eine Europatournee vorbereitet. Allerdings verläßt sie bald wieder diese Truppe, denn Valentin schildert der jungen Soubrette die Gefahren einer solchen Tournee, die möglicherweise einen Mädchenhandel vertuschen soll, in derart schaurigen Farben, daß sie es doch vorzieht, in München zu bleiben und Valentins Partnerin zu werden. 1913 treten sie in dem parodistischen Sketch Das Alpensängerterzett erstmals gemeinsam auf.

Mit Liesl Karlstadt

Nahezu ein viertel Jahrhundert lang bleiben Valentin und Liesl Karlstadt Bühnenpartner. Gastspielreisen führen sie nach Zürich, Wien und immer wieder Berlin. Valentin schreibt seine besten Stücke. Während der Aufführung hält er sich nie streng ans Manuskript. Er improvisiert immer.

Zahlreiche Filme entstehen.

Trotz seiner enormen Erfolge besteht Valentin auf der Ansicht, er sei Münchener Volkssänger, weiter nichts. Aber Tucholsky, Kerr, Hausenstein, Polgar, Brecht u. a. erkennen seine wahre Größe und schreiben über ihn.

Ich konnte schon damals die Opportunisten nicht leiden, die den schlechten Instinkten oder dem schlechten Geschmack des Volkes schmeichelten. Sie waren es dann auch, die bald nach der ersten Katastrophe mit pfiffigen Bauerngesichtern die Republik verhöhnten, Lustiges vom lieben alten Militär erzählten und schon lange vor 1933 offene Propagandisten Hitlers wurden.

Ihr absolutes Gegenteil bedeutete Karl Valentin, der Einmalige und Unvergeßliche. 1911 sah ich ihn zum erstenmal auftreten. Heinrich hatte mir schon vorher von ihm erzählt, und ich war sofort von dieser skurril-philosophischen Komik tief beeindruckt.

Valentin witzelte niemandem nach dem Munde und hielt dem Volk in allem grotesken Unsinn einen Narrenspiegel vor. Er war der Hofnarr des Volkes, und seine bald ungeheure Popularität bewies, daß der dummschlaue Opportunismus der anderen nicht Vorbedingung des Erfolges war.

Die Münchener Studenten gehörten zu den ersten und treuesten Anhängern Karl Valentins.

Viktor Mann
Das Gegenteil
eines
Opportunisten

ALLE DREI

    Grüß Gott, grüß Gott mit hellem Klang,
    Heil deutschem Lied und Sang.

DER VATER

    Mei Schatzerl hoaßt Nannerl,
    Hat schneeweiße Zahnerl,
    Hat kohlschwarze Knia,
    Aber gsehng hab is nia.

ALLE DREI

    Hat kohlschwarze Knia,
    Aber gsehng hat ers nia.

Es folgt ein Jodler.

DER SOHN Du kimmst, Vater!

DER VATER I woaß scho! *Er singt*
    Zwischen Bergen, die voll Schnee, duljö,
    Duljö, duljö, duljö, hoho,
    Liegt a himmelblauer See!

DER SOHN Der Vater is allaweil no verschleimt!

ALLE DREI

    Almarausch, Almarausch, bist a schöns Bläamerl!
    Almarausch, Almarausch, blüaht so schö rot!

Alpensängerterzett
*Karl Valentin
spielt den Sohn,
Liesl Karlstadt
die Tochter*

Es klopft dreimal.

DER SOHN Was schlagt denn da drauß auf dem Tannabaum?

DER VATER *und* DIE TOCHTER *antworten*

> Was hör i die ganze Nacht schrein (Kikeriki),
> Was muß denn des nur für a Vogerl sei,
> Des kann doch koa Nachtigall sei.
> Naa, naa, mei Bua, des is koa Nachtigall,
> Naa, naa, mei Bua, des derfst net glaubn.
> A Nachtigall schlagt auf koan Tannabaum,
> De schlagt auf ara Haselnußstaudn.

DIE TOCHTER

> Und der Vater hat neulich der Dirn
> A Birn aufigworfa aufs Hirn,
> Jetzt tuat der Dirn
> 's Hirn weh von der Birn.
> Denn a so a Birn
> Gspürt ma auf der Stirn,
> Drum wirft der Vater der Dirn
> Koa oanzige Birn mehr aufs Hirn.

Als Einlage ein Foxtrott.

DER SOHN *singt wieder*

> I bin a Steyrer-Bua,
> I hab a Kernnatur –

DER VATER A Hundsbua bist, daß das woaßt!

DER SOHN Wer is a Hundsbua? *Er springt auf und zieht sein Messer.*

DER VATER Schamst di net vor dein alten Vatern? Glei spielst weiter!

DER SOHN Alt bist net, aber schierli. Oan spiel i no, na mag i nimmer! *Er setzt sich wieder.*

ALLE DREI *singen*

> Im schönen Isartal
> Tönt muntrer Büchsenknall,
> In Tölz, da is a Schiaßats heut,
> Das freut uns allemal.
> Drum packts an Stutzn an,
> Wer zieln und treffn kann,
> Mit frischem Mut,
> An Strauß am Hut,
> So liebts das Schützenblut.
> Frisch, flott und stramm im Takt,
> Die Gschicht gleich angepackt,

D'Musikanten fesch voran,
Da blast a jeder, was er kann,
Alles nur »Juhe« schreit
Vor lauter Lustbarkeit.
Duljö, duljö, duljö, duljö,
Des is a wahre Freud!

Ja, ja, ja, ja, des is a Freud, a Freud, a Freud, a Freud! . . .

Sie finden keinen Schluß mehr, bis der Sohn aufhört und das nächste Lied ansagt.

DER SOHN Als zweites kommt das schöne Lied 's Edelweiß, gsungen von der Berger Vroni – unserer Tochter! *Er läutet mit der vor ihm stehenden Handglocke.*

DER VATER M e i n e r Tochter!

DER SOHN Die ghört scho dei, die nimmt dir neamd! *Er läutet wieder. Die Tochter tritt mit einem künstlichen Edelweiß an überlangem Stengel vor.*

DER VATER Stell dich doch weiter vor!

DIE TOCHTER Was?

DER SOHN Weiter vor stelln sollst di! – Möchtst es net hint im Rückgebäud singa?

Die Tochter dreht sich um und geht rückwärts zur Rampe.

DER SOHN Drah di do um! Mechtst as net uns vorsinga? Hasts Bleamerl? *Er beugt sich nochmals zum Publikum vor und läutet.* 's Edelweiß! *Dann läßt er das Vorspiel auf seiner Zither folgen und ruft zur Tochter, ehe sie überhaupt angefangen hat* Höher – höher!

DIE TOCHTER *singt zu hoch* Wer nennt mir jene Blume, die allein –

DER SOHN Kimmst ja net nauf!

DIE TOCHTER So hoch kann i überhaupt net singa!

DER SOHN Warum singst na so hoch?

DIE TOCHTER Weilst mas du anschaffst, grad hast gsagt, höher, höher!

DER SOHN Rindviech! Ich hab gmoant, 's Bleamerl sollst höher naufhebn! Also, jetzt singst halt tiefer! *Er beugt sich wieder zum Publikum vor und läutet.* 's Edelweiß, tiefer!

DIE TOCHTER *singt nun viel zu tief* Wer nennt mir jene –

DER VATER *haut sie auf den Arm, so daß sie weint.* Hörst denn net, daß z'tief is!

DER SOHN Jetzt bläckt er, der Socka! Sings halt dann in der Mitt drin! *Er beugt sich abermals zum Publikum vor und läutet.* 's Edelweiß in der Mittn!

DIE TOCHTER *singt nun endlich richtig*

> Wer nennt mir jene Blume, die allein
> Auf steiler Alm erblüht im Sonnenschein,
> Die schönste Zierde unsrer Alpenwelt
> Hoch droben einsam wächst, vom Schnee erhellt.

Plötzlich kann sie nicht mehr weiter.

DIE ANDERN *flüstern ihr immer überlaut zu* Die schönste Zierde unsrer Alpenwelt!

SIE *aber wiederholt fortgesetzt*

> Hoch droben einsam wächst vom Schnee erhellt

bis Vater und Sohn abgehen. Die Tochter bleibt allein auf der Bühne und fängt die zweite Strophe zu singen an

> Der Hirtenknabe auf den –

Sie hört plötzlich auf. A so, die spieln ja gar nimmer!

VATER *und* SOHN *kommen wieder herein.* Ja, könna mir des schmecka, daß du no a Stroph singst?

DIE TOCHTER Vom Edelweiß hab i jedesmal zwei Strophn gsungen.

DER SOHN An Dreck, 's Edelweiß hat ja bloß oa Stroph, außer du singst die erste zwoamal!

DIE TOCHTER Aber der Vater hats do heut in der Fruah beim Kaffee sogar gsagt, daß i zwoa Strophn singa muaß!

Für was wolln Sie denn da sammeln?

DER SOHN Heit ham ma gar koan Kaffee ghabt, heit ham ma an
Kakao ghabt. Jetzt tua nur grad amals Bleamerl runter, da
halt sies immer in der Hand! – Jetzt gehst naus und laßt dir
vom Wirt zwoa Teller gebn, dann gehst zum Sammeln. *Die
Tochter geht langsam ab.*

DER SOHN *ruft nach* Zum Christkindl kriagst Rollschlittschuh,
daß d'schneller gehn kannst! *Er beugt sich zum Publikum vor.*
Währenddem, daß unser Vroni zum Sammeln geht, werden
wir uns erlauben, Ihnen den Klarinett-Ländler vorzublasn von
Beethoven. *Er läutet und fängt zu blasen an, indem er gelegentlich die Töne pfeift, die er auf der Klarinette nicht trifft.
Die Tochter kommt mit den Tellern zurück, stellt sich neben
den Sohn hin und schaut recht blöd. Der Sohn will ihr sagen,
daß sie zum Sammeln gehen soll, kann aber nicht sprechen,
weil er bläst, und macht mit der Klarinette Kreise, um ihr
klarzumachen, daß sie herumgehen soll. Sie versteht nicht, bis
ihm endlich die Geduld platzt. Ja, geh nur grad amal!
Die Tochter geht verschüchtert zum Sammeln ab. Noch ehe sie
die Treppe in den Zuschauerraum hinunter ist, erscheint der
Herr Direktor.*

DER HERR DIREKTOR Was wolln Sie denn da? *Zum Sohn* Hörns
auf mit dem Blasen! *Zur Tochter* Was tun Sie denn mit dem
Teller?

DIE TOCHTER Sammeln muaß i!

DER HERR DIREKTOR Für was wolln Sie denn da sammeln?

DIE TOCHTER Für den Kunstgesang, wo mir ham!

DER HERR DIREKTOR Was? Kunstgesang? Des is ja a Hundsge-
sang! – Und da wolln Sie noch sammeln? Wer hat Ihnen denn
das erlaubt?

DIE TOCHTER Mei Vater hats gsagt!

DER HERR DIREKTOR So! Wer is denn Ihr Vater?

SOHN *und* TOCHTER *deuten zum Vater.* Der da – der ältere!

DER HERR DIREKTOR Und wer ist denn der Dürre?

DIE TOCHTER Des is mei Bruder!

DER HERR DIREKTOR Also, das ist gleich, da im Hotel * darf nicht
gesammelt werden, das geht nicht. Da haben Sie einen Brief,
den geben Sie Ihrem Vater, und dann packen Sie zusammen
und verlassen augenblicklich die Bühne.

DIE TOCHTER Ja, is scho recht! *Der Sohn fängt sofort wieder an
zu blasen. Der Herr Direktor schaut im Abgehen immer wieder grimmig auf die Bühne und macht gebieterische Bewegun-
gen, daß der Sohn das Blasen einstellen solle.*

* *Gemeint ist das
Hotel Frankfurter
Hof, wo Das
Alpensängerterzett
zuerst gespielt
wurde (A. d. H.)*

DER SOHN Was hat denn der wolln? Warum hat er denn so gschimpft? – Ja red halt – oder – leg Buchstabn daher, na setz i mirs selber zsamm!

DIE TOCHTER I hätt sammeln wolln, und dann is der reikemma und hat mir den Briaf gebn!

DER SOHN Des wird halt der Briefträger gwesn sei! Da! Vater, lies den Brief!

DER VATER Ja, i kann ihn net lesen, i hab meine Augenglasln net dabei – lesn doch du!

DER SOHN Ja, des kann i net lesen, des is mit der Dampfmaschin gschriebn, lesn du – hastn ja kriagt aa!

DIE TOCHTER Sehr geehrte Alpensängertruppe Gebirgsveilchen!

DER SOHN Des is unser Firma!

DIE TOCHTER *liest* Nachdem Ihr Kunstgesang mir und dem werten Publikum gar nicht gefällt, verlange ich, daß Sie binnen einer Minute die Bühne samt Instrumenten und Inventar verlassen. Die Direktion.

DER SOHN Wia hoaßt er?

DIE TOCHTER Direktion!

DER SOHN *zum Vater* Da hast es jetzt mit deim feinen Varieté-Theater, wärn ma zum Mathäser ganga, hätt ma a guats Gschäft gmacht! Aber du kommst immer mit de feina Leut daher. Die wolln dort koa Glampfn und koa Zither hörn, die mögn dort bloß an Grammophon und a Harpfa hörn.

DIE TOCHTER Jetzt geh nur, sunst kommt er nomal daher!

DER SOHN Ja laßn nur kemma – aber deswegn lassen ma uns a koane graun Haar wachsen, weil mir scho in andere Etablissementa gspielt ham als wia daherin in dera Boazn! – Sie san no amal froh, wenns solchane Volkssänger kriagn, wia mir san! – Sie san net auf uns angwiesn, aber mir auf Eahna, des müassens Eahna merka! – Geh weiter, Vater, packs Gebirg zsamm, dann gehn ma. *Alle gehen ab. Dabei klappt der Vater die am Zithertisch zum Publikum lehnende Pappe mit der Gebirgslandschaft zusammen, klemmt sie unter den Arm und nimmt sie mit.*

Vorhang

Auf der Bühne steht der Flugapparat.

IMPRESARIO (*Liesl Karlstadt*) Damen und Herren! Sie haben heute das seltene Vergnügen, den Lokalschauflügen des bekannten Meisterfliegers Herrn Lorenz Fischer beiwohnen zu können. Schauflüge auf freien Plätzen à la Pegoud, Udet und so weiter sind heute keine Seltenheit mehr; ganz anders aber verhält es sich bei den Schauflügen des Herrn Lorenz Fischer. Dieser ist imstande, durch die Erfindung seines Elektro-Liliput-Eindeckers nach System Fokker im kleinsten Saale Rund- und Sturzflüge zu veranstalten, ohne dem werten Publikum zu garantieren für etwaige Unfälle. Bei seinen bereits absolvierten Gastspielen in Hannover, Hanau, Halle, Holland, Heilbronn, Hellabrunn und so weiter wurde Herr Lorenz Fischer mit Medaillen prämiiert.

FLIEGER (*Karl Valentin*) *zeigt seine Medaillen.*

IMPRESARIO Herr Lorenz Fischer wird nun sogleich seinen Apparat in Bewegung setzen und seine Vorführungen beginnen. Die Schauflüge bestehen:

1. Senkrechter Kurvenflug im horizontalen Kreisdreieck.
2. Geometrisch achtwinkeliger Sturz-Saltomortale in achtzigprozentig verdrängendem Luftkegel.

Zum Schluß der grauenerregende Adlerflug mit 150 Kilometer Geschwindigkeit.

FLIEGER *hat sich an den Propeller gelehnt, rutscht ab, weiß nicht, wo er die Hand hintun soll, steckt sie in den Fäustling.*

IMPRESARIO Während seinen sämtlichen Flügen wird Herr Lorenz Fischer sich mit der Londoner Oper drahtlos in Verbindung setzen und die Herrschaften haben also heute abend schon Gelegenheit, die Londoner Opernaufführung mittels Lautsprecher zu hören. Auf dem heutigen Londoner Opernprogramm steht der Müller und sein Kind. Erfahrungsgemäß und laut polizeilicher Verordnung werden die Herrschaften dringend ersucht, während den Flügen ruhig und ohne Angst sitzen zu bleiben und die verehrlichen anwesenden Damen werden gebeten, ihre Hüte abnehmen zu wollen. Herr Lorenz Fischer bezahlt jedem Aviatiker eine Prämie von 100 bis 200 Mark, der imstande ist...

FLIEGER *flüstert dem Impresario ins Ohr.*

IMPRESARIO ...bis 300 Mark sogar, der imstande ist, auf diesem Apparat hier auch nur den geringsten Flug zu unternehmen. Bitte los!

FLIEGER *trinkt aus dem Maßkrug, der im Flugzeug steht.*

IMPRESARIO Das ist ja furchtbar!

FLIEGER Wo ist denn der Scheinwerfermann?

IMPRESARIO Beleuchter, kommen Sie raus, Sie müssen den Saal dunkel machen und die Lampen höher hängen.

FLIEGER Ja, und immer vorausleuchten, wo ich hinfliegen will, also immer vorher verfolgen mit dem Licht.

Der Beleuchter schaltet den Scheinwerfer ein.

FLIEGER Schneller, lauter!

IMPRESARIO Greller, stärker! So ists recht! Jetzt werfens an.

FLIEGER *wirft den Propeller an, es klappt nicht.* Was ist denn los?

IMPRESARIO *probiert es auch, es klappt nicht.* Was ist denn los?

FLIEGER Ich weiß auch nicht, vor acht Jahr ist er so gut gangen.

IMPRESARIO *wirft den Propeller wieder vergeblich an.*

FLIEGER Weil er immer im Hausgang drauß steht, da spieln immer die Hundsbuam damit. *Er pumpt einen Reifen auf und beschimpft den Beleuchter.* Er leucht scho net gscheit umananda auch.

IMPRESARIO Warum kümmern Sie sich nicht um Ihren Apparat? Das macht man doch vorher!

FLIEGER Vorher hab ich doch nicht gwußt, daß er net geht. *Er öffnet die Motorhaube.* Wir brauchen halt amal a neue Kommunion-, Firmungs- ah, Zündkerzn.

IMPRESARIO Was ist denn?

FLIEGER Samstag.

IMPRESARIO *zum Publikum* Einen Moment, bitte.

FLIEGER Mir ists ja selber peinlich. – Mein Gott, die Trambahn ist auch schon manchmal net gangen.

IMPRESARIO Ich mach vorher mordsgroße Sprüche, und nun gehts nicht.

FLIEGER Das soll man eben vorher nie tun – jetzt werfens nochmal an!

IMPRESARIO *wirft wieder an.*

FLIEGER Ah, die große Mutter ist rausgangen. *Schreit* Mutter!

IMPRESARIO Schreins doch nicht so, wo ist denn unser Werkzeugkasten?

FLIEGER Wir haben doch keinen Werkzeugkasten.

IMPRESARIO Natürlich, der steht doch im Fliegerschuppen.

FLIEGER Wir haben doch keinen Fliegerschuppen.

IMPRESARIO Ach was! *Er wirft wieder an, der Motor läuft. Ein Pfeifensignal ertönt.* Alles sitzenbleiben! *Er gibt dem Flieger das Startzeichen.*

DIREKTOR *kommt lärmend und schimpfend durch den Saal ge-*

laufen. Halt! Nicht fliegen! Stellen Sie ab! Das geht nicht! Abstellen! Aufhören!

IMPRESARIO So gehen Sie doch weg, Sie stören ja da!

FLIEGER Ich kann doch nicht starten.

DIREKTOR Sie sollen abstellen und aufhören!

IMPRESARIO Ich verstehe kein Wort.

FLIEGER *läßt immer wieder den Motor anlaufen.*

IMPRESARIO So stellen Sie endlich den Apparat ab, ich weiß doch nicht, um was sichs handelt.

FLIEGER Ist ja abgestellt, da ist halt noch ein Funken drin.

DIREKTOR Dann tun Sie ihn raus, den Funken.

FLIEGER Freilich, wegen Ihnen werd ich mir die Pratzen verbrennen!

DIREKTOR Was fällt Ihnen ein, hier im Theater mit einem Benzinmotor zu fliegen, sind Sie denn von Sinnen?

FLIEGER Nein, von hier.

DIREKTOR Ich habe geglaubt, das ist eine ganz ungefährliche Sache, nun kommen Sie mit diesem Benzinmotor daher.

FLIEGER Ja, mitm Kartoffelsalat kann ma net fliegen.

DIREKTOR Stellen Sie sich vor, wenn da ein Tropfen Benzin heruntertropft; die Damen haben alle elegante Kleider an.

FLIEGER Ist net so gefährlich.

DIREKTOR So, frech sind Sie auch noch!?

FLIEGER Ja!

DIREKTOR Wenn ein Kleid kaputtgeht, bezahlen Sie den Schaden?

FLIEGER Nein.

DIREKTOR Also, dann wird auf keinen Fall geflogen.

IMPRESARIO Es kann nichts passieren, wir haben ja ein Netz da. Bringens das Netz heraus. *Jemand bringt das Netz.* So, das wird jetzt übers Publikum gespannt, dann ist das ganze Publikum überspannt.

FLIEGER Ja, machen Sies überall mit Reißnägel an.

DIREKTOR Was wollen Sie denn mit diesem Netz, da können Sie Maikäfer fangen damit.

FLIEGER Im Winter gibts keine Maikäfer.

IMPRESARIO Also, tun Sies wieder weg, wenn das auch nichts ist.

DIREKTOR Das Netz ist doch viel zu dünn, hat auch viel zu weite Maschen, da fallen Sie doch durch.

FLIEGER No ja, besser ists doch wie gar nichts.

DIREKTOR Aber wenn Sie mit Ihrem schweren Apparat durch das Netz stürzen, da sind ja mindestens zehn Personen kaputt!

FLIEGER Übertreibens nicht alles so, zehn Personen! Höchstens zwei oder drei.

DIREKTOR *zum Impresario* Schuld sind aber Sie! Sie sind doch der Impresario?

IMPRESARIO Ha?

DIREKTOR Sie sind doch der Impresario? Sie haben mir die Sache als vollkommen gefahrlos erklärt, wie sind Sie dazu gekommen? Geben Sie mir doch Antwort! *Zum Flieger* Sie, ist das Ihr Impresario?

FLIEGER Der da? Sehr angenehm!

DIREKTOR Das ist ja ein Idiot!

FLIEGER Leider, den hat einmal ein Propeller gestreift, seit der Zeit ist er damisch.

DIREKTOR Da ist einer blöder wie der andere. Also weg mit dem Apparat, geflogen wird hier nicht. Verlassen Sie die Bühne! Glauben Sie, wir lassen uns unsere sämtlichen Lampen und Lüster zerschlagen, glauben Sie, wir lassen uns einsperren wegen Ihnen?

IMPRESARIO Sie waren ja schon eingesperrt!

DIREKTOR Also vorwärts, machen Sie, daß Sie rauskommen, sonst fliegen Sie raus! *Ab.*

IMPRESARIO So, jetzt ham mas!

FLIEGER Jetzt stehn wir da wies Kind vorm Flugzeug; ich hab mirs aber glei denkt, wie er reinkommen ist, daß er koppt.

IMPRESARIO Ich kann auch nichts dafür, ich hab auch gemeint, daß vielleicht...

FLIEGER Ja, gmeint und gflogen ist zweierlei.

IMPRESARIO Wissen Sie, gar so unrecht hat er nicht ghabt, es ist schon ziemlich klein da herin, zu klein, das wäre direkt kleinlich, wenn man da herin umananda fliegen würde.

FLIEGER Es ist zu furchtbar klein, angwandelt wären wir auf jeden Fall.

IMPRESARIO Ich sag, es wär vielleicht doch etwas passiert, wenn wir gflogen wären.

FLIEGER Weil... Sicher...

IMPRESARIO So etwas gehört auch im Freien vorgeführt und nicht im Theater, sondern draußen auf freiem Felde, auf der Oktoberwiese...

FLIEGER Sie können aber nicht verlangen, daß die Leut jetzt mit uns auf d'Wiesen nausgehn sollen. Dann entschuldigens Ihnen, sagen Sie, wir hätten fliegen wollen, aber der Direktor ist gekommen.

IMPRESARIO Das brauch ich doch nicht zu sagen, das hat doch jeder Mensch gehört.

FLIEGER Vielleicht ist grad einer drauß gwesen.

IMPRESARIO Hochgeehrte Damen –

FLIEGER Sagen Sies einfach den Herrschaften.

IMPRESARIO Ich weiß doch selbst was ich zu sagen habe. – Hochgeehrte Damen.

FLIEGER *läßt den Motor wieder anspringen, der Flugapparat, den Valentin nur mit Mühe festhalten kann, setzt sich in Bewegung. Der Impresario läuft schnell zur Seite.* Lauft er davon, der Aff. Wenn ich ihn nicht grad noch erwisch, dann ists gfehlt, wenn hinten die Tür auf ist, dann ham man gsehn.

IMPRESARIO Hochgeehrte Damen und . . .

FLIEGER *wirft erneut den Propeller an.*

IMPRESARIO Das ist ja ein Leichtsinn sondergleichen, ich steh in der Mitte vorm Apparat, was glauben Sie, was da für ein Unglück passieren könnte. – Ich danke schön!

FLIEGER Bitte bitte!

IMPRESARIO *möchte sprechen, dreht sich um und erschrickt. Valentin kann den Apparat nun nicht mehr bändigen, er umklammert ihn mit beiden Händen und folgt ihm hüpfend.* Also hinter mir muß unbedingte Ruhe herrschen, sonst kann ich nicht sprechen.

FLIEGER Für die Ruhe hinter Ihnen müssens schon selber sorgen.

IMPRESARIO Ich bin jetzt ganz nervös geworden. – Hochgeehrte Damen und Herren! Sie haben unseren guten Willen gesehen, wir wollten doch absolut fliegen, aber die Direktion hat es uns soeben ausdrücklich verboten. Mir tut es natürlich unendlich leid, Ihnen wird es ebenso leid tun!

FLIEGER Alle Leut tuts leid!

IMPRESARIO Aber wie gesagt, meine Wenigkeit kann natürlich da auch nichts mehr dagegen machen. Ich bitte die verehrten Anwesenden vielmals um Verzeihung. Sie sehen ja, wir wollten fliegen, aber wir dürfen nicht.

FLIEGER Wir dürfen schon. Ab morgen . . .

DIREKTOR *kommt von hinten schnell auf die Bühne gelaufen.* Nein, Sie dürfen auf keinen Fall! Machen Sie, daß Sie hinauskommen!

IMPRESARIO Da, jetzt kommt er wieder daher. Kommen Sie, wir gehen jetzt.

FLIEGER Das werden wir schon sehen, vielleicht sind Sie noch einmal froh um solche Schaunummern. Wir wollten schon in ganz anderen Lokalen fliegen, da ists uns auch verboten worden!

IMPRESARIO Kommen Sie, regen Sie sich nicht auf.

FLIEGER Wir lassen uns das nicht gefallen, Sie sind auf uns nicht angewiesen, aber wir auf Sie, das müssen Sie sich merken!

Der Maskenball
der Tiere

Die Tiere auf der Erde all
die hielten einen Maskenball

Die Schildkröte, die Schildkröte
blies im Orchester Trompete

S'Camäleon, s'Camäleon
das blies den dicken Bombardon

Die Läuse, die Läuse
die machten ein Gesäuse

Die Hummel, die Hummel
die schlug die große Trummel

Der Pinguin, der Pinguin
der spielte erste Violin

Die Kröte, die Kröte
blies Piccolo und Flöte

Der Marabu, der Marabu
gab zum Konzert den Takt dazu

Der Aal, der Aal
der schwänzelt durch den Saal

Der Leopard, der Leopard
der hat auf seine Gattin gwart

Der Flamingo, der Flamingo
der sucht nen Platz sich irgendwo

Der Esel, der Esel
saß hinten im Klubsessel

Der Schwan, der Schwan
sah sich im Spiegel an

Das Nilpferd, das Nilpferd
benahm sich wirklich ganz geschert

Der Elefant, der Elefant
der war, wie immer, sehr galant

Das Schwein, das Schwein
das war auch hier ein Schwein

Der Büffel, der Büffel
scherzt mit der Gans, der Schlüffel

Der Feuersalamander
rutscht übers Stiegenglander

Die Fliege, die Fliege
stand draußen auf der Stiege

Der Papagei, der Papagei
der schrie fortwährend: 1 – 2 – 3

Der Panther, der Panther
vom Luchs wars ein Verwandter

Die Störche, die Störche
die warn maskiert als Lerche

Die Wölfe, die Wölfe
die warn maskiert als Zwölfe

Der Löwe, der Löwe
der war maskiert als Göwe

Die Wanzen, die Wanzen
die fingen an zu tanzen

Der Adler, der Adler
der tanzte den Schuhpladler

Die Ameise, die Ameise
die tanzte nur den Française

Die Flöhe, die Flöhe
die hupften in die Höhe

Da plötzlich wurds ganz still im Saal
sie saßen alle jetzt beim Mahl

Der Rabe, der Rabe
fraß d'Suppn mit der Gabe

Der Jaguar, der Jaguar
fand in der Suppe drin ein Haar

Die Giraffe, die Giraffe
die fraß a Schokoladwaffe

Die Schlange, die Schlange
aß eine Blutorange

Das Eidachsel, das Eidachsel
das fraß a abbräunts Schweinshaxel

Das Gnu, das Gnu
das hatte schon genu

Der Auerochs, der Auerochs
der aß nicht auf und frug: »Wer mogs?«

Das Dromedar, das Dromedar
aß zur Verstärkung Kaviar

Die Schnepfe, die Schnepfe
die hat die größte Hepfe

Das Lama, das Lama
das fraß zuletzt alls zamma

Daß der Gesang nur Unsinn war
das wird zum Schlusse jedem klar

In Nürnberg kam das Ganze,
Es sind ja mal erst recht,
Doch als es mir ganz falsch war,
Ist es ohnedies zu schlecht.
Mit wessen ich grad dachte,
Von ohne sie berührt,
So sind sie denn von vorne rein
Ganz ohne diszipliert.

Wer allzulange sind ist,
Ob arm, geht sich bei dem,
Das einmal es oft lieber sein,
Drum wird ja ohnedem,
Mitsammen, ja denn so kann,
Bei deinen nicht schon sein,
Sobald man kann es bleiben soll,
Zusammen fein zu sein.

Wenn einmal in der Nase,
Hast manchmal du in Ruh,
Die Plattform in der Tasche hast,
Und treibst in allem zu,
So wittert aus den Mitteln,
In Spanien aus und ab,
Der Blumen Augenbrauen senkt,
Mit Asien und in Trapp.

Das futuristische Couplet

Ein Gegenstück zu der modernen Malerei

Voriges Jahr auf Weihnachten hat mir meine Gemahlin-Frau einen Ding gekauft, einen – entschuldigen, ich bin nämlich furchtbar vergeßlich, was hab ich jetzt grad gsagt? – Ja, ja, daß ich vergeßlich bin – nein, meine Frau hat mir zum Christkindl ein Präsedent gemacht, einen wunderschönen – was war jetzt das gleich, was ich bekommen hab?
ZURUF AUS DEM PUBLIKUM Spazierstock.
Na, na, koa Spazierstock – gibts das auch, daß man so was vergessen kann.
PUBLIKUM Strohhut.
Geh redens doch net so saudumm daher, auf Weihnachten brauch ich doch keinen Strohhut! Was war jetzt das, was ich von meiner Frau bekommen hab?

Der Photograph

PUBLIKUM A Kind.

Schmarrn! A Kind braucht ma doch mei Frau net kaufen, des könna mir uns doch – des kriegn wir doch umsonst. Mir liegts auf der Zunge, man braucht so Platten dazu.

PUBLIKUM A Grammophon.

Ach, a Grammophon ist doch kein Präsent – das ist doch ein Musik-Instrument. Das was ich von meiner Frau kriegt hab, macht kei Musik – is so klein und viereckig.

PUBLIKUM A Paket Kunsthonig.

Geh redens doch koan solchen Mist – hat denn a Paket Kunsthonig drei lange Füß? – Wia man nur so was vergessen kann? Ich weiß ganz gut, was ich mein, nur der Name fällt mir net ein! Es ist halt ein Apparat, wo man damit photographieren kann. – Jetzt hab ichs, an Photograph-Apparat hab ich zu Weihnachten kriegt.

Seit einem Vierteljahr apparate ich mit dem Photographie – umgekehrt wollte ich sagen, photographiere ich mit dem Apparat und krieg nichts fertig. – Ich glaube, das liegt an der Witterung oder besser gesagt, es muß alles gelernt sein. Meine Bilder werden halt nichts. Sehns, da hab ich meine Nichte gemacht, die ist überhaupt nicht zum photographieren, des sagt schon das Wort Nicht-Nichte. – Da hab ich noch verschiedene Aufnahmen. *Er zeigt dem Publikum verschiedene Photographien.* Das hier ist eine Naturlandschaft, eine Herbststimmung, die hab ich im Frühjahr aufgenommen; ist aber gar nichts worden, da war nur das schuld, weil ich bei der Aufnahme vergessen hab, den Deckel runter zu tun von dem von dem Obelisk, nicht Obelisk – wie heißt jetzt gleich das runde Vergrößerungsglas vorn dran?

PUBLIKUM Erbsen oder Linsen.

Nein, mit O gehts an.

PUBLIKUM Ob du mich liebst.

Schmarrn! Objekthoch – nein, Objektiv heißts.

Die schönste Aufnahme, die ich je gemacht habe, ist das hier, da hab ich a ganze Familie photographiert von unserm Haus – im Hof drunt, alle im Sonntagsgwand, mei hab ich gschwitzt. Beim Negativentwickeln hab ichs scho gspannt, daß ich was Saudumms gmacht hab. In acht verschiedenen Stellungen hab ich die ganze Familie aufgenommen; sitzend, stehend, von der Seiten, von hinten, von oben und unten.

Bei jeder Stellung hätt ich doch eine neue Platte nehmen solln – ich in meinem Eifer mach sämtliche Aufnahmen auf eine Platte. Interessehalber hab ich einen Abzug davon gemacht.

Glacht hab ich selber so viel, daß mir der Bauch weh getan hat.
Das Bild dem Publikum zeigend Da sehns, der Vater hängt in
der Mutter drin, der Sohn sitzt dem Wickelkind im Gsicht
drinna, die Großmutter hat an Dienstmädel ihren Kopf auf, die
Füß vom Dienstmädel hat der älteste Sohn aufm Arm liegen,
die kloa Elsa hat drei Nasen im Gsicht und der Großvater hat
Kindsfüß kriagt vom kloan Peperl.

Futuristischer kanns der modernste Sezessionist net maln.
Beim Plattenentwickeln hab ich auch schon oft a Pech ghabt.
Unsere Toilette dahoam hab ich als Dunkelkammer verwandelt,
da stinkts oft drin – nach den Chemikalien. A rote Latern hängt
drin – eingricht bin ich wie a Hebamm.

A schöner Sport ists Photographieren ja nicht – außer de Momentaufnahmen und zu Momentaufnahmen bin ich z'langweilig.
Wie einmal über mein Haus, wo ich wohne, ein Flieger hoch
oben drüber geflogen ist, hätt ich von meinem Fenster aus a Momentaufnahme machen wolln. Ja mei – bis ich bloß mein Apparat gfunden hab, hat der Flieger, glaub ich, in Schleißheim scho
d' Flugmaschin abmontiert ghabt. – Personenaufnahmen mach
ich speziell ungern, weil sich die Leut nie ruhig halten, besonders
d' Damen. A Dame wenn sich photographieren läßt, sind die
Mundpartien am Bild immer verschwommen; weil koane ihr
Pappen ganz ruhig halten kann.

Gegenstände sind viel leichter zu photographieren. Neulings
hab ich ein Stück Kernseife photographiert zu 3,50 Mark – die
ist mir großartig gelungen; zum »Sprechen«, sag ich Ihnen. Ich
könnte eigentlich jetzt eine kleine Aufnahme machen, mit Blitz-
licht. Herr Theatermeister, bringens mir mein Ding herein, meinen – jetzt weiß ich schon wieder an Namen nicht, meinen –
PUBLIKUM Überzieher.
Nein, meinen ...
PUBLIKUM Spazierstock.
Redens doch kein solchen Blödsinn, mit an Spazierstock kann
ich doch net photographieren – halt – mein Photograph-Apparat
rein – jetzt hab ichs wieder. So, einen Moment, dann mach ich
schnell eine Momentaufnahme.

*Er stellt den Apparat auf, richtet das Blitzlichtpulver her, ver-
wickelt sich in dem schwarzen Tuch, der Apparat fällt um, großes Durcheinander. Schließlich gelingt es ihm, wieder alles in
Ordnung zu bringen.*

Also bitte recht freundlich, die Liebespaare im Saale können
sich ruhig umarmen. Sie halten das Glas hoch – Sie beißen grad

in ein Stück Brot nein – Sie geben mir vielleicht ein Glas Bier rauf. Bitte möchten Sie ihr Monokel rausnehmen, das macht sich sehr schlecht auf dem Bild, weils blendet und für Sie ists auch besser, weils dann besser sehen.

Also bitte, jetzt alles ruhig! Eins – zwei – *Man hört ein Telephon läuten.*

THEATERMEISTER Sie möchten sofort ans Telephon kommen! Einen Moment bleiben Sie ruhig in der Stellung. *Geht schnell hinter die Kulissen.* Wie? Da sind Sie falsch entbunden! *Kommt eilig wieder herein.* So nun bitte, eins – zwei – drei – fertig. Danke schön.

Die Aufnahme ist glänzend geworden; das werden glänzende Bilder auf mattem Papier. Also kommen Sie in acht Tagen wieder, dann erhält jedes ein Bild gratis – hoffentlich sinds gut geworden.

THEATERMEISTER *bringt eine Schachtel.* Bitte, gehört die Schachtel vielleicht Ihnen? Da steht drauf »Photographische Platten für Blitzlicht-Aufnahmen«.

Kreuzsakra – ich hab ja ohne Platten photographiert. *Zum Publikum* Das ist mir aber unangenehm. – Also entschuldigens vielmals!

Der Herzog kommt

Das Münchner Kindl tritt auf und spricht den Prolog

Nennt man die gute, alte Zeit,
wie wird da jedes Herz so weit,
denn für uns hüllt ein Glorienschein
von Urgemütlichkeit sie ein.
Die Schattenseiten sind entschwunden,
die man damals wohl empfunden,
und nur das Biedre und Bequeme,
das Mollige und Angenehme
dünkt uns in unsrer Zappelhast
als Ideal des Lebens fast.
Besieht mans rüber und hinüber,
gibts manches wohl zu lächeln drüber:
Wie der Soldat da Posten stand,
den langen Strickstrumpf in der Hand,
wie er sich mit dem Hauptmann duzte
und wie die Jugend beide uzte.
Kurz, jene Zeit umgibt ein Flor

von harmlos heiterem Humor,
von unsrer alten Bürgerwehr,
die gmütlich war und so leger.
Drum werfen Sie jetzt Ihren Blick
a hundert Jahrl weiter zrück
und denkens voller Seligkeit
an unsre gute alte Zeit.

Nachdem das Münchner Kindl abgegangen ist, erklingt der Finnländische Reitermarsch und – Valentin voran – marschiert die Bürgerwehr auf.

STUCKMEISTER *(Karl Valentin)*
Ich bin der Josef Stuckmeister vom Bürgerbataillon,
ich blas bei unsrer Blechkapelln den großen Bombardon,
und ziehn wir so auf die Parad, zu unsrer Hauptwach her,
da schrein die Leut: »Der Dürre da, d a s ist der Stuckmeister?«
Ich bin der Schönste von der Bürgerwehr – des Bayerlandes
Stolz und Ruhm.

Amal ists ganze Regiment in das Manöver zogn,
doch weil ich streng verheirat bin, hats mir mei Frau verbotn,
doch trotz des ehlichen Verbots blieb ich beim Regiment,
ich trotzte diesem Weibergschwätz, Potz Himmel Saprament.
Ich bin der Schneidigste der Bürgerwehr – des Bayerlandes
Stolz und Ruhm.

Ich stand einmal direkt vorm Feind inmitten von der Schlacht,
da hab ich als Trompeter ein Bravourstückl gemacht.
A Niespulver beinah zwei Pfund steckt ich in Bombardon
und blies es dann dem Feind hinum, Sie – der lief schnell davon.
Ich bin der Schlauste der Bürgerwehr – des Bayerlandes
Stolz und Ruhm.

Der Chor wiederholt bei jeder Strophe den Refrain. Zum Schluß wieder der Finnländische Reitermarsch, während alle bis auf Stuckmeister und Alisi abmarschieren.

ALISI Soll i dei Roß glei in Stall außiweisen?

STUCKMEISTER Kümmer di du um dei Trommel und i kümmer mich um mein Heiter.

ALISI Aber wennst moanst, na gibst man mit, dann führ ich ihn glei naus.

STUCKMEISTER Der muaß net naus.

ALISI O mei Gott schau ihn o, wia eahm d'Zung raushängt, wia lang.

STUCKMEISTER Ich woaß scho, weil der Kopf z'kurz ist.

Alisi geht ab.

STUCKMEISTER Wia war ich als Soldat? Ich als Sinnbild Bayerns
   Stärke. Ja ich bin gar net so mager wie ich ausschaug, i gstell
   mi nur so. Des Bombardonblasen treibt oan außanand. Ich
   war früher a ganz schmächtigs Bürscherl, i bin erst so auseinander ganga, seit i bei der Musi bin. Ja, als Bua sollns mi erst
   gsehn ham, glei nach der Geburt. Herrgott war ich mager, also
   ausgschaut hab ich wia a Salzgurken, drum hättens mi aa net
   zu de Soldaten nehma wolln. Aber ich hab mi freiwillig melden müssen, von meim Vater aus. Mei Vater war aa bei der
   Bürgerwehr, der war General – eigentlich wara Seifensieder
   im Beruf, General war er nur so nebenbei. Ich kannt heut noch
   lacha, wie mir d'Musterung ghabt ham, beim Faberbtau im
   Hof hint, die Gaudi, wia mir uns alle auszogn ham. I hab mi
   net vui gschamt, weil i so dürr war – besonders da, da hab i
   lauter so Rippen, so rausstehende. Der Hauptmann hat zu mir
   gsagt, ja Stuckmeister, hast denn du amal a Leiter gfressn? Na,
   hab i gsagt, aber mei Mutter nimmt mi allaweil her zum Meer-
   rettichreibn. Ja, jetzt bin i scho bald drei Jahr bei der Bürgergarde, d'Zeit vergeht schnell, ma solls net moana. Mir ists grad,
   als wenn i scho zwanzig Jahr dabei war. Auf die nächste
   Woch da hab i scho Angst, da kimmt der Herzog von der
   Menterschwaige auf Bsuach, des werd wieder so a Gaudi
   wern. Der General hat gsagt, am Isartor müßn zwoa Kanona
   aufgstellt wern, zum Salutschießn, das macht der scho guat,
   wo mir doch bloß oa Kanona ham, und des Luada geht nimmer recht. Also mit dera Kanona ham ma uns scho was geärgert. Da werd da Herzog schaun, und a Standerl müß ma aa
   no einstudiern fürn Herzog, da ham ma no gnua Arbeit.
Alle Soldaten kommen mit ihren Musikinstrumenten herein.
ALISI Wann fang ma denn zum proben an?
STUCKMEISTER Jetzt glei.
ALISI Wann kommt denn der Herzog?
STUCKMEISTER Die Tag. – Also paßts auf. Wenn der Herzog
   kommt, dann kommt er herenten beim Isartor rei, und mir
   stehen drenten.
ALISI Wo drenten?
STUCKMEISTER No da – mir stehen also drenten, und der Herzog
   kommt von herenten. Sagn ma mal, du bists Isartor – tua d'
   Haxn auseinander. Da kommt der Herzog rein. Nun kommts
   drauf an, wie wir ihn eigentlich empfangen.
ALISI Ja feierlich halt.
STUCKMEISTER Freilich feierlich – aber i moan, was ma blasn.

ALISI Trompeten.

STUCKMEISTER Freili koan Kachelofen. I moan, was ma mit der Trompeten blasn.

ALISI Des is Gschmacksach.

STUCKMEISTER Vo wem denn?

ALISI Vom Herzog, den fragn ma, was er gern hört, und des blas ma dann.

STUCKMEISTER Ah, na is ja koa Überraschung. Also glei wenn er da ist, müß ma an Tusch macha.

ALISI An kalten?

STUCKMEISTER Da tat er ja friern. Ich moan an Tusch blasn: Hoch soll er leben!

ALISI Ja paßt denn das fürn Herzog?

STUCKMEISTER Freilich passerts besser fürn Turmwachter, aber des macht nix. Also los, wenn ich mit de Knie so mach, dann gehts los. *Die Soldaten spielen furchtbar falsch Hoch soll er leben.*

ALLE Halt, das stimmt nicht, das ist ja falsch.

STUCKMEISTER Gebts amal 's ›a‹ o. – Ja ihr habts jas ganze Abc beinand. Wo is denn mein Timmpfeiferl? *Macht mit der Nase äää.* So, jetzt muaß geh. *Alle blasen Hoch soll er leben.*

ALISI Das geht ja tadellos.

STUCKMEISTER Aber was blas ma dann zum Abschied, das war jetzt erst der Aufschied.

ALISI Kriegt er an Aufschnitt aa?

STUCKMEISTER I moan doch an Aufschied. – Also was blas ma, wenn er uns verläßt, da blas ma Verlassen verlassen, das paßt am besten. Also teilts die Noten aus – i geh derweil hoam zum Essen.

ALISI Jetzt magst scho dableim, dei Essen lauft dir net davon.

STUCKMEISTER Doch, weils a rinnerter Lineburger ist.

ALISI *teilt die Noten aus, der Trommler dirigiert, alle blasen Verlassen verlassen.*

STUCKMEISTER *unterbricht zweimal.* Halt, der Hosenträger ist mir abgrissn.

ALISI *unterbricht bei der nächsten Strophe ebenfalls.* Halt, halt!

STUCKMEISTER Jetzt kommt er aa mitn Hosenträger daher. Ist er dir aa abgrissn?

ALISI Na, aber einfalln tut mir grad, daß ich scho vierzehn Tag an Brief vom Hauptmann im Sack hab. Für dich – und du sollstn glei lesen.

STUCKMEISTER Ja fallt dir das jetzt erst ein? Also tu ihn her.

ALISI *liest* Lieber Stuckmeister!

STUCKMEISTER Wem hat der Hauptmann den Brief geschriebn?

ALISI Dir allein.

STUCKMEISTER So? Warum liest ihn dann du.

ALISI Fünftens kannst du überhaupt net lesn, und zweitens möcht ich den Schmarrn gar net wissn.

STUCKMEISTER Und achtens gehts di an Dreck o, was in dem Brief steht.

ALISI Aber zsammbringn tust du den Brief net.

STUCKMEISTER Halts Maul.

ALISI Weil du überhaupts net lesn kannst. Du hast ja im Lesn an Achter ghabt.

STUCKMEISTER 's Mai sollst haltn, und wennst es net kannst, na haltst an Juni. *Liest* Lieber Stuckmeister! Sei so gut – du Alisi wia hoaßt denn des?

ALISI Gell, jetzt warst wieder froh um mich. – Sei so gut und tu du mit den Mannern die Kanonaübung halten, weil ich beim Kegelscheibn bin und nicht kemma ko.

STUCKMEISTER Was plärrst denn aso? Hat der so a laute Schrift?

ALISI *liest weiter* Um sechs Uhr, wenns es mit der Kanonaübung ferti seids, dann treff ma uns im Hofbräuhaus. Es grüßt und küßt dich dein alter Spezi: Hauptmann Radlhuber.

STUCKMEISTER Jetzt kenn i mi gar nimmer aus, hat er selber den Brief geschriebn oder war er beim Kegelscheibn, denn unterm Kegelscheibn kann er doch net schreibn.

ALISI Den hat er doch vorher geschriebn.

STUCKMEISTER Des woaß aber i net. Also Männer, jetzt habts es ghört, wir müssen d' Kanonaübung abhaltn, weil der Hauptmann beim Kegelscheibn is und deswegn net komma ke – ah – kemma ko.

ALISI Wo habts denn mein Kanonawischer hindo?

STUCKMEISTER Des mußt scho selber wissn, wo ist denn eigentlich unser Kanona?

ALISI Was für oane?

STUCKMEISTER Mir ham doch bloß oane.

ALISI Ist di net da?

STUCKMEISTER Jetzt könn ma mitn Nudelwalkler schießn. Wo habts es denn?

ALISI Ja du hast doch z'letzt damit gschossn.

STUCKMEISTER Jessas, de hab i am Gasteigberg drobn steh lassn.

ALISI Bei dem Sauwetter, die werd schö verrost sein.

STUCKMEISTER Geh zua, hols glei.

ALISI Hol dirs doch selber.

STUCKMEISTER Augenblicklich holst d' Kanona, sonst laß i dich wegn Gehorsamverweigerung daschiaßn.

ALISI Mit was denn, wennst koa Kanona hast.

EIN SOLDAT *bringt die Kanone.* So da habts es, im Hausgang habt ihrs stehn lassn.

ALISI Obacht! *Fährt dem Stuckmeister mit der Kanone auf den Fuß.* Mit dera Kanona ham ma uns scho ärgern müssn.

STUCKMEISTER Des is ja a Schinderviech.

ALISI Woaßt as no, amal hats net kracht, na ham ma gmoant, sie ist brocha.

STUCKMEISTER Derweil ham mas Laden vergessn ghabt.

ALISI Und amal ham ma lauter Äpfel und Birn neido ins Kanonaloch, und dann ham mas zum Feind nübergschossn.

STUCKMEISTER No, der Feind hat gfressn. – Also Achtung, an die Geschütze! Kracha muaß – Pulverschachtel herrichtn.

ALISI Kanonaloch auswischn.

STUCKMEISTER Anschaffa tua i. – Kanonaloch auswischn.

ALISI Des geht net, as Loch ist verstopft. *Schaut ins Loch.*

STUCKMEISTER Du mußt natürlich dei Nasn in jedem Loch drin ham, du Rindviech.

ALISI So, jetzt mag i nimmer! *Geht ab.*

STUCKMEISTER Was hat er denn?

SOLDAT Beleidigt hastn. Weilstn a Rindviech ghoaßn hast.

STUCKMEISTER Des hab i doch net so gmoant. Geh hol ihn nei.

ALISI I mag nimmer mittoa.

STUCKMEISTER Geh letscherter Tropf, wie oft hast denn du mich schon a Rindviech ghoaßn.

ALISI Ja dich – du bist aa oans.

STUCKMEISTER Des woaß i scho, drum bin i aa net beleidigt. – Also Roßmetzger, blas as Signal. *Das Signal ertönt und der Stuckmeister singt*

> Ach wie ist es doch so schwer
> bei der Münchner Bürgerwehr,
> unser Dienst ist nicht beliebt,
> weils da koane Eschpaß gibt.
> Bsonders bei der Artillerie,
> 's ist die höchste Ironie,
> wega der geringsten Kloanigkeit
> sam mir schon salutbereit.
> Tarata Bumm Hallo die Artillerie ist da!
> Tarata Bumm Hallo die Artillerie ist da!

ALISI Horch, was ist des – a Fledermaus? *Hält sein Ohr ans Kanonenloch.*

STUCKMEISTER A Fledermaus zwitschert doch net.

ALISI Was könnt dann des sei?

STUCKMEISTER Vielleicht sans Ölsardinen.

SOLDAT Aah, da schau her.

ALISI Aah, Schwaiberln sans – lauter Junge.

STUCKMEISTER De san erschrocka, zittern deans wiara Schweinssulz.

ALISI Geh, hörn mas Schiaßn auf.

STUCKMEISTER Ja freili, wegn den Schwaiberln könna doch mir net de militärischen Übungen unterbrecha. *Der Roßmetzger bläst das Signal, und der Stuckmeister singt*

    Ist wo eine Prozession,
    schiaßn wir mit der Kanon,
    und gar beim Oktoberfest
    san ma jeds Jahr draußen gwest.
    Ist das Pferderennats gwen,
    taten wir am Berg drom stehn.
    Wia d' Kanona bum hat to
    ging das Pferderennats o.
    Tatara Bumm Hallo die Artillerie ist da!
    Tatara Bumm Hallo die Artillerie ist da!

ALISI *versucht die Kanone in Gang zu bringen.* Was is jetzt – jetzt krachts net.

STUCKMEISTER Hast net ozundn?

ALISI Freile, is jas Pulverschwammerl abbrennt.

STUCKMEISTER Des muaß ja kracha, des war zum Lacha.

ALISI Schau du amal eini ins Loch.

STUCKMEISTER Des kannst dir denka.

ALISI Jetzt traut er sich wieder net, der Hosenscheißer. *Hüpft schnell an der Kanone vorbei.*

STUCKMEISTER Jetzt schau nur so an leichtsinnigen Tropf an, er als Familienvater hupft vorm Kanonaloch vorbei, wie leicht hätts kracha könna!

ALISI Es hat aber net kracht!

STUCKMEISTER Weils net geht – vielleicht steht d' Kanona verkehrt da.

ALISI Ich sag, daß des wurscht is bei einer Kanona. *Die Kanone geht unter riesigem Getöse los. Alle erschrecken furchtbar; nur der Stuckmeister bleibt regungslos stehen.*

STUCKMEISTER Was habst denn?

ALISI Der schaut allwei, kracht hats doch grad.

STUCKMEISTER Soooooo? *Er erschrickt.*

ALISI Jetzt bist z' spät daschrocka.

STUCKMEISTER So, wieviel Uhr is denn? – Also putz 's Loch aus, daß ma ferti wern. Mach, schick dich besser!

ALISI Wenns di net schnell gnua geht, dann putzt dir dei Loch selber aus. *Der Roßmetzger bläst das Signal, und der Stuckmeister singt*

> Ist wo eine Fahnaweih
> ist d' Kanona aa dabei,
> wenn a Veteraner stirbt,
> eine Kugel außafliagt,
> kommt auf Bsuach a Obrigkeit,
> krachts, das is a wahre Freud.
> De Kanona is famos,
> bloß im Kriag, da gehts net los.

Er hört plötzlich auf und erschrickt.

ALISI Hats dich jetzt anpackt. Es hat doch no gar net kracht.

STUCKMEISTER Na bin ich diesmal z'früh daschrocka. *Singt weiter*

> Tatara Bumm Hallo die Artillerie ist da!
> Tatara Bumm Hallo die Artillerie ist da!

STUCKMEISTER Abprotzen – Pulverschachtel aufräumen – Aufstellen! Hat alles vis à vis? Oho – jetzt bin ich in Francosse neikomma. Ganze Division – Vorwärts marsch! *Die Kapelle spielt den Finnländer Reitermarsch, während die Bürgerwehr abzieht.*

Als Schwerer Reiter

Alfred Kerr
Karl Valentin

Grundzüge

Alle lachen. Manche schreien. Woraus besteht er?
Aus drei Dingen. Aus Körperspaß. Aus geistigem Spaß.
Und aus gewollter Geistlosigkeit.
(Bei einem Gast ist sie gewollt ...)

Der geistige Spaß. In der Antwort eine sozusagen bayrische
Talmudik. Ein Wortzerklauben. Bayrisches Gegenstück zum zer-
klaubenden Ulk des Schauspielers Morgan. Oder gar Pallen-
bergs. Oder: zu der leisen, rabbulistisch-berlinischen Antwort
des Menschendarstellers Falkenstein.

Geistig auch die Parodie. Man brüllt, wenn (bei dem Autor
Valentin) der Tapezier auf die Bretter bummert, aber die edle
Sängerin unentwegt störungslos weitersingt, weitersingt.

(Schmierenkomik. Valentin ist sein eigener Johann Lumpe,
Theaterdirektor aus Dobern bei Bensen.)

Körperspaß. Körperlich ein excentric oder musical clown. Wie
aus dem London Hippodrome. Spielt fünf Instrumente. Nur
steht er nicht mit einem Fuß auf Stuhllehnen – wie ein Angel-
sachs. Höchstens, daß es gespaßig die Beine ringt. Auch die Äug-
lein ringt er.

Drittens: Gewollte Geistlosigkeit. Manchmal wie ein Gespräch

Clownsszene

in der Manege zwischen zwei Partnern. Unwesentliches Hinund-
her.

Ist Valentins Art hier bayrisch? In Norddeutschland sagt
man: »Wie geht's?« Antwort: »Danke.« Schluß.

In Süddeutschland vernahm ich folgendes zwischen zwei Mä-
deln: Grüß Gott, Cenzl, wie geht's?« – »Dank schön, gut geht's.«
– Jetzt aber weiter. »Dees freit mi, daß Da guat geht.« – »Ja,
dank scheen, mir geht's gut.« – »Dees ist also hübsch, daß Da
guat geht.« Dieser liebenswürdige Geisteszustand erklärt manches der Hitler-Bewegung. Es ist halt ein Ausspannen... (Valentins drittbeste Komik.)

Soviel über die drei Bestandteile.

Sein Mittel: die Ruhe. Die Unbeirrtheit.

Er scheint ohne Bewußtsein vom Parkett.

Er hat, mit einem Worte, das Geheimnis jeder Könnerwir-
kung: daß man allein da ist, sein Wesen hinsetzt und sich um die
Welt einen Dre... Dreier kümmert.

Der Humorist Pallenberg wird (nötigenfalls) zu einem Rai-
mund. Der Komiker Valentin ist ein Nestroy.

Wer ihn sieht, mag an einen Ausspruch Richard Wagners
denken. An das einzige Mal, wo (wie ich herausfand, D. R. P.)
in Wagners Äußerungen das Wort Käfer vorkommt.

Als er heiter in Palermo rief: »Nu aber kee vernünftiges Wort
mähr!«

D as war ein heiterer Abschied von Berlin: sechs Wochen
Panke und ein Abend Karl Valentin – die Rechnung
ging ohne Rest auf.

Ich kam zu spät ins Theater, der Saal war bereits warm und
voller Lachen. Es mochte grade begonnen haben, aber die Leute
waren animiert und vergnügt wie sonst erst nach einem guten
zweiten Akt. Am Podium der Bühne auf der Bühne, mitten in
der Vorstadtkapelle, saß ein Mann mit einer aufgeklebten Pe-
rücke, er sah aus, wie man sich sonst wohl einen Provinzkomiker
vorstellt: ich blickte angestrengt auf die Szene und wußte beim
besten Willen nicht, was es da wohl zu lachen gäbe... Aber die
Leute lachten wieder, und der Mann hatte doch gar nichts gesagt... Und plötzlich schweifte mein Auge ab, vorn in der ersten Reihe saß noch einer, den hatte ich bisher nicht bemerkt,
und das war: ER.

Kurt Tucholsky
Der Linksdenker

Ein zaundürrer, langer Geselle, mit stakigen, spitzen Don-Quichotte-Beinen, mit winkligen, spitzigen Knien, einem Löchlein in der Hose, mit blankem, abgeschabtem Anzug. Sein Löchlein in der Hose – er reibt eifrig daran herum. »Das wird Ihnen nichts nützen!« sagt der gestrenge Orchesterchef. Er, leis vor sich hin: »Mit Benzin wärs scho fort!« Leise sagt er das, leise, wie es seine schauspielerischen Mittel sind. Er ist sanft und zerbrechlich, schillert in allen Farben wie eine Seifenblase; wenn er plötzlich zerplatzte, hätte sich niemand zu wundern.

»Fertig!« klopft der Kapellmeister. Eins, zwei, drei – da, einen Sechzehnteltakt zuvor, setzt der dürre Bläser ab und bedeutete dem Kapellmeister mit ernstem Zeigefinger: »'s Krawattl rutscht Eahna heraus!« Ärgerlich stopft sich der das Ding hinein.

»Fertig! Eins, zwei, drei ...« So viel, wie ein Auge Zeit braucht, die Wimper zu heben und zu senken, trennte die Kapelle noch von dem schmetternden Tusch – da setzte der Lange ab und sah um sich. Der Kapellmeister klopfte ab. Was es nun wieder gäbe –? »Ich muß mal husten!« sagte der Lange. Pause. Das Orchester wartet. Aber nun kann er nicht. Eins, zwei, drei – tätärätä! Es geht los.

Und es beginnt die seltsamste Komik, die wir seit langem auf der Bühne gesehen haben: ein Höllentanz der Vernunft um beide Pole des Irrsinns. Er ist eine kleine Seele, dieser Bläser, mit Verbandssorgen, Tarif, Stammtisch und Kollegenklatsch. Er ist ängstlich auf seinen vereinbarten Verdienst und ein bißchen darüber hinaus auf seinen Vorteil bedacht. »Spielen Sie genau, was da steht«, sagt der Kapellmeister, »nicht zuviel und nicht zuwenig!« »Zuviel schon gar nicht!« sagt das Verbandsmitglied. Oben auf der Bühne will der Vorhang nicht auseinander. »Geh mal sofort einer zum Tapezierer«, sagt der Kapellmeister, »aber sofort, und sag ihm, er soll gelegentlich, wenn er Zeit hat, vorbeikommen.« Geschieht. Der Tapezierer scheint sofort Zeit zu haben, denn er kommt gelegentlich in die Sängerin hineingeplatzt. Steigt mit der Leiter auf die Bühne – »Zu jener Zeit, wie lieb ich dich, mein Leben«, heult die Sängerin – und packt seine Instrumente aus, klopft, hämmert, macht ... Seht doch Valentin! Er ist nicht zu halten. Was gibt es da? Was mag da sein? Er hat die Neugier der kleinen Leute. Immer geigend, denn das ist seine bezahlte Pflicht, richtet er sich hoch, steigt auf den Stuhl, reckt zwei Hälse, den seinen und den der Geige, klettert wieder herunter, schreitet durch das Orchester, nach oben auf die Bühne, steigt dort dem Tapezierer auf seiner Leiter nach, geigt und sieht, arbeitet und guckt, was es da Interessantes gibt… Ich muß lange zurückdenken, um mich zu erinnern, wann in einem Theater so gelacht worden ist.

Er denkt links. Vor Jahren hat er einmal in München in einem Bierkeller gepredigt: »Vorgestern bin ich mit meiner Großmutter in der Oper ›Lohengrin‹ gewesen. Gestern nacht hat sie die ganze Oper nochmal geträumt; das wann i gwußt hätt, hätten wir gar nicht erst hingehen brauchen!«

Aber dieser Schreiber, der sich abends sein Brot durch einen kleinen Nebenverdienst aufbessert, wird plötzlich transparent, durchsichtig, über- und unterirdisch und beginnt zu leuchten. Berühren diese langen Beine noch die Erde?

Es erhebt sich das schwere Problem, eine Pauke von einem Ende der Bühne nach dem andern zu schaffen. Der Auftrag fällt auf Valentin. »I bin eigentlich a Bläser!« sagt er. Bläser schaffen keine Pauken fort. Aber na…latscht hin. Allein geht es nicht. Sein Kollege soll helfen. Und hier wird die Sache durchaus mondsüchtig. »Schafft die Pauke her!« ruft der Kapellmeister ungeduldig. Der Kollege kneetscht in seinen Bart: »Muß das gleich sein?« Der Kapellmeister: »Bringt die Pauke her!« Valentin: »Der Anderl läßt fragen, wann.« – »Gleich!« Sie drehen sich eine Weile um die Pauke, schließlich sagt der Anderl, er müsse dort stehen, denn er sei Linkshänder. Linkshänder? Vergessen sind Pauke, Kapellmeister und Theateraufführung… Linkshänder! und nun, ganz shakespearisch: »Linkshänder bist? Alles links? Beim Schreiben auch? Beim Essen auch? Beim Schlucken auch? Beim Denken auch?« Und dann triumphierend: »Der Anderl sagt, er ist links!« Wie diesseits ist man selbst, wie jenseits der andre, wie verschieden, wie getrennt, wie weitab! Mitmensch? Nebenmensch.

Sicherlich legen wir hier das Philosophische hinein. Sicherlich hat Valentin theoretisch diese Gedankengänge nicht gehabt. Aber man zeige uns doch erst einmal einen Komiker als Gefäß, in das man so etwas hineinlegen kann. Bei Herrn Westermeier käme man nicht auf solche Gedanken. Hier aber erhebt sich zum Schluß eine Unterhaltung über den Zufall, ein Hin und Her, kleine magische Funken, die aus einem merkwürdig konstruierten Gehirn sprühen. Er sei unter den Linden spaziert, mit dem Nebenmann, da hätten sie von einem Radfahrer gesprochen – und da sei grade einer des Wegs gekommen. Dies zum Kapitel: Zufall. Der Kapellmeister tobt. Das sei kein Zufall – das sei Unsinn. Da kämen tausend Radfahrer täglich vorbei. »Na ja«, sagt

Valentin, »aber es ist grad *einer* kumma!« Unvorstellbar, wie so etwas ausgedacht, geschrieben, probiert wird. Die Komik der irrealen Potentialsätze, die monströse Zerlegung des Satzes: »Ich sehe, daß er nicht da ist!« (was sich da erhebt, ist überhaupt nicht zu sagen!) – die stille Dummheit dieses Witzes, der irrational ist und die leise Komponente des korrigierenden Menschenverstandes nicht aufweist, zwischendurch trinkt er aus einem Seidel Bier, kaut etwas, das er in der Tasche aufbewahrt hat, denkt mit dem Zeigefinger und hat seine kleine Privatfreude, wenn sich der Kapellmeister geirrt hat. Eine kleine Seele. Als Hans Reimann einmal eine Rundfrage stellte, was sich wohl jedermann wünschte, wenn ihm eine Fee drei Wünsche freistellte, hat Karl Valentin geantwortet: »1. Ewige Gesundheit. 2. Einen Leibarzt.« Eine kleine Seele.

Und ein großer Künstler. Wenn ihn nur nicht einmal die Berliner Unternehmer einfangen! Das Geheimnis dieses primitiven Ensembles ist eine kräftige Naivität. Das ist nun eben so, und wem's nicht paßt, der soll nicht zuschauen. Gott behüte, wenn man den zu Duetten und komischen Couplets abrichtete! Mit diesen verdrossenen, verquälten, nervösen Regisseuren und Direktoren auf der Probe, die nicht zuhören und zunächst einmal zu allem nein sagen. Mit diesem Drum und Dran von unangenehmen Berliner Typen, die vorgeben zu wissen, was das Publikum will, mit dem sie ihren nicht sehr heiteren Kreis identifizieren, mit diesen überarbeiteten und unfrohen Gesellen, die nicht mehr fähig sind, von Herzen über das Einfache zu lachen, »weil es schon dagewesen ist«. Sie jedenfalls sind immer schon dagewesen. Karl Valentin aber nur einmal, weil er ein seltener, trauriger, unirdischer, maßlos lustiger Komiker ist, der links denkt.

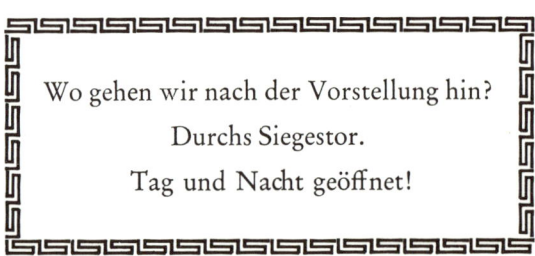

Wo gehen wir nach der Vorstellung hin?
Durchs Siegestor.
Tag und Nacht geöffnet!

Karl Valentins
Tingel-Tangel

im Kellersaal des Hotel Wagner (Sonnenstr.)

Beginn täglich abends punkt 8 Uhr

Als Einleitung erfolgen zwei Musikstücke, hierauf ein Solo oder ein Einleitungsgesang, anschliessend ein kleines Lustspiel, dann beginnt ein sogenanntes Tingeltangel-Varietee-Programm, das an frühere Zeiten erinnert und in welchem auch Orchesterstücke aus vergangenen Tagen wieder zum Vortrag gelangen. Das ganze Programm in seinen besonderen Eigenheiten ist von dem Münchener Komiker K. Valentin bearbeitet und nach seinen komischen Einfällen zusammengesetzt. K. Valentin selbst tritt nicht mehr wie früher in seiner alten Art auf, sondern wird sich als Artist wie auch als Orchestermitglied den ganzen Abend in den Dienst der Sache stellen. Erwarten Sie also von uns nichts „Grossartiges", sondern — auf Deutsch gesagt — eine „Viecherei", entsprungen aus echt Münchener Humor.   Motto: Lachen ist gesund.

Programm:

1.	Musik
2.	Musik
3.	**Konzertsängerin**
4.	Musik
5.	**Salonkomiker**
6.	Musik
7.	**Original-Mimiker**
8.	Musik
9.	**Lichtbilder-Reklame**
10.	10 Minuten Pause
11.	Musik
12.	**Todesfahrt des Kunstradfahrers Hrn. Keck**
13.	Musik
14.	**Chinesischer Komiker**
15.	Musik
16.	**Moritat**
17.	Schlussgalopp

Aenderungen im Programm vorbehalten.

Kein Garderobezwang.

Sonn- und Feiertags 2 Vorstellungen
nachmittags 4 Uhr und abends 8 Uhr

Nachmittags auf allen Plätzen 50 Pfg.

Wenn der Vorhang der Vorderbühne aufgeht, sieht man – bei geschlossenem Vorhang der Hinterbühne – nur den Stehgeiger und zwei weitere Musiker damit beschäftigt, ihre Blechnotenpulte auseinanderzuklappen und aufzustellen und sich Stühle zu holen, auf die sie sich pomadig hinsetzen. Der Stehgeiger schaut auf die Uhr. In diesem Moment kommt der vierte Musiker auf die Bühne.

STEHGEIGER Los! Los! Warum kommen Sie so spät?

DER VIERTE MUSIKER Weil es so heiß ist!

Er wischt sich den Schweiß von der Stirne, setzt seinen Strohhut ab, legt seine Joppe, die er unterm Arm getragen hatte, auf den Stuhl und setzt sich. In diesem Moment kommt der fünfte Musiker herein, der vollständig durchnäßt ist.

STEHGEIGER Nanu – was ist denn los? Sie sind ja ganz naß! Regnet es denn?

DER FÜNFTE MUSIKER Es wolkenbrüchelt.

Als sich der fünfte Musiker auch ausgezogen und gesetzt hat, kommt Karl Valentin herein im Pelzmantel, steifen Hut, Handschuhen, über und über mit Schnee bedeckt.

STEHGEIGER Um Gottes willen! Was soll denn das heißen! Schneit es denn?

KARL VALENTIN Furchtbar! Eminent!

STEHGEIGER Der eine schwitzt, der zweite sagt, es regnet, und Sie kommen mit Schnee!

KARL VALENTIN Wer sagt, daß es regnet?

STEHGEIGER Der Herr Müller hat soeben gesagt, daß es furchtbar regnet.

KARL VALENTIN *zu Herrn Müller* Ja, wo sind denn Sie hergekommen?

DER FÜNFTE MUSIKER Von der Theresienstraße.

KARL VALENTIN Ja, i bin von der Schwanthalerhöh hergekommen.

STEHGEIGER *zu Valentin* Also Schluß mit dem Unsinn! Ziehn Sie sich aus.

KARL VALENTIN Ganz?

STEHGEIGER Nein, nur Hut und Mantel sollen Sie ablegen. *Valentin legt alle seine Sachen auf das Klavier.* Halt! Halt! Nehmen Sie die Sachen hier weg! Es wird ja alles naß von dem Schnee.

KARL VALENTIN Der zerrinnt nicht, ist ja nur Christbaumschnee.

STEHGEIGER Richten Sie lieber Ihre Noten her, daß alles fertig ist, wenn der Herr Kapellmeister kommt!

Valentin setzt sich. Ein letzter Musiker kommt.

DER LETZTE MUSIKER Ist unser Kapellmeister noch nicht da?

KARL VALENTIN Nein, bis jetzt noch nicht, vielleicht kommt er später.

DER LETZTE MUSIKER Bei uns schimpft er gleich, wenn einer mal zu spät kommt, aber er darf sichs ja erlauben, der alte Aff.

KARL VALENTIN Der sitzt höchstens wieder drüben in der Wirtschaft und sauft eine Maß nach der andern, der besoffene Uhu –

DER LETZTE MUSIKER Könna tut er auch nichts, der alte Depp, der kennt ja nicht einmal die Noten, ich kann überhaupt nicht verstehen, wie der da herein in das Theater als Kapellmeister gekommen ist.

KARL VALENTIN Durch Projektion – sonst haben sie ihn nirgends brauchen können, den alten Grantlhauer, weil er von der Musik ja gar nichts versteht. *Der Kapellmeister (Liesl Karlstadt) tritt unbemerkt auf, er hört ruhig zu.*

DER LETZTE MUSIKER Ja, mir wenns amal zu dumm wird, dann kann er etwas erleben, der spinnate Kerl. Der ist ja sowieso schon sechs Jahre narrisch.

KARL VALENTIN Nein, das reicht nicht mehr, der ist schon sechzig Jahr narrisch.

DER LETZTE MUSIKER *dreht sich um, sieht den Kapellmeister, grüßt ihn leise* Guten Abend. *Zu Valentin, schnell* Komm, richt endlich deine Noten her und red nicht immer soviel, sonst wenn der Herr Kapellmeister kommt, bist wieder nicht fertig, dann muß er sich gleich wieder ärgern.

KARL VALENTIN Seit wann sagst du: Herr Kapellmeister?

DER LETZTE MUSIKER Ich hab noch nie anders gesagt wie unser Herr Kapellmeister –

KARL VALENTIN Jetzt schau einen solchen Konditor an, Herr Kapellmeister sagt er auf einmal, und sonst schimpft er die ganze Zeit über ihn!

DER LETZTE MUSIKER Das ist nicht wahr, ich hab noch nie über unsern Herrn Kapellmeister etwas gesagt, du hast grad gsagt, daß er sechs Jahre narrisch ist.

KARL VALENTIN Ich hab gsagt sechzig Jahr –
Der letzte Musiker hustet verlegen.

KARL VALENTIN Was hast denn auf einmal, warum sprichst denn nichts mehr? *Zu den andern* Was schaut ihr denn so blöd? Habt ihr mir wieder was naufghängt? *Er dreht sich um und sieht den Kapellmeister.*

Vor dem Auftritt

DER KAPELLMEISTER Jetzt horch ich Ihnen bereits fünf Minuten lang zu –

KARL VALENTIN So lang schon?

DER KAPELLMEISTER Wen haben Sie denn da gemeint mit dem alten Aff?

KARL VALENTIN Meinen Bruder.

DER KAPELLMEISTER So, Ihren Bruder – – Sie haben doch einmal zu mir gesagt, Sie haben gar keinen Bruder –

KARL VALENTIN Nein –

DER KAPELLMEISTER Wen haben Sie dann gemeint?

KARL VALENTIN Meine Schwester.

DER KAPELLMEISTER Erst den Bruder und dann die Schwester?

KARL VALENTIN Jawohl.

DER KAPELLMEISTER Und ich bin so dumm und glaub das.

KARL VALENTIN Jawohl.

DER KAPELLMEISTER Nein, absolut nicht – Sie, da wenn ich Ihnen drauf komme, wen Sie da gemeint haben, dann spuckts!

KARL VALENTIN Da kommens nicht drauf.

DER KAPELLMEISTER Das wird auch gut sein – da hört sich doch alles auf!
Guten Abend, meine Herren.

ALLE MUSIKER Guten Abend, Herr Kapellmeister.

DER KAPELLMEISTER Es ist ganz gut, wenn man auf eine solche Art und Weise seine Leute richtig kennenlernt, da tut er mir immer so schön ins Gesicht, und wenn ich nicht da bin, dann schimpft er über mich. Der falsche Kerl!

KARL VALENTIN Das kann ich doch nicht wissen, daß Sie hinter mir stehen.

DER KAPELLMEISTER Sie habens notwendig, Sie sind der Aller-schlechteste unter allen.

KARL VALENTIN Die andern auch.

DER KAPELLMEISTER Sind die Noten schon aufgeschlagen? Der erste Marsch kommt.

KARL VALENTIN M– – – arsch!

DER KAPELLMEISTER Was sagen Sie?

KARL VALENTIN Wissen Sie einen Reim auf Marsch?

DER KAPELLMEISTER Nein.

KARL VALENTIN WWWarsch – – WWarschau – abgekürzt.

DER KAPELLMEISTER Ich dacht schon, Sie meinten was anderes.

KARL VALENTIN *besinnt sich* Ja, das reimt sich auch.

DER KAPELLMEISTER Jetzt fangen wir an. – Also, heut muß amal ganz genauso gspielt werden, wie ich dirigiere!

KARL VALENTIN So kenna ma net spieln, da kriegn ma fünf Jahr wegn groben Unfug.

DER KAPELLMEISTER Ruhig! – Heut muß amal so gspielt werdn, wie ich dirigiere – und wem das nicht paßt, der soll machen, daß er heimkommt! *Alle gehen.* Wo laufens denn hin?

KARL VALENTIN Uns paßts nicht!

DER KAPELLMEISTER Ihr paßts mir schon lang nimmer! – Setzens Ihnen hin!

KARL VALENTIN Beim Flaucher hat doch die Musik auch immer klappt – grad Sie masseln immer!

DER KAPELLMEISTER Ja – Sie werden doch nicht die Flauchermusik mit diesem Orchester vergleichen? – Warum sinds denn da nicht droben bliebn, wenns Ihnen da gar so gut gfalln hat beim Flaucher?

KARL VALENTIN O mei, gfalln tuats mir gar nirgends, wo i arbeitn muaß – und dann bin ich ja in den Chinesischen im Englischen abikemma.

DER KAPELLMEISTER Wo is denn des?

KARL VALENTIN Im englischen Turm im chinesischen Garten!

DER KAPELLMEISTER So? Wieviel Mann warns denn da?

KARL VALENTIN Ja – zehn Mann – fast elf!

DER KAPELLMEISTER Entweder warns zehn o d e r elf!

KARL VALENTIN Elf warns auf keinen Fall!

DER KAPELLMEISTER Na also, dann warns eben zehn!

KARL VALENTIN Nein, acht Stück!

DER KAPELLMEISTER Was?

KARL VALENTIN A Stuckera achte!

DER KAPELLMEISTER Acht Stück Mann – das hab ich noch nie gehört! – Ich weiß was von acht Stück Zigarren oder von acht Stück Weißwürst!

KARL VALENTIN Ah – ah!

DER KAPELLMEISTER Ja, wenn man nur vom Essen was spricht – da wird er lebendig! Was habn denn Sie für a Instrument blasn bei dene acht Mann?

KARL VALENTIN Da hab ich net blasn, da hab ich gsammelt!

DER KAPELLMEISTER Also, jetzt fang ma an und probierns amal – und wenns nix is, dann hörn ma wieder auf!

KARL VALENTIN Hörn ma glei auf!

DER KAPELLMEISTER Das tät Ihna passn! Obacht geben, jetzt fangen wir überhaupts erst richtig an!

KARL VALENTIN Pause –?

DER KAPELLMEISTER Was Pause – wie kommen denn Sie jetzt auf

Pause – wer hat denn jetzt ein Wort von einer Pause gesagt?

KARL VALENTIN Haben nicht Sie grad Pause gesagt?

DER KAPELLMEISTER Ich? – Ich hab ja gar nicht dran gedacht an eine Pause – Sie haben grad gsagt Pause –

KARL VALENTIN Ich habs gsagt?

DER KAPELLMEISTER Jawohl, grad im Moment haben Sies gsagt!

KARL VALENTIN Drum, ich habs ja ghört!

DER KAPELLMEISTER Das würde Ihnen so passen, gleich am Anfang eine Pause machen, da wird nichts draus, jetzt gehts los. *Er klopft ab.*

KARL VALENTIN Halt – husten muß ich zuerst noch.

DER KAPELLMEISTER Jetzt hätten Sie so lange Zeit gehabt zum Husten, im letzten Moment fällt es ihm ein, also husten Sie noch schnell, dann warte ich – vorwärts – was ist denn? *Alle warten und sehen ihn an.*

KARL VALENTIN Jetzt muß ich nicht.

DER KAPELLMEISTER *klopft ab. Folies-Bergères-Marsch wird gespielt. Valentin bläst einmal falsch, deutet auf den anderen Trompeter und bläst zum Schluß einen Takt nach.* Was blasens denn da noch nach, wir sind doch schon fertig.

KARL VALENTIN Ich hab ja auch später angfangt.

DER KAPELLMEISTER Wo steht denn das, was Sie da nachblasn habn?

KARL VALENTIN Wer hat nachblasen?

DER KAPELLMEISTER Sie haben doch einen Ton nachgeblasen!

KARL VALENTIN Ich?

DER KAPELLMEISTER Natürlich Sie!

KARL VALENTIN An Dreck!

DER KAPELLMEISTER Sind Sie nicht so frech – Sie haben eben einen Ton nachgeblasen!

KARL VALENTIN Ich hab do net nachblasn! Ah – das war höchstens das Echo!

DER KAPELLMEISTER Da gibts doch kein Echo!

KARL VALENTIN Natürlich! Wenn man nach der Musik plötzlich aufhört, dann klings doch drüben nach – das ist genau so, wenn man ein Lied singt und man hört plötzlich auf – dann gibts ein Echo! – Passens auf! *Er singt* Kommt ein Vogerl geflogen, setzt sich nieder auf mein Fuß. *Pause – man hört hinter der Szene »Fuß«.* Haben Sies gehört? – Echo!

DER KAPELLMEISTER Schmarrn! – Ja, wenns das Lied in einen Wald neisingen, dann gibts ein Echo! Aber hier nicht! Folgedessen haben Sie nachgeblasen und damit basta!!

*Der Herr Kapell-
meister...*

*und sein schlechtester
Musiker...*

*schätzen einander
nur wenig*

63

KARL VALENTIN Ja, da brauchen wir nicht lang streiten – hab ich nachblasen oder war das ein Echo?

DER KAPELLMEISTER Das war kein Echo, Sie haben nachgeblasen!

KARL VALENTIN Dann hör ich auf!

DER KAPELLMEISTER Gut, dann hörn Sie auf!

KARL VALENTIN Fragen Sie den Alfons, ob ich nachblasn hab!

DER KAPELLMEISTER Alfons, sagen Sie, der hat doch nachgeblasen?

ALFONS Da laß ich mich überhaupt nicht ausfragen! – Denn wenn der aufhört, dann mag ich auch nimmer dableibn.

KARL VALENTIN So – und wenn der aufhört, dann hörn die andern auch alle auf, und dann kannst dir an Grammophon kaufen.

DER KAPELLMEISTER Ja, da bin ich besser dran, da brauch ich mich wenigstens nicht ärgern.

KARL VALENTIN Wennst es aber überdrehst und d'Feder abreißt, dann hast gar nix – und anzeigen tun wir Ihnen auch, weils uns immer in d' Invalidenkarte lauter braune Rabattmarken neipappn! Sie Schwindler!

DER KAPELLMEISTER Also da hört sich doch alles auf! *Zu einem grauhaarigen Musiker* Sie sind der Älteste. Sagen Sie, hat der nachgeblasen oder wars ein Echo?

DER GRAUHAARIGE MUSIKER Das war ein Echo!

DER KAPELLMEISTER Schauns, daß nauskommen, Sie! *Zum Publikum* Verzeihen die Herrschaften, es handelt sich hier um eine musikalische Streitfrage. Hat er nachgeblasen oder war es ein Echo?

PUBLIKUM Das war ein Echo!

DER KAPELLMEISTER *resigniert* Da bin ich halt überstimmt. – Also jetzt kommt die Sängerin dran. Die Dame müssen Sie mit Streichmusik begleiten, die Trompete ist zu laut.
Alle Musiker nehmen Streichinstrumente zur Hand. Karl Valentin nimmt die Trompete und die Violine in die Hand.

DER KAPELLMEISTER Streichmusik hab ich gesagt. Schaun Sie sich doch an. *Valentin richtet sein Vorhemd, versucht, sich ein Loch von der Hose wegzuwischen.* Was wischens denn da rum? – Das ist doch ein Loch!

KARL VALENTIN Mit Benzin gings schon raus! *Dann nimmt er die Trompete und den Geigenbogen, endlich die Geige und den Bogen, hält ihn aber verkehrt.*

DER KAPELLMEISTER Wieder verkehrt! Ich glaub, Sie sind heut besoffen?

KARL VALENTIN Jetzt noch nicht.

DER KAPELLMEISTER Also fertig, die Sängerin will doch singen!

KARL VALENTIN Wegen uns brauchts nicht singen.

DER KAPELLMEISTER Wegen Ihnen singts auch nicht, sondern wegen dem Publikum!

Man hört ein Glockenzeichen und einen Tusch. Der Vorhang der Hinterbühne bewegt sich ein wenig, geht aber nicht auf.

DER THEATERMEISTER *kommt auf die Bühne* Herr Kapellmeister, ich bring den Vorhang nicht auf, der ist kaputt!

DER KAPELLMEISTER Warum richten Sie dann denn den Vorhang nicht?

DER THEATERMEISTER Ich kann ihn nicht richten.

DER KAPELLMEISTER Auf der ganzen Welt wird sich doch einer finden, der den Vorhang richten kann.

KARL VALENTIN Ein Richter!

DER KAPELLMEISTER Da muß man eben einen Tapezierer haben. Gehen Sie einmal zum Tapezierer und holen Sie ihn.

DER THEATERMEISTER Ich weiß nicht, wo der Tapezierer wohnt.

KARL VALENTIN Das ist doch gleich, wo der wohnt.

DER KAPELLMEISTER Das ist nicht gleich, wo der wohnt. Das muß man doch wissen.

KARL VALENTIN Der Tapezierer wirds doch selber wissen, wo er wohnt. Den braucht er doch nur fragen.

DER KAPELLMEISTER Wie kann er denn das, wenn er nicht weiß, wo er ihn finden kann.

KARL VALENTIN Den wird er schon einmal treffen auf der Straße.

DER KAPELLMEISTER Unsinn! Wer weiß, wo der Tapezierer wohnt?

KARL VALENTIN Einen weiß ich schon, der wohnt Ecke Theresienwiese und Kaufinger Straße.

DER KAPELLMEISTER Also, da gehen Sie hin! Sagen Sie eine Empfehlung von mir, unser Vorhang hat sich verhängt, wenn er einmal Zeit hat, soll er rüberkommen bei Gelegenheit.

Der Theatermeister geht ab. Auf eine entsprechende Geste des Kapellmeisters ziehen zwei Musiker den Vorhang in der Mitte etwas auseinander. In dem Ausschnitt wird die Sängerin sichtbar.

DER KAPELLMEISTER Aha, die Sängerin ist auch schon da, die hab ich noch gar nicht bemerkt.

DIE SÄNGERIN Ein Lied: Das verlorene Glück.

KARL VALENTIN Was hats verlorn?

DER KAPELLMEISTER Ihr Glück hats verlorn.

KARL VALENTIN Inserieren lassen!

DIE SÄNGERIN *singt*

> So oft der Frühling durch das offne Fenster
> Am Sonntagmorgen uns hat angelacht,
> Da zogen wir durch Hain und grüne Felder.
> Sag, Liebchen, hat dein Herz daran gedacht?

Karl Valentin spielt ganz falsch auf der Geige dazu. Der Kapellmeister schimpft darüber. Darauf stimmt er die Geige. Der Kapellmeister schimpft wieder. Die Sängerin immer weitersingend

> Wenn abends wir die Schritte heimwärts lenkten,
> Dein Händchen ruht in meinem Arm,
> So oft der Weiden Rauschen dich erschreckte,
> Da hielt ich dich so fest, so innig warm.

Der Theatermeister und ein Tapezierer kommen mit Leiter und Werkzeug durch den Zuschauerraum auf die Bühne gepoltert. Die Sängerin

> Zu jener Zeit, wie lieb ich dich, mein Leben,
> Ich hätt geküßt die Spur von deinem Tritt,
> Hätt gerne alles für dich hingegeben
> Und dennoch du – du hast mich nie geliebt!

Inzwischen hat der Tapezierer mit der Reparatur begonnen. Der Theatermeister zeigt ihm alles, man hört das Gemurmel der beiden, ihr lautes Klopfen und Schlagen stört den Gesang. Die Sängerin singt unbekümmert weiter

> Stets sorgenlos, mit wenigem zufrieden,
> Begabt mit leichtem Mut und frohem Sinn,
> So saßen wir am kalten Winterabend
> Und wärmten uns am traulichen Kamin.
> Wir schwärmten nur von Liebeslust und Wonne,
> Dein Haupt, es ruhte sanft auf meinem Knie,
> Dein Auge über mir war meine Sonne,
> Des Feuers Knistern süße Harmonie.
> Zu jener Zeit, wie lieb ich dich, mein Leben,
> Ich hätt geküßt die Spur von deinem Tritt,
> Hätt gerne alles für dich hingegeben,
> Und dennoch du – du hast mich nie geliebt.

Karl Valentin steigt auf seinen Stuhl, um dem Tapezierer bei der Arbeit zuzusehen. Dann geht er – immerzu geigend – auf die Bühne und steigt dem Tapezierer sogar auf die Leiter nach. Erbost steigt ihm der Kapellmeister hinterher und bedeutet ihm durch heftige Gebärden, daß er sofort auf seinen Platz zurückgehen soll. Valentin schert sich nicht darum, weicht ihm aus, gerät dabei der Sängerin mit dem Fiedelbogen in die Frisur, bleibt darin hängen und angelt ihr damit unwillkürlich – ganz und gar vom Zuschauen auf den Tapezierer in Anspruch genommen – den falschen Zopf vom Kopfe, ohne es zu bemerken. Dabei geigt er unentwegt mechanisch weiter. Indessen hat der Tapezierer seine Arbeit beendet, den Vorhang durch öfteres Auf- und Zuziehen ausprobiert und packt nun geräuschvoll sein Handwerkszeug zusammen. Dann verläßt er die Bühne. Wieder pirscht sich der Kapellmeister an Valentin heran, um ihn von der Bühne herunterzudrängen, Valentin entwischt abermals, tritt dabei dem Souffleur auf die Hand und bleibt darauf stehen. Aus dem Souffleurkasten kommt ein jämmerliches Geschrei. Au – au – au!

DER KAPELLMEISTER Wer schreit denn da so? *Er bemerkt den Souffleur.* Sie, Sie stehen ja dem Souffleur auf der Hand, gehens doch runter! *Karl Valentin ist ganz erstaunt, hebt seinen Fuß auf und schaut den Souffleur an.* Gehens auf Ihren Platz hinunter! Das kann ich nicht verstehn, steigt er dem Souffleur auf die Hand. Ja, ham denn Sie das nicht gspürt?

KARL VALENTIN Ja woher! – Er hats gspürt! *Der Souffleur schreit immer weiter.* Jammert er recht?

DER KAPELLMEISTER Natürlich muß er jammern, wenn Sie ihm auf d' Finger hinaufsteigen! Meinens, das tut so wohl? Lassen Sie sich einmal auf die Finger hinauftreten, dann werden Sies schon sehen. Wenns an Anstand hätten, würden Sie sich entschuldigen.

KARL VALENTIN Hab keinen. *Der Souffleur schreit immer noch.* So lange bin ich gar nicht droben gestanden, als der schreit!

DER KAPELLMEISTER *steigt wieder auf die Vorbühne hinunter.* Aber die Sängerin ist gut, meine Herrn.

KARL VALENTIN *steigt gleichfalls hinunter.* Die hat eine Genie.

DER KAPELLMEISTER Man sagt nicht, die hat ein Genie, sondern die Dame i s t ein Genie!

KARL VALENTIN Nein, ich mein, die hat e i n e Genie – eine schenie Stimme.

DER KAPELLMEISTER Das ist doch etwas ganz anderes. Übrigens fällt mir gerade noch etwas ein. Gell, wenn Sie mich wieder einmal sehn auf der Straße, dann sind Sie auch so freundlich und grüßen Sie mich. Das gehört sich, das erfordert Ihr Anstand.

DER LETZTE MUSIKER Warum, ham Sie ihn wo gsehn?

KARL VALENTIN Gestern auf der Post, da hat er sich angstellt.

DER KAPELLMEISTER Gell, Sie haben mich gsehn, warum haben Sie mich dann nicht gegrüßt?

KARL VALENTIN Weil Sie so weit hinten gestanden sind – ich kann doch nicht so hinter grüßen! Da warn viel Leut dort, Menschen, Publikum, Passanten, Volk – alles durcheinander. Sie – der Frau, die vor Ihnen gestanden ist, der hams das Handtascherl gstohlen.

DER KAPELLMEISTER Ja, wie meinen Sie das? Ha? Sie bringen das ja fast so heraus, als ob i c h der Frau das Handtascherl gestohlen hätte!

KARL VALENTIN Ja, gewiß weiß ichs nicht.

DER KAPELLMEISTER Behaupten wollen Sies auch noch! Das verbitte ich mir. Das kann schon sein, daß einer Frau eine Handtasche gestohlen worden ist, das war höchstens ein Taschendieb.

KARL VALENTIN Freilich kein Kellerdieb.

DER KAPELLMEISTER Die Frau hätte eben besser Obacht geben sollen auf ihr Täscherl, dann wärs ihr nicht gestohlen worden.

KARL VALENTIN Da wars aber schon zu spät, weils da schon weg war.

Valentin läßt alle Nummern zu gleicher Zeit auftreten

DER KAPELLMEISTER Ja, hernach hats freilich keinen Wert mehr, vorher hätte sie Obacht geben sollen.

KARL VALENTIN Vorher hat sies doch nicht gewußt, daß 's ihr gestohlen wird.

DER KAPELLMEISTER Wenn sie Obacht gegeben hätte, wärs ihr doch nicht gestohlen worden, wenn sie immer aufs Täscherl geschaut hätte.

KARL VALENTIN Die Frau kann doch nicht immer auf ihr Täscherl Obacht geben.

DER KAPELLMEISTER Ach – lassens mir meine Ruhe, was geht denn mich die Frau an, wenn die Frau so dumm ist, daß sie nicht einmal auf ihr Täscherl Obacht geben kann, dann soll sie zu Haus bleiben und nicht hingehen aufs Postamt.

KARL VALENTIN Dann kriegts keine Briefmarken.

DER KAPELLMEISTER Ach was – ich mein doch so im allgemeinen, wenn man sich in einem Gedränge befindet, dann muß man eben auf seine Sachen Obacht geben, daß einem nichts wegkommt.

KARL VALENTIN Ja, mir ists auch einmal so gangen beim Oktoberfest, da bin ich auch mitten im Gedränge gestanden, direkt bei der Siebener-Bahn.

DER KAPELLMEISTER Was Siebner-Bahn? Die heißt doch Achterbahn.

KARL VALENTIN Das weiß ich schon, da wars ja noch nicht ganz fertig. Ja, da wärs mir auch bald so gegangen. Da bin ich an der Kasse ins Gedränge hineingekommen, und da hättens mir beinah meine schöne goldene Uhr gestohlen. Die schöne Uhr mit dem Hupfdeckel.

DER KAPELLMEISTER A – A – A – A! Da werden Sie aber erschrocken sein?

KARL VALENTIN Ja, das können Sie sich denken – gut, daß ichs daheim lassen hab an dem Tag.

DER KAPELLMEISTER Erzählens mir heut nichts mehr, ich will nichts wissen. Einen Tusch in C! *Man hört den Tusch, der Vorhang der Hinterbühne geht auf. Er steigt auf die Hinterbühne.* Hochgeschätztes Auditorium! Ich erlaube mir, Ihnen hier den weltberühmten Kunstradfahrer, Mister Hamptnquempftn vorzustellen! *Der Kunstradfahrer erscheint auf der Bühne.* Er ist geboren im Jahre neunzehnhundertsoundsoviel, absolvierte die Volksschule in Chicago und wandte sich, nachdem er zwei Jahre beim hiesigen Straßenbauamt als Teereingießer tätig war, dem Artistentum zu. Durch seine bereits absolvierten Gastspiele in Nordwestindien, Gleisental im Allgäu, Stuttgart, Kempten, Berlin, Ostern, Pfingsten und Meran etc. etc.

wird es ihm ein Leichtes sein, sich auch die Gunst des hiesigen Publikums zu erringen. – Herr Mister Hamptnquempftn teilt seine Nummer in fünf Abteilungen ein, und zwar:

Erstens   Eine Kreisfahrt auf seinem Originaldreirad ohne Freilauf und Rücktrittbremse.

Zweitens   Ausblasen einer brennenden Flamme während der Fahrt.

Drittens   Eine Kreisfahrt auf demselben Rade mit Glockengeläute.

Viertens   Eine Kreisfahrt auf der Bühne mit verbundenen Augen.

Und zum Schluß: die grauenerregende Todesfahrt durch Nacht und Nebel! *Die Kapelle spielt einen Tusch.* In seiner ersten Abteilung: Eine Kreisfahrt auf seinem Originaldreirad ohne Freilauf und Rücktrittbremse. *Die Musik spielt dazu den Donauwellenwalzer.*

KARL VALENTIN Der is gut, der is gut, der is nur gut – zu gut – der is glänzend, wenn d' Sunna draufscheint!

DER KAPELLMEISTER In seiner zweiten Abteilung: Ausblasen einer brennenden Flamme während der Fahrt. *Er zündet eine Kerze an.*

Der Kunstradfahrer fährt das erste Mal daran vorbei. Der Kapellmeister hält die Kerze so hoch, daß er sie nicht auslöschen kann. Der Kunstradfahrer fährt nochmals im Kreise herum. Der Kapellmeister hält ihm die Kerze ganz nahe hin, der Radfahrer bläst sie aus. Das Orchester intoniert einen Tusch.

DER ZWEITE MUSIKER Was wird denn der Kunstradfahrer Gage haben, wissen Sie das?

KARL VALENTIN Der hat hundert Mark Gage!

DER ZWEITE MUSIKER Im Tag?

KARL VALENTIN A woher – im Jahr!

DER ZWEITE MUSIKER Das ist aber auch nicht viel.

KARL VALENTIN Einteilen muß er sichs halt.

DER KAPELLMEISTER In seiner dritten Abteilung eine Kreisfahrt auf der Bühne mit Glockengeläute. *Er gibt dem Radfahrer eine Glocke in die Hand, dieser fährt und läutet dazu. Die Kapelle spielt einen Tusch.*

KARL VALENTIN Wie alt wird denn der Kunstradfahrer sein?

DER DRITTE MUSIKER Ich denke, zwanzig Jahr.

KARL VALENTIN Samt dem Rad?

DER DRITTE MUSIKER A woher, das ist viel älter wie er!

DER KAPELLMEISTER In der vierten Abteilung eine Fahrt mit verbundenen Augen! *Er bindet dem Radfahrer mit einem ganz schmalen Tuch die Augen zu, so daß derselbe heraussieht.*

KARL VALENTIN Der lurt!

DER KAPELLMEISTER Der kann doch nicht sehen! *Zum Radfahrer* Oder sehen Sie was?

DER RADFAHRER Nein.

DER KAPELLMEISTER Also, er sagts doch selbst, daß er nichts sieht. *Der Radfahrer fährt, stößt an die Wand an und fällt mit dem Rad absichtlich hin.*

KARL VALENTIN *und* ALLE MUSIKER *stellen sich auf die Stühle und schreien* Jetzt ist er gestürzt! *Dabei spielen sie ruhig weiter.*

DER KAPELLMEISTER Schreien Sie doch nicht so, kein Mensch hat gemerkt, daß er heruntergefallen ist.

KARL VALENTIN *auf dem Stuhl stehend und weiterspielend* Ist am Rad was passiert?

DER KAPELLMEISTER Am Rad, das wäre das Wenigste! Die Hauptsache ist, daß i h m nichts passiert ist. *Zum Radfahrer* Oder haben Sie sich weh getan?

DER RADFAHRER Nein, im Gegenteil!

KARL VALENTIN *auf dem Stuhl stehend und weiterspielend* Wo? Im Hinterteil?

DER KAPELLMEISTER Nein, im Gegenteil, hat er gesagt.

KARL VALENTIN Am Gegenteil?

DER KAPELLMEISTER Nein, am Hinterteil. Ach, ich werde selber noch ganz blöd. *Er bemerkt, daß die Musiker auf den Stühlen stehen.* Gehens doch herunter – da bleiben sie jetzt alle am Stuhl oben – heruntergehn sollns!
Alle bleiben auf den Stühlen droben und spielen weiter.

KARL VALENTIN Der muß ja stürzen! Er sieht ja nichts, weil Sie ihm die Augen verbunden haben!

DER KAPELLMEISTER Das ist eben die Kunst!

KARL VALENTIN Das Augenverbinden?

DER KAPELLMEISTER Nein, mit verbundenen Augen zu fahren!

KARL VALENTIN Dann sieht er aber nichts!

DER KAPELLMEISTER Er soll doch auch nichts sehen!

KARL VALENTIN Na, dann stürzt er wieder!

DER KAPELLMEISTER Er soll aber nicht stürzen!

KARL VALENTIN Er muß aber stürzen!

DER KAPELLMEISTER Warum?

KARL VALENTIN Ja, weil er d' Augen verbunden hat!

DER KAPELLMEISTER Das ist eben die Kunst!!

KARL VALENTIN Was? – 's Augenverbinden?

DER KAPELLMEISTER Ach hörens doch auf, da werden wir ja gar nimmer fertig.

KARL VALENTIN Das ist überhaupt eine gefährliche Nummer – es ist eine Todesnummer – weil der nie weiß, ob der nicht einmal erschlagen wird.

DER KAPELLMEISTER *zu den immer noch auf den Stühlen im Stehen spielenden Musikern* Jetzt gehns aber endlich runter!
Die Musiker steigen von den Stühlen und beenden ihr Spiel.

KARL VALENTIN *im Hinuntersteigen* Ja, wenn er aber wieder stürzt?!

DER KAPELLMEISTER Dann könnens immer wieder naufsteigen! *Zum Publikum* In seiner fünften Abteilung zum Schluß die grauenerregende Todesfahrt durch Nacht und Nebel! *Er holt einen großen Reifen, in dessen Rahmen weißes Papier geklebt ist mit der Aufschrift: Durch Nacht und Nebel. Ein Trommelwirbel setzt ein, der Radfahrer fährt beim Höhepunkt desselben mit Gewalt durch das Papier, die Musiker spielen einen Tusch und wiederholen ihn immer wieder. Der Theatermeister bringt einen alten, verwelkten Lorbeerkranz und hängt ihn dem Radfahrer um den Hals. Der Radfahrer verbeugt sich und geht ab. Der Vorhang der Hinterbühne fällt. Die Musiker wiederholen ihren Tusch unentwegt weiter.*

DER KAPELLMEISTER Ja wie oft denn noch?!

KARL VALENTIN Der hats aber auch verdient!

DER KAPELLMEISTER Ja, der Kunstradfahrer ist gut. Da versprech ich mir sehr viel von dem, für dem seine Zukunft ist gesorgt!

KARL VALENTIN Der wird erst noch gut, wenn er noch zwanzig bis dreißig Jahre fährt. Das kann man nicht lernen, das ist angeboren, das liegt bei diesen Artisten schon im Blut, im Artistenblut, in der Familie, im Familienblut, im Artistenfamilienblut. Im artistischen Familienblut.

DER KAPELLMEISTER Na ja, das ist eben das Künstlertum, das steckt in diesen Leuten so drin. Dem sein Vater war...

KARL VALENTIN Sicher...

DER KAPELLMEISTER Was sicher? Sie wissen ja gar nicht, was ich sagen will. Ich mein, dem sein Vater...

KARL VALENTIN Ja, das mein ja ich.

DER KAPELLMEISTER Schau, der laßt mich nicht ausreden. Dem sein Vater war sicher ein großer Artist oder ein Rennfahrer.

KARL VALENTIN Oder ein roter Radler.

DER KAPELLMEISTER So leicht ist das nicht, wie das aussieht – diese artistischen Darbietungen sind immer mit Gefahr verbunden. – Sie haben schon gesehen, wie er beinah unterm Fallen gestürzt wäre. Ich behaupte, daß das eine direkte Todesnummer ist.

KARL VALENTIN Ja, das stimmt auch, weil der nie weiß, ob er nicht vom Publikum einmal erschlagen wird.

DER KAPELLMEISTER Jetzt sprechen wir von was anderem. Jetzt machen wir das neue Stück, das ich gestern instrumentiert habe. Schlagen Sie gleich die Noten auf!

KARL VALENTIN Was für Noten? Hoffmannstropfen – Hoffmannserzählungen, das haben wir ja noch nie probiert, das können wir ohne Probe nicht spielen!

DER KAPELLMEISTER Das muß gehen ohne Probe! Die Herren sind lauter Berufsmusiker – das wird einfach vom Blatt gespielt!

KARL VALENTIN Wenn aber ein Fehler in den Notn is?

DER KAPELLMEISTER Da ist kein Fehler drin – kümmern Sie sich nicht – die Noten habe ich selbst geschrieben.

KARL VALENTIN Ja – deshalb mein ich ja.

DER KAPELLMEISTER Sie! – Erlaubens Ihnen nicht soviel!

KARL VALENTIN Ja – uns is's ja gleich – wir spieln halt des, was dasteht.

DER KAPELLMEISTER Jawohl, Sie brauchen nicht weniger spielen und nicht mehr.

KARL VALENTIN Ja – mehr auf keinen Fall!

DER KAPELLMEISTER *klopft ab. Die Musiker spielen nun immer die gleichen vier Takte bis zum Wiederholungszeichen, so lange, bis der Kapellmeister wütend abklopft und schreit* Ja – was is denn das für eine Schlamperei, warum wird denn da nicht weitergespielt?

ALLE MUSIKER Geht nicht, is ja ein Wiederholungzeichen beim vierten Takt.

KARL VALENTIN Des geht tausend Jahr im Kreis rum.

DER KAPELLMEISTER *reißt Valentin das Blatt aus der Hand.* Wo ist da ein Wiederholungzeichen?

KARL VALENTIN Da! *Deutet mit dem Fiedelbogen auf die Noten.*

DER KAPELLMEISTER Gehns doch mit ihrem dummen Fiedelbogen weg – ich such mirs schon selber!

KARL VALENTIN Da! *Er deutet wieder mit dem Bogen.*

DER KAPELLMEISTER Sie sollen nicht immer daher deuten! *Er schlägt nun mit seinem Taktstock Valentin auf den Fiedelbo-*

gen. Karl Valentin schlägt zurück auf den Taktstock, allmählich in Fechterstellung übergehend. Der Kapellmeister geht nach einem kräftigen Stoß weit zurück, kommt wieder vor und schreit wütend zu Karl Valentin Noch einmal! *Karl Valentin stößt noch einmal nach dem Bauch des Kapellmeisters, wie ihm befohlen. Dann grüßt er vorschriftsmäßig mit dem »Degen« (Fiedelbogen), winkelt den linken Arm etwas an, als ob er eine Säbelscheide damit hielte, und steckt den Fiedelbogen elegant in einen von Daumen und Zeigefinger der linken Hand gebildeten Ring.*

DER KAPELLMEISTER Da hört sich doch alles auf, schämen Sie sich!

KARL VALENTIN Ich hab ja gsagt, wir spielen das, was dasteht.

DER KAPELLMEISTER Eine solche Blamage vor dem Publikum, was glauben denn Sie, was sich da das Publikum denkt.

KARL VALENTIN Das ist mir wurscht.

DER KAPELLMEISTER Das ist ja das Traurige, daß Sie keinen Funken Ehrgeiz besitzen.

KARL VALENTIN Die andern auch nicht.

DER KAPELLMEISTER Zu euch sagt auch kein Mensch was, an mir geht es hinaus.

KARL VALENTIN Gemerkt hats ja niemand.

DER KAPELLMEISTER Glaubns, die Leut sitzen auf den Ohren?

KARL VALENTIN Im Gegenteil!

DER KAPELLMEISTER Also los, die Türkische Scharwache. *Die Auftrittsmusik setzt ein, nach wenigen Takten geht der Vorhang der Hinterbühne auf.*

DER ZAUBERER *geht langsam über die Bühne – die Musik hört auf – und spricht* Guten Abend, meine liebe Publikum! Guten Abend! – Gestatten, daß ich mich vorstelle als eine orientalische Zauberer, indem ich Ihnen werde vormacken versiedene Sauerei – ah – Saubereien! Wie Sie wissen, meine lieben Publikum, sein Saubrei keine Hexerei, sondern nur eine Geschwindigkeit meiner Hände. Sauen Sie mir auf meine Hände, so werd ick Sie betrügen mit meiner Mund. Sauen Sie auf meiner Mund, werd ick Sie betrügen mit meiner Hände. – Ick beginnen sofort mit meine Saubrei und zeige Ihnen als ersten Dreck – Trick – eine serr gute Kartenkunststück. Habe hier eine ganzer Kartenspiel – wollen Herrsaften ansehen, daß es eine gewöhnliche Kartenspiel ist. Bitte! *Er läßt es im Publikum sehen.* Wollen nun eine Herr oder Dame sein so gut und eine Karte ziehen. *Er läßt eine ziehen.* So – wollen Sie diese

Karte genau ansehen und sich merken! – Sein Sie so gut und seigen Sie der Karte der Publikum. Bitte, stecken Sie dieser Karte wieder zurück in meine ganzes Kartenspiel! – Danke! – Ick werde nun Kartenspiel mischen! *Er tut es.* Sie glauben nun, Ihre Karte sein in der Kartenspiel – o nein – Ihre Karte sein längst verschwunden in meine inneres Rocktaschel. Bitte! – *Er zieht aus dem Rock eine Karte heraus, welche vorher schon in der Tasche gesteckt, und zeigt sie dem Publikum mit der Bildseite nach rückwärts. Selbstverständlich ist es eine andere Karte.* Ick danke vielmals!

KARL VALENTIN Sie – der hat mich gfragt, ob Sie der türkische Honigmann sind von der Dult?

DER ZAUBERER Honigmann?!? – Bin ick nicht!! – Der ist meine Schwester!! *Zum Publikum* Als zweiten Dreck – Trick – einer großartigen Sauberei! – Haben hier einer roten Rose. Werde dieser roten Rose in einer andern Rose versaubern – in anderes Farbe, in weißer Rose, in rosa Rose, grüner Rose, in allen Farben! – Nun meiner liebes Publikum, welcher Farbe soll ick Rose machen?

KARL VALENTIN Braune Rose!

DER ZAUBERER Brauner Rose gibt es nicht!

KARL VALENTIN Wenn aber a weiße Rosn in an Haufn – braune Ölfarb neifallt?!

DER ZAUBERER Was für Farbe soll ick macken? *Verschiedene Zurufe, zum Schluß »Rosa Rose«.* Gut, werde ick macken rosa Rose. Nehme nun Rose in linker Hand und mit rechter Hand nehme ick mit beider Fringerspritzel – Springerfitzel – Spritzelfinger – – – Fingerspitzel diese Taschentuch, welche vollständig leer, lege es über rote Rose – macke eins – zwei – drei – *er nimmt das Taschentuch mit roter Hülse weg* – und aus roter Rose ist rosa Rose geworden! – – Ich danke! *Er verbeugt sich und läßt die rote Hülse unter dem Taschentuch fallen.*

KARL VALENTIN Sie – da haben Sie was verloren!

DER ZAUBERER Sind Sie ruhig – braucht niemand wissen!

KARL VALENTIN Könnens des mit einer Gesichtsrose aa machen?

DER ZAUBERER Nun, meine liebe Publikum, werd ick Ihnen größte Sauerei – Sauberei – zeigen, die jemals von Sauberkünstler gezeigt wurde! Habe hier eine Sylinderhut – eine gewöhnliche Sylinderhut – ohne doppelte Boden – nix drinn, vollständig leer! Ick werde diese Sylinderhut hier auf meine Saubertisch stellen und werde alle möglichen Sachen heraussaubern. – Ick nehme meine Sauberstab, macke eins – zwei –

drei – *er greift in den Hut, welcher im Boden ein großes Loch hat, und läßt sich von dem unterm Tisch sitzenden Jungen einen Blumenstock heraufreichen* – ah, eine Blumenstock aus meine Hut, welcher vollständig leer! – Ick macke eins – zwei – drei – – ah! Kann auch größere Sachen heraussaubern! – Was soll ick heraussaubern?

KARL VALENTIN Einen Kleiderkasten.

DER ZAUBERER Kleiderkasten ist etwas zu groß.

KARL VALENTIN A Halbe Bier.

DER ZAUBERER Bier – oh, Bier kann ick heraussaubern. Hab so großes Durst! – Ick macke eins – zwei – drei – *er greift wieder in den Hut* – ein Glas Bier! Prosit, meine liebe Publikum! – Prost! *Unterdessen langt der unter dem Tisch Befindliche wieder etwas durch den Hut, so, daß dies oben herausschaut.*

KARL VALENTIN *macht den Zauberer durch Gesten darauf aufmerksam.* Sie – da schaugns hin, da kommt no was raus.

DER ZAUBERER *stürzt ganz entsetzt zum Tisch hin, schimpft durch den Hut hinunter* Hundsbua – miserablicher! Hab i dir ogschafft, du sollst no was rauslanga?? *Der Junge schaut aus dem Tisch und kriecht heraus, beide laufen herum, der Zauberer schimpft, der Junge streckt die Zunge heraus und geht dann ab.* Wart nur, Krüppel, mistiger —!

KARL VALENTIN Krüppel, mistiger? – Das war aber net türkisch! *Der Vorhang der Hinterbühne schließt sich.*

DER KAPELLMEISTER *klopft ab.* Los, die Soubrette kommt dran. Schlagen Sie die Noten auf.
Karl Valentin nimmt eine Posaune zur Hand. Der Kapellmeister hebt den Taktstock, der Marsch beginnt, man hört jedoch nur den ersten Ton.

KARL VALENTIN *schreit* Halt, 's Wasser muß ich erst noch rauslassen!

DER KAPELLMEISTER D d d d d d d d d d d d. *Karl Valentin leert das Wasser aus der Posaune, in die vorher ein halbes Glas hineingekommen ist.* Nun, wirds bald?

KARL VALENTIN Na ja, das ist net so einfach. Da muß ich zu gleicher Zeit mit die zwei Rohre in die zwei Löcher da hineinfahren. *Er versucht es.* Das nützt mich gar nichts, wenn ich in einem drin bin, da wär ich lieber gar nicht drin.

DER KAPELLMEISTER Man kann gar nimmer zuschaun.

KARL VALENTIN Dann schauns weg. Das ist halt des Dumme, bei die Blechinstrumente, daß ma da immer 's Wasser rauslassen muß. Bei die Geiger is das was anderes. Sie wern nie sehn, daß ein Geiger eine Geige auseinanderzieht, weil eine Geige nicht naß wird. Außerdem es geigt einer im Freien draußen, und wer geigt schon im Freien drauß, dafür hat man ja die Blechinstrumente. Sie werdn nie sehn, wenn ein Umzug auf der Straße daherkommt, daß die Streichmusik machen, denn da müßtn d' Leit ja alle drei Meter weit auseinandergehen, weil sonst einer den andern mit dem Geigenbogn an Hut runterstoßn tät. Und mit der Baßgeign wär das ja eine furchtbare Sache. Wenn der Baßgeiger auf der Straße unterm Marschieren baßgeigen müßte, weil man eine Baßgeign nur im Stehn spieln kann, aber mit der Baßgeign kann er net im Gehn geign. Außerdem er macht unter de Baßgeign a Rolln unten hin, dann kann er schon fahrn, aber da kann er mit der Baßgeign an eim Kanaldeckel hängenbleibn und kann nimmer weiter und dann kann der ganze Umzug nimmer weiter, weil alle hinter ihm stehn bleiben müssen.

DER KAPELLMEISTER Das ist ja furchtbar, wem erzählen Sie denn den Mist? Das interessiert doch die Leute gar nicht.

KARL VALENTIN Grad das interessiert die Leute, weil die Leute immer noch nicht den Unterschied zwischen Blech- und Streichmusik wissen. Die sollen einmal aufgeklärt werden, die lechzen direkt nach Aufklärung. *Nach einer Pause* Und war so schön drin –

DER KAPELLMEISTER Jetzt werd ich Ihnen aber gleich helfen.

KARL VALENTIN Ach, zu zweit geht des gar net. *Er versucht, wieder hineinzukommen und sagt plötzlich* Da gehts hier genauso wie beim Winterfenster-Einhängen. Wenn man oben drin ist, rutscht ma unten wieder raus.

DER KAPELLMEISTER Jetzt fangen wir ohne Sie an.

Das Vorspiel beginnt, der Vorhang der Hinterbühne öffnet sich.

DIE SOUBRETTE *tritt auf und singt*
      Potz Blitz und Element, so tönt es rings im Saal,
      Und lauter Jubel schallt durchs Haus,
      Ein jeder ruft, die ist doch wirklich kolossal,
      Ja, diese Kleine, die hats raus.
      In meinen Adern rollt ganz heiß Theaterblut
      Und schnell und schneller schlägt das Herz.
      Ich hab ja immer frohen, frischen, freien Mut
      Und schwärme für Gesang und Scherz.
      Ein jeder ruft hipp, hipp, hurra,
      Die fesche Mizzi, sie ist da!

Und Jubel schallt durchs ganze Haus,
Ein jeder spendet mir Applaus,
Ein jeder ruft hipp, hipp, hurra,
Die fesche Mizzi, sie ist da,
Und Jubel schallt durchs ganze Haus,
Ein jeder spendet mir Applaus.

DIE SOUBRETTE *marschiert während des Refrains über die Bühne. Das Orchester intoniert das Zwischenspiel – sie beginnt wieder zu singen* Ich liebe... *Sie singt nur diese zwei Worte als Anfang der zweiten Strophe und bleibt stecken.*

DER KAPELLMEISTER Singens doch weiter.

DIE SOUBRETTE Ich kann nicht weiter.

DER KAPELLMEISTER *klopft ab. Die Musik hört auf, bis auf Karl Valentin, der allein mit der Posaune die ganze Strophe zu Ende bläst und dann ganz verwundert auf den Kapellmeister schaut.* Haben Sie denn gar nicht bemerkt, daß wir schon längst aufgehört haben?

KARL VALENTIN Ich habe ja noch ein ganzes Stück zu blasen.

DER KAPELLMEISTER Da sieht man wieder, wie gedankenlos Sie dahinblasen, vollkommen zerstreut.

KARL VALENTIN Warum, was ist denn los?

DER KAPELLMEISTER Was wird denn sein? Die Soubrette ist steckengeblieben, sie weiß keinen Text mehr. Ja, Fräulein, wie ham mas denn da, warum lernen Sie denn Ihren Text nicht?

DIE SOUBRETTE Ich hab ihn ja gelernt.

DER KAPELLMEISTER Das kann schon sein, dann haben Sie ihn halt wieder vergessen.

DIE SOUBRETTE Das kann jedem einmal passieren.

DER KAPELLMEISTER Haltens Ihr Maul, wenns mit mir sprechen, da schau her, nichts können und frech sein, das ist die Hauptsache heutzutage.

KARL VALENTIN Die ist mies beinander, die Schuah von der schauns an.

DIE SOUBRETTE Bitte, das sind meine Bühnenschuhe.

KARL VALENTIN Da möchte ich erst Ihre Hausschuh sehn.

DER KAPELLMEISTER Ja, Fräulein, und wie sieht denn Ihr Kostüm aus, da hängen Ihnen hint und vorne die Fetzen runter, so geht man doch nicht auf die Bühne.

DIE SOUBRETTE Wenn Ihnen mein Kostüm nicht gefällt, können Sie mir ruhig ein neues kaufen.

DER KAPELLMEISTER Ich werde mich beherrschen können, da können Sie sich schon einen Dümmeren suchen wie ich bin.

KARL VALENTIN Noch dümmer? – Die kommt mir überhaupt sehr bekannt vor.

DIE SOUBRETTE Sie werden mich kaum kennen.

KARL VALENTIN Freilich ists die – der haben wir doch erst vorige Woche Bananen abgekauft.

DIE SOUBRETTE A so eine Gemeinheit, ich kenne Sie doch gar nicht. *Sie besinnt sich.* Ja, jetzt fällts mir ein, natürlich kennen wir uns vom Ding – wie heißts denn gleich –, von Stadelheim*, da haben wir uns doch öfters im Garten gesehen.

DER KAPELLMEISTER Ist das wirklich wahr, waren Sie schon in Stadelheim?

KARL VALENTIN Ich war Wärter dort, aber sie war eingenäht.

DIE SOUBRETTE Herr Kapellmeister, ich lasse mich nicht von Ihren Musikanten beleidigen.

DER KAPELLMEISTER Das sind keine Musikanten, meine Herren, das sind Tonkünstler.

DIE SOUBRETTE Und ich bin eine erstklassige Soubrette.

KARL VALENTIN Ja, das sieht man.

DIE SOUBRETTE Herr Kapellmeister, ich bin jetzt so aufgeregt, mir fällt die zweite Strophe nicht mehr ein, wissen Sie vielleicht den Anfang davon?

DER KAPELLMEISTER Ich hab gar kein Interesse an Ihrem Text.

KARL VALENTIN An Text könnten wir nie mitspielen.

DIE SOUBRETTE Kann ich vielleicht etwas anderes singen?

DER KAPELLMEISTER Könnens noch was anderes?

DIE SOUBRETTE Natürlich, vielleicht gleich das nächste, Nummer zwei in meinem Buch.

DER KAPELLMEISTER Sie haben ja nur zwei Sachen – und das ist doch kein Buch – das sind ja Fetzen. Also, meine Herren, Nummer zwei. Aber wenn Sie mir da wieder steckenbleiben, dann schmeiße ich Sie hinaus.

Das Vorspiel beginnt.

DIE SOUBRETTE *singt*

    Ich kenne einen schönen Mann,
    Den ich nicht mehr vergessen kann;
    Doch hat er, Herrjemine,
    Von mir noch gar keine Idee.
    Und darum will ichs nicht verhehln
    Und Ihnen alles klar erzähln:
    Er ist dahier in unsrer Mitt –
    Für den mein Herz erglüht.
    Ach du lieber – süßer – guter – braver Mann,

* *In Stadelheim ist das Münchener Gefängnis (A. d. H.)*

79

Hast mir solche Liebesschmerzen angetan.

Schenk mir Liebe – Treue – und noch einen Kuß,

Weil ich sonst vor lauter Sehnsucht sterben muß.

Sie umarmt dabei den Kapellmeister.

DIE FRAU KAPELLMEISTER *kommt in den Saal und schreit* So, hab ich dich jetzt endlich einmal erwischt, du scheinheiliger Tropf! Daheim tut er immer, als wenn er nicht bis fünfe zählen könnt, und hier poussiert er mit der Soubrettn umeinander.

DER KAPELLMEISTER Ruhe im Zuschauerraum! Was ist das für ein Lärm?

KARL VALENTIN Ihre Frau ist da – grüß Gott, Frau Kapellmeister.

DER KAPELLMEISTER Was, meine Frau – ja tatsächlich – grüß dich Gott!

DIE SOUBRETTE Ja, Herr Kapellmeister, haben Sie denn eine Frau?

DER KAPELLMEISTER Nein, meine Zimmerfrau –

DIE FRAU KAPELLMEISTER Dir geb ich dann gleich eine Zimmerfrau.

DIE SOUBRETTE Das hab ich ja gar nicht gewußt, daß Sie verheiratet sind; gestern, wie Sie mich nach Grünwald hinaufgeführt haben, da haben Sie zu mir gesagt, Sie sind noch ledig.

DIE FRAU KAPELLMEISTER So, in Grünwald warst du gestern, zu mir hast du gesagt, du hast Probe.

DER KAPELLMEISTER Ja, da haben wir Probe gehabt, der Wirt hat in seinem Nebenzimmer ein Klavier drin stehn, und da hab ich dem Fräulein etwas einstudiert, nicht wahr, Fräulein?

DIE SOUBRETTE Natürlich haben wir Probe gehabt – Gott sei Dank!

DIE FRAU KAPELLMEISTER Sind Sie ruhig, Sie freches Frauenzimmer, schämen Sie sich, mit an alten verheirateten Mann poussieren, finden Sie denn keinen andern mehr, Sie Flitscherl, Sie?

DIE SOUBRETTE Sie, ich lasse mich nicht von Ihnen beleidigen, ich werde mich bei der Direktion beschweren, Sie alte Schachtel, Sie.

DIE FRAU KAPPELMEISTER Ja, was glauben denn Sie eigentlich, schaun Sie sich doch an, wie Sie ausschaun, Sie angemalnes Theaterflitscherl, Sie, gute Lust hab ich und geh nauf und hol Sie runter – und du – du alter Hanswurst – du kommst jetzt sofort heraus, ich hab dir etwas zu sagen. Das kann ich dir vor den Leuten hier nicht sagen – aber sofort.

KARL VALENTIN Aber sind Sie doch vernünftig, Frau Rohrnudel, oder wie heißts?

DIE FRAU KAPELLMEISTER Mit Ihnen spreche ich nicht, Sie ausgehungerter Musikant.

KARL VALENTIN Sie, das wenn ich gehört hätte!

DIE FRAU KAPELLMEISTER Mischen Sie sich nicht da rein, ich spreche mit meinem Mann. Und du machst jetzt sofort, daß du herauskommst.

DER KAPELLMEISTER Ja – ja – ich komme schon. Lauft die da herein, das verstehe ich nicht – aber Sie sind schuld – hättens einen andern angesungen und mir meine Ruhe gelassen.

DIE FRAU KAPELLMEISTER Wirds jetzt bald!! *Sie schreit zur Ausgangstür herein.*

DER KAPELLMEISTER Ja, ich komme schon – was meinen denn Sie, meine Herrn, soll ich rausgehn?

KARL VALENTIN Ratsam ists nicht.

DIE FRAU KAPELLMEISTER Jetzt wart ich aber nicht mehr lange.

DER KAPELLMEISTER Ja, ich komme schon – jetzt geh ich aber naus – was ich sagen will: Vielleicht sind die Herrn so liebenswürdig und kommen a kleins bisserl mit raus – gehns mit?

KARL VALENTIN Wir haben kein Interesse dran.

DIE FRAU KAPELLMEISTER Jetzt wirds mir aber zu dumm – meinst, ich warte noch lange, jetzt hol ich dich – du kommst mir grad recht.

DER KAPELLMEISTER Ich komm doch schon, bleib nur grad draußen, da bin ich ja. Jetzt geh ich aber naus – die glaubt vielleicht, ich fürcht mich vor ihr – der werd ich einmal meine Meinung sagen. Also, was ist los, was willst denn von mir, jetzt bin ich da. *Er geht hinaus, man hört Radau, Streiten, Ohrfeigen.*

KARL VALENTIN Also, bei uns gehts zua –

DER KAPELLMEISTER *kommt weinend herein, die Wange mit dem Taschentuch haltend, und sagt triumphierend zu den Musikern* Der hab ich aber jetzt ein paar hineingehaut.

KARL VALENTIN Dann haltens aber das verkehrte Gesicht.

DER KAPELLMEISTER Lassens mir mei Ruh – singens zu!

Die Musik setzt ein.

DIE SOUBRETTE *singt*

    Ach du lieber – süßer – guter – braver Mann,
    Hast mir solche Liebesschmerzen angetan.
    Schenk mir Liebe – Treue – und noch einen Kuß,
    Weil ich sonst vor lauter Sehnsucht sterben muß.

Sie geht ab – der Vorhang der Hinterbühne schließt sich.

DER KAPELLMEISTER *fühlt seine Zähne, sie wackeln. Wütend* Mit der Musik bin ich gar nicht mehr zufrieden, meine Herren, von euch spielt jeder dahin wie er grad will.

KARL VALENTIN Auweh, jetzt müssens wir büßen –

DER KAPELLMEISTER Keiner paßt auf, keiner richtet sich nach mir, für was bin denn ich überhaupt da?

KARL VALENTIN Das haben wir uns auch schon oft gedacht.

DER KAPELLMEISTER Wenn auch ein Marsch nicht mehr recht modern ist, das macht gar nichts, man kann in die ältesten Noten etwas hineinmachen – etwas hineinlegen. Man muß halt einen gewissen Ding hineinbringen, wie heißt er denn gleich – der Rhythmus gehört hinein, das ist die Hauptsache, der fehlt euch.

KARL VALENTIN Den kennen wir nicht, der war noch nie bei uns.

DER KAPELLMEISTER Ich spreche doch vom Rhythmus.

KARL VALENTIN Kennst du an Rhythmus, Anderl? – Nein, der kennt ihn auch nicht. Seinen Bruder kenn ich schon.

DER KAPELLMEISTER So ists recht, der kennt an Rhythmus sein Bruder. – Wie sieht denn der aus, den möchte ich auch kennenlernen.

KARL VALENTIN So ein kleiner Dicker mit einem Spitzbart.

DER KAPELLMEISTER Der Rhythmus??

KARL VALENTEIN Nein, Reisberger heißt er – jetzt fällts mir ein.

DER KAPELLMEISTER Da haben Sie sich wieder einmal richtig blamiert, nicht einmal die einfachsten musikalischen Ausdrücke wissen Sie. Woher kommt das? Weil Sie nicht auf der Musikschule waren, Sie sind ja bloß in die Suppenschule gegangen.

KARL VALENTIN Da hab ich auch blasen müssen. – Sie, 's Krawattl ist Ihnen heruntergerutscht –

DER KAPELLMEISTER Wo ist ein Krawattl heruntergerutscht?

KARL VALENTIN Ihnen.

DER KAPELLMEISTER Wo innen?

KARL VALENTIN Ihnen – außen – da.

DER KAPELLMEISTER Ach so, außen – da sagt er innen, der Depp – ich weiß schon, das ist mir heut schon ein paarmal heruntergerutscht, weil mir das Kragenknöpferl abgebrochen ist, die ganze Mechanik ist kaputt, deshalb stehts immer auf.

KARL VALENTIN In der Fruah?

DER KAPELLMEISTER Ach was – ich bräuchte bloß ein anderes Kragenknöpferl, dann wär gleich a Ruh – hat niemand von den Herrn ein Kragenknöpferl da, bitte schauns amal nach! *Alle Musiker schauen nach.*

KARL VALENTIN Der Sedlmeier, der hat immer eins dabei.

DER KAPELLMEISTER Sedlmeier, bitte schön – wo ist denn der?

KARL VALENTIN Der ist heut nicht da.

DER KAPELLMEISTER Dann nützt es mich doch nichts.

KARL VALENTIN Aber der tät eins haben.

DER KAPELLMEISTER Das hat doch für mich keinen Wert, wenn er nicht da ist.

KARL VALENTIN Ja, ich hätte schon eins, wenn Ihnen das genügt?

DER KAPELLMEISTER Sie haben eins? Dann leihen Sie mirs bitte, Sie kriegens hernach.

KARL VALENTIN Ach, wegen dem Kriegen – aber, wenn ich das raus tu, dann rutscht halt mir der Kragen raus.

DER KAPELLMEISTER Das verlangt doch kein Mensch von Ihnen, ich hab gemeint, ob nicht einer ein Reserveknöpferl hat.

KARL VALENTIN Ja, woher denn –

DER KAPELLMEISTER Na ja, es wird so auch gehen, jetzt hält es schon.

KARL VALENTIN Ist schon wieder herausgegangen.

DER KAPELLMEISTER Ich weiß es schon, hörens nur einmal auf, ich kann mich doch nicht aufhängen deshalb.

KARL VALENTIN Warum nicht? Es heißt doch, alles kann man, wenn man nur den guten Willen dazu hat.

DER KAPELLMEISTER Hier sind Ihre Noten. *Er legt ihm die Noten waagerecht auf das Pult.*

KARL VALENTIN Also, jetzt blasen wir genauso, wie er dirigiert, das gibt a Gaudi. *Er legt sich quer auf den Stuhl.*

DER KAPELLMEISTER *klopft ab – der Marsch Wien bleibt Wien wird gespielt. Er unterbricht.* Was ist denn das für eine Stellage da – wollen Sie sich gleich anständig hinsetzen wie die anderen Herrn!

KARL VALENTIN Ja, Sie haben meine Noten so hergelegt.

DER KAPELLMEISTER *beginnt noch einmal den Marsch. Karl Valentin pfeift.* Wie können Sie denn da unterbrechen – was fällt Ihnen ein?

KARL VALENTIN Pst – pst –

DER KAPELLMEISTER Was ist denn los?

KARL VALENTIN Sinds doch einen Moment still. *Er horcht.* Naa, hab mich getäuscht.

DER KAPELLMEISTER Schrecklich ist das! *Er fängt wieder mit dem Marsch an. Karl Valentin pfeift und winkt wieder ab.* Was ist denn los?

KARL VALENTIN Gell, daß ich mich nicht getäuscht hab – der Hosenträger ist mir gerissen.

DER KAPELLMEISTER Wegen seim alten Hosenträger unterbricht er schon zweimal das Konzert – da hört sich doch alles auf. *Die Musik setzt wieder ein – zuerst trommelt einer nach.*

KARL VALENTIN So was Leichtsinniges hab ich noch net gsehn.

DER KAPELLMEISTER Das geht Sie gar nichts an, passen nur Sie auf, daß Sie nicht hineinpatzen, das kann Ihnen auch passieren.

KARL VALENTIN Ihnen auch – aber bei Ihnen hört mans nicht. So was Narrisches hab ich noch nie gesehen. *Die Musik spielt weiter. Bei der nächsten Pause murmelt Valentin unverständliche Worte in die Trompete.*

DER KAPELLMEISTER Was wollen Sie – ich verstehe Sie nicht. *Valentin murmelt.* Ich verstehe kein Wort. *Valentin murmelt.* Tuns doch das Ding da weg –

KARL VALENTIN 's Krawattl ist Ihnen wieder heruntergerutscht.

DER KAPELLMEISTER Das ist doch gleich. *Er dirigiert weiter.*

KARL VALENTIN *schreit* A u u u u u u!!

DER KAPELLMEISTER Was ist denn schon wieder?

KARL VALENTIN Angestoßen hab ich mich ans Mundstück, weils immer so reißen.

DER KAPELLMEISTER Dann gebens Obacht. *Er dirigiert weiter bis zum Schluß. Der Vorhang der Hinterbühne öffnet sich.*

DER KAPELLMEISTER *steigt auf die Bühne.* Sehr verehrte Damen und Herren! Sie alle haben noch den berühmten Hungerkünstler Succi * in Erinnerung. Dieser Mann, der nebenbei ein großes Vermögen besaß, also nicht hungern bräuchte, führte seine Hungerproduktion eigentlich mehr aus, um der Wissenschaft zu dienen, indem er sich in fast allen Großstädten des In- und Auslandes in irgendeinem Varieté in ein Glashaus vierzig Tage lang ohne jede Nahrung einsperren ließ. Der Hungerkünstler Succi hat aber jetzt eine gewaltige Konkurrenz bekommen in dem neuen Hungerkünstler Baptist Pliventrans. Dieser ist imstande, den Hungerrekord des Herrn Succi weit in den Schatten zu stellen, indem er nicht nur vierzig, sondern eine Hungertour bis einundvierzig Tage ausführen will. Ich werde Herrn Pliventrans einige Fragen stellen, die Sie sicher interessieren werden. – Sagen Sie, Herr Pliventrans: wie sind Sie auf die Idee gekommen, sich so einen eigenartigen Beruf zu wählen?

PLIVENTRANS Ich bin der Sohn steinreicher Eltern, welche in

* Giacomo Succi, bekannter italienischer Hungerkünstler der Jahrhundertwende (A. d. H.)

nicht allzu glänzenden Verhältnissen leben und dennoch keine Kosten gescheut haben, mich, ihren einzigen Sohn Baptist, als Künstler ausbilden zu lassen, und zwar als Hungerkünstler.

DER KAPELLMEISTER Haben Sie gleich mit längeren Hungertouren begonnen, wenn ich fragen darf?

PLIVENTRANS Nein – auch in diesem Beruf fängt man im kleinen an. Während zum Beispiel meine Eltern zu den Mahlzeiten Schweinsbraten und Kartoffelknödel pfundweis verschlangen, durfte ich nur zuschauen; nicht daß sie mir das Mittagessen nicht vergönnt hätten, nein, nur um mich für meinen Beruf zu trainieren.

DER KAPELLMEISTER Wie alt sind Sie eigentlich schon, Herr Pliventrans, wenn ich fragen darf?

PLIVENTRANS Ich bin noch nicht alt; ich bin auch nicht jung. Ich bin ungefähr mittelalt.

DER KAPELLMEISTER Also im Mittelalter geboren. – Wir haben also heute die Ehre, daß Sie bei uns hier im Tingeltangel Ihre eigenartige Kunst zeigen. Denn ein Hungerkünstler hat sich bei uns noch nie produziert, und wir freuen uns, unseren Gästen einmal etwas Neues bieten zu können.

PLIVENTRANS Mein verehrter Herr Musikdirektor! Ich will Ihnen und den Leuten natürlich Ihren Wunsch nicht abschlagen und meine eigenartige Kunst ganz gern zeigen.

DER KAPELLMEISTER Meine Damen und Herren! Sie werden staunen, mit welcher Geschwindigkeit Herr Baptist Pliventrans zweiundvierzig Tage lang keine Nahrung zu sich nehmen wird. Herr Baptist Pliventrans beginnt auf ein Glockenzeichen seine zweiundvierzigtägige Hungerkur. – Herr Baptist Pliventrans! Sind Sie für den Rekord bereit?

PLIVENTRANS Jawohl.

DER KAPELLMEISTER *gibt ein Glockenzeichen.* Das ist der Beginn der zweiundvierzigtägigen Hungerkur! *Er schaut auf seine Taschenuhr.* In zweiundvierzig Tagen, abends zehn Uhr, findet in diesem Lokal an derselben Stelle wieder die erste Nahrungsaufnahme statt. – Es würde uns sehr freuen, wenn sich die heute hier versammelten Herrschaften zu diesem sensationellen Ereignis wieder hier einfinden würden. – Der Hungerkünstler Pliventrans verabschiedet sich nun von Ihnen.

PLIVENTRANS Auf Wiedersehen! *Er verbeugt sich vor dem Publikum. Ab. Der Vorhang der Hinterbühne schließt sich.*

DER KAPELLMEISTER Zum Schluß kommt jetzt die Ouvertüre dran – Dichter und Bauer.

KARL VALENTIN Die können wir heut nicht machen, weil der Trommler nicht da ist.

DER KAPELLMEISTER Das seh ich auch, daß der nicht da ist.

KARL VALENTIN Nein, der ist nicht da.

DER KAPELLMEISTER Das seh ich doch selbst, daß er nicht da ist.

KARL VALENTIN Wie kann man denn einen sehen, wenn er nicht da ist?

DER KAPELLMEISTER Wer sieht ihn denn?

KARL VALENTIN Sie!!

DER KAPELLMEISTER Nein, ich hab gsagt, ich seh, daß er nicht da ist. Ich kann ihn doch nicht sehn, wenn er nicht da ist.

KARL VALENTIN No ja, das mein ich ja.

DER KAPELLMEISTER No also – oder sehn ihn Sie?

KARL VALENTIN Ahhhh –

DER KAPELLMEISTER Der kommt auch heute nicht, der hat heute Ausgang, drum müssen Sie jetzt trommeln.

KARL VALENTIN Ich kann ja nicht, weil ich die Trompete in der Hand habe.

DER KAPELLMEISTER Dann legen Sies weg. Jetzt weiß er nicht, wo ers hinlegen soll – solls ich Ihnen vielleicht halten?

KARL VALENTIN Ja, da –

DER KAPELLMEISTER Das können Sie sich denken – jetzt marsch – holen Sie sich rasch die Pauke herüber.

KARL VALENTIN Die kann ich aber nicht allein tragen.

DER KAPELLMEISTER Lassen Sie sich helfen, ersuchen Sie einen Kollegen, da hilft Ihnen schon einer.

KARL VALENTIN Anderl, helfen!

DER KAPELLMEISTER Nur recht ungebildet sein. Anderl, Sie müssen helfen.

ANDERL *geht hin zu ihm.* Um was handelt sichs denn?

KARL VALENTIN Der Zuber soll da hinüber kommen.

ANDERL Wann denn?

KARL VALENTIN Der Anderl läßt fragen, wann?

DER KAPELLMEISTER Augenblicklich –

KARL VALENTIN Magst lieber da tragen? *Sie wechseln den Platz.*

ANDERL Lieber wärs mir aber schon dort gewesen, weil ich da besser tragen könnte, weil ich links bin.

KARL VALENTIN Du bist links? Machst du alles links – Essen – Trinken – Schlafen – Husten?

Anderl sagt zu allem ja.

DER KAPELLMEISTER Was ist denn das für eine Privatunterhaltung?

KARL VALENTIN Der Anderl erzählt mir grad, daß er links ist, der macht alles links.

DER KAPELLMEISTER Ach der – der spinnt ja.

KARL VALENTIN Auch links?

DER KAPELLMEISTER Das interessiert doch keinen Menschen, was der für Untugenden hat.

KARL VALENTIN Nein, mir hat ers eben erzählt, und ich war ganz überrascht davon.

DER KAPELLMEISTER Das ist ja zu interessant.

KARL VALENTIN Also, dann gehst hinüber. *Sie wechseln den Platz.*

DER KAPELLMEISTER Ja, hört jetzt die Rumtanzerei noch nicht bald auf?

KARL VALENTIN Ja, der Anderl möcht eben lieber drenten tragen.

DER KAPELLMEISTER Das ist doch gleich, wo man hier trägt – die Pauke ist doch rund.

KARL VALENTIN Es ist eben sein sehnlichster Wunsch.

DER KAPELLMEISTER Dann soll er machen, daß er nüberkommt.

KARL VALENTIN Er will aber drenten tragen.

DER KAPELLMEISTER Ist ja recht – kommen Sie rüber auf diese Seite, und er soll hinübergehen. Vorwärts – keine Widerrede mehr.
Die beiden wechseln unwillig und zögernd den Platz.

KARL VALENTIN Jetzt haben Sie uns doch mißverstanden – er will nämlich drenten tragen.

DER KAPELLMEISTER Da war er ja grad – warum ist er denn dann hinübergelaufen?

KARL VALENTIN Weil Sie ihn nübergeschickt haben.

DER KAPELLMEISTER Sie haben gesagt, er will drenten tragen – und drenten ist meiner Ansicht nach drüben auf der andern Seite.

KARL VALENTIN Ja, von Ihnen aus ist drenten drüben – aber vom Anderl aus ist drenten herüben, außer er steht herenten, dann ist es umgekehrt.

DER KAPELLMEISTER Das kann kein Mensch verstehen, drenten und herenten – sprechen Sie Deutsch, daß man sich auskennt.

KARL VALENTIN Das ist ganz einfach – sagen wir zum Beispiel – –

DER KAPELLMEISTER Ich will gar nichts mehr wissen von Ihnen.
Beide heben die Pauke langsam vom Boden.

DER KAPELLMEISTER Was ist denn jetzt wieder?

KARL VALENTIN Weil Sie sagen, Sie wollen helfen.

DER KAPELLMEISTER Ich helfe euch dann hernach, wenn wir fertig sind. Vorwärts – schneller!

KARL VALENTIN Der Anderl sieht nicht, wo er hingeht.

DER KAPELLMEISTER Der soll seine Augen aufmachen, dann sieht er schon.

KARL VALENTIN Hint hat er doch keine Augen. Geh nur zu, Anderl, ich sag dirs schon, wennst wo anstoßt. *Sie stoßen an.* Jetzt. *Beide gehen wieder ein Stück zurück. Valentin dreht sich um und sagt* Jetzt laß sie nunter – halt – jetzt bist mir in den Schuh neikommen. *Sie stellen die Pauke auf den Boden. Dann leise* Jetzt ham mirs wieder.

DER KAPELLMEISTER Ich verstehe Sie nicht – sprechens lauter.

KARL VALENTIN Ich sag, jetzt ham mas wieder.

DER KAPELLMEISTER Anderl, sind Sie fertig? Gehns doch auf Ihren Platz – der schläft mir direkt im Stehen ein.

KARL VALENTIN Das ist ein langweiliger Tropf.

DER KAPELLMEISTER Ist nur gut, daß Sie so flink sind – sonst wärs überhaupt nichts. So, jetzt rasch die Pauke stimmen – halt, was hat denn die für einen Ton?

KARL VALENTIN Einen gräuslichen. Wie a Kanapee.

DER KAPELLMEISTER Wie kommt denn das?

KARL VALENTIN Vielleicht machts das aus, weil die Tschinelle drauf liegt?

DER KAPELLMEISTER Ja, natürlich, das ist doch ganz klar.
Karl Valentin stimmt und horcht jetzt am Schlegel.

DER KAPELLMEISTER *muß auch horchen und sagt* Jetzt ists besser. So, da sind Ihre Noten, zählen Sie gut mit und haun Sie ja nicht zu früh hinein, am Anfang haben Sie acht Takt Pause.

KARL VALENTIN Acht Tag??

DER KAPELLMEISTER Acht Takt hab ich gesagt – der möchte gleich acht Tag Pause machen. Übrigens, was seh ich denn da, Sie haben ja gar keine Gläser in Ihre Augengläser drin.

KARL VALENTIN Seit fünf Jahren schon nimmer; die sind mir einmal zerbrochen, weil ich draufgetreten bin; und seit der Zeit hab ichs nicht mehr, weil ichs da ganz herausgeschlagen hab.

DER KAPELLMEISTER Was setzen Sie dann das leere Gestell auf, das hat doch gar keinen Zweck?

KARL VALENTIN Besser ists doch wie gar nichts.

DER KAPELLMEISTER Sie haben immer eine gute Ausrede – so, jetzt fangen wir an.

KARL VALENTIN Hats Ihnen der Anderl schon erzählt?

DER KAPELLMEISTER Warum, was will er denn noch?

KARL VALENTIN Denkens Ihnen nur, wir haben gestern einen Zufall erlebt. Ich und der Anderl gehen gestern in der Kaufinger Straße und reden grad so von einem Radfahrer – im selben Moment, wo wir von dem Radfahrer sprechen, kommt zufälligerweise grad einer daher.

DER KAPELLMEISTER Ja – weiter?

KARL VALENTIN Was weiter?

DER KAPELLMEISTER Wo ist denn da der Zufall?

KARL VALENTIN Ich sag, mir haben von einem Radfahrer gesprochen – und im selben Moment, wo mir von dem Radfahrer gredt habn, is grad einer daherkomma!

DER KAPELLMEISTER Ja – und was war dann mit dem Radfahrer? Was hat denn der getan?

KARL VALENTIN Nichts! – Weitergfahrn is er.

DER KAPELLMEISTER Also, das ist doch kein Zufall mit dem Radfahrer da! – Das ist überhaupt nix! – Gar nichts!

KARL VALENTIN Sie ham halt a andre Weltanschauung.

DER KAPELLMEISTER Das ist doch kein Zufall, wenn da in der Kaufinger Straßn a Radfahrer daherkommt! – Da fahrn ja im Tag tausend Radfahrer umanander!

KARL VALENTIN Nein, einer is bloß komma! Dann wärs ja kein Zufall, wenn man von einem redt und tausend kommen daher.

DER KAPELLMEISTER Auf einmal kommens natürlich nicht, ich meine, da kommt fast alle Meter wieder a anderer Radfahrer daher!

KARL VALENTIN Ja, aber net, wenn man davon redt!

DER KAPELLMEISTER Der Radfahrer wär auch gekommen, wenn Sie nicht von ihm gredt hätten.

KARL VALENTIN Das weiß ich nicht.

DER KAPELLMEISTER Ach, da hätten Sie schon von was ganz anderem reden sollen.

KARL VALLENTIN Wir haben aber von nix anderm gredt!

DER KAPELLMEISTER Das weiß ich schon – ich mein nur, wenn Sie zum Beispiel von einem Flieger gesprochen hätten –

KARL VALENTIN Ham ma net! – Mir ham von einem Radfahrer gredt!

DER KAPELLMEISTER Das weiß ich ja – ich mein, w e n n Sie von einem Flieger gesprochen hätten! – Und im selben Moment wär da oben einer dahergekommen, dann wärs eher ein Zufall gwesn!

KARL VALENTIN Ja – naufgschaut ham ja mir net!

DER KAPELLMEISTER Aber ich mein doch nur – wenn Sie statt von dem Radfahrer von einem Flieger gsprochn hätten!

KARL VALENTIN Wieso? – Wie kann ich denn von einem Flieger sprechen, wenn ich von einem Radfahrer sprech?

DER KAPELLMEISTER Ich mein eben – grad so gut, wie Sie von einem Radfahrer gredt habn, hättens auch von einem Flieger sprechen können!

KARL VALENTIN Ausgeschlossen!

DER KAPELLMEISTER Ja haben Sie denn noch nie in Ihrem Leben von einem Flieger gesprochen?

KARL VALENTIN Schon oft – aber da nicht – da habn mir nur von einem Radfahrer gredt!

DER KAPELLMEISTER Jetzt lassens mir mei Ruh, ich will nichts mehr hören von Ihnen!

KARL VALENTIN Also morgen gehn wir wieder spazieren – dann reden wir von einem Flieger – aber wehe! – wenn dann a Radfahrer daherkommt!

Nun hebt ein unglaubliches Musizieren an: Das Vorstadtorchester spielt die Ouvertüre zu Dichter und Bauer. Der Kapellmeister dirigiert mit Leidenschaft. Sein Lötkrawattl rutscht ihm auf den Rücken. Die beiden Gummiröllchen fliegen nacheinander im hohen Bogen durch die Luft und landen im Orchester. Karl Valentin verpaßt an seiner großen Trommel natürlich alle Einsätze und donnert immer im falschen Moment, was jedesmal mit wütenden Blicken und Gesten seitens des Kapellmeisters quittiert wird und alsdann neue Entschuldigungsgebärden und -verrenkungen des unglückseligen Aushilfspaukers auslöst. Was sich bei dieser Ouvertüre, die den Schluß des Stegreifspiels krönt, an komischen Einfällen und grotesken Gags alles abspielt, ist unbeschreiblich. Jedenfalls zeigen die acht Musiker und ihr Kapellmeister in zunehmendem Maße alle Zeichen der völligen Erschöpfung, wenn sich endlich der Vorhang schließt.

Wenn Karl Valentin in irgendeinem lärmenden Bier-restaurant todernst zwischen die zweifelhaften Geräusche der Bierdeckel, Sängerinnen, Stuhlbeine trat, hatte man sofort das scharfe Gefühl, daß dieser Mensch keine Witze machen würde. Er ist selbst ein Witz.

Dieser Mensch ist ein durchaus komplizierter, blutiger Witz. Er ist von einer ganz trockenen, innerlichen Komik, bei der man rauchen und trinken kann und unaufhörlich von einem innerlichen Gelächter geschüttelt wird, das nichts besonders Gutartiges hat. Denn es handelt sich um die Trägheit der Materie und um die feinsten Genüsse, die durchaus zu holen sind. Hier wird gezeigt die *Unzulänglichkeit aller Dinge*, einschließlich uns selber. Wenn dieser Mensch, eine der eindringlichsten geistigen Figuren der Zeit, den *Einfältigen* die Zusammenhänge zwischen Gelassenheit, Dummheit und *Lebensgenuß* leibhaftig vor Augen führt, lachen die Gäule und merken es tief innen.

Es ist nicht einzusehen, inwiefern Karl Valentin dem großen Charlie, mit dem er mehr als den fast völligen Verzicht auf Mimik und billige Psychologismen gemein hat, nicht gleichgestellt werden sollte, es sei denn, man legte allzuviel Gewicht darauf, daß er Deutscher ist.

Oktober 1922

Bertolt Brecht
Karl Valentin

*Mit Bertolt Brecht
(2. v. l.) auf dem
Oktoberfest*

Frank Wedekind und Karl Valentin gab's gleichfalls nicht in Augsburg. Deren Einfluß aber wollte Brecht gelten lassen. Vermutlich hat Wedekind weniger auf den Dramatiker als auf den Lyriker der *Hauspostille* gewirkt. Manches Motiv der Gedichte und Bänkellieder Frank Wedekinds kehrt wieder bei Brecht. Karl Valentin dagegen ist für den Stückeschreiber wichtig geworden. Eine berühmte Photographie zeigt den jungen Brecht mit »Schiebermütze«, wie man damals sagte, als mitwirkenden Holzbläser vor der Jahrmarktsbude, vor welcher scheinbar, unter Leitung des Direktors und Kapellmeisters Liesl Karlstadt und unter Mitwirkung des Blechbläsers Karl Valentin, eine Vorstellung beginnen soll, die dann natürlich an den endlosen Disputen zwischen Valentin und Karlstadt scheitert. Brecht hat hier mitgemacht, hier hat er gelernt. In seinem Bekenntnis zu Valentin lag ein Bekenntnis zur Tradition, zu den Erfahrungen und Überlieferungen der Münchner Volkskomik. In seinen Erinnerungen an Karl Valentin hat Kurt Horwitz berichtet, wie Anfang der zwanziger Jahre die jungen Schauspieler, Regisseure und Dramaturgen, Brecht und Erich Engel, Horwitz und Albert Steinrück, verehrungsvoll zu Valentin kamen. Der junge Brecht hat bei Valentin mitgewirkt. Aber der merkwürdige und scheue Karl Valentin hat es ihm auch, wie Horwitz erzählt, in staunenswerter Weise vergolten. Es war bekannt, daß Valentin nur einmal im Jahre selbst ins Theater zu gehen pflegte. Zu Allerseelen, wenn das schöne Stück *Der Müller und sein Kind* an diesem Tage alljährlich im Volkstheater gespielt wurde. Nun begab sich das Unerhörte. Karl Valentin erschien mit Liesl Karlstadt in den Münchner Kammerspielen, um sich *Trommeln in der Nacht* anzusehen. Kurt Horwitz berichtet weiter: »Im ›Malkasten‹ in der Augustenstraße, wo diskutiert und getanzt wurde, trafen wir uns nach der Vorstellung. Brecht, der immer Höfliche, fragte nicht, und wir wagten es schon gar nicht. Valentin schwieg, und Liesl Karlstadt lächelte verlegen. Langes Schweigen! Wir bestellten, auch um die lange Pause zu unterbrechen, umständlicher als es nötig war, Getränke und die wenigen Speisen, die wir uns leisten konnten. Wieder langes Schweigen! Endlich sagte Valentin: ›Ja wissen's – bei diesen modernen Stücken, da müßte am Schluß der Vorstellung einer kommen, der die Leute am Arm packt und ihnen sagt: Sie – es ist Schluß!‹«

Das war, wie die Anwesenden, Brecht eingeschlossen, sogleich begriffen, alles andere als ahnungsloses Banausentum. Es traf genau den schwachen Punkt des Schauspiels, dessen Schluß nämlich, mit dem Brecht, wie sein Vorwort *Bei Durchsicht meiner ersten Stücke* vom Jahre 1955 zeigt, niemals fertig geworden ist. Es ging um die Ausweglosigkeit, die unproduktive Negativität einer Aussage, die sich zwar der Revolution versagt, mit der Bürgerlichkeit paktieren möchte, es aber nur mit schlechtem Gewissen tun kann. Trotz allem mußte sich also Brecht an jenem Abend von Valentin verstanden fühlen. Der Münchner Volksschauspieler und Verfasser seiner Szenen besaß manche Affinität zu Brecht. Auch *sein* Kontakt zur Umwelt war aus mancherlei Gründen gestört, wenngleich es mehr seelische Ursachen waren als gesellschaftliche, wie im Falle Brecht. Dieses Außenseitertum aber wurde in Valentins Szenen und Dialogen in vertrackte Dialektik umgesetzt, in windschiefes Gespräch. Man verstand einander einfach nicht. Die seufzende Replik Valentins in einem dieser Stücke, der Partner habe halt eine andere Weltanschauung, wenn es etwa um die nicht auszulotende Frage ging, ob es bemerkenswert sei, daß ein Radfahrer eben in dem Augenblick vorüberfahre, da man an einen Radfahrer gedacht habe, muß heute in vielem als Vorwegnahme späterer Brechtdialoge wirken.

Solche windschiefen Gespräche hatten die Menschen bereits bei Georg Büchner geführt. Im *Woyzeck* gab es keine Verständigung, bloß Parallelismus der Monologe. Wedekind hatte das aufgenommen und wohl auch an den Dramatiker Brecht weitergereicht. Isolierte Monologe von Keith und Scholz, als Dialog verkleidet. Bei Valentin wird daraus immer wieder die Unmöglichkeit der Hauptgestalt, sich der Umwelt verständlich zu machen: bei innigstem Bemühen, verstanden zu werden. Vieles ist hier vorweggenommen. Der Buchbindermeister Wanninger gleichsam als Münchner Handwerker, der – wie Josef K. bei Kafka – ins Getriebe der Ämter und Hierarchien gerät. Der einzelne, den der vertraute Alltag keineswegs vertraut anmutet; was er den Partnern mitteilt, ohne daß sie ihn begreifen könnten. Der Konflikt zwischen vertrauter und entfremdeter Umwelt durchzieht alle Szenen des großen Münchner Schauspielers und Szenenschreibers. Brecht hat mit ihm von Anfang an nicht bloß das spannungsreiche Verhältnis des Außenseiters zur Umwelt gemein, sondern auch die Neigung zum Denken in Widersprüchen, die Weigerung, das Alltägliche und Vertraute als fraglos zu akzeptieren.

Mit Anny Ondra. Valentin schrieb auf die Rückseite dieses Fotos: »Karl Valentin und Liesl Karlstadt beglückwünschen Frau Schmeling zu dem großen Erfolg ihres Herrn Gemahl. Allerdings hätte er das niemals fertiggebracht ohne Gegner.«

Gestern nachmittags um neun Uhr sitz ich im Restaurant Zur derfaulten Blutorange und weil ich am Tag vorher meine goldene Uhr zum Konditor tragn hab, zum Reparieren, hab ich einen solchen Heißhunger kriegt, daß ich mir zwei Portionen Senftgefrorenes und an gsottnen Radi als Abendessen zum Frühstück bestellt hab. Nachdem ich aber Hausbesitzer bin und in jeder Wohnung eine wanzenreiche Familie hab, hab ich trotz meines siebenundachtzigjährigen Halsleidens mit den Kindern von mein Nachbarn »Fürchtet ihr den weißen Mann« gespielt. Im selben Moment haute der Photograph im Rückgebäude 's Fenster ein. I laß in der Angst an Zitherlehrer komma und der gemeine Kerl von einer Kellnerin behauptet, sie hätt im Eiskasten scho Feuer gmacht; währenddem mein jüngster Sohn sich mit dem Magneteisen d' Hühneraugen ausm Ellbogen herauszieht, habns in der Volksküche zu Leipzig an der Ruhr a Staudn Nißlsalat mit dem neuen Trambahntarif verwechselt, der Bürgermeister will im hintern Anhängewagen vom Telephonautomat einsteign, kann aber leider nicht schwimmen und stößt mit seiner Batikkrawatte a Loch in a neugebackene Schlagrahmtorte. In der Verwirrung führt der Turmwächter von St. Emeran einen Bismarckhäring ins Hundebad, der Nürnberger Schnellzug is ins Nymphenburger Trambahngleis neigfahrn; sämtliche Droschkenkutscher von München sind zum Beichten gangen und wenn nicht zufälligerweis auf dem Wendelstein drobn ein Schutzmann seinen Wecker ablaufen läßt, verlangt die Obsthausiererin für zwei Pfund Kinderhemden einen Freundschaftskuß. Trotz allen Bemühungen, auf der rechten Kuppel des Frauenturms ein Männerfreibad für Damen zu errichten, bleibt die Kanzlei vom Brunnenbuaberl vorläufig geschlossen und auf allgemeinen Wunsch wird unter Kindern mit zehn Jahren die Zuchthausstrafe auf lebenslänglich abgeschafft. Sollten dagegen die Münchner Schlittschuhläufer wegen dem eingetretenen Weißbrotmangel vor Ablauf vorigen Jahres ihre Schlittschuhe nicht doppeln lassen, so sind auf Kosten des Fremdenverkehrs starke, gewitterartige Niederschläge zu erwarten. Leider aber hat sich der Bürgermeister im Finstern verlaufen, weil am Zeppelin-Luftschiff keine Hausnummer dort war; er läßt unglücklicherweise die Türe auf und im Zeitraum von fünf Minuten san ihm vierzig Mitesser auskemma. Er läuft ihnen nach, stolpert mit die Gummischuh über der Frau ihre Giselafransen, tritt seim dreijährigen Buam ind Sandtorten nei und schreit: »Wer will unter die Soldaten?« Alles war vergeben und vergessen, sei Frau hat ihre Krampfadern als Ringelnattern verkauft, die Köchin hat sich verlobt mitm Papagei, der Hausherr hat sich mit de Hypotheken gurgelt und in der Maikäferschachtel is die Maul- und Klauenseuche ausbrocha. »Wehe, wehe«, sprach der Oberlehrer von der Gasanstalt: »Richtet nicht, sonst werdet ihr gerichtet«, da öffnen sich die Wolken und mit blitzenden Augen treten achtzehn Packträger hervor und verkünden das Ende der Welt. Links und rechts stehen je vier goldene Jungfrauen mit Semmelbrösel bepappt und halten ein vernickeltes Butterbrot in der Hand. Die Luft zitterte wie Schweinssulz, die Erde wühlte sich auf, die Vesuve speiten Honig und Sauerkraut. Nacht- und Tageulen, Junikäferln und Lämmergeier schwirrten gespensterhaft auf dem Fußboden umher, panikartig zerplatzte ein alter Leberkäs und am Ende des Vortrags trat plötzlich der Schluß ein.

Filmszene

Das
Christbaumbrettl

Eine armselige Stube. Durch das große Fenster in der Mitte hat man Aussicht auf eine herrliche Frühlingslandschaft mit blühenden Bäumen. In buntem Durcheinander steht der Hausrat umher: ein Kinderdreirad an der Rückwand, mit einem alten Sack zugedeckt, eine Kommode mit zerbrochenem Geschirr, ein Grammophon, ein alter eiserner Ofen, eine Küchenuhr, billige Öldrucke und eine Zugposaune, ein Tischtelefon, Tintenlöscher Strickzeug etc. Daß ein Festtag ist, erkennt man an der lecker aussehenden Schaumtorte, die auf einem Stuhl neben dem Kleiderschrank steht. Die Abenddämmerung fällt allmählich ein. Ehe sich der Vorhang hebt, hört man das Grammophon O du fröhliche, o du selige, gnadenbringende Weihnachtszeit *spielen.*

DIE MUTTER *(Liesl Karlstadt) sitzt in einem ärmlichen Hauskleid und mit einer blauen Schürze in Fleckerlschuhen an einem kleinen runden Tisch in der Mitte der Bühne unter der altmodischen Petroleumhängelampe; sie hat weinend den Kopf in die Hände gestützt.* Die Weihnachtsglocken läuten; o hätte ich nie mehr diesen Tag erlebt. Ich kann keine Freude mehr haben. Mein Sohn, mein Alfred, er ist ja nicht mehr bei mir, er ist hinausgezogen in ein fernes Land, aus dem er wohl nie wieder zurückkehren wird. Ach Alfred, warum hast du mir das angetan! Er ist nach Oberammergau gegangen, er wollte Fremdenführer werden; aber als er hinkam nach Oberammergau, waren die Passionsspiele bereits schon lange beendet. Ach Alfred, was Blöderes hätte dir gar nimmer einfallen können. Die alten Augen sind müde vor Weinen, und das Bild ist schon so verstaubt, ich kann ihn gar nicht mehr sehen! Pfui! *Sie spuckt auf das Bild und wischt es mit dem Taschentuch ab.* So, jetzt ist es besser, jetzt schaut er wieder so frisch in die Welt, daß man seine Freude daran haben kann. *Sie wirft das Bild ein paarmal in die Höhe.* Ach ja! *Sie zündet sich eine Zigarre an.* Wo nur mein Mann so lange bleibt? Mein guter Mann – diesen langweiligen Uhu habe ich heute auf den Viktualienmarkt geschickt, daß er ein Christbäumchen heimbringt für die kleinen Kinder, und nun kommt er so lange nicht heim. Ich glaub, daß er gar nimmer heimfindet, der alte Depp. Es wird ihm wohl nichts passiert sein. Es ist schon so spät, die Sonne muß auch schon bald aufgehen. Eins – zwei – drei – aha, da ham mas schon. Ich muß doch nachschaun, wo er sich momentan wieder herumtreibt. *Sie nimmt das Telefon.* Sebastian, wo bist du denn augenblicklich? So, am Viktualienmarkt gehst du grad? –

Hast schon ein Christbäumchen? – Dann ists schon recht –
geh nur glei heim! Gib Obacht, wenn du über die Straße gehst,
daß dich keine Frau überfährt mitn Kinderwagl. *Es klopft.*
Ja, herein! Also adje, Sebastian, komm nur gleich! – Ich wart
auf dich – grüß dich Gott, Sebastian! *Es klopft.* Ja, herein!
*Sie legt den Hörer auf. Im selben Moment kommt der Vater
(Karl Valentin) mit dem Christbaum herein. Er trägt einen
zerschlissenen Havelock mit zwei großen, auffallend künstlichen Schneepaketen auf den Schultern, Brille, Hut, Fäustlinge und einen Christbaum.* Ah, da ist er ja! Im Moment hab
ich mit dir noch telefoniert, und jetzt bist du schon da!

DER VATER Ja, i hab glei einghängt und bin glei hergelaufen.

DIE MUTTER Das ist recht – da hast jas Bäumerl, ah der is nett –
wunderschön.

DER VATER No ja, kindisch ist er halt.

DIE MUTTER Er gehört ja auch nur für d' Kinder.

DER VATER Ja, ich war in zwei Christbaumfabriken, und da
hams mir den gebn.

DIE MUTTER Ja, da is ja kein Christbaumbrettl dran, hast dus
verloren? Ich hab doch ausdrücklich gsagt, du sollst an Baum
mit Brettl bringen.

DER VATER Ja, der hat ja keins.

DIE MUTTER Das seh ich ja, daß er keins hat.

DER VATER Wie kannstn das sehn, wenn keins dran ist?

DIE MUTTER Aufgschriebn hab ich dirs sogar, an Baum mit
Brettl!

DER VATER Ja, die haben lauter Bäum mit Brettl ghabt, das war
der einzige o h n e Brettl.

DIE MUTTER Und den hast extra rausgesucht?

DER VATER Aber so ist er doch viel natürlicher, im Wald wächst
er doch auch ohne Brettl.

DIE MUTTER Aber den kann man doch nicht brauchen, den kann
ich ja nicht hinstellen am Tisch.

DER VATER Dann legn man halt heuer hin – jetzt ham man fünfzehn Jahre hingstellt, jetzt legn ma amal heuer hin.

DIE MUTTER Ich möcht doch den Baum aufputzen. Ich hab solche
Sprüch gmacht bei den Kindern, ich hab gsagt, wenn du
kommst, dann kommt 's Christkindl auch gleich. Und jetzt
bringt er an Baum ohne Brettl! Da wärs mir schon lieber
gwesn, du hättst bloß a Brettl bracht und gar koan Baum.

DER VATER Am Brettl allein hätten die Kinder auch kei Freud
ghabt.

DIE MUTTER Aber so kann ich ihn nicht hinstellen!

DER VATER Ja, dann halt ich ihn halt.

DIE MUTTER Geh, du kannst doch nicht bis am heiligen Dreikönigstag so dastehn und kannst den Baum halten.

DER VATER Warum nicht, ich hab ja so nichts zu tun, ich bin ja arbeitslos.

DIE MUTTER Aber da sind doch noch vierzehn Tag hin, du kannst doch nicht Tag und Nacht den Christbaum halten, du mußt doch auch manchmal wieder amal nausgehen.

DER VATER Dann nimm ich ihn mit.

Da hast jas Bäumerl, ah, der is wunderschön

DIE MUTTER Das kannst dir denken – jetzt gehst da hin, wo du
den Baum kauft hast, und tauschstn um, sagst, sie sollen dir an
andern geben.

DER VATER Naa, naa, der is froh, daß er den anbracht hat.

DIE MUTTER Dann muß ma halt selber a Brettl hinmachen.

DER VATER Ja, ich geh zu der Hausmeisterin und hol a paar
Bretter vom Hof rauf, da schneiden wir a Stück runter.

DIE MUTTER Holst einfach so ein kleines Brett rein, das machen
wir hin.

DER VATER So ein Stück Brett halt.

DIE MUTTER Aber zieh dich zuerst aus.

DER VATER Ganz?

DIE MUTTER Dein Mantel und dein Hut – aber leg mir an Hut
nicht aufs Bett nauf, sonst zerlauft der ganze Schnee.

DER VATER Der zlauft nicht, das ist ja ein Christbaumschnee.

DIE MUTTER Jetzt geh nur.

DER VATER Ich trag jetzt mein Raglan naus und hol die Bretter.
Er geht ab.

DIE MUTTER So ein schönes Bäumchen hat er bracht, er ist ein
guter Mann, aber ein furchtbares Rindvieh – bringt er einen
Baum ohne Brettl daher. *Man hört Kindergeschrei.* Pst! –
Ja, wer hat denn das Kind verkehrt hergelegt, da steigt jas
ganze Blut in den Kopf. *Abermals Kindergeschrei.* Ja, sei nur
still – Hundsbankert, hör doch auf, der ist gewiß wieder naß.
Sie legt das Kind auf den Tisch. Ja, ja, ich werde dich gleich
trocken legen. *Sie nimmt den Tintenlöscher und trocknet das
Kind damit, das Kind schreit immer noch.* Jetzt sei doch
ruhig – wart, ich werd dir ein Wiegenlied blasen. *Sie nimmt
die Posaune von der Wand.* So mein Kind, jetzt paß schön
auf. *Sie bläst Schlaf, Kindlein, schlaf. – Beim letzten Ton ist
das Kind eingeschlafen. Der Vater kommt mit zwei langen
Brettern herein, bleibt damit in der Hängelampe hängen, stößt
alles um, der Tisch fällt auseinander, der Fliegenfänger klebt
ihm im Gesicht, ein verzweifeltes Durcheinander entsteht, die
Mutter will ihm helfen. Da, nimms Kind. Sie drängt ihm das
Kind auf und hängt die Posaune wieder an die Wand.*

DER VATER Nimm mir doch die Bretter ab!

DIE MUTTER Mein Gott, wie ders Kind hat! Mein Gott, ist das
was! *Sie befreit ihn vom Fliegenfänger, von der Lampe usw.*

DER VATER Sind die Bretter recht? Daraus können wir uns
Christbaumbrettln im voraus machen für mindestens zwanzig
Jahr.

DIE MUTTER Was hast denn jetzt da für lange Bretter bracht, waren denn keine längeren mehr da?

DER VATER Naa, des war des längste.

DIE MUTTER Ja, dann hol eine Säge und schneid ein Brettl runter!

DER VATER Ja, dann hol ich jetzt ein Stück Säge.

DIE MUTTER Und ich heiz einstweilen ein.

DER VATER *kommt mit der Säge und legt den Christbaum der Länge nach auf das Brett.* Das gibt drei Christbaumbrettl.

DIE MUTTER O Gott, o Gott, raucht der Ofen wieder!

DER VATER Hastn höchstens angezunden.

DIE MUTTER Dummes Gered! Vor zwei Jahren hab ich schon zu dir gsagt, du sollst den Kaminkehrer holen.

DER VATER Ich telefonier ihm halt, weißt du die Kaminnummer? *Er telefoniert* Wie bitte? Die Nummer wissen wir beide nicht, Fräulein.

DIE MUTTER Wer ist denn eigentlich da?

DER VATER Wir sind falsch entbunden, der König Herodes hat, glaub ich, grad gesprochen.

DIE MUTTER *reißt ihm das Hörrohr aus der Hand.* Wer ist denn da? Wie? – Ah, grüß Gott!

DER VATER Wer is denn?

DIE MUTTER Die Frau vom Kaminkehrer ist da! Grüß Gott Frau Kaminkehrersgattin! Ist Ihr Mann daheim? Geh, sagns zu ihm, er soll gleich rüberkommen. *Der Vater spricht dazwischen* Sagns bei uns raucht der Ofen.

DER VATER Er soll rauskehren vom Ofen.

DIE MUTTER Ich sags ihm schon.

DER VATER Ich kanns ja auch.

DIE MUTTER Dann sagst dus ihr, wenn du so gscheit bist.

DER VATER Ach bitt schön, möchtens nicht mit der Leiter bei uns den Ofen auskehren?

DIE MUTTER Schmarrn, sie weiß doch schon alles, was sagts denn?

DER VATER Sie sagt, er kommt vielleicht ganz bestimmt. *Er legt das Hörrohr in den Geschirrhafen.*

DIE MUTTER Schneid doch amal das Brett ab! *Sie kniet noch immer beim Ofen am Boden. Der Vater nimmt die Säge und setzt sich auf die Mutter.* Was machst denn, siehgst nimmer, blinder Heß?

DER VATER Wie groß soll denn das Brettl eigentlich sein?

DIE MUTTER Hast denn noch nie a Christbaumbrettl gsehn?

DER VATER Schon oft, aber das hab ich nimmer so im Gedächt-
nis.

DIE MUTTER Dann nimm halt das vorjährige Brettl als Muster.
Der Vater sägt das Brett ab, die Mutter hilft ihm dabei. Gib
Obacht, daß du dich nicht schneidst!

DER VATER *redet immer* Die Kinder werden a Freud haben.
Jetzt kommt ein Ast. *Die Mutter geht ab und holt das Kaf-
feeservice.* Bring mir eine Schweinsschwarte zum Schmieren.
*Die Mutter geht an den Tisch. Er drückt mit der Säge das
Brett in die Höhe und stößt der Mutter das Geschirr aus der
Hand.* Ich hab doch gesagt, du sollst 's Brett halten.

DIE MUTTER Wo hast du denn das Brettl, das du runtergschnitten hast?

DER VATER Da ists. *Er hält das Brett immer noch in der Hand.
Die Mutter steigt am anderen Ende drauf. Das Brett haut
dem Vater auf die Füße.* Au, au, jetzt ists am Fuß naufgfallen.

DIE MUTTER Auf was fürn Fuß?

DER VATER Auf unsern Fuß. *Er hebt das Brett auf, fährt der
Mutter unterm Rock damit herauf.*

DIE MUTTER Was machst denn? Heute am Heiligen Abend macht
er so saudumme Sachen.

DER VATER Ist doch erst der Heilige Nachmittag.

DIE MUTTER Jetzt hat er so a kleins Brettl runtergschnitten, das
können wir doch nicht brauchen. Da nehmen wir halt das alte
her, aber da mußt du noch ein Loch hineinbohren.

DER VATER Dann hol ich den Bohrer. *Er tut es und bohrt ins
Brettl ein Loch hinein; das Brettl dreht sich immer.*

DIE MUTTER Komm, laß dir helfen. Das Brett legt man daher am
Tisch, ich halt dir und du bohrst. *Der Vater bohrt und spricht
dabei.* So red doch nicht immer, paß doch aufs Loch auf!

DER VATER Ja, ich kann doch unterm Bohren reden.

DIE MUTTER Das brauchst gar nicht.

DER VATER So! *Er hat durch das Brett und durch den Tisch ge-
bohrt, daß der Bohrer unten raussteht.*

DIE MUTTER Das sieht dir wieder gleich! Bohrt er in den schönen
Tisch a Loch hinein, da brauchst dir noch was einbilden drauf,
das schönste Stück in unserer Wohnung is jetzt auch kaputt.

DER VATER Das war vorauszusehen.

DIE MUTTER Das Loch ist überhaupt zu groß, da paßt der Christbaum gar nicht hinein.

DER VATER Das Brettl brauchen wir ja jetzt nicht. Jetzt können
wir den Christbaum glei in den Tisch neistecken.

DIE MUTTER Das hättest glei tun können, da hätten wir überhaupt kein Brettl braucht.

DER VATER Das sag ich ja immer, drum hab ich ja an Christbaum ohne Brettl kauft.

DIE MUTTER Jetzt schmück amal den Baum, häng a paar Kugeln hin, die Kinder freun sich ja schon drauf.

DIE KINDER *hinter der Szene* Mama, dürfen wir schon rein?

BEIDE Nein, noch lange nicht.

DIE MUTTER Schick dich doch, die Kinder möchten schon herein. *Der Vater hängt ein paar Christbaumschmuck-Glaskugeln hin, wirft aber dabei Tisch und Baum um.*

DIE MUTTER Jessas, jessas, was machst denn wieder? *Die Kinder schreien wieder.* Gleich, Kinder, schreit doch nicht so! *Zum Vater* Schick dich doch, mach die Kerzen hinauf. *Die Kinder schreien abermals.* Seids doch still – ihr Hundsbankerten, ihr miserablen!

DER VATER Hundsbankerten brauchst net sagn zu dene Saukrüppeln!

Die Kinder schreien erneut.

DIE MUTTER Seids doch ruhig, der Teufel soll euch holen!

DER VATER Vergiß dich doch nicht, der Teufel solls holen: wenns der Teufel holt, braucht ma uns doch die ganze Arbeit nicht machen.

DIE MUTTER Das geht dich gar nichts an, schick dich doch!

DER VATER O tuh, tuh! *Er heult furchtbar.*

DIE MUTTER Seids still, Kinder, der Vater is narrisch wordn. *Zum Vater* Was machst denn jetzt? *Der Vater hat sich einen Kerzenhalter an den Finger gezwickt.* Um Gottes willen, das Unglück auch noch! *Die Kinder schreien wieder.* Gleich kommts Christkindl. *Zum Vater* So, du zündest jetzt amal den Baum an, und ich bring derweil die Kinder.

DER VATER Die hast schon einmal gebracht.

DIE MUTTER Ich mein, ich brings herein. *Sie geht ab. Der Vater nimmt ein Zündholz und zündet den Baum unten an.*

DIE MUTTER *kommt herein und schreit* Was machst denn da, du zündest ja den Baum an!

DER VATER Du hast doch gesagt, ich soll den Baum anzünden!

DIE MUTTER Ich hab doch gemeint die Kerzen.

DER VATER An Baum hast gsagt.

DIE MUTTER No ja, wie man halt so sagt. *Sie geht ab. Der Vater zündet die Kerzen an, läutet mit der Handglocke und läßt das Grammophon spielen. Die Kinder und die Mutter kommen herein.* So, Kinder, jetzt is's Chistkindl kommen. *Alle stellen sich um den Baum.*

KINDER Ah, ah, der ist schön!

DER VATER No, gar so schön ist er nicht.

ALLE *singen* Ein Prosit, ein Prosit der Ge-müt-lich-keit! Eins – zwei – drei – gsuffa!

DER VATER No, no, no, jetzt bist in an Frühschoppen hineingekommen.

DAS KIND So, gute Mutter, und das gehört dir! *Es schenkt der Mutter eine Haube.*

DIE MUTTER *freut sich* Ach du gutes Kind, ich danke dir! Da schau her, Vater, so was Schönes!

DER VATER Ah, Ölsardinen!

DIE MUTTER Geh, mach doch deine Batzlaugen auf. A Haube hat sie mir geschenkt, die is schön, die kann ich notwendig brauchen. Ja, hast du die Haube selbst gestrickt?

DAS KIND Nein, Mutter, die hab ich nicht selbst gestrickt, die hab ich gestohlen.

Vater und Mutter sind sichtlich gerührt. Die Kinder singen das »Weihnachtslied« Fuchs, du hast die Gans gestohlen. Vater und Mutter weinen vor Rührung.

DIE MUTTER Ja, wo hast denn die Haube gestohlen?

Schlußszene

DAS KIND Beim Oberpollinger.

DER VATER Des is recht!

DIE MUTTER So, beim Oberpollinger? Ja habns denn da so schöne Hauben? Das gute Kind, jetzt is alles so teuer, man kann so nichts mehr kaufen.

DER VATER Natürlich, man ist ja direkt verpflichtet dazu.

DIE MUTTER Hoffentlich hat dich kein Mensch gesehen!

DAS KIND Nein, Mutter, da hat mich niemand gesehen.

DIE MUTTER Dann gehst nächste Woch noch einmal hinein und holst mir eine.

DER VATER Und wennst amal beim Henne vorbeikommst, dann nimmst mir an Mercedes mit.

DIE MUTTER Du bist ein gutes Kind, du bist jetzt schon reif fürs Zuchthaus. — Mach nur so fort. Da schau her, was dirs Christkindl bringt, eine Zugharmonika.

DAS KIND Ah, danke, Mutter!

DIE MUTTER *zum zweiten Kind* Und dir ein Springseil.

DAS ZWEITE KIND Ah, danke, Mutter.

DER KAMINKEHRER *entsetzlich lang, mit hohem schwarzem Zylinder, Hacke, Leiter und Besen, kommt plötzlich herein.* Grüß Gott beieinander! *Die Kinder schreien und fürchten sich vor ihm.*

DIE MUTTER Seid ruhig, Kinder, der tut euch nichts. *Zum Kaminkehrer* Um Gottes willen, Herr Kaminkehrer, Sie können wir jetzt nicht brauchen, wir haben doch jetzt gerade Bescherung.

DER VATER Ausgerechnet jetzt kommt er. Ich hab doch eigens telefoniert, Sie sollen morgen am Feiertag kommen. Speziell als Kaminkehrer solltns soviel Anstand haben, daß S' jetzt nicht am Ofen umananderkratzn.

DER KAMINKEHRER Das werden wir gleich haben. Ich bin gleich fertig. *Er fängt am Ofen sehr laut zu klopfen und zu kratzen an.*

DIE MUTTER Geh, wartens doch einen Moment, Sie sehn doch, daß wir gerade Bescherung haben, man versteht sein eigenes Wort nicht mehr, vor lauter Lärm. *Die Kinder machen auch Lärm.* So hört doch auf, ihr Fratzen!

DER VATER Wartens an Moment, Herr Kaminkehrer. *Zur Mutter* Da schau her, du bekommst deine Fotografie, die hab ich vergrößern lassen. *Er überreicht ihr einen Papierdrachen.*

DIE MUTTER Was, an Drachen? Ich glaub, du willst mich derblecken. Was meinst denn da damit? Da schau her, Vater, du kriegst von mir auf Weihnachten ein Cockorell-Motorrad – aber heuer mußt noch selber treten; 's nächste Jahr kriegst dann an Hilfsmotor dazu. *Sie gibt ihm das Kinderdreirad, das zugedeckt auf der Bühne steht. Zum Kaminkehrer* Herr Kaminkehrer, nehmens an Moment Platz.

DER KAMINKEHRER Bin so frei! *Er setzt sich auf den Stuhl, auf dem der Schaumkuchen liegt.*

DIE KINDER *schreien* Mutter, der Kaminkehrer hat sich in den Schaumkuchen gesetzt!

DER KAMINKEHRER Jessas Maria! Daß mir des grad auf Johanni passieren muß. *Er dreht sich um und wischt mit der Hand den Schaum von seiner Hose.*

DER VATER *hat sich währenddessen auf das Rad gesetzt und fährt damit über die Bühne, wobei alles umfällt – die Lampe fällt herunter – es entsteht ein fürchterlicher Tumult. Die Mutter und die Kinder schreien. Er bleibt plötzlich mit offenem Mund in fassungslosem Staunen in der Mitte stehen.* Ja wia komma denn Sie auf Johanni?

DER KAMINKEHRER Was wollns denn, heut ist doch der 24. Juni!

DER VATER Himmikreuzsapprament! Da geht nacha mei Abreißkalender nach!

DIE MUTTER Des schaugt dir scho gleich!

DER VATER Siehgst, Alte, drum hab ich ja heut den Christbaum auch so billig kriagt!

Vorhang

Im Germaniabrettl wird 1922 Der Firmling uraufgeführt. Dieser Einakter bereitete Valentin 1931 viel Ärger. Die Münchner nahmen an einem Bild Anstoß, das Valentin und Liesl Karlstadt in einer Szene des Firmlings zeigte und in einem Schaukasten in der Sendlinger Straße ausgestellt war. Man faßte die Fotografie wie das Stück als schandbare Verletzung des religiösen Gefühls auf. Im August wurde das Bild auf Wunsch der Polizei entfernt. Valentin war über diese dumme Fehleinschätzung seines Stückes und seiner selbst derart wütend, daß er drohte, München für immer zu verlassen und nach Berlin zu ziehen. Wilhelm Hausenstein veröffentlichte, ebenfalls verärgert, einen Artikel. Darin heißt es:

»...bei der Szene vom ›Firmling‹ handelt es sich überhaupt

nicht, handelt es sich in keiner Weise um das religiöse, um das kirchliche Motiv. Dies eben ist das Mißverständnis: daß nur irgendwo die Meinung aufkommen konnte, es handle sich beim ›Firmling‹ um ein kirchliches Moment. Es handelt sich in dieser Szene vielmehr spezifisch, also wesentlich-lediglich um das soziologische Motiv: um den wackeren Handwerksmann, der seinem Firmling auf der Grenze zwischen der kleinbürgerlichsten Kleinbürgerlichkeit und seiner schon proletarischen Armseligkeit einen sogenannten ›vergnügten Nachmittag‹ machen möchte. Es kommt hinzu: in dieser ausgesprochen soziologisch gemeinten Szene handelt es sich nicht einmal nur, nicht einmal hauptsächlich um Satire, sondern um eine Komik, die von einer unheimlich gesteigerten, phantastisch erhöhten Strenge und Genauigkeit der soziologischen Wahrnehmung getragen ist. Diese Satire ist, wenn man sie überhaupt mit dem Wort Satire bezeichnen darf, in keiner Weise frivol; sie ist vielmehr von jener unergründlichen Traurigkeit, ja Schwermut umwittert, die überall in der Geschichte genialer Komik das letzte Geheimnis ist.

In dieser Weise also hat man sich getäuscht, hat man das Wesen der Sache mißverstanden. Der ›Firmling‹ ist aber ein Stück auf der Ebene des Gesellschaftlichen und gar nichts anderes ...«

Liesl Karlstadt
Wie
Der Firmling
entstand

In den Frühlingstagen des Inflationsjahres 1922 mußte ich einmal in einem Zigarrenladen in der Reichenbachstraße ziemlich lange warten. Ich kam gerade dazu, wie der alte Inhaber des Lädchens einem Kunden eine endlose Geschichte erzählte. Erst fand ich sie schrecklich langweilig, aber bald wurde ich immer aufmerksamer, dann mußte ich schmunzeln und zu guter Letzt hell herauslachen, so urkomisch war, was ich da zu hören bekam. Der Zigarrenhändler hatte einen Firmling und wußte nicht, woher er einen Firmungsanzug für ihn bekommen sollte. Zu einem neuen langte es nicht, denn dazu war auch schon bei der Kommunion das Geld zu knapp gewesen. Zufällig bekam der Erzähler von einem Jugendfreund, der ihn noch daliegen hatte, einen Firmungsanzug von dessen Sohn angeboten. Und nun kam das Außerordentliche: »Paßt hat er!« schrie der Firmpate ein über das anderemal und er fing seine Geschichte immer wieder von vorne an, um dieses triumphierende »Paßt hat er!« zum zweiten und zum dritten Male hinauszuschmettern zu können.

Zum Schluß liefen uns allen die Tränen über die Backen: dem Erzähler vor Rührung über seine Geschichte, uns Zuhörern aber vor Lachen. Das war etwas für Karl Valentin! Ich rannte sporn-streichs zu ihm. Er war sofort Feuer und Flamme. Und tatsäch-lich gelang es uns am nächsten Tage allen beiden, das kleine Zigarrengeschäft wieder zu finden und den Inhaber, der weder eine Ahnung von unserem Vorhaben hatte, noch mich wieder-erkannte, zu einer ebenso schönen Wiederholung seiner Geschich-te vom Firmungsanzug zu bringen, wie er sie schon einmal für mich zelebriert hatte. Karl Valentin ließ es keine Ruhe, bis ein Stück daraus geworden war: unser »Firmling«. Die Geschichte von dem Firmungsanzug darin ist ganz echt, ein Stück Münch-ner Wirklichkeit; alles andere aber wurde hinzugedichtet.

Der Firmling

Die Bühne gehört – durch ein Plakat mit der Aufschrift Wein-terrasse gekennzeichnet – zum Zuschauerraum. Sie ist rosa ta-peziert und zeigt im Hintergrund gemaltes Publikum, das an kleinen Tischen sitzt. Im Vordergrund sind drei Tische weiß ge-deckt, darauf stehen Zahnstocher in Ständern, die Spitzen nach oben. Als Tafelschmuck Tannenzweige in Vasen. Eine Anrichte trägt Sektkübel, Zigarettenschachteln, Teller, Salzstreuer, Glä-ser, Strohhalme, Bestecke und bunte Zigarrenkisten.

Zur Einleitung geht die Musik in Schön ist die Jugend bei frohen Zeiten über. Karl Valentin spielt den Vater.

Beide kommen vom Publikumseingang her durchs Lokal und suchen einen Platz, finden ihn aber nach vielem Anstoßen erst auf der als Weinterrasse hergerichteten Bühne. Pepperl (Liesl Karlstadt) hat viel zu große weiße Handschuhe an und trägt eine lange Kommunionkerze mit einer riesigen weißen Seiden-schleife. Damit bleibt er auf dem Podium gleich am ersten Stuhl hängen, der krachend umfällt.

VATER *No, Depp... Pepperl rennt den zweiten Stuhl um und lacht. Der Vater wirft Tisch und Stuhl um, verwickelt sich mit Schirm, Stuhl und Tisch, ein fürchterliches Durcheinander entsteht. Pepperl lacht.* Lach net so saudumm, dummer Bua. *Beide setzen sich nieder, schauen sich nach dem Kellner um und pfeifen.* He, Kellnerin, zwei Halbe!

KELLNER *kommt auf die Bühne.* Was wünschen die Herrschaf-ten?

VATER Zwoa Halbe Bier und etliche Brot.

KELLNER Bedaure, Bier wird bei uns nicht verschenkt.

VATER Mir wollns ja net gschenkt, mir zahlen ja.

KELLNER Ich meine, wir führen kein Bier, hier gibts nur Wein – wir haben Weinzwang.

VATER Na bringst halt zwoa Halbe Weinzwang.

KELLNER Ich bringe Ihnen die Weinkarte. *Pepperl lacht und schaut immer auf seine Uhr.* Bitte, hier ist die Wein- und die Speisekarte. *Er geht ab.*

VATER Was magstn Pepperl, weilst dich heute so schön firmen hast lassen, derfst du dir heut was Feines raussuchen. Was magst denn? Red – oder red – was magst denn?

PEPPERL An Emmentaler –

VATER Ja hast du Hunger?

PEPPERL Ja.

VATER An Emmentaler werns da herin net ham. *Er schaut in die Weinkarte.* Ja, hams scho oan, aber da hoaßt er anders, da hoaßt er Affenthaler. *Er pfeift.*

KELLNER Bitte, haben die Herrschaften schon gewählt?

VATER Bringst an Pepperl a Stück Affenthaler und Pfeffer und Salz.

PEPPERL Ja, und zwoa Bretzn.

KELLNER Sie meinen eine Flasche Affenthaler?

PEPPERL Na, a Trumm Affenthaler.

KELLNER Es gibt doch nur eine Flasche Affenthaler.

VATER Wieso a Flaschn? Habts denn Ihr an Kas in der Flaschn drin?

KELLNER Affenthaler ist immer in der Flasche.

VATER Seit wann denn?

KELLNER Seit es einen Affenthaler gibt.

VATER Ja, wia bringa mir denn den raus? Mir können doch net an Kas mitm Stopselzieher rausziehen! *Pepperl lacht.* Jetzt hörst amal dei saudumms Gelächter auf! *Er haut ihm erbost eine runter. Pepperl weint.* So macht er mirs heut scho den ganzn Tag, in einer Tour grinst er, der dumme Bua. *Pepperl lacht wieder.*

KELLNER Mein Gott, er freut sich halt, weil er jung ist!

VATER Ich war doch aa amal jung, vielleicht jünger wie er.

KELLNER Also wollen Sie dann einen Affenthaler trinken?

VATER Wieso trinken?

KELLNER Affenthaler ist nur zu trinken.

VATER So weich ist der?

KELLNER Will der Kleine vielleicht eine Limonade?

PEPPERL Ja.

VATER Eine rote – a recht süße bringst ihm.

KELLNER Und Sie auch eine Limonade?

VATER Mir wars ja gnua, mir bringst an Schnaps!

KELLNER Was für einen darf ich bringen? *Er liest die Likörkarte ab* Allasch, Kirschwasser, Zwetschgenwasser, Rum, Kognak, Magenbitter, Kräuter...

VATER Net so viel, einen nur!

KELLNER Goldwasser, Macholl, St. Emmeram...

VATER An Macholl habts aa, ja, den mag i.

KELLNER Also eine Limonade und ein Gläschen Macholl.

Vater und Pepperl

VATER Was, a Gläschen? A Flaschn möcht i, a Glasl is bei mir scho leer, wenn i's anschaug. Bring a Flaschn.

KELLNER Eine ganze Flasche wird Ihnen wahrscheinlich zu teuer sein.

VATER Des geht Ihna an Dreck o.

KELLNER Und was speisen die Herrschaften? *Er liest die Speisekarte ab* Makkaroni mit Schinken ist noch da.

PEPPERL Ja.

VATER Magst solche – *zum Kellner* – na bringst oa.

KELLNER Bitte sehr – also zweimal Makkaroni mit Schinken.

VATER Naa, oamal.

KELLNER So, nur einmal.

PEPPERL Ja, für an jeden – eine.

KELLNER Also dann doch zwei Portionen.

VATER Nein, nein – eine – aber für zwei.

KELLNER Ja, wollen Sie jetzt eine oder zwei?

PEPPERL Nein, ich möcht nur eine.

KELLNER Ja, dann wollen Sie doch zwei?

VATER Nein, eine für uns zwei.

KELLNER Sie meinen eine Doppelportion.

VATER Ja, eine einfache Doppelportion.

KELLNER Zum Donnerwetter, soll ich jetzt eine oder zwei Portionen bringen?

VATER Jetzt bringst oane und schwingst dich, sonst kann sein ...

KELLNER Ich bringe Ihnen jetzt eine Portion. *Geht schimpfend ab.* Das ist eine nette Bagage, die wissen nicht, was sie wollen, die sollen doch woanders hingehen, in eine Bauernwirtschaft, das ist ja furchtbar.

VATER Nur net nachbrumma dahinten. Tua fei ja net launenhaft sei, sonst ziag i di raus aus deim Cheviot. – Ja mei, Pepperl, was sagst denn, habn die an Kas in der Flaschn drin, drum soll ma so wo net reingehn, in eine Tiele. Tiele hoaßn sies jetzt, früher hat ma Weinbeizen gsagt. – Lauter so modernen Krampf hams da. *Er will schnupfen. Pepperl stößt ihm den Tabak herunter.* Net steßn – Aff – überall bauns jetzt eine Tiele hinein, i bin nur neugierig, wie in zehn Jahren 's Hofbräuhaus ausschaugt. *Er will wieder schnupfen.*

PEPPERL Jetzt wird er glei wieda reinkomma! *Er stößt den Vater wieder.*

VATER Jetzt haut er mir schon die zwoate Pyramidn runter, glei schlag i di aa runter.

Er schnupft sehr laut.

KELLNER Hier bitte die Limonade für den Kleinen, hier Ihr Likör, wohl bekomms.

VATER Bist da, Herzerl! *Er haut den Kellner hinten hinauf.*

KELLNER Was erlauben Sie sich?

VATER Oha, jetzt hab i glaubt, i bin im Hofbräuhaus bei der Marie. *Kellner ab.* So, Pepperl, jetzt laß dirs recht schmekken, heut ham mir so schon so viel herumgsoffn.

PEPPERL Prost, Vata – ah, heut is zünfti – da schau her, Vata – ah, des is a Gaudi.

VATER Ja was tuast denn!

PEPPERL Seifenblasen.

VATER Dir tua i dann glei Seifenblasen mit der teuren Limonad – des Steckerl ghört doch zum Umrührn. *Er rührt um, bricht aber das Röhrl ab.*

PEPPERL So, jetzt hast es brochen, uh, der wenn reinkommt!

VATER Lauter Glump hams scho a da herin, mir sagn einfach, des war scho.

PEPPERL Ja, des sagn ma, na spannt ers net. Prost, Vata, ah, heut is zünfti.

VATER Prost, Pepperl – so, jetzt derfst dei erste Zigarrn rauchen. *Er pfeift.*

KELLNER *kommt* Bitte sehr?

VATER A Zigarrn fürn Buam, a ganz leichte – weil er noch nie graucht hat.

KELLNER Bitte sofort. *Geht ab.*

VATER Die Mutter wenns uns jetzt seng kannt, die hätt a Freud. Hats allwei gsagt, den Tag möcht i noch erleben, aber leider is sie heimgegangen in den großen Heimgarten.

KELLNER *bringt eine Zigarre.* Bitte sehr.

VATER Zünds an Buam glei o! So, Pepperl, ziag nur fest. *Zum Ober* Moanst net, daßn zreißt?

KELLNER Na, wir werden ja sehen.

VATER Ja, wenn mirs scho amal seng, na is 's schon zspät. *Kellner ab.* Inhalier nur fest, daßd a guate Farb kriagst. Du mußt dir denken: Heut ist der schönste Tag in deinem Leben – die Jugendzeit kommt nur einmal, des derfst mir glaubn. *Er singt* Schön ist die Jugend, bei frohen Zeiten, schön ist die Jugend, sie kommt nicht mehr.

PEPPERL Ja, des kenn ich auch, den alten Schmarrn. *Er singt mit.* Prost, Vata, heut is 's zünfti.

VATER Das muß du dir merken, die Jugendzeit kommt nur einmal im Leben ...

PEPPERL *singt* Drum sag ichs noch einmal...

VATER Was sagst, Pepperl?

PEPPERL Naa, i hab bloß gsunga Drum sag ichs noch einmal...

VATER Da hast du recht, des kann ma net oft gnua sagn. *Er stößt mit der Nase in die Zahnstocher.* Au–au. *Pepperl zieht sie ihm heraus.* Wie kannst denn du die Zahnstocher da herstelln; wenn i Bluatvergiftung kriag und wird mir die Nasn weggschnittn, mit was schneuz i mi dann?

PEPPERL Da kann i nix dafür, für was muaßt du dei Nasn überall drin habn.

VATER *reibt die Nase mit Schnaps ein.* Jessas, brennt des.

PEPPERL Ja eben – drum sag i 's noch einmal...

VATER *wirft ihn über den Stuhl hinunter.* Fangt er immer wieder an mit seiner saudummen Jugendzeit.

PEPPERL Ah geh, bis i amal windi wer!

VATER Setz di her da! Setzt di glei her? – Du Hundling!

PEPPERL Tua fei net köppeln.

VATER Halts Maul!

PEPPERL Brauchst mi a net glei nunterwerfa, i hab di aa net nuntergschmissn.

VATER Des kommt scho noch – setz di her!

PEPPERL Ja gell, wenn die neue Uhr bricht, dann ham mas – i glaub, i hab so schon die Feder abdraht.

VATER Dei Gurgl drah i dor no ab – daß dus woaßt. Denk liaba an dei Zukunft, woaßt heut no net, was du amal werdn willst.

PEPPERL Des wern mir nachher scho seng.

VATER Heut woaßt no net, was du amal wirst. Pepperl, Pepperl, denke dran, was aus dir noch werden kann.

PEPPERL Ja, da bin i selber neugierig.

VATER Aber siehgst, des gfreut mi heut no, daß es mir gelungen ist, den heutigen Tag zu erleben.

PEPPERL Ja, mi aa, wär schad, wenn ihn mir zwei nimmer erlebt hätten.

VATER Niemand auf der Welt hätt dir dein Firmpat gemacht, wenn ich mich nicht deiner erbarmt hätt.

PEPPERL Ja, wennstn du net gmacht hättst, dann könnt i heut mit meiner Kerzn alloa rumharpfn.

VATER Alle hams dir versprochen, a jeder hat gsagt, dein Buam mach i an Firmpat, und wies dann drum und drauf ankomma is, hat sich a jeder druckt. Merk dir das – Pepperl – Freunde in der Not gehen zehne auf ein Butterbrot. Gell, der Onkel hat dirs so sicher versprochen, und jetzt hat er dir was ghustet. Warum hat er dir denn dein Firmpat net gmacht? – Weil er kein Flins drauf hat, weil er dir koa Uhr hätt kaufen können. Ich hab dein Firmpat gmacht, ich hab mei Wort ghaltn. I war da wia da Zoaga.

PEPPERL Ja, des is wahr.

VATER Was hast denn ghabt vor der Firmung?

PEPPERL Nix.

VATER Net amal an Anzug hast ghabt, nackert hättst gehn müssen.

PEPPERL Na hätt i halt mei Badehosn anzogn.

VATER Koan Anzug hast ghabt, koa Hemdknöpferl, koane Sokken, koa Hemad, koan Charakter, nix hast ghabt wia dein saudamma Kopf.

PEPPERL Ja, und den hab i von dir kriagt.

VATER Ich kann mich noch gut erinnern, wia i rumglaufen bin um an Anzug für den Buam. Was i da für a Lauferei ghabt hab, das is der Bua gar net wert. In sämtlichen Kleidererziehungsanstalten war ich in München, beim Isidor Bach, beim Knagge & Peitz, beim Isidor Kustermann, beim Heilmann & Littmann, nirgends hab ich einen Kommunionanzug auftrieben. *Pepperl raucht die Zigarre, es wird ihm schlecht, er nimmt seinen Hut und geht ab. Der Kellner kommt herein und serviert die Getränke, ab. Vater allein* Und da wo ich ein auftriebn hätt, kostet ein Kommunionanzug heute fünfundsechzig Mark, ja, ja, mir wars ja gnua, des kann i mir als Mittelstandler net erlaubn, daß ich für den Buam fünfundsechzig Mark am Tisch hinleg – ich bin koaner von der Burschoisie, i muaß mir mei Geld mit der Hände Fleiß verdienen, na hab i mir denkt, koan neuen konnst net kaffa, kaff dir halt oan von Herrschaften abgelegten Kommunionanzug, zua alle Dandler bin i, in meine sämtlichen Stammkneipen hab i 's rumerzählt, nichts wars, die ganze Hoffnung hab i schon aufgebn. Derweil schleicht sich ein Zufall ein. Kommt der Erlacher Franzl zu mir, a alter Spezi, ein Kriegskamerad von mir, mir san anno Siebazg mitanand z' Deisenhofen gstandn, Mann an Mann, Brust an Brust, direkt am Isarufer, wos so feucht war, der hat es erfahrn, daß i an Kommunionanzug kaufen will. Des gfreut mi, Franzl, hab i gsagt, sag i, aber es is net gsagt, daß des, wo dein Hundsbuam paßt, mein Knaben aa paßt – kurzer Rede langer Sinn, der Erlacher Franzl bringt den Anzug, der Pepperl ziagtn o und – paßt hat er! *Er haut auf den*

Tisch. Hätt ja i im Leben net denkt, daß dem Pepperl der Anzug paßt, wo er an Buam gar net kennt – kennt an Buam gar net – aber wia gsagt, der Erlacher bringt den Anzug, der Pepperl ziagtn o, und – paßt hat er. *Er haut auf den Tisch.* No ja, die Ärmel warn zlang, des stimmt, de hat d' Muada dahoam abgschnittn, und de Sach war erledigt, aber so is doch die ganze Sache furchtbar interessant. Und noch dazu will er mir den Anzug schenken – naa, sag i, Franzl, des gibts net, es gfreut mi ja über alle Maßen, daß du mir den Anzug kredenzt – aber so sehr mich dein Antrag würdigt, so hat die Sache einen ganz anderen Haken, denn du bist selber ein armer Teufl, und wenn du mir schon den Anzug gibst, dann wollen wir die Sache finanziell regln. In dieser Beziehung bin ich ein Ehrenmann, da laß i mir nichts nachsagen. Aber wie gsagt, er bringt den Anzug, der Pepperl zieht ihn an und – paßt hat er, das is ja das Horrende an der Angelegenheit. Man muß doch bedenken, daß er mein Buam noch mit keinem Auge erspähet hat. Kennt der an Buam net, sei Bua is vielleicht a Mißgeburt, aber mei Bua is gwachsn wie eine Hyazinthe. Aber wie gsagt, der Erlacher Franzl bringt den Anzug, der Pepperl ziagtn an und – paßt hat er! *Er haut auf den Tisch und fällt damit zu Boden.* Oha, jetzt hats mi abidraht – wo er an Buam gar net kennt – das ist ja das Frappante – ja was is denn des? *Er rutscht beim Aufstehen immer mit den beiden Füßen aus.* Muaß i in meine alten Tag noch 's Radlfahrn lerna.

Vata, ah, heut is zünfti

PEPPERL *kommt weinend* Vata, mir is so schlecht.

VATER Mir auch.

PEPPERL Vata, i möcht hoamgeh.

VATER Ich auch.

PEPPERL Mach, steh halt auf.

VATER Wenn i könna tat, scho.

PEPPERL Was hast denn?

VATER A Hepfa.

PEPPERL Der legt si glei am Boden hin, der faule Kerl! *Er hängt seinen Hut an den Kleiderständer und hebt den Vater auf. Der Vater fällt immer wieder hin. Pepperl hebt ihn immer wieder auf.* Mach, steh doch auf, mir is ja selber so schlecht.

VATER *singt* Auf der schönen grünen Wiese, da spielt...

PEPPERL Halt doch dei Mäu! *Vater fällt wieder hin. Pepperl schimpft* Geh, sei doch net so ekelhaft!

VATER Ich hab gekämpft für König und Vaterland!

PEPPERL Ja, des is ja jetzt wurscht... *Vater fällt hin.* Jetzt wirds mir bald z' dumm wern, 's nächstemal konnst alloa in d' Firmung geh... *Vater fällt hin.* Dann setz di halt auf an Stuhl, wannst nimmer steh konnst. *Vater fällt mit dem Stuhl um.* Jetzt werd i bald narrisch wern.

KELLNER *kommt mit den Speisen herein.* Ja, um Gottes willen, wie sieht es denn hier aus, was ist denn das für ein Benehmen!

PEPPERL Ich bins ja net, das war ja er.

KELLNER Das ist ganz egal. Sie gehören beide nicht in dieses feine Lokal, das ist ja furchtbar.

PEPPERL Weil er immer so viel sauft, der alte Aff.

VATER *zum Kellner* Ich bin ein Ehrenmann, das merkst dir!

KELLNER *hebt alles auf und stellt die Speisen auf den Tisch* So, jetzt essen Sie Ihre Makkaroni und dann machen Sie so schnell wie möglich, daß Sie fortkommen. Das geht doch nicht, wie Sie sich hier aufführen. *Zum Vater* Nicht wahr, das müssen Sie doch selbst einsehen, daß das hier nicht geht.

PEPPERL Ja, des hört der nimmer.

VATER *singt.*

KELLNER *nachdem er den Tisch in Ordnung gebracht hat* Also bleiben Sie endlich sitzen und verhalten Sie sich ruhig, sonst lasse ich Sie rauswerfen.
Kellner ab.

PEPPERL So, jetzt hast es, jetzt werden wir noch rausgeschmissen aa, grad heut an mein Firmungstag. Jetzt bleibst amal sitzn,

du bsuffana Uhu. *Beide fangen zu essen an. Pepperl haut mit
der Kerze Vaters Nudeln hinunter.*

VATER Mußt denn du immer beim Fressen die damische Kerzn
ham! *Er nimmt sie ihm aus der Hand, ißt jetzt mit der Kerze,
wickelt Nudeln darüber, steckt die Kerze in die Westentasche,
holt sie wieder heraus und fährt Pepperl damit beim Essen in
den Mund hinein. Pepperl schreit. Vater wirft Nudeln hinunter, der Tisch fällt um, er steckt alle Nudeln in die Tasche.
Pepperl hat eine Nudel im Mund. Vater zieht sie heraus.*

PEPPERL Wo is mei Huat, komm lauf ma davon.

VATER Ja, dann brauch ma nix zahln. *Beide nehmen ihre Hüte
vom Kleiderständer, werfen ihn um, und Pepperl trägt den
Vater huckepack hinaus.*

KELLNER *kommt* Halt, zahlen, zahlen!

Vorhang

Kurt Horwitz
Erinnerung

Der Firmling erlebte seine Uraufführung noch im Hotel
Germania. Es war eine Zeit, in der nicht nur die großen
Schauspieler, Steinrück, Werner Krauss usw., »soffen« – anders
läßt sich das nicht ausdrücken –, sondern in der auch wir Jungen
glaubten, nicht genial zu sein, wenn wir nicht auch, wie unsere
Vorbilder, öfters alkoholisiert die Bühne beträten. Und nun erst
gar, wenn wir einen Rausch zu spielen hatten!

Im »Firmling« sahen wir zum erstenmal, wie Valentin
einen Rausch spielte – wie der Kleinbürger, den er darstellte,
mit seinem Firmlingsbuben, den Liesl Karlstadt unvergeßlich
herrlich spielte, in das ihn vornehm dünkende Lokal geriet, in
die »Weinterrasse« – wie er den herablassend-frechen Kellner
anschaute, dem er dann auch nichts schuldig blieb – wie der
Rausch wuchs und wuchs, so daß zum Schluß das große, va-
lentinische Durcheinander entstehen *mußte.* (Er schrieb ja Akt-
und Szenen-*Schlüsse!*) Seine Darstellung war in jeder Hinsicht
großartig. Das läßt sich gar nicht schildern: Er war komisch,
rührend, dämonisch, skurril, lyrisch, patzig, tragisch, laut und
leise, ohne auch nur eine Sekunde die kleinbürgerliche Figur zu
verlassen und ohne die soziale Angriffigkeit aus dem Unterirdi-
schen ins Rampenlicht zu stellen.

Das darstellerisch Größte blieb jedoch die Unentrinnbarkeit
aus dem Alkohol. Kein Mätzchen und kein bewährter Trick stör-

ten eine gleichsam magische Entwicklung bis zum turbulenten Ende.

Nach der Vorstellung saßen wir zusammen. Wir dankten begeistert, und dann stellte einer von uns die Frage, die uns brennend interessierte: »Herr Valentin, wie machen Sie den Rausch?« Er verstand die Frage gar nicht, und er sagte nur: »Ja, wie? Machen?« Der Frager bohrte weiter: »Trinken Sie *vor* dem Auftreten schon ordentlich? Und was? Bier? Wein? Schnaps?« Jetzt verstand Valentin erst. »Ach so«, sagte er, »des ko i Eahna sogn – ich machs mit *Wasser!*«

In diesem Augenblick begriff ich die ganze Größe Valentins – da er, unbewußt, durch sein Beispiel bewies, was Kunst eigentlich ist. Er war ja kein Antialkoholiker. Er wußte aber instinktiv, daß er ein vernebeltes Gehirn nicht brauchen konnte, weil die Chaplinsche Präzision und die aller großen Clowns die Voraussetzung für seine Darstellungsweise bilden mußte. Ich selbst versuchte es von da an auch mit Wasser, nur noch leicht mit Wein gemischt.

Um 1925

118

Dorfplatz. Links ein Fachwerkbau, daneben das alte Spritzen-
haus. Rechts das Haus der Huberbäuerin.

DER FEUERWEHRHAUPTMANN *(Karl Valentin) trägt hohe Stiefel*
mit abgeschrägtem Rand, enge Röhrlhosen, zweireihige Uniform
mit Koppel und einen blinkenden Messinghelm mit rotem Feder-
busch. Um den Hals hängt ihm das Signalhorn, auf der Brust
prangen zwei Medaillen, die Feuerwehraxt baumelt an seiner
Hüfte.

DER FEUERWEHRLEHRBUB WIGGERL *(Liesl Karlstadt) hat gleich-*
falls hohe Stiefel an, sein Rock ist ihm viel zu lang und zu weit,
die Joppe wirkt wie ein Gehrock.

Die übrige FEUERWEHRMANNSCHAFT *trägt lange Hosen. Die be-*
rühmte Sammlung grotesker Erscheinungen, die man in Karl Va-
lentins Ensembles häufig findet: lange dürre und kurze dicke
Feuerwehrmänner stehen nebeneinander.

DIE HUBERBÄUERIN *(gleichfalls von Liesl Karlstadt gespielt) er-*
scheint in ihrem Alltagsgewand, aber doch recht stattlich heraus-
geputzt, denn die Bauern sind reich geworden in der Inflations-
zeit nach dem Ersten Weltkrieg, in der man sich das »Groß-
feuer« zu denken hat.

DER NACHBAR *kommt hemdsärmelig mit Weste und gestreifter*
Hose auf die Szene.

DER HERR BÜRGERMEISTER *in bäuerlichem Besuchshabit aus*
schwarzem Tuch mit niedrigem, rundem Dachauerhütchen und
einer gewaltigen Uhrkette. Daß er unterwegs ist, erkennt man
an seiner unförmigen, altmodischen Reisetasche.

Während der Vorhang aufgeht, hört man ein heftiges, un-
heimliches Gewitter. Alsbald schlägt ein gewaltiger Blitz in das
Hausdach der Huberbäuerin, dem ein furchtbarer Donnerschlag
folgt. Es hat eingeschlagen. Das Haus beginnt zu brennen.
Gleichwohl sieht man die Huberbäuerin seelenruhig am Fenster
sitzen, als ob nichts geschehen wäre.

DIE HUBERBÄUERIN Herein, herein, wer ist denn da? Hat es denn
jetzt net grad klopft? Ich hab gmoant, es hat wer pumpert.
Bin neugierig, wia heute der Dollar steht. Entweder ist er droben oder herunten – oder er is gleich gar wieder naufgangen.
Sie liest in der Zeitung.

EIN NACHBAR *tritt auf und geht ans Fenster.* Grüß di Gott, Huberbäuerin.

DIE HUBERBÄUERIN Ja, der Ferdinand, was willst denn du bei
mir?

DER NACHBAR Huberbäuerin, ich hab dir ein Geheimnis zu sagen.

DIE HUBERBÄUERIN Was, ein Geheimnis? Ja wennst mirs sagst, dann is ja kein Geheimnis mehr. *Sie kommt zur Haustür heraus und hält ihr Ohr dem Nachbarn hin.*

DER NACHBAR Des muaß i dir sagn, des ist sehr wichtig für dich.

DIE HUBERBÄUERIN Mein Gott, erschreck mi net, is am End gar der Butter billiger wordn?

DER NACHBAR Na, na, so gefährlich is net, gib mir d' Hand, daß du niemand was sagst.

DIE HUBERBÄUERIN Da hast mei Hand. I bin verschwiegen wie a Millifrau.

DER NACHBAR Also, dei Häusl brennt.

DIE HUBERBÄUERIN Jessas Maria, ja was is des, das hätt i mir net denkt, des is aber aa traurig. Hat soviel Geld kost, des arme Häusl.

DER NACHBAR I habs gsehn von meim Fenster aus, dann bin i glei rüber und hab dirs gsagt.

DIE HUBERBÄUERIN I dank dir schön für die Mitteilung, und wegen der Kleinigkeit bist du extra zehn Meter weit bis zu mir herglaufen, da könnt i glei woana vor lauter Freud.

DER NACHBAR I muaß glei wieder gehn, nix für unguat. Pfüat di Gott!

DIE HUBERBÄUERIN Und soll amal dei Haus brenna, dann sag i dirs aa glei, also pfüat di Gott. *Der Nachbar geht ab.* Mein Gott, mei Häusl brennt. I bin ganz resultatlos, oder sollt er mi anglogn ham – naa, des tuat er net, der Ferdinand. I kenn ihn ja über vierzehn Tag, des is a aufrichtiger Mensch, aber ein falscher Kerl. No ja, i kann ja nachschaun, obs wirklich so is, i hab ja net weit. *Sie dreht sich um und betrachtet ihr Haus genau von allen Seiten. Dabei sieht sie die Flammen aus dem Dach schlagen. Man hört und sieht es gemächlich weiterbrennen, bis der Vorhang fällt.* Ja, was is denn des, hat er doch recht ghabt! Da derf i glei meine Augenglasln aufsetzen. Resi! Glang mir an brennenden Kerzenleuchter raus! O heiliger Florian, schau nur grad mei Häusl an, ja des wenn noch a Zeitlang so weiterbrennt, na werds immer größer. I bin ganz ratlos, i kauf mir doch no a Radl, da geh ich sofort zum Feuerwehrkommandant und sag, er soll glei zu mir komma in einer dringenden Angelegenheit, der gibt mir dann an Rat, was ma da macha kann. Resi! Glang mir mein Huat und mein Cape raus, i muaß schnell wohin gehn. Und wenn wer nach mir fragt oder telephoniert, na sagst ganz einfach, mir ham koa Telephon.

Der Herr Feuerwehrkommandant tritt auf die Bühne.

DIE HUBERBÄUERIN Ja, da is er ja. Grüaß di Gott, Kommandant!
Grad hätt i zu dir gehn wolln, in einer dringenden Angelegenheit.

DER HERR KOMMANDANT So? Wie gehts dir denn allaweil?

DIE HUBERBÄUERIN Net guat, woaßt scho, der Verdruß und die
Arbeit, die man allaweil hat mitm Geld, a paar Säck voll Tau-
sender ham mir schon wieder die Mäus zammgfressn, jetzt
hab i lauter Goldstückl abiglegt, des wissn d' Mäus net, dann
beißn sie sich de Zähn aus. Ja und wie gehts denn dir allaweil?

DER HERR KOMMANDANT Schlecht! Ärgern muaß i mi halt so viel
imma mit de Leut, weil, wenn wir Feuerwehrleut imma in
Uniform auf der Straß genga, fragt imma glei a jeder: »Sie
bittschön, wo brennts denn?« Des is doch zu blöd, da muaß
ma doch an Gendarm auch fragn: »Sie, wo werd denn was
gstohln?«

DIE HUBERBÄUERIN Ja, da hast recht, da müaßt ma an Gendarm
auch fragn: »Wo werd denn was gstohln?« Ganz richtig. Du,
Kommandant, wie is denn beim Maibräu z' Gögging no ganga? Habts no was retten könna?

DER HERR KOMMANDANT Ach nix, alles is verbrennt.

DIE HUBERBÄUERIN Geh, was d' net sagst, wie is denn des zua-
ganga?

DER HERR KOMMANDANT Ach, mei Trompeter war schuld an der
ganzn Gschicht. Du woaßt doch, wir haben bei der Feuerwehr zwei Signale, zum Angriff, des hoaßt: Tä tä – tä tä, und
Gefahr vorüber hoaßt: Tä – tä – tä – tä. Und wia mas Löschen
anfanga wolln, blast der Gefahr vorüber, weil ers Signal verwechselt hat, natürlich is die ganze Feuerwehr wieder davon
und ham alles brennen lassen.

DIE HUBERBÄUERIN A so a Rindviech!

DER HERR KOMMANDANT No ja, deswegn brauchstn net glei a
Rindviech hoaßn, du woaßt doch, daß der Trompeter mei
Bruader is.

DIE HUBERBÄUERIN Jessas ja, des is ja dei Bruader, entschuldigst
vielmals, i habs net so gmoant.

DER HERR KOMMANDANT Ja, ja, des is net so einfach bei der
Feuerwehr, des muaß alles glernt sei.

DIE HUBERBÄUERIN Ja, da hast recht, des muaß alles glernt sei.

DER HERR KOMMANDANT Mir grausts heut no, wenn i an mei
Feuerwehrlehr denk, wia ich no Feuerwehrlehrbub war, glernt
hab i zwar nix, i hab aa nix lerna könna.

DIE HUBERBÄUERIN Warum net?

DER HERR KOMMANDANT Weils grad die drei Jahr, wo ich in d' Lehr ganga bin, nirgends brennt hat.

DIE HUBERBÄUERIN Wia bist denn eigentlich dazua kemma zur Feuerwehr?

DER HERR KOMMANDANT Des war a so. Mei Vater war dreißig Jahr bei der Feuerwehr, dann is er pensioniert wordn, des woaßt ja a so, d' Uniform, der Helm, alles war da, dann hab i mir denkt, wirst auch a Feuerwehrmann, passen tuat mir alles.

DIE HUBERBÄUERIN Bis auf den Halsriemen, der is dir z'weit.

DER HERR KOMMANDANT Des woaß i scho, aba des kommt davon her, weil mei Vater so an großen Kropf ghabt hat. I hätt man scho enger macha lassn, aber schließlich krieg i aa so an Kropf, dann muaß i ihn wieder weiter macha lassn.

DIE HUBERBÄUERIN Ja, dann müßtsn wieder weiter macha lassen, ganz richtig.

DER HERR KOMMANDANT Ja, ja, jawohl, heut vor fuchzehn Jahr is Unterhaching abbrennt. Ja, morgen Nachmittag und dreiviertel vier Uhr sans grad fuchzehn Jahr, daß Unterhaching abbrennt is, des hoaßt, angfangt hats im Dezember und aufghört hats im Winter. Herrschaft, war des a Feuer, a Großfeuer, das Feuer wird groß gwen sei, vierzig Meter lang und sechzehn Meter hoch, siebzehn Meter derf ma eigentlich sagn, denn ganz genau ham mirs net abmessen könna, weils immer so hinaufgschwanzelt is. Des Feuer waar aber nicht so groß worn, wenn wirs gleich gemerkt hätten, aber erstens is bei der Nacht auskemma und unser Dorf is so schlecht beleucht, daß ma net amal des Feuer gsehng ham, zweitens hat der Nachtwächter grad an dem Tag Ausgang ghabt, draufkomma san ma erst am drittn Tag, derweil hat das ganze Dorf scho lochterli, ah! lichterloh brennt. Wia mirs Spritzn anfanga wolln, ham wir koa Wasser ghabt, bei dreißig Grad Kälte war des ganze Wasser gfrorn, jetzt ham sämtliche Bäuerinnen von der ganzen Gmoa zuerst den Schnee kochen müssn, daß wir a Wasser kriegt ham zum Löschen. Der Apotheker von unserm Dorf hat hundert Flaschen Fachinger gstift, auf einmal hat sich der Wind dreht, unds Feuer hat aufghört am Abend, und seit der Zeit habn mir zur Erinnerung alle Tag auf d' Nacht um sechs Uhr Feierabend.

DIE HUBERBÄUERIN Auf d' Nacht um sechs Uhr Feierabend. Ganz richtig. *Sie greift mit den Fingern an das Kinn.* Saxndi, was hab jetzt i dir heut sagn wolln? Mir fallts nimma ei.

DER HERR KOMMANDANT *schnuffelt mit der Nase.* I woaß net, da muffelts.

Es riecht nach Brand.

DIE HUBERBÄUERIN Hast an Katarrh?

DER HERR KOMMANDANT Da brandelts!

DIE HUBERBÄUERIN Jessas, jetzt fallts mir ein, was i dir sagn hab wolln, bei mir brennts ja! Möchst net amal nachschaun, was da zu macha is?

DER HERR KOMMANDANT Selbstverständlich, des is ja mei Pflicht, schaun mas halt amal an, des Feier. Wo hast es denn?

DIE HUBERBÄUERIN Da! *Sie zeigt auf das Haus.*

DER HERR KOMMANDANT Jetzt muaß i 's halt amal genau untersuchen, was des für a Brand is, obs a Kellerbrand oder a Dachstuhlbrand is. Ja, ja, des is meiner Ansicht nach a Dachstuhlbrand.

DIE HUBERBÄUERIN Ja, des muaßt du wissn! I will dir da nix dreinredn.

DER HERR KOMMANDANT Sag mir nur grad, Huberbäuerin, wia bist denn eigentlich zu dem Brand komma?

DIE HUBERBÄUERIN Ja mei, des is a Zufall. I steh vor meim Häusl, auf amal kommt mei Nachbar rüber und sagt: Du, Huberbäuerin, bei dir brennts. I schaug aufs Hausdach nauf, und wirklich wars a so.

DER HERR KOMMANDANT Ja woaßt, i will dir da absolut kein Schrecken einjagen, aba soviel i seh, handelt es sich bei dir um ein Großfeuer.

DIE HUBERBÄUERIN Des is mei Ansicht aa.

DER HERR KOMMANDANT De Gschicht kriagn ma scho. I schreib jetzt amal alles auf. Was hast denn für a Hausnummer?

DIE HUBERBÄUERIN Nummer dreizehn.

DER HERR KOMMANDANT Na also, da san mir ja glei da mit der Spritzn. Stell dir vor, wennst Hausnummer dreißg ghabt hättst, da hätt ma scho weiter hin ghabt. I geh jetzt ummi ins Feuerhaus und laß die Sturmglockn läutn und armalier die ganze Feuerwehr.

DIE HUBERBÄUERIN Dann könnt ihr an meim Häusl glei die neue Dampfspritzn ausprobiern.

DER HERR KOMMANDANT Ja, de werd heut eingweiht. Also stell di net lang rum, tu aus dem Häusl das Wichtigste raus, net daß dir alles verbrennt. *Die Huberbäuerin geht wieder ins Haus. Er ruft ihr nach* Schau nur, daß d'zuerst die leicht verbrennbaren Sachen rausbringst, die hölzernen, an Abtrittdeckel –

die Huberbäuerin reicht ihm denselben zum Fenster heraus, er nimmt ihn ab und lehnt ihn an die Hauswand – Zahnstocher – die Huberbäuerin wirft ein Packerl Zahnstocher heraus – Zündhölzer – er fängt ein Paket wie einen Ball auf und läßt es fallen, schon steckt die Huberbäuerin einen Besenstiel zum Fenster heraus – und des Zeug. De andern Sachn wirfst aufn Misthaufn hint außi. *Die Huberbäuerin zieht den Besen wieder zurück.* Ich muaß jetzt gehn, Bäuerin, ich hol die andern und komm dann vielleicht bestimmt wieder. *Wie er eilig abgehen will, trifft er unversehens mit dem Bürgermeister der Nachbargemeinde Untergiging zusammen, der ihn sofort an einem Knopf der blinkenden Feuerwehrhauptmannsuniform festhält.*

DER HERR BÜRGERMEISTER Ja, Kommandant, des is guat, daß i di treff. I kimm grad, weilst du inserna Gmoa enkere oide Gumpspritzn zum verkaufa otragn hast. Könn mas net amol oschaugn?

DER HERR KOMMANDANT Des scho, da derfast nur glei mit mir amal ins alte Spritzenhaus einischaugn. Geh nur her, Bürgermoasta. *Er zieht seinen Schlüsselbund aus der Tasche.* Sakra, sakra, des san doch de Schlüssel vom Spritzenhaus, is denn des Schloß eingrost, is des a zwidane Gschicht, da bleibt nix anders übrig, Bürgermeister, als daß ma alle zwoa beim Fenster einisteign. *Sie steigen alle beide mit viel Umständlichkeit durch das Fenster des alten Feuerwehrschuppens. Durch das Fenster hört man ihren Disput.* So, Bürgermoasta, da war de söll Spritzn.

DER HERR BÜRGERMEISTER Sakra, wo han i denn jetzt mei Regendachl hindo, des han i auf da Straß draußd ans Spritzenhaus hingloant, wenn a Handwerksbursch vorbeikommt, kunnt ers leicht mitnehma, ist scho gscheita, i hols eina, muaß i no amal außisteign. Kommandant, tuast ma derweil die Spritzn herrichten. *Man hört ihn auf die Tür zugehen und dann zum Kommandanten sagen* Woaßt, Kommandant, bist doch a rechts Rindviech, probiert er drauß am Gschloß mindestens a fuchzehn Schlüsseln, daweil hätt er bloß innen den Riegel füraschiebn braucha. *Er macht die Türe auf und tritt heraus.*

DER HERR KOMMANDANT Jessas, san mir zwoa dumme Luada, daß mir des net gsehn habn.

DER HERR BÜRGERMEISTER Ja, des machst du scho guat, des ham mir doch von drauß'd net sehng kinna, daß innen der Riegel zuagfalln is.

DER HERR KOMMANDANT Ja, wia hast denn dann du des gsehng, Bürgermoasta?

DER HERR BÜRGERMEISTER Ja, i war doch drin.

DER HERR KOMMANDANT Wann?

DER HERR BÜRGERMEISTER Wie mir zwei einigstiegn san, weil mir die Tür net aufbracht ham.

DER HERR KOMMANDANT Aso, stimmt. *Beide treten an die Spritze, die man nun durch die geöffnete Spritzenhaustüre sieht.* Also da war jetzt d' Spritzn, wennst es kaufn willst für eucha Gmoa, d' Spritzn is tadellos, mir ham a neue Dampfspritzn, des woaßt ja sowieso, bsinn di net lang, Bürgermoasta, koa solchene kriagst nimmer.

DER HERR BÜRGERMEISTER Hm! *Er zwickt das Kinn mit den Fingern zusammen und schnauft auf.* Teuer is halt. Zvui Göld auf amoi, unser Gmoa hat momentan koan Diridari.*

DER HERR KOMMANDANT Na, des is doch koa Geld für so a Spritzn.

DER HERR BÜRGERMEISTER Sparen muaß ma halt, woaßt as scho.

DER HERR KOMMANDANT Ja, billiger kannt mas auf koan Fall hergebn.

DER HERR BÜRGERMEISTER Ebbas konnst scho no nachlassen.

DER HERR KOMMANDANT Koan Pfennig, Bürgermoasta.

DER HERR BÜRGERMEISTER Na, dann könna ma leider nix macha.

DER HERR KOMMANDANT Dann ko i dir net helfa, herschenka konn is aa net.

DER HERR BÜRGERMEISTER Also!

DER HERR KOMMANDANT 's geht net, Bürgermoasta, mitm besten Willen net.

DER HERR BÜRGERMEISTER Gfalln tuts ma scho.

DER HERR KOMMANDANT Des glaub i scho, na derfst aa koa Geld oschaugn.

DER HERR BÜRGERMEISTER Also Kommandant, laß di net lumpen.

DER HERR KOMMANDANT I sag da des oana, Bürgermoasta, jetzt muaßt di bald entschließen, es kemma heut oder morgen no aus Minka vom Deutschen Museum oa außa, de möchtens aa kaffa.

DER HERR BÜRGERMEISTER Aber an Vorschlag mach i da, Kommandant, wenn mas net auf oamoi zahln brauchatn, gangs vielleicht.

DER HERR KOMMANDANT *zuckt die Achseln.* Na ja! Da könnt ma no drüber redn über den Punkt.

* bayrisch: Geld
(A. d. H.)

DER HERR BÜRGERMEISTER Woaßt, i moan, a guate Anzahlung
und des andere auf monatliche Raten.

DER HERR KOMMANDANT Einverstanden! *Geben sich die Hände.*

DER HERR BÜRGERMEISTER Jetzt kimmt d'Hauptsach – was kosts
denn?

DER HERR KOMMANDANT Achtzig Mark.

DER HERR BÜRGERMEISTER *schaut einige Sekunden vollkommen
entgeistert, dann findet er die Sprache wieder.* Is scho recht,
des hab i mir net denkt, daß de so billig is, i moan, da lassn
mir die ganze Gschicht mit der Anzahlung und de Raten weg,
i gib dir bar die achtzig Mark, und die Spritzn ist in den Besitz
der Gemeinde Untergiging übergegangen. Eingschlagn! *Er
zahlt aus einem Leder-Zug-Geldbeutel achtzig Mark dem*

*Der Herr Komman-
dant mit seinem Ge-
hilfen*

Kommandanten auf die Hand. So, Kommandant, jetzt brauchst mir nur mehr sagn, wann i mit'm Roß kommen soll, daß ma die Spritzn holen ko.

DER HERR KOMMANDANT Des hast gmoant. *Er setzt sich auf die alte Bank, die vor dem Spritzenhaus an der Wand steht und schluchzt tief auf* Holn ko, tuast du moana?

DER HERR BÜRGERMEISTER *ihm bleibt abermals die Sprache weg. Endlich faßt er sich und sagt* Was hast denn?

DER HERR KOMMANDANT Da hock di her, na verzähl i dir was. De Spritzn ko koana holn, da is da Fluach drauf, Bürgermoasta.

DER HERR BÜRGERMEISTER Wia kimmt des?

DER HERR KOMMANDANT Es is ungefähr a fünfundzwanzig bis dreißig Jahrln her, da is über Giging a schreckliche Hoamsuchung komma. D' Schwoagn, da Kegelbräu und da ganze damalige Pfarrhof san in da Peter-und-Pauli-Nacht niederbrennt bis aufn Erdboden, a Sturm is deselbe Nacht ganga, daß si die schwarsten Baam bogn ham wia Goaßlstecken, und 's Feuerglöckerl war bald dasprunga vor lauter Sturmläuten, es war a schreckliche, a grausige Nacht. I war selmals no a junger Feuerwehrbursch, und der damalige Kommandant, also mei Vorgänger, was mei Vater gwesn is und no fuchzehn Mann, mir ham glöscht die ganze Nacht durch bis an andern Tag mittag um a oans, und da hats an Pfarrhof packt. Der ganze Dachstuhl is brennad inananda neigstürzt und mir pumpt und pumpt, was ma grad rausbracht ham. Patsch, bricht da Hebel von der Spritzn. Mir stehn vor dem Riesenfeuer mit da dabrochan Spritzn, der Kommandant ist aus dem Häusl. »Kruzifixsakramentstürken umanand«, schreit er, »wenn nur glei die ganze Gumpspritzn da Teufi holn tat.« Das Wort hat er aber no net ganz heraus ghabt, schreit scho alles ringsum: »Da Giebi stürzt ei!« und im nächsten Moment – wum! – *man hört einen Trommelschlag aus dem Orchester* – wars Unglück gschehng.

DER HERR BÜRGERMEISTER A so natürlich hast des iatza du erzählt, daß i's glei wirklich kracha hab hörn.

DER HERR KOMMANDANT De ganze Giebelmauer vom Pfarrhof is auf d' Spritzn naufgfalln, auf de Spritzn, und mir san grad no guat wegkemma.

DER HERR BÜRGERMEISTER So so! So war des!

DER HERR KOMMANDANT Ja, des is no net gar, am andern Tag ham mir de Spritzn aus de Trümmer rauszogn, da einagfahrn und an Ort und Stell da herin in unsern oidn Spritznhäusl hats da Wagna Sepp und da Schlosser Franzl wieder vollständig zsammgricht. In acht Tag wars wieder fix und fertig, und bei dera Arbat war da Teifi wieder dabei und hat eahnas Maß verzogn, denn wias d' Spritzn rausfahrn wolln bei da Tür, gehts net außi, is um zwoa Händ z'broat. *Er zeigt es dem Bürgermeister genau mit den Händen.*

DER HERR BÜRGERMEISTER Ja, da steht de oide Gumpspritzn scho dreißig Jahr da herin?

DER HERR KOMMANDANT Natürlich, de is no direkt neu, fast ungebraucht – alt is halt worn und verrost, des is ja klar, des geht uns genau so.

DER HERR BÜRGERMEISTER Naa, verrostn wern ma na doch net. Ja, da muaß i jetzt dumm fragn, wenn de Spritzn net zum Türl nausgeht – i hab achtzig Mark dafür zahlt, dann gibst ma mei Geld wieder zrück.

DER HERR KOMMANDANT Naa naa, Bürgermoasta, mach koan Schuft, kafft is kafft.

DER HERR BÜRGERMEISTER Ja, aber i hob doch nix davo!

DER HERR KOMMANDANT Du net – aber i, i hab achtzig Mark!

DER HERR BÜRGERMEISTER Bin i a Rindviech!

DER HERR KOMMANDANT Freilich bist a Rindviech, weil ma nia d' Katz im Sack kaft – Katz im Sack oder Gumpspritzn im Feuerhaus, des is des gleiche. Aber jetzt geh zua, i muaß jetzt um insane neue Dampfspritzn schaun, die müssen wir aus dem neuen Schuppen hint außifahrn, denn mir ham ja heut a Großfeuer bei insana Huberbäuerin. Tuast es no net schmecka? *Er geht ab, der Bürgermeister kopfschüttelnd hinter ihm her.*

DER NACHTWÄCHTER *kommt und singt* Hört, ihr Herrn, und laßt euch sagen, die Glocke am Kirchturm hat vier Uhr geschlagen, bewahrt das Feuer und auch das Licht, daß in unsrer Stadt koa Brand ausbricht – koa Brand ausbricht. *Er spricht* Es is koa Fuchs, es is koa Has, i täusch mi net, da brandlt was. Naa, des täuscht mi vielleicht bloß, bin i a alts Rhinozeros, vom Bäckermeister ganz genau da druckts an Rauch raus gelb und grau, dem Himmel Hermann sapprament san d' Loabn wieda all verbrennt. Er schürt aa ei, als wia a Narr, aba brandln tuats so sonderbar. Ma sieht nix, na, 's is nix zum sehn, es is halt doch a Täuschung gwen, so is a, ja, es kunnt ja sein, was siech i da, an Feuerschein? I glaub glei gar beim Färberlenz, mein Gott, bei der Huberbäuerin brennts! Leut, aufstehn! *Er tutet, schreit und geht ab. Plötzlich hört man von weitem die Sturmglocken läuten, die Feuerwehr marschiert an, wobei ein*

Signalmarsch erklingt. Donnernd wird die Dampfspritze auf-gefahren.

DER HERR KOMMANDANT Ganze Kompanie – halt! Vor den Ge-räten sammeln! Front! – Abzählen!

ALLE Eins – zwei – drei – vier – fünf – sechs – sieben – acht.

DER HERR KOMMANDANT Halt! Wieviel san denn heut da? Ku-stermann hier! Seidel hier! Metzler hier! Konsumverein hier! Also jetzt kommt die Ansprache. Wiggerl, du soufflierst mir. Liebe freiwillige Feuerwehr, teure Kameraden und Freunde! Indem heute die große Freude über uns hereingebrochen ist, daß unsere Gemeinde eine Dampfspritze gekriegt hat, sehe ich mich veranlaßt, liebe freiwillige Feuerwehr-Männer, an Euch einige Worte des Trostes zu richten. Achtundzwanzig Jahre sind an uns vorbeigeflossen, daß wir keine Dampfsprit-ze nicht gehabt haben, nur eine einfache Gumpspritze. Aber das sehnsüchtige Verlangen nach einer Dampfspritze war ein allgemeines, und so ist es heute der Tag, wo uns diese Freude, uns eine Dampfspritze zu überreichen, gelungen ist. Möge es in unserer Gemeinde recht oft brennen, damit wir mit vollem Eifer und Aufopferung die Spritze in Funktionierung bringen können, und so übergebe ich heute unter feierlichem Glocken-geläute und Böllerschüssen im Namen unseres heißgeliebten Herrn Bürgermeisters die neue Dampfspritze.

EIN FEUERWEHRMANN Kameraden! Die neue Dampfspritze und der Herr Bürgermeister sollen leben hoch! Hoch! Hoch!

DER HERR KOMMANDANT An die Geräte! – Rechtsum! – Marsch! Ihr gehts mitn Schlauch an Bach nunter und hängts an Schlauch in Mühlbach nei – und wenn grad Bachauskehr is, na hängtsn in d' Mistlacka nei, na spritz ma einfach mitn Odlwasser. Wiggerl und mir hoazn derweil ein in der Dampf-spritzn.

Die Mannschaft kommt gemächlich herbei und beginnt zu ar-beiten.

WIGGERL Du, Kommandant, kennst du dich aus mit dera Dampf-spritzn?

DER HERR KOMMANDANT Natürlich, ich brauch mich bloß nach der Gebrauchsanweisung richtn, da steht alles drin, wie mas machn muaß.

WIGGERL Du, in der Stadt drin habns auch so a ähnliche Ma-schin zum Abtritt räumen.

DER HERR KOMMANDANT Ja ja, aber de hat an andern Gruch. – Also bevor wir einhoazn, müssen wir wissen, aus was für Tei-

len die Dampfmaschine besteht. Also jetzt paß auf, Wiggerl, jetzt werd ichs dir erklären. *Er liest laut*
Gebrauchsanweisung
Zuerst Wasser einfüllen

a Der Dampfkessel	g Die Alarmglocke
b Der Zylinder	h Der Dampfregulator
c Der Kamin	i Die Dampfpfeife
d Das Sicherheitsventil	k Der Antriebswechsel
e Der Wasserstandsbarometer	l Das Heizloch
f die Atmosphärenuhr	m Das Aschloch.

WIGGERL Wo is denn des?

DER HERR KOMMANDANT I finds aa net!

WIGGERL Ah, des is vielleicht hinten.

DER HERR KOMMANDANT Ja, des hab i mir aa denkt. *Beide schauen der Dampfspritze hinten hin.* Da is's ja. Oben is das Heizloch, da wird eingheizt, und da fallt dann die Asche hinunter in das untere, das heißt Aschloch – nicht zu verwechseln mit Heizloch.

WIGGERL Aber jetzt hoaz i glei ein. Jetzt is wieder kein Papier da.

DER HERR KOMMANDANT Zu was brauchst denn jetzt a Papier?

WIGGERL Zum einhoazn.

DER HERR KOMMANDANT Jaso!

WIGGERL *nimmt dem Herrn Kommandanten die Gebrauchsanweisung aus der Hand und heizt damit ein.* Jetzt hab i wieder koane Zündhölzer – hat denn neamands a Feuer?

DER HERR KOMMANDANT *deutet auf das Dach.* Da is a Feuer!

WIGGERL Jetzt hab i scho oans – jetzt brennts scho –

DER HERR KOMMANDANT *schließt den Schlauch an, macht Feuer im Kamin und schreit, indem er den Kessel anfaßt* Er wird schon hoaß! – Also jetzt kommt die Hauptsach! Wia jetzt der Kessel hoaß wird, also wenn sich der Dampf entwickelt, muß sofort der Wechsel aufgerieben werden, sonst zreißts an Kessel und mir san alle beim Teifi!

WIGGERL Jessas Maria! Wo ist denn der Wechsel?

DER HERR KOMMANDANT Ja, des woaß i aa net. Das steht alles ganz genau in der Gebrauchsanweisung drinna.

WIGGERL Also schnell! Gebrauchsanweisung her – wer hat denn d' Gebrauchsanweisung? *Aufgeregt* I habs net!

DER HERR KOMMANDANT I aa net! *Zornig* Kreuz Teifi nei, ich habn doch grad daghabt, den weißen Zettel da.

WIGGERL Den hab i zum Feuermachn hergnomma.

DER HERR KOMMANDANT Jessas Maria! Gfehlt is! Hoazt der mit der Gebrauchsanweisung ein! Jetzt is 's Unglück fertig. *Sie schlagen beide die Hände über dem Kopf zusammen.*

WIGGERL Laßts halt a neue Gebrauchsanweisung druckn. Oder holts an Hochwürden Herrn Pfarrer.

DER HERR KOMMANDANT Was versteht denn a Pfarrer von ara Dampfspritzn, wenn scho des Unglück nimmer zum Aufhalten is, dann müssen wir auf unserem Posten bleiben, wia a Schiffskapitän auf sein Schiff, wenns untergeht. Mir san doch alle Männer – jetzt reib i halt amal an Wechsel auf – gehts weg! Jessas Maria, steh uns bei – pfüat di Gott, Wiggerl! *Alles spritzt auseinander und nimmt hinter den Hausecken volle Deckung.*

WIGGERL Daß d' fei net an falschen Wechsel aufreibst, sonst werst wegen Wechselfälschung no eigsperrt aa.

DER HERR KOMMANDANT Halts Mäu! Nur die Ruhe kanns machen, also das ist die Dampfuhr!

WIGGERL Wieviel is denn?

DER HERR KOMMANDANT Halt dochs Maul, Lehrbua, saudummer, das ist das Dampfpfeiferl. *Er läßt das Pfeiferl ertönen.*

WIGGERL Ah fein – wia a Lokomotiv!

DER HERR KOMMANDANT Dann is des der Dampfwechsel, da gibts koan Zweifel! Jetzt reib i amal auf! *Er reibt auf, die Maschine beginnt zu laufen.*

WIGGERL Ah fein! Wunderbar –

DER HERR KOMMANDANT Und der Haufa Dampf wo scho drin is! *Er macht den Deckel auf.*

WIGGERL Jetzt läut i der Mannschaft, daß mitn Schlauch kemma. *Er läutet; die Mannschaft kommt gemächlich herbei.*

DER HERR KOMMANDANT Freistehende Leiter aufstellen! *Er geht ins Haus und schaut flammenumzingelt aus den Fenstern.* Herrgott, is da hoaß herin, wia im Fegfeuer! Jetzt wär halt a frische Maß Bier recht. *Er geht wieder aus dem Haus und sagt zum Wiggerl* Wer hat denn die freistehende Leiter ans Haus gloahnt, na is doch koa freistehende Leiter mehr, a so a Leiter nimmt ma und ziehts nur ausananda. *Wiggerl läßt die Leiter aus.* Au! Au! Du hast mir d' Finger eizwickt. *Er läuft dem Wiggerl nach, Wiggerl steigt auf die Leiter, der Kommandant will auch hinaufsteigen, da tritt ihm Wiggerl auf die Hand.* Au, au, Wiggerl, geh runter, du stehst auf dem Ding droben.

WIGGERL Auf der Leiter?

DER HERR KOMMANDANT Na, auf den –

WIGGERL Sprossen?

DER HERR KOMMANDANT Na, auf meiner – mir fällt der Name net ein, au, au, auf meiner Pratzen.

WIGGERL Jessas, des hab i net gwußt.

DER HERR KOMMANDANT Ja, hast du denn des net gspürt?

WIGGERL Naa, woher? Du hast es gspürt! *Der Kommandant geht stöhnend ein paar Schritte rückwärts, wobei er mit dem gerade auftretenden Photographen zusammenstößt.*

DER PHOTOGRAPH Guten Tag, meine Herrschaften! Verzeihen Sie, wenn ich störe. Ich bin Spezialphotograph der Illustrierten Zeitung. Ich mache speziell Spezialaufnahmen von aktuellen Ereignissen wie Eisenbahnunglücken, Schiffszusammenstößen, Fliegerabstürzen, Feuersbrünsten, Hochzeitsfeierlichkeiten und sonstigen Unglücksfällen. Ich komme nirgends zu spät. Ich habe schon die größten Explosionskatastrophen drei Tage vorher aufgenommen. Gestatten Sie, daß ich von dem Feuer schnell eine Aufnahme mache. *Zu Wiggerl* Verzeihen Sie, sind Sie der Herr Kommandant?

WIGGERL Nein, ich bin der Feuerwehrlehrbub. Ich bin nur der junge Spritzer! Das ist der Kommandant – lach doch net so, der will mit dir reden, sag doch, daß du der Kommandant bist.

DER HERR KOMMANDANT Sie wünschen?

DER PHOTOGRAPH Ich möchte den Herrn Kommandant nur fragen, ob ich von diesem Großfeuer eine Aufnahme machen darf.

DER HERR KOMMANDANT Ja natürlich! Was wollns?

DER PHOTOGRAPH Ich mein, ob ich das Feuer abnehmen kann?

DER HERR KOMMANDANT Ja, das können wir leider nicht verkaufen, das ghört der Huberbäuerin.

DER PHOTOGRAPH Also, ich mach schnell eine Aufnahme – vielleicht möchten sich die Herren gruppieren?

DER HERR KOMMANDANT Ah, habts es ghört, die Herren solln alle krepieren!

DER PHOTOGRAPH Nehmen Sie bitte einmal alle eine Stellung ein – so Sie daher – Sie dorthin – der Herr Kommandant lehnt sich vielleicht an die Dampfspritze an, das wird sich gut machen.

DER HERR KOMMANDANT Au! Au!

DER PHOTOGRAPH Haben Sie sich verbrannt?

DER HERR KOMMANDANT Verkühlt hab ich mich am Dampfkessel!

DER PHOTOGRAPH Vielleicht lehnen Sie sich hier an.

DER HERR KOMMANDANT Sakra, das draht sich.

DER PHOTOGRAPH *rückt ihn in eine Pose zurecht.* Also bitte, recht freundlich – eins – zwei –

WIGGERL Halt, ich muß mich zuerst noch schneuzen.

DER PHOTOGRAPH Also jetzt – eins – zwei –

DER HERR KOMMANDANT Schneuzen muß sich der Lausbub unterm Photographieren!

DER PHOTOGRAPH Ach, jetzt haben Sie wieder gewackelt.

DER HERR KOMMANDANT Ja, 's Feuer wackelt ja auch.

DER PHOTOGRAPH Ja, kann man denn das Feuer nicht einen Moment aufhalten?

WIGGERL Natürlich, da brauch i bloß an Ventilator ausschalten. *Er läuft hinter die Bühne, man hört den Schalter knacken. Die durch den Ventilatorluftzug angetriebenen hin und her züngelnden Flammen aus roten und gelben Bändern bleiben mit einem Ruck stehen.*

DER PHOTOGRAPH Ja, so ists gut, also bitte, jetzt ganz ruhig.

DER HERR KOMMANDANT Naa, i mag nimma! *Er geht vor zur Rampe, wendet sich dann zurück zu Wiggerl und sagt ihm leise etwas ins Ohr.*

WIGGERL Ah, deswegen!

DER PHOTOGRAPH Warum will er denn nicht?

WIGGERL Er mag nicht, daß man ihm beim Photographieren zuschaut, jetzt geniert er sich, weil ihm die Leut im Parkett alle zuschaun.

DER PHOTOGRAPH Was für Leut?

WIGGERL Das Theater-Publikum!

DER PHOTOGRAPH Das ist doch sehr einfach – da laß ma halt den Vorhang runter.

DER HERR KOMMANDANT Ja, dann mag ich! *Schnell fällt der Vorhang*

Bislang war Valentin noch nie in einem »großen Theater« aufgetreten. – Die finanzielle Lage der Münchner Kammerspiele war damals alles andere als erfreulich, weil schon lange kein neues Stück mehr inszeniert worden war, und die aufwendigen Proben der Brecht-Bearbeitung von Marlowes »Edward the Second« bedeutete zusätzliche finanzielle Belastung. Der junge Brecht führte damals selber Regie. – Es mußte irgend etwas auf dem Spielplan erscheinen, das für längere Zeit ein ausverkauftes Haus garantierte. Da kam dem Regisseur Rudolf Frank der Gedanke, Valentin für Nachtvorstellungen an die Kammerspiele zu engagieren. Obwohl Otto Falckenberg damit nicht einverstanden war (er glaubte, Karl Valentin sei seines Theaters nicht würdig), gelang es Frank, seinen Willen durchzusetzen. – Nun entstanden aber neue Schwierigkeiten. Valentin wollte nicht. Er hatte Angst und meinte, er passe nicht in ein Theater, sondern nur auf die Podien der volkstümlichen Münchner Kabaretts, die ja gleichzeitig Restaurants oder Bierlokale waren. Er fürchtete, man würde ihn im Theater geringschätzen. Rudolf Frank erzählt, wie es ihm endlich gelang, das Eis zu brechen. Nämlich »da ich ihm mit dem gleichen Respekt wie dem Dichter Brecht entgegenkam, ihm für jede Vorstellung 50 % der Kasseneinnahmen versprach und unsern Theatermeister... in Valentins Gegenwart anwies, ihm alles Gewünschte zur Verfügung zu stellen. Valentin zweifelte, ob dies geschehen werde, und um uns auf die Probe zu stellen, verlangte er mit dem ihm eigenen Spitzbubengrinsen ›einen Zentner Zement‹. Wozu? Ich fragte es nicht. Am folgenden Morgen war der Zentner zur Stelle, um niemals benutzt zu werden. Noch monatelang stand er im Weg. Doch der Vertrag war perfekt, die Plakate klebten, Valentins Nachtvorstellungen waren ausverkauft, und er eröffnete jede mit ureigenen Lichtreklamen, so blödsinnig komisch, daß Wogen unbändigen Lachens das Haus überfluteten.«

Arme Taglöhnersfrau verlor
auf dem Wege zum Hoftheater
ihr goldenes Brillantcollier mit 60 Brillanten.
Bei Rückgabe 2 Mark Belohnung und freie Wohnung.

Weil das Lachen mir eine gute und sehr begehrenswerte Sache schien, darum fragte ich meinen Freund, ob es zur Zeit nicht in München wieder einen echten, klassischen Komiker gebe, so wie ich früher hier den einen und andern schon erlebt hatte.

Jawohl, mein Freund wußte mir einen, er hieß Valentin, und wir suchten die Zeitungen durch und fanden, daß er nachts in den Kammerspielen sein Stück Die Raubritter vor München spiele. Da gingen wir eines Abends hin. Bis zehn Uhr hatten sie in dem kleinen Theater Strindberg gespielt, dann kam Valentin an die Reihe. Er spielte mit einer kleinen Truppe Die Raubritter vor München, ein wunderbares Stück, eine außerordentliche Viecherei.

Der Zweck des Stückes war der, dem Valentin Gelegenheit zu geben, als Schildwache mit einem langen Säbel auf und ab zu gehen und komische Sachen zu tun oder zu sagen. Manchmal war es auch zum Schluchzen traurig, zum Beispiel wie er in der kühlen Dämmerung an der Stadtmauer saß, die Ziehharmonika spielte und an sein junges Leben, an den Krieg und den Tod denken mußte. Oder wenn er lange Zeit nachdenklich von einem Traum erzählte, in dem er eine Ente gewesen war und beinah einen langen Wurm gefressen hätte. An dieser Stelle war, in simpelster Form, die Unzulänglichkeit des menschlichen Erkenntnisvermögens ergreifend zur Darstellung gebracht.

Auch diese tragische Stelle wurde, ebenso wie jene mit der Harmonika, mit brausenden Lachsalven begrüßt, nie habe ich ein vergnügteres Haus gesehen. Wie gern doch alle Menschen lachen! Weit von den Vorstädten laufen sie in der Kälte herein, zahlen Geld, warten lang, kommen erst um Mitternacht nach Hause, um nur eine Weile lachen zu können. Auch ich lachte sehr, meinetwegen hätte das Stück bis zum Morgen dauern mögen. Weiß Gott, wann man wieder zum Lachen kommt. Und je größer der Komiker ist, je schauerlicher und hilfloser er unsere Dummheit und unser dummes, banges Menschenlos auf die komische Formel bringt, desto mehr muß man lachen! Hinter mir unter den Zuschauern saß eine junge Frau, die legte mir beide Ellbogen auf die Schultern. Ich drehte mich um, weil ich glaubte, sie habe sich vielleicht in mich verliebt, aber es war nur das Lachen, sie wurde davon gestoßen wie eine Besessene vom Dämon. Die Erinnerung an Valentin gehört zu den Kostbarkeiten dieser Reise.

Selbst im alten, raucherfüllten, bierdunstigen Hotel Germania, hinter dem Hauptbahnhof, gab es Augenblicke, in denen ein keineswegs sensibles Publikum nicht mehr lachte – Augenblicke plötzlicher Tragik, die den dumpfesten Zuschauer ergriffen. Wenn Karl Valentin in den »Raubrittern vor München«, die 1924 in den alten Kammerspielen in der Augustenstraße uraufgeführt wurden, in der Erwartung des Kampfes mit der von Ramersdorf heranrückenden Raubritterbande, als Wachtsoldat Bene zur Ziehharmonika »Morgenrot, Morgenrot« sang, dann wurde es langsam merkwürdig ruhig, nachdem man noch kurz vorher Tränen gelacht hatte.

Dann kam die Stelle:

> Heute noch auf stolzen Rossen
> Morgen durch die Brust geschossen
> Übermorgen in das kühle –

An dieser Stelle ließ Valentin, der meisterliche Beherrscher vieler Instrumente, seiner Ziehharmonika sozusagen die Luft ausgehen. Es kam kein Ton mehr, sondern nur ein langgezogener Hauch aus Grabestiefen, ein Seufzer der Ewigkeit – und im Publikum hätte man den Fall einer Stecknadel hören können. Dann kam erlösend das Schlußwort

> Gra – ab!

Und das Lachen stieg wieder befreit herauf.

Autogrammstunde

Im Hintergrund die alte Stadtmauer, über die sich ein blühender Fliederbusch rankt. Vor den beiden Schießscharten stehen Spielzeugkanonen. In der Mitte eine Straßenlaterne. Links ein kleiner Turm mit Zinnen, rechts ein Fachwerkhaus mit bayerischem Wappen und der Aufschrift Wache. Davor eine Leine mit trocknender Wäsche. Unter dem Fliederbusch eine Bank, daneben in einer Mauernische ein Maßkrug und ein Radi.

Karl Valentin spielte den Wachtposten Bene, Liesl Karlstadt den Trommlerbuben Michl.

Wenn sich der Vorhang öffnet, liegt die Bühne im Halbdunkel des Morgengrauens, nur die Laterne brennt. Man hört das Morgenläuten von verschiedenen Kirchtürmen, bis der Vorhang sich ganz geöffnet hat, dann schlägt die Kirchenuhr sechsmal.

I. Akt
1. Szene

DER NACHTWÄCHTER

Hört Ihr Leut und laßts euch sagn,
Die Glocken vom Turm hat sechse gschlagn,
Stehts auf, gehts in d'Arbat,
's is sechse vorbei,
Denn Morgenstund hat Gold im Mäu,
Hat Gold im Mäu!

Er kommt zur brennenden Laterne. Da habns wieder a Latern brennen lassen, die muß i glei auslöschen. Er bläst zweimal hin, beim dritten Mal spuckt er zum Licht hin, das sofort verlöscht. Er geht singend ab.

2. Szene

Die Wache, bestehend aus dem Korporal, Trommlerbuben und zwei Soldaten, zieht auf.

KORPORAL Wache halt, Ablösung vor! Er geht zum Schilderhaus. Michl trommelt. Korporal sieht ins Schilderhaus hinein. Ja i glaub glei gar, der Bene schlaft. Wieviel Uhr is denn eigentlich?

MICHL Jetzt is sechs Uhr.

KORPORAL Der Bene wird doch erst um sieben abgelöst.

MICHL Freilich wird er erst um sieben Uhr abgelöst, das hab ich schon gwußt, daß ma um a Stund zfrüh rausgsaust san!

KORPORAL Warum hast denn dann nichts gsagt?

MICHL Ja ich hab glaubt, du wirst scho selber draufkommen.

KORPORAL Dummer Bua, gell, das laßt aber fei 's nächste Mal bleibn, sonst nimm ich dich bei deine Löffel, sprengt uns der a Stund zfrüh raus!

Wache geht schimpfend ab.

MICHL *schaut ins Schilderhaus.* Ja, der schlaft wirklich, der Bene.
Du Bene – he – ja gibts denn des aa? *Er klopft ans Häusl.*

BENE Herein!

MICHL Was herein, was willst denn, hast ja allein kein Platz in
der Hundshüttn. Mach, geh raus. *Er zieht ihn heraus.*

BENE *im Stehen weiterschlafend* Wer da?

MICHL Ja i bin da – sechs Uhr is!

BENE Was – sechs Uhr is – i werd ja erst um sieben Uhr abgelöst.
Er will wieder ins Schilderhaus zurück.

MICHL Ja bleib nur da, sei froh, daß ich dich aufgeweckt hab.

BENE Ja, ich hab jetzt grad einen Traum ghabt, einen ganz exo-
tischen Traum. Mir hat nämlich träumt, i bin a Entn gwesn
und bin in an Weiher umanand gschwommen, und wie ich so
umanandaschwimm, seh ich am Rand draußen einen ganz
langen, gelben Wurm, der war mindestens so gelb, i bin glei
auf ihn hingschwommen, und grad wie i an Schnabel aufreißen will und will den Wurm fressn, im selben Moment hast du
mich aufgweckt.

MICHL Das is aber schad. Wenn ich da eine Ahnung ghabt hätt,
dann hätt ich dir den Wurm zuerst fressen lassen, aber das
kann ich doch net schmecken, daß du um sechs Uhr noch
träumst.

BENE Ja, und ich kann doch net zu dir sagn: Weck mi net auf,
weil i träum!

MICHL Nun ja, es ist ja gleich, ein schöner Traum wars doch net.

BENE Ja, für a Entn scho –

MICHL Ja, für a Entn, aber du bist ja koa Entn!

BENE Ja, aber im Traum war ich eine Entn; überhaupt, für solche Träume bist du noch z'jung.

MICHL Du derfst mir ja dankbar sein, daß ich dich aufgeweckt
hab, denn wenn i dir den Wurm fressn hätt lassen, dann wär
dir jetzt höchstens recht schlecht.

BENE Einer Entn wird doch net schlecht von einem Wurm, verstehst du denn das nicht? Das weiß überhaupt kein Mensch,
ob eine Entn wirklich träumt, das weiß niemand, das wäre
eine zoologische Berechnung, und wenns einer Entn wirklich
träumt, dann kann sies nicht sagen, weils net reden kann! Bei
einem Papagei wär das was anders, weil der reden kann.

MICHL Du mußt dir doch denken, das war doch nur ein Traum,
und Träume sind Schäume.

BENE Das war kein Schaum, das war ein Wurm, und jetzt holst
an Kaffee, da hast fuchzehn Kreuzer, Pfennig hats seinerzeit

noch keine gebn, also oan Kaffee, oan für mi und oan für di –
und oan für uns zwoa – im ganzen fünf Kaffee.

MICHL Soll i mei Trommel mitnehma oder soll i's dalassn?

BENE Entweder du nimmst es mit, oder du laßt es da, keinen
goldenen Mittelweg gibts da net.

MICHL Soll ichs na mitnehma?

BENE Ja.

MICHL Oder soll ichs dalassen?

BENE Des is doch wurscht, jetzt nimmst as zerst mit, und dann
laßt as da.

MICHL Aaaa, dann laß ichs schon lieber glei da, dann brauch
ichs überhaupt nicht mitnehmen. *Er geht ab.*

*Mir hat träumt, i bin
a Entn*

4. *Szene*

Der Metzgerbursche GIRGL *kommt pfeifend daher und trägt auf
der Schulter eine Fleischmulde mit Würsten, einige hängen sichtbar herunter. Er geht – ohne Bene zu sehen – sofort zum Flieder-
strauch und riecht daran.* Ah, der schöne Holler, da werd i mir
oan runterreißen.

BENE Dir werd ich dann glei ein runterreißen, weißt denn du
net, daß ma in der Früh net stehlen darf? *Er hat dem Girgl*

die Würste von der Fleischmulde heruntergezogen und ver-
steckt sie hinter seinem Rücken.

GIRGL So, dann pfeif i dir drauf, wennst mir keinen schenkst,
   dann reiß i halt von da drentn ein runter. Unser Herrgott hat
   ja Gott sei Dank noch mehr Hollerbäum wachsen lassen.

BENE Gut, dann reißt du ihn vom Herrgott sein Baum runter,
   den mein laßt stehn.

GIRGL Du kannst mi gern habn, du Neidhammel, du neidiga.
   Im Abgehen stößt er mit dem auftretenden Michl zusammen,
   der mit zwei Milchhaferln und Broten zurückkommt.

MICHL No, Aff, kannst net Obacht geben?   5. Szene

GIRGL Schau halt auf, dummer Bua! *Er geht ab.*

MICHL Tua ja net frech werdn, sonst hau i dir a paar runter!

BENE Geh laß ihn doch stehn, reg dich net auf.

MICHL So, jetzt bin ich wieder da. Kaffee gibts heut noch keinen,
   weil d'Wirtin später aufgstandn is. Jetzt hab ich einfach a
   Milch gnommen. Das macht doch nichts, das ist doch wurscht.

BENE Wieso Wurscht? Hast du gsehn, daß i a Wurscht gstohln
   hab?

MICHL Hast du Würscht gstohln?

BENE Der Metzger war grad da und hätt mir an Flieder runterreißn wolln, und da hab ich ihm dann aus Dankbarkeit die
   Würscht gstohln.

MICHL Wieviel hastn gstohln?

BENE Ja, eine hätt ich stehln wolln, und da san die andern dann
   alle dran hängen bliebn.

MICHL Wo hasts denn hingetan? Hast as schon gessen? Nein?

BENE Ja! So was hebt man doch net auf!

MICHL Ich glaub, du lügst mich an! Tu amal deine Hand vor!
   Die andere auch! Jetzt alle zwei! Jetzt hebst alle zwei Füß in
   d'Höh!

BENE Ja freilich! Daß ich am Arsch hinfall. *Er hat die Würste*
   zwischen den Beinen eingeklemmt.

MICHL So dumm bin ich net, jetzt dreh dich amal um, dann
   werden wirs gleich sehen! *Er packt Bene, dreht ihn um und*
   sieht hinten die herunterhängenden Würste. Ah, die vielen
   Würscht! *Er nimmt sie an sich.* Die essen wir jetzt! Wenn du
   mir die Hälfte davon schenkst, dann sag i niemand was, daß
   dus gstohln hast.

BENE Ja, die Hälfte kannst haben. *Er nimmt den Säbel und will*
   von einer Wurst die Hälfte abschneiden.

MICHL Naa naa, net von einer Wurst, sondern die Hälfte von alle Würst!

BENE Also gut, teilen wir! *Von ferne hört man Pferdegetrappel und Peitschenknallen.* Jetzt kommt einer.

MICHL Versteck schnell die Würst! *Er will die Würste an allen möglichen Plätzen verstecken und schiebt sie schließlich in das Kanonenrohr hinein. Beide nehmen schnell ihre Milchhaferln und fangen zu essen an.*

6. Szene

FUHRMANN Ja, ich kann euch gar nicht verstehen, ihr trinkt da in aller Gemütsruhe an Kaffee, und eine Stunde außerhalb München ist alles in größter Aufregung. D'Raubritter stehn vor der Stadt in Berg am Laim.

BENE Und?

FUHRMANN Was – und?

BENE Ja – und?

FUHRMANN Und wolln heut no die Stadt überfalln!

BENE Was für a Stadt?

MICHL Ja unser Stadt halt!

BENE Die ghört ja gar net uns!

MICHL Dir allein freilich net!

FUHRMANN Ja, redts doch net gar so saudumm daher. Ich mein, du als Posten mußt jetzt sofort die nötigen Maßregeln ergreifen. Ihr habts ja gar keine Ahnung, wies da draußen in Berg am Laim ausschaut.

BENE Ja, wir warn auch net draußen.

FUHRMANN Also Leut, ich sag euch, zugehn tuts da draußen, net zum beschreiben. Wie ich heut in der Früh um halb vier Uhr in Ramersdorf meine Roß einspann, seh ich schon, daß alle Häuser brennen und d'Felder und d'Wälder in Flammen stehn. Menschen sind umeinanderglaufen und schreien mir zu: »In Berg am Laim sind Raubritter, die stehlen, morden, rauben, plündern, bringen alle Leut um«, und wie ich in Berg am Laim neinfahre, hab ich die Raubritter selber gsehn. Das sind ganz unheimliche Gselln, alle haben so blecherne Gwander und an blechernen Hut auf und so große Bärt hams und d'Augen stehen ihnen so weit raus, also direkt zum Fürchten. Ja und das Vieh lauft frei umanand, das kennt sich gar nimmer aus.

BENE Aah –

FUHRMANN Und an Bürgermeister von Berg am Laim sollns scho aufghängt ham.

BENE Aah –

FUHRMANN Also, ich sag euch, ihr dürft mir glauben, ich bin halt grad noch mitn nackaten Leben davonkommen.

MICHL Ja, warst du nackat in Berg am Laim?

FUHRMANN Nein, aber erwischt hättens mich bald. Wie mich d' Raubritter gsehgn habn, da sans auf meine Roß zua, ich hab aber sofort mei Peitschn gnomma, hab auszogn, hab neighaut – *Er läßt die Peitsche knallen, wobei er den Michl trifft. Michl stößt den Bene, der dabei seine Milch verschüttet.* Also, Posten – *Er haut ihm mit der Hand auf das Milchhaferl.*

MICHL Der war schuld.

FUHRMANN In der Aufregung kommt so was schon vor. Also Posten, tu gleich Alarm blasen, trommel die ganzen Soldaten heraus, sperr die Stadttore zu; kümmer dich um alles, gsagt hab ichs dir!

BENE Ja, des is alles ganz recht, aber ich darf in der Angelegenheit gar nichts unternehmen.

FUHRMANN Wieso?

MICHL Der Bene meint, ohne daß der Hauptmann etwas anschafft, darf er nichts unternehmen.

FUHRMANN Das ist ja ein Schmarrn, wer solls denn sonst zusperrn, du hast doch den Schlüssel als Posten!

MICHL Ja, zusperrn tut er scho, aber erst um neun Uhr abends.

FUHRMANN Ja, da ist es aber schon zu spät, bis dahin sind ja die Raubritter schon da!

MICHL De solln halt langsamer gehn.

FUHRMANN Ja, seids denn ihr narrisch!

Die Bürgerwehr

BENE Das wissen wir nicht!

FUHRMANN Für was stehst denn du auf Wachtposten?

BENE Ich geh halt mit mein Säbel auf und ab, wenns regnet, gehe ich ins Schilderhäusl nein, und auf d'Nacht um neun Uhr sperr i zua – und was muaß ich noch toa?

MICHL Und wenns schön ist, geht er wieder raus ausm Häusl!

DER FUHRMANN *fragt Michl* Was tust denn nachher du?

MICHL Ja, ich muß dem Bene das Sach holn! Und manchmal muß ich auch trommeln, wanns brennt!

BENE Wenns brennt, des sieht der Turmwächter, der schreits uns runter mitn Sprachrohr, dann trommelt der Michl, dann komma d'Leut und fragn, wos brennt, und dann sagns eahna mir und dann löschens – – – wenns no brennt!

MICHL Ja, und ich muaß aber no was toa, i muaß immer schauen, wenn eine Hofequipage kommt oder ein General vorbeigeht, dann muß ich es dem Bene sagn, damit der Bene die Wach rausläutet, weil er meistens schlaft.

BENE Ja, das ist das einzige, was in meiner Macht steht, die Wach rausläuten, das kann ich dir zeigen. *Er geht zur Glocke und zieht daran – a tempo kommt die Wache heraus mit der Musik.*

KORPORAL *kommandiert* Stillgestanden! – Präsentiert das Gewehr! *Die Musik spielt dazu den Präsentiermarsch. Er kommandiert* Gewehr bei Fuß! – Ab Tritt! *Die Wache zieht wieder ab.*

FUHRMANN Ja, das ist ja ganz recht und schön. Du mußt doch eine militärische Aktion treffen. Das hat doch gar keinen Wert, wenn da die Musik rauskommt und spielt da Täterätätä.

MICHL Ah! D' Musik – hast du d' Soldaten gar net gsehgn? Geh, zieh nochmal an! *Bene zieht wieder an der Glocke, die Wache tritt zum zweiten Mal heraus. – Einer der Wachsoldaten trägt eine Fahne mit heraus.*

FUHRMANN Ja, was nützt denn des, wenn de da rauslaufen, da muß doch jetzt was unternommen werden.

MICHL Ja, das hat der Bene nur gmacht, weil du gmeint hast, der Bene hat sonst koa Macht. An der Glocken darf nur der Bene anziehn.

BENE Natürlich, da kann ich läuten, so oft ich will, die Wach muß raus, und wenn ich hundertmal anziehe. Paß auf! *Er zieht noch einmal an der Glocke – die Wache zieht zum dritten Mal auf.*

FUHRMANN Ihr seid doch die zwei größten Rindviecher, die ich gsehn hab. Von mir aus fressen euch die Raubritter mit Haut und Haar. Ich hab meine Pflicht getan, jetzt gehts mich nichts mehr an.

BENE Und ich hab auch mein möglichstes getan, und mehr wie da anziehn kann ich net. *Er zieht wieder an – die Wache kommt zum vierten Male. Der Korporal stößt den Fuhrmann beiseite, der Fuhrmann entfernt sich schimpfend unter Peitschenknall und Pferdegetrappel. – Die Wache geht ebenfalls schimpfend ab, der Korporal bleibt stehen.*

KORPORAL Was is denn des für a damische Läuterei, da is ja gscheiter, wir bleibn glei heraus. Wer war denn da?

BENE Der Milchmann war da!

KORPORAL So – und wegen dem läutst uns du raus? Da hört sich doch alles auf! Noch einmal wenn mir das vorkommt!

BENE Ich kann anziehn, so oft ich mag, und wenn ich anziehe, dann müßt ihr rauskommen.

KORPORAL Ja, aber nur wenn eine Obrigkeit kommt, sonst nicht. So eine Frechheit! Wenns wieder vorkommt, sag ichs dem Hauptmann. So a Lauferei in aller Früh, in nüchtern Magn nei, is aso ungesund. *Er geht verärgert ab.*

Bene und Michl setzen sich auf die Bank. 7. Szene

MICHL Du, Bene, glaubst jetzt du des, was der Fuhrmann gsagt hat von die Raubritter?

BENE Ah woher, der möcht uns bloß Angst machen. Raubritter gibts ja gar keine mehr. Keine Raubritter gibts, kein Osterhasen, kein Christkindl und kein Storch.

MICHL Ja, des weiß ich auch!

BENE Naa, Raubritter gibts net und noch dazu solche, wie der Fuhrmann gsagt hat, mit an eisern Gwand und solche Bärt schon glei gar net. Ja, im Nationalmuseum gibts solche, aber die san innen hohl! Ja, böse Menschen gibts, die wo andere überfallen, des san d' Raubritter.

MICHL Ja, dann gibts ja Raubritter?

BENE Freilich gibts Raubritter, aber keine solchen, wie der Fuhrmann gsagt hat.

MICHL Aber bestimmt kann mans doch net sagen, vielleicht sind no a paar übrigbliebn, von früher her.

BENE No ja, gewiß weiß mans net.

MICHL Bene, sag amal, wenns solchene Raubritter geben tät, tatst du dich dann fürchten?

BENE Ich – fürchten? Ich net – ausgeschlossen! Außerdem sie täten kommen, dann schon!

MICHL Ja, da tät ich mich auch fürchten, wenns kommen täten. Da tät ich einfach davonlaufen, mi tätens auch net erwischen, weil i gleich so sausen kann. – Aber unserm Korporal gings schlecht, der kann net laufen, wegen sein dicken Bauch.

BENE Heut hat er sich scho gärgert, weil er scho viermal rauslaufen hat müssen, jetzt ziehg i extra noch mal an, daß er sich recht ärgert. *Er läutet – die Wache kommt – zieht dann schimpfend ab.*

DER KORPORAL *bleibt da* Wer war denn schon wieder da?

MICHL Der Milchmann!

KORPORAL Der war doch vorher schon da?!

MICHL Ja, das ist ihm jetzt nochmal eingefallen.

KORPORAL Jetzt wirds mir aber zu dumm! So eine Gemeinheit, uns andauernd umsonst rauszuläuten. *Bene greift zur Glocke.* Bene, ich warn dich, tu die Finger weg! So a Frechheit! So, jetzt sag ichs dem Hauptmann. Einmal nei, einmal raus, da werd ma ja narrisch. Sapprament! Sapprament! *Er geht wütend ab. Michl und Bene lachen.*

MICHL Ah – jetzt stinkt er ihm! Gestern hab ich ihn auch gärgert, weißt, da hab ich ihm bei uns daheim in der Schusterwerkstatt aufs Butterbrot einen Schusterpapp naufgschmiert, und dann hab ich ihm d' Augengläser versteckt, daß ers net gsehen hat. Und wie er dann ins Butterbrot neibissen hat, ist ihm das Maul zusammenpappt.

BENE *lacht* Weißt Michl, du mußt ihm einmal auf den Schusterstuhl an Schusterpapp hinschmiern. *Während dieses Gesprächs ist von beiden unbemerkt der Aktuar aufgetreten. Michl bemerkt ihn beim letzten Satz plötzlich und stößt Bene, der ihn nun auch sieht, aufsteht, seinen Säbel zieht und auf und ab patroulliert.*

8. Szene

AKTUAR Schönen guten Morgen, meine Lieben.

BEIDE Guten Morgen, Herr Aktuar!

AKTUAR Ei der Teufel, was ist denn heute in aller Frühe schon los? Trommel, Musik, Radau? Was hat denn das zu bedeuten?

MICHL Uih – – – Ja wissen Sie denn noch gar nix, Herr Aktuar? Der Fuhrmann war grad da und hat uns erzählt, daß d' Raubritter d' Stadt überfalln wolln.

BENE Die Raubritter sind draußen in Berg am Laim und bringen alles um.

AKTUAR Das ist ja furchtbar, erzählt mir gleich!

MICHL Also, der Fuhrmann fahrt alle Tag in der Früh nach Berg am Laim, und wie er heut nauskommen ist, hat er gsehn, daß alles ganz schwarz war in Berg am Laim.

BENE Ja, und der Sturmwind hat gheult vor lauter Schmerzen, hat er gsagt, und das Feuer hat gebrunst, und der Himmel war blutgrün, und der König Herodes war draußen mit den sieben Geißlein.

MICHL Wie der Fuhrmann das gsehn hat, dann hat er Angst kriegt und wollt davon, aber d' Räuber sind ihm dann nach- glaufen und ham eahm sei Gwand auszogn, und auf einmal war er ganz nackig.

AKTUAR Weiter! weiter!

MICHL Dann haben ihm die Raubritter seine ganze Milch aus- trunkn und hätten ihn umbringen wolln, aber er hat sich dann hinter einem Baum versteckt, und da is er dann eingschlafn, und auf einmal hat ihm träumt, daß er eine Ente war und daß er einen so langen Wurm gfressen hat.

BENE Das von der Entn und dem Wurm hat ja mir träumt.

MICHL Ach ja, bin ich dumm, das hab ich jetzt verwechselt, d e r hat an Wurm gfressen.

AKTUAR Was hat denn das mit den Raubrittern zu tun?

BENE Ah, nichts. Das ist ja eine ganz andere Abteilung.

AKTUAR Also, erzähl weiter.

MICHL Ja also, wie der Fuhrmann nochmal umgschaut hat, hat er gsehn, daß scho alle Häuser brennt habn, und die ganzen Ochsen und Rindviecher von Berg am Laim laufen im Freien umeinander und kennen sich gar nicht mehr aus!

AKTUAR Schrecklich, weiter!

MICHL Und niemand traut sich mehr auf die Straßen naus, weils schon alle tot sind.

AKTUAR Genug, genug, das ist ja furchtbar! Sperrt nur gleich alle Stadttore zu, alarmiert die Bürgerwehr und geht sofort an eure Arbeit!

BENE Ja, Herr Aktuar, in dem Fall dürfen wir eigentlich gar nichts unternehmen, das haben wir dem Fuhrmann schon er- klärt.

AKTUAR Aber Er kann doch zum Hauptmann gehen und kann ihm die Sache unterbreiten.

BENE Ja, ich darf doch nicht weggehen von meinem Posten. Da kann um mich vorkommen, was will, ich darf meinen Posten nicht verlassen, net amal bei an Hochwasser, außer es schwoabt mi weg.

AKTUAR Dann schick Er doch den Kleinen zum Hauptmann!

BENE Der muß mir dochs Sach holn.

AKTUAR Wann kommt denn der Hauptmann?

BENE Da kanns halb elf oder elf werden, bis der kommt.

AKTUAR Bis dahin kann es aber zu spät werden.

BENE Es kommt halt drauf an, wer zerst kommt, die Raubritter oder der Hauptmann.

AKTUAR Aber das hat doch gar keinen Wert, da muß doch etwas unternommen werden, die Raubritter können ja in einer Stunde schon da sein!

BENE Leicht!

AKTUAR Ja, aber wenn unserer Vaterstadt eine solche Gefahr droht! Die Raubritter können doch jeden Augenblick kommen!

MICHL Ja, die kommen sicher, weil sies dem Fuhrmann versprochen haben.

BENE Ja, das einzige, was wir tun können, das ist die Wach rausläuten, das haben wir dem Fuhrmann schon gezeigt.
Er läutet.
Die Wache zieht auf und geht wieder ab – alle schimpfen, sehen den Aktuar und schweigen plötzlich still.

AKTUAR Ihr seid doch die zwei größten Rindviecher, daß ihrs wißt.

MICHL Das hat der Fuhrmann auch gsagt zu uns.

AKTUAR Stellt euch doch einmal vor – – *Michl und Bene machen zwei Schritte vorwärts.* Ihr sollt euch vorstellen – – *Michl und Bene treten wieder vor.* Im Geiste sollt ihr euch vorstellen – –

BENE *und* MICHL Haben wir keinen!

AKTUAR Wenn die Räuber kommen, die werden rauben, plündern, stehlen!

BENE Ja, uns is ja selber unangenehm!

AKTUAR Folglich muß doch was unternommen werden, die Raubritter nehmen keine Rücksicht, die schrecken vor gar nichts zurück, die nehmen sogar Weib und Kind mit.

BENE Ah, das wär das wenigste!

AKTUAR Wo ist denn zur Zeit der Hauptmann?

BENE Im Faberbräu drüben, da muß er an Hausgang ausweißen.

AKTUAR Wißt ihr was, dann gehe ich persönlich zum Hauptmann und melde ihm die Sache. *Er geht ab.*
Man vernimmt von ferne Volksgemurmel (Lautsprecher) und die Handglocke des Polizeidieners.

*Polizeidiener, umringt von einer Volksmenge, erscheint – die
Wache zieht auf – man hört ein Gemurmel:* »Was ist los?«

POLIZEIDIENER Das werds jetzt glei hörn! *Er schwingt seine
Glocke und ruft aus*

Bekanntmachung

Der hochwohllöbliche Magistrat gibt kund und zu wissen, daß
eine Raubritterbande von Ramersdorf her im Anzuge ist. Des-
senthalben gibt der Stadtrat, der wie immer um das leibliche
Wohl seiner Mitbürger besorgt ist, folgende Maßregeln kund.
Er läutet mit seiner Glocke.
I. Gemäß Paragraph 333⅓ des herzoglichen Bürgerschutz-
gesetzes sind von heute ab die Stadttore um den Glocken-
schlag halb neun Uhr auf der Nacht zu schließen. *Er läutet
mit seiner Glocke.*
II. Ein jeder Bürger soll, was er an Wehr und Waffen hat, für
alle Fälle bereithalten. *Er läutet mit seiner Glocke.*
III. Bürger, die wo Posten stehen, sollen fest nach dem Feinde
auslugen.
Eigenhändig vorgelesen und publiziert, Joseph Winterhuber,
Polizeidiener im Namen des hochlöblichen Magistrats zu München. *Volk und Wache gehen links und rechts mit Gemurmel
ab.*

POLIZEIDIENER Trommelbua, du gehst jetzt gleich mit mir zum
Sendlingertor und tust trommeln.

BENE Der bleibt da, den brauch ich!

POLIZEIDIENER Nein, den muß ich haben, der geht mit mir!
*Beide gehen ab. Bene und der Korporal bleiben allein auf der
Szene.*

BENE Glaubst as jetzt, Korporal, daß das wahr ist mit die Raubritter! Was da Polizeidiener einmal amtlich vorliest, das ist
kein Spaß, das ist Ernst! *Ein Kanonenschlag hinter der Szene
läßt beide erschrecken.*

KORPORAL Was war jetzt das?

BENE Ein Kanonenschuß. So, jetzt war seit dem Dreißigjährigen
Krieg a Ruh, und jetzt müssens wieder anfangen, jetzt, weil
ich jung verheirat bin und an Kramerladn gründt hab. *Der
Hintergrund leuchtet rot auf.*

KORPORAL Ja, und i kann dir aa net helfen, weil i jetzt hoam
muaß zum Stiefeldoppeln.

MICHL *kommt zurück.* Uih, i woaß was, schaugts amal um!

KORPORAL *und* BENE Was ist denn los? Sinds schon da?

MICHL Ja, schaugts doch amal um, da hint is alles ganz feuerrot, i glaub, da brennts schon. *Der Korporal und Bene drehen sich um.*

BENE Auweh, auweh, das Morgenrot! Weißt du, was das Morgenrot für uns Soldaten bedeutet?

KORPORAL Nein!

BENE Du bist a trauriga Soldat. Morgenrot bedeutet: »Heute tot, morgen rot.«

KORPORAL Ich muß jetzt gehn, i muß Abschied nehmen von meiner Familie. Bene, pfüat di Gott, bleib gsund, wann dir was passiert. *Er geht schluchzend ab.*
Bene und Michl sind allein auf der Bühne. Bene holt aus dem Schilderhäusl seine Ziehharmonika, und beide setzen sich auf die Bank.

MICHL So, jetzt mag i mei Milch auch nimmer.

BENE Morgenrot, pfüat di Gott. *Er beginnt einige Akkorde mit der Ziehharmonika zu spielen – dann fällt ein Schuß. Beide fahren erschreckt hoch. Dann singen sie*

> Morgenrot, Morgenrot
> Leuchtest mir zum frühen Tod.
> Bald wird die Trompete blasen
> Dann muß ich mein Leben lassen
> Ich und mancher Kamerad.
>
> Ach wie bald, ach wie bald
> Schwindet Schönheit und Gestalt.
> Heute noch auf stolzen Rossen
> Morgen durch die Brust geschossen
> Übermorgen in das kühle – Grab.

Vorhang. Eine Minute Zwischenpause.

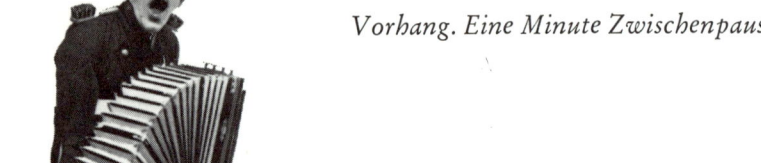

Die Bühne ist ganz hell. Bene steht vor dem Schilderhäusl. Der
Vorhang öffnet sich rasch unter den Klängen des bayerischen
Defiliermarsches, und sofort zieht die ganze Truppe auf, voran
der Hauptmann, dann die Trommlerbuben, dahinter die Musik,
dann der Korporal und zuletzt der Fahnenträger und die übrige
Wachmannschaft. Alle ziehen an Bene vorbei, der dem Haupt-
mann beim Vorübergehen die Hand reicht, und marschieren ein-
mal um die Bühne herum, bis zum Kommando des Korporals.

KORPORAL *auf den Hauptmann zugehend* Grüß dich Gott,
Hauptmann. Wie gehts dir denn immer?

HAUPTMANN Grüß dich Gott, Korporal, no ja, es muß schon tun.
A bißl viel Arbeit gibts halt. Zuhaus is auch immer was los.
Mei Alte hat sich gestern an Zahn reißen lassen, jetzt ist sie
heut saugrantig.

KORPORAL Übrigens, Hauptmann, was sagst denn zu meine Leut,
schaug dirs einmal an!

HAUPTMANN Bravo, bravo, stramm sans beinander, das laßt sich
hören. Das ist ja a wahre Freid, wenn mans so anschaut. Wie
gehts euch denn, Leut?

SOLDATEN Gut, Herr Hauptmann!

HAUPTMANN *geht zu einem Soldaten hin.* Nun, Meier, meine
Gratulation zum freudigen Familienereignis, habs scho ghört.
Was is denn? A Madl oder ein Bub?

SOLDAT MEIER Ein Bub, Herr Hauptmann!

HAUPTMANN Das laßt sich hören. Der fünfte Bub, gell, Meier?

SOLDAT MEIER Der neunte, Herr Hauptmann!

HAUPTMANN Bravo! Das laßt sich hören, ja ich sags ja, der Meier
laßt nicht aus. – Was ich sagen will, wer steht denn heut auf
Posten?

KORPORAL Der Bene. *Bene und Michl haben sich die ganze Zeit*
unterhalten und hören nicht auf den Korporal. Korporal lau-
ter Der Bene! *Schließlich schreit er* Der Bene! *Bene bemerkt*
endlich, daß es sich um ihn handelt – er geht schnell am Schil-
derhaus auf und ab mit grotesker Komik.

HAUPTMANN *nachdem er eine Zeitlang zugesehen* No, hör nur
amal wieder auf. Rennst denn du den ganzen Tag so auf und
ab?

BENE Nein, nur wenn du kommst!

HAUPTMANN Hör nur amal wieder auf! Grüß dich Gott! *Er gibt*
ihm die Hand.

BENE Grüß Gott, Hauptmann! *Statt der Hand streckt er ihm*
den Säbel hin.

HAUPTMANN Au, au, da schneidt man sich ja, paß doch auf! Hast mir was zum sagen?

BENE Ja, wegen einem kleinen Öferl hätt ich dich amal fragen wollen. Weißt, weils im Schildwachhäusl immer so kalt ist, wenn schlecht Wetter ist, und da hätt i halt fragen wolln, obst net a so a kleins Öferl ins Häusl reinmachen lassen möchtst, weißt, so ein kleins Öferl.

HAUPTMANN Ja, ja, ich versteh dich schon, a kleins Öferl meinst halt. Muß man halt schaugn, daß man eins kriegt.

KORPORAL Ich hab eins am Speicher drobn, das kann man ihm reinmachen.

HAUPTMANN Ja, Korporal, schau einmal nach. Ah, was ich sagen will, wie macht sich eigentlich der Kleine, der Trommelbub?

BENE Recht frech ist er immer.

MICHL Ja, heut in der Früh um sechs Uhr hab i an Bene aufgweckt, weil er gschlafn hat. *Bene stößt den Michl, während der Korporal auffallend laut zu lachen beginnt.* Der war heute schon eine Ente, um sechs Uhr in der Früh.

HAUPTMANN No, was habts denn narrisch, was ist denn eigentlich?

BENE Nein, ich mein, a ganz kloans Öferl wenns waar!

HAUPTMANN Jetzt hör mir einmal auf mit deinem Öferl, das wird einem ja ganz fad! Der redt andauernd vom Öferl, und d'Raubritter san in der Näh. Das erste ist jetzt gleich, daß einer auf den Turm naufsteigt und nach dem Feind ausschaugt. *Alle wechseln den Platz und der Trompeter geht ab.*

KORPORAL Bene, geh du gleich nauf am Turm!

BENE Des kannst dir denken! Der Vinzenz soll naufgehen.

HAUPTMANN Also Vinzenz, nachher gehst du nauf, und wennst was Verdächtiges siehst, dann gibst gleich ein Signal!

VINZENZ Ja, is scho recht, wenn i aber nichts siech?

BENE Des siehgst dann scho, obs d' nichts siehgst.

VINZENZ Am Turm oben brauch i aber koa Gwehr. *Er lehnt es an Bene hin und geht in die Tür zum Turm ab. Bene lehnt das Gewehr an den Korporal an. Der Korporal lehnt das Gewehr an den Hauptmann an. Der Hauptmann lehnt es zurück an den Korporal. Der Korporal lehnt es wieder zurück an Bene. Bene lehnt es an den Hauptmann an.*

HAUPTMANN Was lehnst denn das Gewehr alleweil an mich hin? *Er lehnt es wieder an Bene an.*

BENE Ja, i kanns doch net in d' Luft hinlehnen, da fallts ja um. *Er stellt das Gewehr frei hin – es fällt um.*

HAUPTMANN Tragt jetzt einmal einer das Gewehr naus!

KORPORAL Geh, trags do gleich selber naus.

HAUPTMANN *das Gewehr aufhebend und wegtragend* Das is
zum Kotzen mit dene Brüda. So, jetzt kümmerts euch um eure
Kanonen, daß net wieder alle eingrost sind, und schauts, daß
auch sonst alles ordentlich imstand ist.
*Vinzenz ist währenddessen oben auf dem Turm sichtbar ge-
worden, späht aus und gibt ein Signal auf der Trompete.*

ALLE *hinaufschauend* Was ist denn los?

VINZENZ Ganz draußen am Gasteigberg seh ich sie schon daherkommen. Es ist ein ganz großer schwarzer Haufen, ich glaub,
das sind d' Raubritter!

MICHL Gell, dann gibts doch Raubritter, weil der Bene gsagt hat,
es gibt keine Raubritter mehr, dann gibts auch einen Osterhasen und a Christkindl und alles.

HAUPTMANN Jetzt fangt der dumme Bub mit dem Osterhasen
an, wenn d' Raubritter kommen. Also, alle Männer an die
Schießscharten und Kanonen auswischen!

BENE Ja, die können wir nicht auswischen, weil wir keinen Wischer haben; der Korporal hat ihn dem Kaminkehrer gliehn.

MICHL Ja, i hab alleweil gsagt, den darf man nicht herleihn, aber
er, der alte Aff, hat ihn hergebn.

HAUPTMANN Ah, das ist eine Schlamperei. Aber es sind doch soviel ich weiß zwei Wischer da! Wo ist denn der zweite?

BENE Ja, der steckt in der Kanone drin, da wird dir keiner nübersteign, wo die schon herbledern.

HAUPTMANN Da wird sich doch einer finden, der nübersteigt?!
Korporal, zeig du die Leut, daß du a Schneid hast, steig du
nüber!

KORPORAL Gell, jetzt derfat ich wieder einen Deppen machen.
*Er schickt sich an, auf die Bank zu steigen, kehrt dann nach
einer kleinen Pause wieder um.* Hauptmann, geh, schick doch
lieber einen andern nüber, i mein, des is besser.

BENE Ah, jetzt hat er keinen Schneid.

MICHL Ah, jetzt traut er sich net nübersteign, der Hosenscheißer,
jetzt hat er schon Angst.

HAUPTMANN Korporal, jetzt geb ich dir einen dienstlichen Befehl, du steigst jetzt nüber!

KORPORAL Ausgerechnet ich muß da nübersteign. *Von Bene und
Michl unterstützt, steigt er auf die Bank. In dem Augenblick,
in dem sein Kopf auf der Mauerkante sichtbar ist, fällt ein
Schuß. Er schreit Au, au! Er steigt wieder von der Bank und*

läßt eine schwere eiserne Kanonenkugel auf den Boden fallen.

MICHL Direkt aufs Hirn nauf, da muaßt jetzt ganz damisch sein!

KORPORAL Das war ich vorher schon.

BENE Du, das ist eine Raubritterkugel. Die is no ganz warm.

MICHL Die heben wir uns auf, die tun wir in eine Schachtel nein. Die geben wir nimmer her.

BENE Nein, damit gründen wir einen Kegelklub. *Er schiebt die Kugel hinaus.* Juchhe! Alle Neune!!!

HAUPTMANN Ich geb dir gleich alle Neune! Was ists jetzt eigentlich mit dem Kanonenwischer?

BENE Ich hab eine Idee, wir ziehen einfach die Kanone aus dem Loch raus, dann haben wir den Wischer.

MICHL Ja, das machen wir. *Beide ziehen die Kanone umständlich aus der Mauer. Bene gerät mit dem Fuß unter die Räder und schimpft den Michl fürchterlich zusammen – sie stellen die Kanone in Richtung auf das Publikum auf.*

HAUPTMANN So – laßt euch nur recht Zeit. Also, du, Korporal, stellst dich jetzt vor das Loch hin, wo die Kanone drin war, damit bei dem Mauerloch kein Wind rein kann.

KORPORAL So, jetzt kann keiner mehr rein. *In diesem Moment fällt wieder ein Schuß. Au! Au! Aus seinen nach hinten gehaltenen Händen läßt er eine schwere, eiserne Kugel fallen. Au! Au! Er weint und schreit jämmerlich. Dann will er sich auf die Bank setzen – stöhnt.* Jetzt kann ich mich nicht mehr hinsetzen auch! *Er stöhnt und jammert weiter.*

MICHL Tuat des so weh?

KORPORAL Nein, wohl tuts, dummer Bub!

BENE Ah, der is schon recht wehleidig auch!

HAUPTMANN Also, was ists jetzt mit dem Kanonenloch auswischen? Michl, geh weiter, schick dich a bisserl! *Michl wischt umständlich langsam das Kanonenloch aus.* Was ist? – Schick di besser – Michl!

MICHL Ja, i kann mi aa net derrenna wegn de damischen Ritter!

2. Szene

GIRGL *kommt mit dem Polizeidiener.* Da ist er ja, der Bene.

POLIZEIDIENER Du, Bene, der Girgl da behauptet, du hättest ihm heute in der Früh einen ganzen Haufen Knackwürst gstohln – beruht jetzt das auf Wahrheit oder beruht das auf keiner Wahrheit?

BENE Ja.

POLIZEIDIENER Was ja?

BENE Das beruht auf keiner Wahrheit.

POLIZEIDIENER Wenn aber der Girgl behaupt, du hast die Würst gstohln, dann hast es entweder gstohln – oder der Girgl lügt.

BENE Ja, der lügt – und wer lügt, der stiehlt.

GIRGL Was, ich kann doch nicht meine eigenen Würst stehlen, du hast es gstohln! *Er will auf Bene losgehen – der Polizeidiener hält ihn zurück. Bene zieht den Kanonenwischer heraus und will sich damit gegen Girgl verteidigen, trifft aber dabei den hinter ihm stehenden Korporal am Kopf.*

KORPORAL Laßts mir jetzt meine Ruhe!
Bene fährt mit dem Kanonenwischer ins Kanonenloch und stößt die darin befindlichen Würste heraus – alles lacht.

GIRGL *stürzt auf die Würste zu und nimmt sie an sich, sie dem Polizeidiener zeigend* Da schau her, Polizeidiener, da sind ja die Würst!

POLIZEIDIENER *zu Bene, der verblüfft dasteht* Du, Bene, wie können denn da vorne Würst rauskommen?

BENE Wenn man hinten neinfahrt.

POLIZEIDIENER Nein, ich möcht wissen, wie die Würst da hinten reinkommen können?

GIRGL Wies neinkommen sind, das kann ich dir sagen! Wie ich heut in der Früh da vorbeigangen bin, da hab ich den Holler angschaut –

BENE Angschaut – stehln hättst du ihn wollen. Weißt, Polizeidiener, das war so: Heut in der Früh ist doch ein starker Westwind gangen, und wie da der Girgl mit seiner Mulden so vorbeigeht, hat der Wind auf einmal die Würst runtergweht, und da war grad der Schuber von der Kanon auf, und da hat der Wind die Würst pfeilgrad da neingweht. Der Michl hats gsehn, der war dabei, gell, Michl!

MICHL Ja, so wars, ganz genauso, weil ichs selber gsehn hab und weil er noch gsagt hat auch, wenn ich nichts sag, krieg ich auch die Hälfte.

POLIZEIDIENER Von was kriegst die Hälfte?

BENE Vom Wind.

POLIZEIDIENER Da müßt ich ja auf diese Weise an Wind verhaften.

BENE Den wirst aber du net erwischen.
Vinzenz bläst wieder ein Signal, alle schauen auf den Turm.

ALLE Was ist denn los?

VINZENZ Die Raubritter kommen immer näher und näher, und einen ganzen Haufen Kanonen hams dabei.

POLIZEIDIENER Was, d' Raubritter kommen? Da muß ich aber

gleich schauen, daß ich heimkomm. *Er läuft mit langen Schritten über die Bühne ab.*

GIRGL Und ich geh auch, sonst fressen mir die Raubritter meine Würst zsamm.

Er packt seine Würste und läuft auch ab. Michl und der Korporal schieben mit vereinten Kräften die Kanone wieder in das Mauerloch hinein.

3. Szene

HAUPTMANN Also, Kinder, seids tapfer, der Feind naht. Jetzt schießen wir unsere Kanonen ein, damit beim Überfall der Raubritter alles richtig funktioniert.

ALLE *singen*

> Ach, es ist doch wirklich schwer
> Bei der Münchner Bürgerwehr.
> Unser Dienst ist nicht beliebt,
> Weils da keine Würstln gibt.
> Besonders bei der Artillerie
> 's ist die größte Ironie.
> Wegn der gringsten Kleinigkeit
> Sind wir schon salutbereit.

Refrain

> Tararara bum halloh,
> Die Artillerie ist da!
> Tararara bum halloh,
> Die Artillerie ist da!

Michl ladet die Kanone und schießt bei jedem Refrain. Bei jedem ersten Bum des Refrains erfolgt ein starker Kanonenschuß mit aufsteigenden Rauchwolken.

> Ist wo eine Fahnenweih,
> Ist d' Kanone auch dabei,
> Sogar beim Oktoberfest
> San ma jeds Jahr draußen gwest.
> Ist das Pferderennen gwen,
> Taten wir am Berg drobn stehn.
> Wie die Kanone bum hat to,
> Ging das Pferderennats o.

> Tararara bum halloh,
> Die Artillerie ist da!
> Tararara bum halloh,
> Die Artillerie ist da!

Wenn der König kriegt ein Kind,
Schießen wir Salut geschwind.
Auch bei jeder Prozession
Schießen wir mit der Kanon.
Kurz, bei jeder Viecherei
Ist d' Kanone auch dabei.
De Kanone ist famos,
Bloß im Krieg, da gehts net los.

Tararara bum halloh,
Die Artillerie ist da!
Tararara bum halloh,
Die Artillerie ist da!

Nach Schluß der dritten Strophe ertönt ein Signal von Vinzenz.

ALLE Was ist denn das?

BENE Das Echo.

VINZENZ Nein, das ist kein Echo, das war schon ich. Höchste
Gefahr ist! D' Raubritter kommen immer näher und näher,
und immer mehr Kanonen hams dabei. Allerhöchste Gefahr!
Alles läuft aufgeregt durcheinander – die Musik geht ab.

*Ein Münchner Kindl
bei der Bürgerwehr*

MICHL *nimmt Trommel und Wiesenteppich und schreit* I hab scho alles!

BENE Du hast ja d' Wiesen mitgnommen!

MICHL De hab i in der Angst ausgrissn.

HAUPTMANN Seid doch nicht gar so aufgregt, Leut! Nur den Kopf nicht verlieren, immer die Ruhe bewahren. Du, Korporal, übernimmst die erste Batterie, du, Michl, die zweite. Du, Bene, übernimmst den Sanitäterdienst, im Fall, daß grad einem schlecht wird, und ihr tuts bei der Schießschartn nausfeuern, was nur grads Zeug halt.

Michl bedient die beiden Kanonen, schiebt Kugeln ein und zieht bei jedem Kommando: »Erstes oder zweites Geschütz: bum« ab. Bei »bum« erfolgt jedesmal ein Kanonenschlag mit aufsteigenden Rauchwolken. Man hört nun auch von fern, noch etwas schwach, Lärm und Abschüsse.

Der Korporal gibt mit Michl abwechlungsweise das Kommando zum Abschuß – bald bei der einen, bald bei der anderen Kanone, bis zum Schluß, unterbrochen nur bei den jeweiligen Sprechdialogen zwischen Bene und dem Hauptmann. Dem Michl fallen aus der zweiten Kanone dauernd alle Kugeln wieder nach vorne heraus.

Bene sieht einen verwundeten Soldaten am Laternenpfahl lehnen, nimmt aus seiner Sanitätstasche, die er sich inzwischen umgehängt hat, eine breite Binde heraus und verbindet den Kopf des Soldaten, aber so, daß nicht nur der Laternenpfahl mitumwickelt wird, sondern auch Helm und Gewehr mit in die Bandage geraten.

Der Hauptmann schießt von Zeit zu Zeit mit seiner Pistole über die Mauer, dazwischen gibt er Kommandos.

Die übrigen Soldaten schießen durch die Schießscharten – der Riese schießt über die Mauer, das Gewehr auf derselben aufgelegt.

Ein Soldat fällt um, von einer Kanonenkugel getroffen, die in seinem Uniformrock stecken bleibt. Bene und Michl holen eine Tragbahre herbei samt einer Decke und beginnen, den am Boden liegenden Soldaten auf die Bahre zu legen. Michl nimmt die Kanonenkugel aus dem Uniformrock des Verwundeten. Sie heben die Bahre, die keinen Boden hat, hoch und gehen mit der leeren Bahre ab. Bene und Michl kommen zurück.

DER HAUPTMANN *bemerkt den noch auf dem Boden liegenden Verwundeten und sagt zu Bene* Was ist denn eigentlich mit dem Mann da? Wollt ihr jetzt den gleich hinaustragen!

BENE Den haben wir grad naustragen!

HAUPTMANN Des gibts ja gar nicht, der liegt ja noch da!

BENE Recht eigensinnig ist er!

Bene und Michl holen eine andere — diesmal eine richtige — Bahre herein und legen den verwundeten Soldaten darauf. Es ergeben sich ziemliche Umständlichkeiten, bald steht Bene, bald Michl verkehrt an der Bahre, dann wieder rutscht der Verwundete seitlich, oder vorn, oder hinten, von der Bahre herunter. Schließlich wird es Bene zu dumm, er stellt den Mann so vor die Bahre, daß er zwischen Bene und der Tragbahre zu Fuß von der Szene geht. — Der Lärm wird nun immer größer, die Schüsse stärker. Plötzlich wird der Zuschauerraum hell. Stoffballons fliegen als feindliche Kanonenkugeln über die Mauer herüber ins Publikum, und die Raubritter erscheinen mit Geschrei und heftigem Lärm auf der Mauer. Ein Raubritter in Rüstung springt auf die Bühne herunter und bohrt dem dicken Korporal seinen Spieß in den Bauch, daß die Spitze am Rücken herausschaut. Bene kommt mit einem weißen Fähnlein aus dem Schilderhaus heraus. Michl wirft Kanonenkugeln ins Publikum.

Vorhang

Theaterzettel

Meinem
Karl Valentin, — der
allen miteinander nicht doch
recht reichen können —
in herzlicher,
Zueignung!

Max Pallenberg

Oft wird gefragt: „Ist nun Karl Valentin ein großartiger Schauspieler oder ist er ein großartiger
Clown?" — Grade daß er beides in vollkommener Ver-
schmelzung zugleich ist, macht seine Großartigkeit,
ja Einzigartigkeit aus.

(Kurt Pinthus) Kurt Pinthus

Wie ich höre, verlassen Sie uns auf einige Zeit und gehen
nach Berlin, um dem hellen und schnellen Berliner Witz ein
paar dunkle Tropfen von dem tiefgründigen Widersinn Ihres
Münchner Humors beizumischen, damit ein apartestes Elixier
für Feinschmecker daraus werde. Lassen Sie auch mich, den
Wahlmünchner und einstigen Berliner, unter denjenigen sein,
die den Urmünchner in Ihnen an der Spree willkommen heißen.
Wir alle in München lieben Sie. Das wissen Sie ja längst.
Daß man in Berlin Sie nicht weniger lieben wird, werden Sie
bald erfahren, wenn Sie es nicht vom vorigen Jahr her noch
wissen. Also seien Sie willkommen in Berlin und kehren Sie
als ein doppelt Willkommener wieder nach München zurück!

In treuer Verehrung
Ihr alter

Max Halbe

Valentin ist da — Lachgas über Berlin!!

Hanns Morgan

*Köstlicher Winterbeginn: Karl Valentin und
Liesl Karlstadt werden wieder bei uns sein.
Nun braucht man die Münchner um
nichts mehr zu beneiden.*

Max Herrmann (Neiße)

*Er darf nicht eher wieder fort gehen, bis er
nicht alle seine Volkskomoedien hier gespielt
hat!*

Carl Zuckmayer

KARL VALENTIN
Ein Freudenfest des Auges und des Ohrs.
Gebt ihm den Nobelpreis der Komik, des Humors!

Roda Roda

Der reparierte Scheinwerfer

Die Kapelle hat kaum zu spielen angefangen, als der Direktor in höchster Erregung auf die Bühne kommt.

DIREKTOR Was ist denn hier los? Warum tritt die Tänzerin nicht auf?

STIMME *hinter der Bühne* Der gelbe Scheinwerfer links an der Bühne brennt nicht mehr.

DIREKTOR So eine Schlamperei! Wissen Sie das jetzt erst – der muß sofort gerichtet werden, wo sind denn die Elektrotechniker? *Er sucht sie und nimmt sie mit auf die Bühne.* Kommen Sie mal mit auf die Bühne – der Scheinwerfer brennt nicht – schauns mal nach, was da los ist.

VALENTIN Was isn?

DIREKTOR Der Scheinwerfer brennt nicht.

VALENTIN Brennt er net?

DIREKTOR Nein, der brennt nicht!

VALENTIN Der wird halt net eingeschalt sein. *Ruft nach hinten* Schaltens amal ein dahint.

STIMME Es ist ja eingeschaltet.

VALENTIN Was, eingeschalt is – na muaß er ja brenna.

DIREKTOR Er brennt aber nicht.

VALENTIN Ja, na könne mir aa nix macha.

SIMMERL *(Liesl Karlstadt)* Ja wieso, warum brennt er denn net?

DIREKTOR Frag doch net so dumm, blöder Bua.

VALENTIN Was blöder Bua – der ist schon bei der Fachschaft.

DIREKTOR Schließlich und endlich sind doch Sie der Fachmann.

VALENTIN Ja, ich schon – aber der net – der ist Fachknabe.

DIREKTOR Ist ja wurscht, was er ist, das ist halt Ihr Lehrbua.

VALENTIN Ja, ja.

DIREKTOR Also wollen Sie so gut sein, schausn halt amal an.

VALENTIN Ja, anschaun könn man schon.

SIMMERL Ob er aber vom Anschaun alloa brennt, des glaub i kaum.

DIREKTOR Das glaub ich auch nicht.

SIMMERL Brennt er überhaupt nimmer?

DIREKTOR Nein, der brennt nicht.

VALENTIN Red doch koa Suppen, des sagt er ja, der Mo.

SIMMERL Ach, wirft er keine Scheine mehr?

DIREKTOR Nein, er wirft keine Scheine.

VALENTIN Geh hör doch auf.

SIMMERL Vielleicht is er kaputt?

DIREKTOR Wahrscheinlich ist er kaputt.

SIMMERL Wahrscheinlich – der is scho sicher hi.

DIREKTOR Verstehn Sie denn überhaupt etwas von Scheinwerfern?

VALENTIN Natürlich, ich hab doch bei Siemens und Schuckert garbat, aber mehr auf Marinescheinwerfer, des san ja solchene Kübeln – Gschläusen. Da is ja des a Katze dagegen.

DIREKTOR Marinescheinwerfer, meiner Ansicht nach ist doch einer wie der andere.

VALENTIN Hams noch oan?

DIREKTOR Freilich, noch mehrere.

VALENTIN Die brenna ja.

DIREKTOR Die brauchen Sie ja auch nicht zu richten.

VALENTIN Des hätt ja auch gar koan Sinn, wenn mas richten tat, wenns aa so brenna.

DIREKTOR Freilich hat das keinen Sinn.

VALENTIN Warum hams uns denn des gestern net gsagt, das er net brennt?

DIREKTOR Weil er gestern brennt hat.

VALENTIN Ah, gestern hat er noch brennt, na hätts gestern aa koan Sinn ghabt, wenn man repariert hätten, weil mehr als brenna kanna ja net.

DIREKTOR Jetzt redens net so viel – in fünf Minuten hat der Scheinwerfer zu brennen.

SIMMERL Ah – fünf Minuten braucht ja der schon, bis ern oschaugt.

VALENTIN Fünf Minuten brauch i ja, bis i ihn beguck. Da kann sei, wenn a Leitung hin is, müssen wir a neues Kabel legn, müssen d' Bühne und den ganzen Hof aufreißen, ham Sie a Ahnung, zu so einer Reparatur brauchen wir mindestens... *Zu Simmerl* Wie lang wern ma da braucha?

DIREKTOR So is recht, der fragt sein Lehrbubn, wie lang er braucht.

SIMMERL Da brauch ma ziemlich lang.

VALENTIN Da braucha mir mindestens zwei bis acht Tage.

DIREKTOR So, jetzt geb ich Ihnen zehn Minuten Zeit, in zehn Minuten komm ich, dann muß er brennen, Sie brauchen ihn ja nur provisorisch zu richten.

VALENTIN Ja, nur provisorisch.

DIREKTOR Also in zehn Minuten komm ich.

VALENTIN Ja, kemma könnas scho. *Direktor ab.* Müß ma halt nachschaun. *Horcht an der Wand.* Ja, da is a kurzer Schluß da. *Er mißt mit dem Meterstab, der immer wieder zusammenklappt. Simmerl bohrt in der Nase.* Drecksau junge, vor de

Leut tut ma doch net Nasenmandeln fanga. Geh amal in d'Werkstatt nüber und hol den andern Meterstab.

SIMMERL Was für oan?

VALENTIN Den mit de Patentfedern. Mit dem kann ma nur in Keller abimessen – am Speicher nauf klappt er zsamm.

SIMMERL Und in d'Werkstatt kann ma net nei, de is zugsperrt.

VALENTIN Wo is denn der Schlüssel?

SIMMERL Der liegt drin in der Werkstatt.

VALENTIN Was für a Rindviech hat denn da zugsperrt?

SIMMERL I!

VALENTIN Und der Schlüssel liegt drin, ja wie bist denn du da rauskomma?

SIMMERL Ja, zuerst bevor ich drin zugsperrt hab, bin i no schnell rausgsaust.

VALENTIN Da müß ma a neus Kabel holn, da dürf ma glei anfanga. *Er schreibt ins Notizbuch die Zeit, wann er anfängt.*

SIMMERL Ja, fang ma gleich an – na hol ich glei Brotzeit.

VALENTIN Da hast a Geld, holst zwei Regensburger, oane warm –

SIMMERL Und de ander kalt?

VALENTIN Nein – de ander auch warm, oder nimmst glei alle zwoa warm.

SIMMERL Und für mi vielleicht an Schlagrahm, weil in so gern mag.

VALENTIN Brauchst bloß an Rahm bringa, an Schlag kriagst dann von mir.

SIMMERL Ja, a Maß Bier und zwoa warme Würst.

VALENTIN Kalt wärns mir eigentlich lieber.

SIMMERL Dann hol ich zwei kalte – oder i verlang zwoa ganz hoaße und geh langsam, dann werns aa so eiskalt, bis i rüberkomm.

VALENTIN Ja, des geht aa, und solltns zu eiskalt sein, dann können ma imma wieder warm macha. Also schwing di, schau daßd weiterkommst – darenn di fei net!

SIMMERL Naa, i gib scho Obacht! *Ab.*

VALENTIN *mißt ein Rohr ab, hantiert herum, schaut ins Publikum.*

SIMMERL *kommt mit den heißen Würsten.* Ah Blumendraht, san de hoaß, i hab mir mei ganze Pratzn verbrennt. *Valentin nimmt die Würste.*

DIREKTOR So seid ihr nun fertig? *Beide verstecken die Brotzeit, Valentin steckt die heißen Würste in die Tasche.*

DIREKTOR Na was ist denn los, haben Sie Bauchweh?

VALENTIN Jaa, Bauchweh ...

DIREKTOR Da müssens halt heiße Umschläge machen.

VALENTIN San ja so so heiß. *Er wirft die Würste weg hinter die Bühne.*

DIREKTOR Also, was ist jetzt mit dem Scheinwerfer, ist er jetzt fertig?

SIMMERL Naa, mir können net anfangen, weil mir koa Werkzeug habn.

DIREKTOR Dann holen Sie sich doch Ihr Werkzeug.

SIMMERL Des ham ma scho, aber Material brauchen mir auch, des liegt im Lager.

DIREKTOR Wo ist denn Ihr Lager?

VALENTIN In Haidhausen.

DIREKTOR Da brauchen Sie doch mindestens eine Stunde, bis Sie zurück sind. So lange können wir nicht warten, nehmens halt von uns was, wir haben doch auch alles da.

VALENTIN Wir kriegn scho herin a Lager, aber erst im Frühjahr.

DIREKTOR Das nützt mich doch nichts – also was brauchen Sie, wir haben doch Werkzeug genug da.

SIMMERL A lange Leiter.

DIREKTOR Ham ma.

VALENTIN Litzen und Dräht.

DIREKTOR Ham ma.

SIMMERL An Gips.

DIREKTOR Ham ma.

VALENTIN An Hamma.

DIREKTOR Ham ma.

SIMMERL An Arbeitsgeist.

DIREKTOR Also marsch vorwärts, Sie können alles von uns nehmen.

VALENTIN Ja, das geht auch, denn wenn ma an Scheinwerfer macht, muaß er gleich richtig gmacht werdn. Wissens, mit am Scheinwerfer is genauso als wie mit was anderm. Des muaß glei richtig ind Hand gnomma werdn.

DIREKTOR Also beeilen Sie sich. *Beide ab.*

Nachdem beide ab sind, schaut Simmerl schüchtern umher und spielt mit der Brezn.

SIMMERL Daweil wird ich an kloanan Imbiß zu mir nehma. *Zum Souffleur* Hans? – Ob i erst ogfangt hab? Naa, naa, i bin scho üba a Jahr in der Firma. Koa Freud hab i eigentlich gar net dazua, des is ja a Drecksarbeit. So was geht ja, des is ja a leichte Arbeit, des is ja a alter Huat. Aber wenn ma oft Kabel legn müassn, wia neulich in der Großmarkthalle, da hab i im Keller drunt durch mindestens zwanzig Zentner dafaulte Birn durchkrabbeln müassn. – Da hab is früher schöner ghabt, da war i in der Lehr bei einem Waffelbäcker, da ham ma de Waffeln gmacht, de wo ma ins Gfrorns einetaucht. Aber der Moaster hat mich nach vier Wochen schon nausgschmißn, weil i sämtliche Waffeln, die er backa hat, glei gfressen hab, der hat gar nix mehr zum verkaffa ghabt. Oh, da is mei Vata aufganga. Na hat er mi zu am Schweinsmetzger in d'Lehr gebn, da hab i mi nacha glei so in Leberkäs eineghängt, daß d' Welt ungleich war. Na hams mi wieder nausgschäufelt. Na hat mi mei Vata in a elektrotechnisches Gschäft do, weil er gsagt hat, Glühlampn wer i doch net gleich verschlinga. Jetzt bin i scho über a Jahr dabei – ha? – ob des mei Moaster is? A woher – unser Moaster, der gang ja da gar net her, des is a feiner Hund – des is unser Vorarbeiter, des is ja a gscherte Nuß. – Verstehn tuat er aa net viel, denn wenn a komplizierte Arbeit zmachen is, dann muaß er ja mi fragn, weils i schon viel besser heraußen hab wie er. – Bloß hunzen tuat er mi den ganzen Tag, aber wenn i amal ausglernt hab, dann wer i eahm am letzten Tag nos Werkzeugkistl nauffalln lassn, zum Abschied.

Wart, i meß ab

VALENTIN *kommt mit Stangen und anderen Utensilien unter dem Arm zurück.* Wem laßt dus Werkzeugkistl nauffalln? Schlawinerbua!

SIMMERL I hab ja net gwußt, daß Sie hinter mir stehn. Und der hat mich um was gfragt ghabt.

VALENTIN Was brauchst denn du mit dem Steffen da redn. Arbeit liaber, hast doch ghört, in fünf Minuten solln ma da fertig sein, hat der wampate Aff gsagt. *Simmerl ab.*

DIREKTOR *der zugehört hat* Ich helf Ihnen gleich, also sind Sie fertig?

VALENTIN Naa, jetzt fang ma an.

DIREKTOR Wo nur der mit der Leiter bleibt? *Simmerl kommt mit Leiter und Werkzeugkistl und stößt den Direktor mit der Leiter an den Kopf.*

DIREKTOR Idiot – kannst du deine Augen nicht aufmachen, du Trottel? *Ab.*

VALENTIN *läßt die Stangen auf einen Gast fallen. Die Leiter steht auf der Litze, beide ziehen hin und her.* Ja, mit Gewalt gehts gar nicht. Da brauch ma ja bloß die Leiter wieder aufhebn. *Tut es und zieht die Litze unnötigerweise wieder durch die Leiter.* So! *Simmerl trägt die Leiter vor.*

Also, ein Meter fünfundachtzig...

VALENTIN Net dahin am Vorhang, Depp!

SIMMERL Wohin?

VALENTIN Da stellst as her!

SIMMERL *steigt auf die Leiter.* Ah, habs schon gsehn – da müß ma nüber – da kann i aber net nüberlanga.

VALENTIN Warum steigst nacha nauf, Hanswurscht? Geh aba!

SIMMERL Ja.

VALENTIN *steigt auf die Leiter.* Da kann i aa net nüberlanga, da bräuchten mir a runde Leiter um den Turm herum.

SIMMERL Das ging scho, wenn die Leiter höher wär, oder wenn das weiter herunt wär.

VALENTIN Da müßten wir höchstens a kleins Grüst machen, daß ma da a Brett nüberlegn.

SIMMERL Ja wie lang soll des Brett sei? Dann hol i oans.

VALENTIN Wart, i meß ab. *Sein Meterstab klappt immer zusammen, er merkt sich mit dem Finger die Stellen, der Meterstab kommt ihm aus, er macht mit dem Bleistift einen Strich in die Luft. Zu Simmerl* Was schaust denn so blöd?

SIMMERL I muaß doch Obacht gebn, daß i was lern.

VALENTIN Da brauchst net Obacht gebn, des kann i selber net. Also ein Meter fünfundachtzig muaß des Brett lang sei, geh zua.

SIMMERL Ja, dann laß i des Sach daweil da. *Er läßt die Leiter auf einer Seite zuklappen und zwickt Valentin die Finger ein.*

VALENTIN Depperter Depp, depperter, siagst denn net, daß i meine Finger drin hab?

SIMMERL Da kann i nix dafür, für was müassen Sie Ihre Pratzn überall neidoa, müassens halt Eahnere Batzlaugn aufmacha.

VALENTIN Schau amal, ob ma da an Anschluß habn? *Simmerl steigt auf die Leiter.*

SIMMERL I kann gar nix sehn, weil i zweit weg bin, da müaß ma zerst 's Brett rüberlegn, vielleicht gengas schnell naus und holns Brett, dann wart i daweil da herobn.

VALENTIN Dir geh i dann glei naus, geh runter, sonst wirf i di runter. *Simmerl steigt herab und Valentin auf die Hand.*

VALENTIN Auuu, so geh doch runter, du stehst ja drobn!

SIMMERL Wo? Auf der Leiter?

VALENTIN Naa, auf der Ding...

SIMMERL Auf der Sprossen?

VALENTIN Naa, auf der ... mir fallt ja der Nama net ein – auf meiner Hand! *Haut Simmerl.* Daschlagn dua i di no amal, siagst denn net?

SIMMERL Mit de Schuhsohln kann i doch net sehn, überhaupts werd i amal windi wern, dann hau i Eahnas Werkzeugkistl nauf, dann könnas a Liad singa – o Haupt voll Blut und Wunden.

VALENTIN Na gfreu di nur, heut nach Feierabend. Ham ma denn überhaupt an Strom? Da probier amal die Lampn aus, obs brennt.

SIMMERL *zündet mit einem Streichholz die Lampe an.* Naa, die brennt net.

VALENTIN Was tuast denn wieder? *Er reißt ihm die Lampe aus der Hand und verbrennt sich daran.* Herrgott sapprament! Geh amal die Leiter nauf, damit i di nimmer siech. *Simmerl steigt die Leiter hinauf.*

VALENTIN *pfeift* Bist schon drobn?

SIMMERL *pfeift auch* Bin scho da.

VALENTIN Da herin pfeift ma doch net, du gscherter Lump – Obacht, jetzt wirf i dir an Draht nauf. *Er wirft den ganzen Draht hinauf.* Halt, i brauch ja a End.

SIMMERL I trags nunter.

VALENTIN Na, wirfs runter. – Wart. *Er steigt auf den vorder- sten Tisch, an dem ein Paar sitzt und zu Abend ißt.*

SIMMERL Obacht auf den Schaumkuchen, uuuh, jetzt sans in den ganzen Batz neitretn. *Er wirft die Litze einer Dame an den Kopf. Valentin reißt die Litze und gleichzeitig einige Federn aus dem Hut der Dame.*

GAST Ja, was fällt Ihnen denn ein, können Sie nicht besser Ob- acht geben!

VALENTIN Das ist mir gleich, i muaß arbeiten. *Er wirft den Draht wieder hinauf.* So, jetzt ziag o. *Simmerl zieht den gan- zen Draht hinauf.*

VALENTIN Jetzt hat ern wieder drobn, paß doch auf. *Er steigt wieder auf den Tisch.*

GAST Was fällt Ihnen denn ein, Sie sehen doch, daß wir essen!

VALENTIN Um de Zeit frißt ma aa net. – So, Simmerl, jetzt wirfst mir den ganzen Draht runter, du brauchst bloß as End halten. *Simmerl schneidet mit der Schere ein Ende vom Draht ab und wirft den Draht hinunter, wieder auf den Kopf der Dame.*

GAST Alles was recht ist – Herr Ober, einen anderen Platz!

VALENTIN Sie haben auch den ungünstigsten Platz da herin. – Ja, jetzt hat er mir wieder den Draht runter gworfn, i hab doch gsagt, 's End sollst droben bhaltn.

SIMMERL Des hab i ja, i habs doch extra weggschnittn.

Alles was recht ist ...

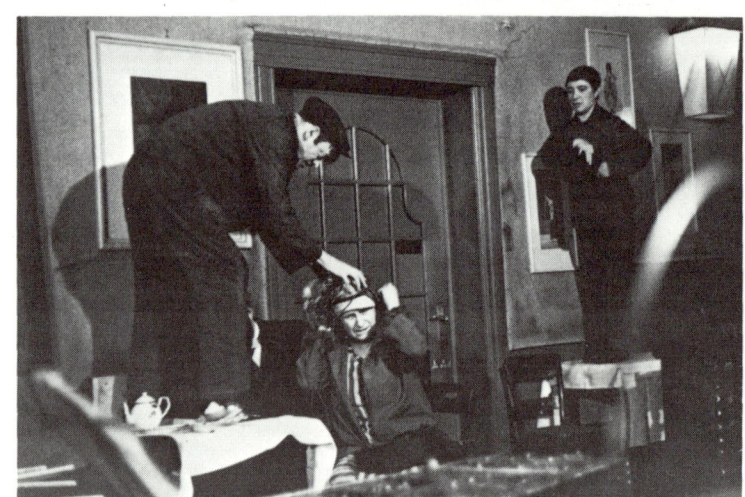

Herr Ober ...

einen anderen Platz

VALENTIN Hundskrüppl mistiger, wo hast denn dein Saukopf?

SIMMERL Da. *Valentin wirft ihm eine Windnudel ins Gesicht. Simmerl hängt die Litze ein, die Valentin über den Tisch zieht, was erneut den empörten Protest des Gastes herausfordert.*

VALENTIN *zum Gast* Dann macha Sie an Scheinwerfer, wenns Eahna net paßt. So jetzt wirf mir a Messingschräuferl runter.

SIMMERL Obacht! Schräuferl! *Es fällt der Dame in den Ausschnitt.*

DAME *schreit* Ah, jetzt ist mir da was reingfalln.

VALENTIN Wo is denn hingfalln?

GAST Da hinein.

VALENTIN *möchte das Schräuferl herausholen, schaut aber erst einmal in den Ausschnitt.*

GAST Das geht doch nicht, hier vor allen Leuten! Unterstehen Sie sich noch einmal!

VALENTIN Des is mir gleich, i brauch mei Schräuferl! *Er greift in den Ausschnitt, der Gast schimpft wütend.*

SIMMERL Sie! Sie! Die Dame soll halt aufstehn, dann fallts unten raus. *Die Dame steht auf, schüttelt sich, das Schräuferl fällt auf die Erde.*

GAST *gibt Valentin das Schräuferl* Komm, wir gehen, wir wollen uns bei der Direktion beschweren! *Ab.*

VALENTIN Ah, des is ja no ganz warm – so, Bua, jetzt klemmst die Litzn in'n Scheinwerfer nei, und dann schalt i ein.

SIMMERL Ja, is schon recht. *Kommt herunter.* Also, jetzt mach i finster, und dann schalt i ein. So, jetzt brennt er.

VALENTIN Der brennt net, warum lügst denn scho wieder? *Er haut ihm eine runter.*

SIMMERL Ja, der brennt scho, der andere, auf der andern Seitn.

VALENTIN Ja gibts denn so was aa? Den ham ma gricht, und der andere brennt!

DIREKTOR So, sind Sie jetzt soweit, brennt er jetzt?

VALENTIN Ja, der brennt, der auf der andern Seitn.

DIREKTOR Der nützt mich nichts, den muß ich haben.

VALENTIN Ja, den ham ma ja gricht, aber der hat brennt.

DIREKTOR Das ist ja zum Haareausreißen! *Reißt sich Haare aus.* Der nützt mich nichts, den muß ich haben, der muß brennen!

VALENTIN Ja, na müaß ma halt d e n richtn, nacha b r e n n t der!

Das
Brillantfeuerwerk
oder ein Sonntag
in der Rosenau
I. Akt

Die Bühne zeigt einen Ausschnitt aus dem Englischen Garten in Nachmittagsbeleuchtung.

LIESL KARLSTADT, *die Kindsmagd, hat ein helles Sommerkleid mit farbenfreudigem Blumendruck an. Sie schiebt einen altertümlichen Kinderwagen mit vier hohen Rädern, von denen das hintere Paar höher ist als das vordere. Das darin befindliche Baby wird von einer großen Zelluloidpuppe dargestellt.*

KARL VALENTIN *ist ein Schwerer Reiter im Sonntagsstaat.*

KARL VALENTIN *geht stumm über die Bühne von links nach rechts. Er bleibt zehn Sekunden hinter der Bühne und kommt denselben Weg zurück. Hierauf wartet er wieder kurze Zeit und geht dann am Horizont entlang, wieder nach rechts, kommt nach vorn, geht auf den Hintergrund zu, kehrt wieder um und geht schnurgerade zum Souffleurkasten. Er frägt den Souffleur* Wo gehts denn da zur Rosenau? *Er kehrt wieder um und sieht den Wegweiser, geht darauf zu, betrachtet ihn kopfschüttelnd und geht rechts ab. Hinter der Szene frägt er abermals* Wo gehts da zur Rosenau?

EIN PASSANT Da müssens da nüber – allweil gradaus.

KARL VALENTIN Da komm ich ja her.

DER PASSANT Ja, da müssens nüber.

KARL VALENTIN So –! *Er geht wieder über die Bühne, bleibt in der Mitte beim Wegweiser stehen.* Da ghört aa so a Hand her. *Er geht links ab – kommt aber sofort wieder zurück und ruft* Da ist ja a Bach, da kann man nicht nüber.

DER PASSANT *von drüben* Ja, über den Bach geht doch a Brücken, und über de müssens nübergehn.

KARL VALENTIN So –! *Er dreht sich um und geht wieder links ab. Hinter der Szene* Sie, Fräulein, wo gehts denn da in d'Rosenau?

LIESL KARLSTADT *hinter der Szene* Da müssens da nübergehn in d'Rosenau.

KARL VALENTIN *hinter der Szene* Da hat mich aber einer da rübergschickt in d'Rosenau.

LIESL KARLSTADT *tritt auf und zieht einen Kinderwagen hinter sich her.* Da müssens nübergehn, allweil gradaus, dann kommens direkt hin.

KARL VALENTIN *kommt wieder auf die Szene.* Ja, aber der hat gsagt, ich soll über den Bach nübergehn, der da herüben ist.

LIESL KARLSTADT Ja, das stimmt schon, der Bach ist da herüben auf der Seite.

KARL VALENTIN Ja, und die Brücke?

LIESL KARLSTADT Die ist drüben auf der andern Seite.

KARL VALENTIN Das gibts doch net, daß der Bach da ist und die Brücken da drüben.

LIESL KARLSTADT Ja, das kommt mir auch a bißl dumm vor.

KARL VALENTIN Das ist schon saudumm.

LIESL KARLSTADT Ja, wissens, der Bach ist schon da drüben aa.

KARL VALENTIN Des warn ja dann zwoa Bach.

LIESL KARLSTADT Ja, ich glaub, daß des da drüben der gleiche Bach ist, wie der da herüben.

KARL VALENTIN Wie gibts denn des, der kann doch net zu gleicher Zeit da drüben und da herüben sein.

LIESL KARLSTADT Des woaß i aa net, vielleicht schlangelt er sich so umanander.

KARL VALENTIN Ja, des teans gern, die Bach.

LIESL KARLSTADT Da hams recht – aber Sie wolln doch in d'Rosenau?

KARL VALENTIN Jawohl –

LIESL KARLSTADT Ja, da gehts schon da nüber, denn wenn Sie da nunterganga, komma Sie nie in d'Rosenau, da kommens immer weiter weg davon.

KARL VALENTIN Das stimmt.

LIESL KARLSTADT Sehngs, da ist a so a Taferl.

KARL VALENTIN Da kennt ma sich aber net aus.

LIESL KARLSTADT Ja, ja, wissen muaß ma halt an Weg – Sie wollen wahrscheinlich heut zu dem Brillantfeuerwerk, das soll ja wunderbar werden.

KARL VALENTIN Ich habs no net gsehn.

LIESL KARLSTADT Ja, da müssens da nunter gehn, das ist leicht zum finden.

KARL VALENTIN Für mich net.

LIESL KARLSTADT Ja, weils no nia dort warn – ich wüßt ja an Weg guat, weil i scho a paarmal drunt war, aber heut kann i net, weil ichs Kind dabei hab. – Aber da findens schon hin, den Weg kann Ihna ja jeder kloane Bua sagn.

KARL VALENTIN Wenn aber koaner kommt?

LIESL KARLSTADT Dann kommt vielleicht a großer – jetzt gengas amal immer gradaus bis zu dem Bach, dann nüber über de Brücken – dann kommt der Baum mit de vielen Äst, und dann gengas links nei in des Gaßl – und dann müssens direkt zur Schleißheimer Straße nausgehn, sonst findens überhaupt net hin.

KARL VALENTIN Mersse, danke. *Er macht Honneur.*

LIESL KARLSTADT Immer gradaus, dann links, dann über de
Wiesen, wo de Blümerl san, da – wo vorigen Sonntag der
Schmetterling gflogn ist.

KARL VALENTIN Dann find ichs schon. *Er geht ab.*

LIESL KARLSTADT Und nach der Wiesen sehns so gleich das große
Schild Zur Rosenau, und wenns Ihna nicht mehr auskenna,
dann fragns nochmal, und wenn niemand kommt, dann
kehrns nochmal um und fragn mich nochmal – jetzt hört er
mich doch nimmer. *Sie geht zur Bank und sagt zum Kind* So,
Butzerl, jetzt hast as ghört, der Soldat geht jetzt in d'Rosenau
nunter zum Brillantfeuerwerk – Brillantfeuerwerk – das
hoaßt auf lateinisch Pyrotechnisches Experement. – Siehgst,
jetzt wenn du auch schon groß warst und warst auch a Soldat, dann kannten wir zwei auch zum Feuerwerk gehn – aber
du bist ja koa Soldat – du bist ja bloß a Drecksau, weilst schon
wieder alles naß gmacht hast. Das ist a Kreuz mit dir. *Sie haut
das Kind mit dem Kopf an.* O Verzeihung – ist ja wahr auch,
nichts wie ärgern muß ma sich mit dir. Hasts net gsehn, was
das für ein strammer Soldat war, der hätt mich sicher mit-
gnomma, aber mit dir kommt man ja nirgends hin. Wieviel
Soldaten hätt ich schon kennaglernt, wennst du net waarst.
Du hast mir noch jeden Sonntag verpatzt – du bist das einzige
Hindernis auf meinem Liebespfade – so, jetzt schlaf und laß
mir mei Ruah. *Sie setzt sich auf die Bank und strickt.* Der wird
wohl nunterfinden in d'Rosenau – ja, ich denk schon, der ist
net so dumm – ich habs eahm ja ganz deutlich erklärt – das
war ein netter Kerl – ganz mei Gschmackerl – und noch dazua
a Schwerer Reiter – de Schweren Reiter san von alle de fesche-
sten Soldaten, die man sich denken kann – jetzt d'Artilleristen
gefalln ma zwar aa ganz guat, und d'Jäger san schneidig, da
hab i amal oan kennt – und d'Schwoalischö – die san schö –
aber treu bleibn tut oan halt koaner – da gengas oamal oder
zwoamal mit oan fort, und dann lassens oan wieder laufa.
Und ich möcht halt so gern verheirat sein – so eine Schwere-
Reiterehe muaß was Herrlichs sein. Ach ja – wia hoaßt das
Lied – Schatz, mein Schatz, reise nicht so weit von hier – im
Rosengarten sollst meiner warten, im grünen Klee, juhee, im
weißen Schnee … Weißer Schnee is a Schmarrn, als obs an
schwarzen Schnee auch gebn tat. *Karl Valentin kommt wieder.* Ja, wer kommt denn da? San Sie schon wieder da von der
Rosenau?

KARL VALENTIN Sie ham mich schön angschwindelt mit dem

Schmetterling, d'Augn hätt ich mir bald rausgschaut – ich hab koan fliagn sehngn.

LIESL KARLSTADT Ja, Sie san guat, mit Eahna kunnt i glei so viel lacha, vorigen Sonntag hab ich den Schmetterling gsehn, moanas, daß der wega Eahna acht Tag auf oan Platz umanander fliagt? Ja, hams denn gar nicht hingfunden?

KARL VALENTIN Naa, überhaupts net.

LIESL KARLSTADT Sie wollen doch zu dem Feuerwerk, hams gsagt – no ja, da hams ja noch Zeit – das ist ja erst auf d'Nacht – beim Tag ist ja nia a Feuerwerk, da brauchas Ihna net so darenna – da sans ja in zehn Minuten drunt, da könntens leicht no a bißl da auf d' Bank niedersetzen.

KARL VALENTIN Wenns gestatten. *Er setzt sich, rutscht aber gleich wieder über die Bank hinunter.*

LIESL KARLSTADT Da brauch ich doch nichts gestatten, ich bin ja froh, wenn ich a bißl a Unterhaltung hab.

KARL VALENTIN *hat sich wieder hingesetzt.* Das Kinderwagl ist aa net billig gwesen?

LIESL KARLSTADT Naa – gell, Sie san a Schwerer Reiter?

KARL VALENTIN Ja, aber mehra Reiter wia schwar.

LIESL KARLSTADT Sie san guat, mit Eahna kunnt ich so viel lacha. Sie san fei a strammer Soldat.

KARL VALENTIN Passiert schon – lieb Vaterland magst ruhig sein, wenigstens solang als ich dabei bin.

LIESL KARLSTADT Sans scho lang beim Militär?

KARL VALENTIN Zwoa Jahr. Jetzt bin ich ja bei einem Major als Bedienter. Das ist aber a Schmarrn, denn wenn ich ihn bediena muß, ist eigentlich er der Bediente.

LIESL KARLSTADT Hat der a Frau aa, der Major?

KARL VALENTIN Freili, de Gnädige.

LIESL KARLSTADT Wia ist denn de?

KARL VALENTIN Windi –

LIESL KARLSTADT Wia schauts denn aus?

KARL VALENTIN Grimmi –

LIESL KARLSTADT Naa, i moan, obs a Alte oder a Junge ist?

KARL VALENTIN A kloane – dicke – a recht a langs Gstemm. Kenna Sies net?

LIESL KARLSTADT Naa, Gott sei Dank – no ja, vielleicht siech ichs amal.

KARL VALENTIN Da sind wir neulich beim Mittagstisch gsessen, weil wir beim Major einen eigenen Mittagstisch haben, das heißt, wir stellen das Nachtessen auch gleich auf den Mittagstisch nauf, weil, extra wieder einen Nachttisch kaufen, das rentiert sich nicht, ein Nachtkastl haben wir schon. Gestern haben wir zu Mittag Preiselbeer ghabt und Schweinsbraten dazu, und der Schweinsbraten wird bei uns in der Küche zubereitet, weil wir zum Schweinsbratenzubereiten eine eigene Küche haben, aber nicht, daß Sie glauben, da kann man bloß einen Schweinsbraten zubereiten, nein, alles, was man essen kann.

LIESL KARLSTADT Wirklich alles? Auch das Brot?

KARL VALENTIN Nein, alles auch wieder nicht. Die Semmeln zum Beispiel kriegen wir gleich fertig vom Bäcker, mein Major ist nämlich furchtbar sparsam. Nach dem Essen braucht er immer einen Zahnstocher. Glauben Sie, der wirft die gebrauchten Zahnstocher weg? Nein, er sammelt sie, bis er so drei- bis vierhundert beisammen hat, dann muß ich sie zum Tischler tragen zum Abhobeln.

LIESL KARLSTADT Ja, Sie san guat. Des sagens ja nur, damit i recht viel lach.

KARL VALENTIN Was glauben denn Sie, das ist Tatsache! Zwei Kinder habn mir auch beim Major, ein zweijähriges Mädchen und einen dreijährigen Knaben. Der dreijährige Knabe ist jetzt schon um ein Jahr älter als das zweijährige Mädchen. Mit den Kindern käme ich ja ganz gut aus, aber mit unseren Haustieren muß ich mich soviel ärgern, weil wir beim Major drei Haustiere haben, also die »Haustüre« selber unten am Hauseingang, einen Bernhardinerhund und einen Laubfrosch. De zwoa fressen zu Mittag immer aus einer Schüssel, und ein Viech ist dem andern ums Fressen neidig; immer wenn der Bernhardinerhund ein Bein im Maul hat, vergönnt es ihm der Laubfrosch nicht, jetzt möcht es einer dem anderen wieder aus dem Maul reißen, und da ziehens damit im ganzen Zimmer umeinander, meistens wird der Bernhardinerhund Herr, weil er ja bedeutend größer und stärker ist. Vor ein paar Tagen hab ich es gemerkt, wer zum streiten angfangt hat: der Laubfrosch! – Ich hab aber dann den Laubfrosch so geprügelt, daß er am andern Tag grün und blau war, blau eigentlich weniger, nur grün.

Das Kind schreit.

LIESL KARLSTADT Jetzt fangt der aa wieder an. Glei, Butzerl, ich komm schon. Sehns, so gehts mir allaweil. Ja, ich hab mirs ja denkt, jetzt hat er mir wieders ganze Wagl vollgmacht.

KARL VALENTIN Da geht noch mehra nei.

Toilettenfrau, *die gut bürgerlich kochen kann, zum Kegelaufsetzen gesucht. Kaution kann gestellt werden.*

LIESL KARLSTADT *nimmt das Kind und die Betten heraus. Die Betten fallen auf den Weg.*
Geh, möchtens net a bißl halten, nehmasn da um d'Mitten, aber lassensn ja net fallen.

KARL VALENTIN Der is ja net stad, ich legn daweil da hin. Wo ist er denn – Kuckuck dadadada.
Er legt das Kind auf den Boden und sticht ihm mit dem Säbel in den Bauch.

LIESL KARLSTADT Ja, um Gottes willen, was treibens denn? Ja Butzerl – *Sie nimmt das Kind wieder.*

KARL VALENTIN Der ist aber wehleidig.

LIESL KARLSTADT Das könnas mit dem net machen, das ist ein empfindlicher Kerl, den wenn ma a bißl mitn Säbel in Bauch neisticht, dann fangt er gleich zum Bläcken an. So, jetzt schlaf wieder.

KARL VALENTIN A Fliagn sitzt auf seiner Nasen. *Er schlägt mit der Mütze auf das Kind.*

LIESL KARLSTADT Ja, was fallt denn Ihnen ein, der haut ihn glei mit der Kappn ins Gesicht nei.

KARL VALENTIN Ist gut, daß ich heut an Helm net aufghabt hab.

LIESL KARLSTADT Sie waarn a saubere Kindsmagd. Ihna kannt ma net braucha dazua, das hab ich schon gspannt.

KARL VALENTIN *faßt ihr an den Busen.* Da sans staubig, das muaß ma wegwischen.

LIESL KARLSTADT Ja, Sie san frech! Das mag ich net. – Ja ja, das ist net so leicht, gell, Butzerl, das woaßt du am besten, ja, jetzt lacht er ja schon wieder – gell, das ist doch a netter Bua.

KARL VALENTIN Und jung ist er.

LIESL KARLSTADT Und de roten Backerl, die er hat. Jetzt ist er auch wieder gsund. Aber vor vier Wochen hättens 'n sehn solln.

KARL VALENTIN Da hab i koa Zeit ghabt.

LIESL KARLSTADT Da hat er schlecht ausgeschaut, da hättens 'n gar nimmer kennt.

KARL VALENTIN Ja was is des?

LIESL KARLSTADT Da war er schwer krank, da hat er die ersten Zähn kriegt.

KARL VALENTIN Mei Gnädige hats vor vierzehn Tag kriegt.

LIESL KARLSTADT So spät erst? Ach Sie, de werd erst de ersten Zähn kriagt ham.

KARL VALENTIN Die dritten hats schon kriagt, weils ich selber gholt hab.

LIESL KARLSTADT Das ist ja ganz was andres – aber was moanas, was der Bua ausgstanden hat, Tag und Nacht hat er gschrien.

KARL VALENTIN Warum?

LIESL KARLSTADT Wega de Zähn.

KARL VALENTIN Hat er Angst ghabt, daß er koa kriegt?

LIESL KARLSTADT Naa, so weh hats eahm to, der hat ja gleich soviel Fieber ghabt.

KARL VALENTIN Ja was is des?

LIESL KARLSTADT Er hat mich selber so viel erbarmt. Zum Doktor hab ich ihn auch fahren müssen, weil er net amal mehr a Mehlmus vertragn hat können.

KARL VALENTIN Aber des hätt er scho beißen kenna.

LIESL KARLSTADT Bloß mehr an Haferschleim ham ma ihm gebn dürfen.

KARL VALENTIN Den mag mei Schimmel auch, das heißt an Schleim weniger, aber an Hafer.

LIESL KARLSTADT Ja, und dann hat er d'Fraisen noch dazuakriegt, da ist er ganz blau worn, und umanandaghaut hat er dabei mit de Händ und mit de Füß.

KARL VALENTIN Ja, das macht mein Schimmel auch, erst kurz hat er wieder d'Kehl ghabt – da war er vor acht Tag da hinten ganz offen.

LIESL KARLSTADT Und der Bub vor vier Wochen.

KARL VALENTIN Ja, Kinder kriegens meistens früher. Da hat ma gar net hinkommen dürfen – so ist er im Stall dringstanden – so ghört er nei, aber so war er dringstanden, und wia man angrührt hat, hat er ausghaut mit de Haxen. *Er schlägt mit dem Fuß den Wagen um.*

LIESL KARLSTADT Jessas Maria, mei Kind – ja Butzerl – wo ist er denn – sei nur grad stad, ich tu dir ja alles – hast dir weh weh to – Butzi, Butzi – geh, red halt, moanas, daß er sterbn muaß?

KARL VALENTIN Das sehns scho, ob er alt werd.

LIESL KARLSTADT Mein Gott, bin ich jetzt derschrocken, wenn das mei Gnädige wissen tat, ich trauet mir nimmer hoam. Glei derfst wieder in das Betterl nei. *Sie will den Kinderwagen aufheben, kanns aber nicht. Karl Valentin schaut, ohne zuzugreifen.* Geh, helfens halt a bisserl mit. *Sie legt das Kind in den Wagen, Valentin »hilft« – verwickelt sich mit dem Säbel ins Strickzeug – schneidet die Wolle ab – sticht mit dem Säbel in den Wagen – haut sich den Ellenbogen an und reißt den Wiesenteppich aus.*

Mein Gott, san Sie a Mannsbild, Sie arbeiten ja rum wie a

Narrischer. Das geht doch net. Auf so a kloans Kind muß ma doch Rücksicht nehmen.

KARL VALENTIN *schleicht am Wagen vorbei.* Malheur gehabt.

LIESL KARLSTADT Ja – jetzt werd ich schön langsam wieder heimfahren.

KARL VALENTIN Und ich werd mich schleunigst verduften.

LIESL KARLSTADT Sie san ja fein heraus – Sie dürfen jetzt bei dem schönen Wetter in d'Rosenau nuntergehen.

KARL VALENTIN Ja – hoffentlich find ich nunter. Also dann adje –

LIESL KARLSTADT Schad, daß S' schon genga – jetzt wars eigentli erst ganz lustig worn bei uns.

KARL VALENTIN Jawohl!

LIESL KARLSTADT Dann wünsch ich Ihnen halt recht viel Vergnügen, amüsierens Ihnen recht gut – und wenns recht kracht, dann denkens an mich.

KARL VALENTIN O bitte.

LIESL KARLSTADT Treffen Sie jemand?

KARL VALENTIN Nein – leider – höchstens meine Kompagniespezeln, und da hat jeder a Gschöpf dabei.

LIESL KARLSTADT Und Sie san ganz alloa?

KARL VALENTIN Ja mei.

LIESL KARLSTADT Bräuchtens halt aa a bißl a Ansprach. – Wissens, ich möcht ja furchtbar gern zum Feuerwerk gehn, weil ich noch nia oans gsehn hab.

KARL VALENTIN So, so...

LIESL KARLSTADT Natürlich hängt das von Ihnen ab – aufdrängen will ich mich nicht.

KARL VALENTIN Ja, ich auch nicht.

LIESL KARLSTADT Mitganga waar i ganz gern.

KARL VALENTIN Des moan ja ich. Gengas halt mit.

LIESL KARLSTADT Ists wahr, mögns? Des geht leider net, weil i's Kind dabei hab.

KARL VALENTIN Des könnens doch da stehn lassen.

LIESL KARLSTADT Was fallt denn Ihna ein, naa, naa, den fahr ich jetzt hoam, und Sie warten ma da auf der Bank.

KARL VALENTIN Mir wars gnua, des kenn i scho, mi versetzen, des is mir schon z'oft passiert.

LIESL KARLSTADT Naa, i versetz Eahna net, in zehn Minuten bin i wieder da, mein Ehrenwort.

KARL VALENTIN Naa, auf des laß i mi net ei, da geh i scho lieber mit.

LIESL KARLSTADT Sie könna doch net als Soldat mitn Kinderwagl mitlaufen, da müssens Eahna ja schama.

KARL VALENTIN Lieber schäm i mi, als wie daß i da zehn Minuten wart.

LIESL KARLSTADT Also, na gengas mit.

KARL VALENTIN Wo wohnt denn Eahna Herrschaft?

LIESL KARLSTADT Glei da vorn in der Ludwigstraße.

KARL VALENTIN In der Ludwigstraß? Des is guat.

LIESL KARLSTADT Warum?

KARL VALENTIN Ich hab an Freund – der hoaßt auch Ludwig.

LIESL KARLSTADT Also gengas mit und warten mir unten a paar Minuten, nur derfens Ihna net direkt vors Haustor hinstelln, sonst sieht uns wer. Vielleicht vis-à-vis in a Eckerl nei.

KARL VALENTIN Versteh schon – raffiniert halt.

LIESL KARLSTADT Dann, wann ich runterkomm, gehn wir gleich miteinander die Theresienstraße nunter, dann san ma so glei in der Schleißheimerstraß.

KARL VALENTIN Mir könna aa an kloan Umweg machen, durch den Englischen Garten, daweil wirds schön langsam dunkel, und zum Feuerwerk komma ma noch früh gnua. *Er nimmt sie um die Mitte, und beide gehen ab.*
Vorhang

Und zum
Feuerwerk ...

*Im Biergarten Zur Rosenau. Halblinks im Hintergrund das alt-
väterliche Gasthaus. Grobgehobelte Tische und Bänke ohne
Lehne sind über die ganze Bühnentiefe verteilt. Auch die große
Kiste mit den Feuerwerkskörpern kann man gut sehen. Im Vordergrund hängen Kastanienzweige mit weißen und roten Blüten-
kerzen in das Bühnenbild herein. Kreuz und quer sind Drähte
über die Bühne gespannt, woran schon einige Lampions hängen,
während die anderen von der Kellnerin und dem Hausknecht
nach und nach bei Beginn des Spieles aufgehängt werden.*

DIE GÄSTE *sind Soldaten in den bunten Uniformen der Zeit vor
1914, mit weißen Koppelriemen, gewaltigen geschwungenen Säbeln, schirmlosen Mützen, blitzenden Epauletten und bunten
Kragen. Sie haben Mädchen mit den langen engen, manchmal
geschlitzten Röcken und gewaltigen Pleureusen im gleichen Ju-
gendstilgeschmack bei sich.*

*Wenn sich der Vorhang öffnet, sieht man den Wirt und die
Kellnerin auf der Szene.*

DER WIRT Also los, schickts euch, Lampions aufhängen! An blau-
en, an roten, an grünen – habts denn gar koan Gschmack? Italienische Nacht – das Wort alloa sagt schon, daß ma net lauter
gleiche an oan Draht hinhängt.

EIN HAUSIERER *tritt auf* Zigarrn, Zigaretten, Virginia, Feuer-
zeig, Zigarren, Zigaretten gefällig! *Er geht an alle leeren Tische und dann monoton sprechend wieder ab.*

DER WIRT Anzapfen! Viere ists bald, habts d'Kerzn schon nei-
gsteckt? Die Tische müssen besser abgeputzt werden. *Man hört
anzapfen.*

EIN SOLDAT *mit Mädchen* Kellnerin, a Maß! *Er ißt von seiner
mitgebrachten Brotzeit.*

DIE KELLNERIN Prost.

DER WIRT Ah, grüaß Gott beianand, wia gehts, wia stehts, bleim
ma heut auch da beim Brillantfeuerwerk? Sehns, das is der
Herr Feuerwerker, der richt grad alles her und steckt alles
auf, fürs Brillantfeuerwerk mit bengalischer Beleuchtung – a
wunderbares Wetterl ham ma heut dada.

DER SOLDAT Aber nimmer lang, heut halts net aus.

DER WIRT Waar net übel – heut is doch ein herrlicher Tag.

DER SOLDAT Aber regnen tuts heut noch, des woaß ich gwiß,
denn wia ich heut mein Herrn sein Hund spaziern gführt hab,
da hat er a Gras gfressn, und wenn a Hund a Gras frißt, das
ist das sicherste Zeichen, daß 's auf d' Nacht no regnt.

DER WIRT Waar net übel, das waar so a Schlag für mich, das

Feuerwerk kostet mich dreihundert Mark. Da taat ichs na scho glei lieber nächsten Sonntag abhalten. Sie, Herr Feuerwerker, was moana denn Sie? Grad jetzt sagt mir der Herr Soldat, daß heut 's Wetter wahrscheinlich net aushalten tuat.

DER FEUERWERKER Aaah – papperlapapp – heute bei dem blauen, klaren Himmel kann es doch nicht regnen, wie kommen Sie denn auf so einen Unsinn?

DER WIRT Ja, also der Soldat hat nämlich einen Herrn, und der Herr hat heut a Gras gfressn – nein – der Hund hat an Herrn gfressn – nein – der Soldat hat an Hund gfressn – nein – an Hund hat er spazierngführt, und da hat der Hund a Gras gfressn, und er sagt, wenn a Hund a Gras frißt, dann regnts auf d'Nacht.

DER FEUERWERKER Das glaube ich kaum. Ich halte es für ausgeschlossen, daß es heute regnet. – Das heißt, gehört hab ich das allerdings auch schon oft, daß, wenn ein Hund ein Stück Gras frißt, daß es dann bestimmt regnet.

DER WIRT Gell, Sie hams auch schon ghört?

DER FEUERWERKER Das wäre natürlich furchtbar unangenehm, wenn im letzten Moment ein Regenwetter käme – ja, ich mache Ihnen den Vorschlag – wir verschieben das Feuerwerk auf nächsten Sonntag – ich bin allerdings mit meiner Arbeit schon fast fertig, aber wenn Sie wollen, dann nehme ich das ganze Feuerwerk wieder herunter.

DER WIRT Runter...

DER FEUERWERKER Pack Ihnen alles ein!

DER WIRT Ein...

DER FEUERWERKER Sie heben die Kiste gut auf!

DER WIRT Auf...

DER FEUERWERKER Und wir brennen das Feuerwerk am nächsten Sonntag ab.

DER WIRT Ab...

DER FEUERWERKER Ich will Ihnen natürlich nichts dreinreden, aber es wäre ewig schade, wenns alles verregnen würde. Ihre schönen Ballone werden naß – das packen wir alles ein, und Sie heben die Kiste gut auf.

DER WIRT Ja, des stelln ma dann in d' Küch nei.

DER FEUERWERKER Um Gottes willen – nur nicht in die Küche, zum Ofen, das sind alles Explosivkörper – die Kiste stelln Sie am besten untern Eiskasten.

DER WIRT Naa, naa, de Raketn schaun so ähnlich aus wie d' Würscht, und mei Alte, des Rindviech, verwechselts und legts in d' Pfanna nei und – bumm!!

DER FEUERWERKER Naa, so dumm wird Ihre Frau Gemahlin
doch net sein.

DER WIRT Wally, teats de Ballon wieder runter, ich trau dem
Wetter nicht recht, wir halten das Feuerwerk nächsten Sonntag ab. *Alles wird abgenommen und eingepackt.*

Brillantfeuerwerk

DER FEUERWERKER Ich packe gern alles ein, wegen der Arbeit ist es mir nicht, denn nächsten Sonntag haben wir dann die Garantie, daß es schön Wetter wird. *Der Wirt läuft immer an der Kiste herum.*

DER FEUERWERKER Sie, mit Ihrer brennenden Zigarre, kommen Sie mir ja nicht zu nahe an die Kiste. *Ein anderer Soldat setzt sich und bestellt sich ein Bier.*

DER WIRT Grüaß Gott beinand, wie gehts, wie stehts, heut hätt ma a wunderbares Brillantfeuerwerk ghabt, auf d'Nacht, aber ich trau mir leider nicht, weils Wetter nicht aushalt dada.

DER ANDERE SOLDAT Wer sagt denn das?

DER WIRT Der Ding sagts – dem sei Hund hat a Gras gfressn, und da sagt er, regnts auf d'Nacht bestimmt noch.

DER ANDERE SOLDAT Ah, Schmarrn – heut halts aus! Schauns, mir ham an Laubfrosch dahoam, und der sitzt schon seit acht Tagen ganz z'höchst oben auf der Leiter drobn, und das ist das sicherste Zeichen, daß schön Wetter bleibt.

DER WIRT Ja, ghört hab ich das schon oft, sapprament!

DER FEUERWERKER So, Herr Wirt, jetzt bin i fertig – also nächsten Sonntag komm ich wieder – vielleicht um dieselbe Zeit wie heute, und da brennen wir unser Feuerwerk ab. – Auf Wiedersehn.
Er will gehen.

DER WIRT Jaaaa – Herr Feuerwerker, könnt ich Sie noch einen Moment sprechen?

DER FEUERWERKER Gewiß. Haben Sie mir noch was zu sagen, haben Sie noch einen Wunsch?

DER WIRT Jetzt sagt mir grad der Soldat, eben im Moment, daß heut auf d'Nacht doch schön Wetter bleibt.

DER FEUERWERKER Ja was ist das!

DER WIRT Er sagt, er hat einen Laubfrosch, und der sitzt in an Glasl drin, ganz hoch auf der Leiter drobn, und das, sagt er, ist das sicherste Zeichen, daß schön Wetter bleibt.

DER FEUERWERKER Lassen Sie sich doch net beeinflussen, Herr Wirt.

DER WIRT Ja, das ist eben ein Fehler von mir.

DER FEUERWERKER Ich meine, das ist doch ein Ding der Unmöglichkeit, daß an ein und demselben Tag ein Hund Gras frißt und ein Laubfrosch oben auf der Leiter sitzt.

DER WIRT Ja – das ist mir das Auffällige.

DER FEUERWERKER Kein Mensch kanns vorher sagen, wie das Wetter wird.

DER WIRT Ja, weils eben kein Mensch sagen kann, drum braucht man eben diese Viecher.

DER FEUERWERKER Gehört hab ich das auch schon, daß der Laubfrosch der sicherste Wetterprophet sein soll – das lernt man doch schon in der Schule. Ich glaube selbst schon bald, daß der Laubfrosch recht hat – denn ich will Ihnen was sagen – warum hat der Hund ein Gras gfressen?

DER WIRT Das woaß i net.

DER FEUERWERKER Ganz einfach – weil er Hunger ghabt hat. Hätt der Soldat seinem Hund eine Wurscht gegeben, dann hätte derselbe nie Gras gefressen.

DER WIRT Natürlich – ja – wenn a Hund a Wurscht frißt, dann wirds ja net schlecht Wetter.

DER FEUERWERKER Wissen Sie was – wir brennen das Feuerwerk doch heute abend ab – ich packe Ihnen wieder alles aus, und Sie hängen Ihre Lampions wieder auf.

DER WIRT Wally – Hausl* – hängts d' Lampions wieder nauf; das Feuerwerk findet heute statt. *Beide hängen die Lampions wieder auf.*

DER FEUERWERKER Es ist wirklich besser, wenn wir das Feuerwerk heute abbrennen, wer weiß, wie nächsten Sonntag das Wetter wird – da kann es vielleicht noch viel mehr regnen wie heute.

DER WIRT Ja, regnts denn heut?

DER FEUERWERKER Das weiß ich nicht – aber gehn Sie mir bitte mit Ihrer brennenden Zigarre weg!
Er packt wieder alles aus.

DER DRITTE SOLDAT *tritt auf.* I möcht drei Quartl und an saubern Teller! *Er schneidet einen mitgebrachten Rettich auf.*

DER WIRT Aaa, san ma heut auch komma zum Brillantfeuerwerk?

DER DRITTE SOLDAT Was ist heut? A Brillantfeuerwerk? Wann?

DER WIRT Wenns finster is, weil mas beim Tag net sicht – sehns, jetzt richtets der Feuerwerker scho her – das wird kein gewöhnliches Feuerwerk, sondern ein Brillantfeuerwerk, mit Raketen und Speibteufeln. Wenn de da naufsausn ...!

DER DRITTE SOLDAT Das wirds Eahna schön dawaschn, denn daß's heut auf d' Nacht noch regnt, da wett ich meinen Kopf.

DER WIRT Waar net übi, heut is doch ein herrlicher Tag.

DER DRITTE SOLDAT Aber regna tuats heut no, denn wia i heut in da Früah meine Roß putzt hab, san d' Fliagn so am Stallfenster umanandagsummt, und wenn d' Fliagn so am Stallfenster

* *Hausdiener* (A. d. H.)

umanandasumma, ssssssss, das is das sicherste Zeichen, daß's auf d' Nacht regnet.

DER WIRT Jetzt kenn i mi gar nimma aus. *Er geht weg und sagt für sich* Der Hund frißt a Gras, der Laubfrosch sitzt am Stangerl droben, und d' Fliagn san bös, ja was is des. Sie, Herr Feuerwerker, gengas amal her!

DER FEUERWERKER Und was ist los, Herr Wirt?

DER WIRT Jetzt sagt mir der Schwere Reiter grad, daß, wenn d' Fliagn am Fenster umanandasumma, daß da bestimmt an dem Tag auf d' Nacht no regnt.

DER FEUERWERKER Das ist doch schrecklich mit Ihnen, jetzt hätte alles schön geklappt, jetzt lassen Sie sich wieder beeinflussen. Ich kann Sie gar nicht verstehen – von jedem Deppen lassen Sie sich was erzählen.

DER DRITTE SOLDAT Was Depp – ich gib Eahna nacha gleich an Deppen ...

DER FEUERWERKER Beruhigen Sie sich doch – Sie sind doch gar nicht gemeint damit, ich meine doch Sie, Herr Wirt.

DER WIRT Mich hat er gmeint!

DER FEUERWERKER Auch mit Recht, weil Sie nie wissen, was Sie wollen. Denn wegen dem seine drei oder vier Fliegen, die da am Fenster ...

DER WIRT Ah – drei oder vier – wieviel warns?

DER DRITTE SOLDAT A ganzer Haufen, a paar Hundert.

DER WIRT Na also – a paar Hundert Fliagn san mir doch maßgebender als wia dem sein einzelner saudummer Laubfrosch.

DER FEUERWERKER Ja ... gehört habe ich das allerdings auch schon. – Es wäre natürlich sehr unangenehm, wenns im letzten Moment alles verregnen würde. Ich will Ihnen aber in keiner Weise dreinreden – aber wie gesagt, wenn Sie sich nicht traun, dann ist es besser, wir verschieben das Feuerwerk. Denn stelln Sie sich vor, wenn im letzten Moment ein Wetter kommt; alle Gäste laufen weg, alles wird naß ...

DER WIRT Ja, mei Bier ...

DER FEUERWERKER Ach, das Bier kann ja naß werden.

DER WIRT Nein, überbleiben tut es mir.

DER FEUERWERKER Na ja, das wäre nicht so schlimm, Sie können Ihr übriggebliebenes Bier selber trinken, aber ich kann mein Feuerwerk nicht fressen. Ich packe Ihnen alles wieder ein.

DER WIRT Wally – Hausl – das Feuerwerk findet heute nicht statt, ich trau mir net; jetzt wieder alles einpacken – wartens, ich hilf a bisserl.

DER FEUERWERKER Jetzt sind Sie schon wieder da mit der Zigarre, wie oft muß ichs denn noch sagen?

DER WIRT *läßt die Zigarre fallen.* Sie, Herr Feuerwerker, mei brennende Zigarre ist in die Kiste gefallen.

DER FEUERWERKER Wo, hier – um Gottes willen! *Er macht den Deckel zu, man hört eine ziemliche Explosion. Der Wirt ist zitternd auf einen Tisch hinaufgestiegen.*

DER FEUERWERKER Jetzt hat man die Bescherung! Das war ja ein Leichtsinn sondergleichen – dreimal hab ich Sie gewarnt.

DER WIRT Und einmal ists bloß explodiert.

DER FEUERWERKER Das ist noch gut abgelaufen, die Kiste hätte in die Luft fliegen können – da schaun Sie her, was Sie angestellt haben. Jetzt gehn Sie mir aber nicht mehr her. Jetzt ham ma den Salat.

DER VIERTE SOLDAT *tritt auf.* Herrgott, ham ma heut a schöns Wetter. Grad a Freud is, weil Sonntag is! Ists erlaubt? *Er setzt sich.*

DER WIRT Grüß Gott.

DER FEUERWERKER Halt! Machen Sie, daß Sie wegkommen, Sie reden ja doch bloß wieder vom Wetter, was anderes wissen Sie nicht, sonst gehts wieder an! *Er zieht den Wirt weg.*

DER VIERTE SOLDAT Herrgott, ham ma heut a schöns Wetter, grad a Freud is – jetzt bleibts mindestens vierzehn Tag so schön. – Da gfreut einem der Ausgang nochmal so, wenns gar so schön Wetter is, so solln alle Sonntage sein, und d' Schwalberln fliagn ganz hoch und zwitschern – und der Rauch steigt kerzengrad in d' Höh – da kanns überhaupt net regna, dann muaß ja schö Wetter bleibn.

DER WIRT *hat aufmerksam zugehört und schreit* Herr Feuerwerker ...

DER FEUERWERKER Weiß schon, weiß schon, Ballons aufhängen, Feuerwerk auspacken, das is ja zum Verrücktwerden. Jetzt wird es mir zu dumm, einmal heißt es auspacken, dann wieder einpacken, ich mache nicht mehr mit. Zum letztenmal pack ichs Ihnen jetzt wieder aus, aber dabei muß es nun bleiben.

DER WIRT Da wird nichts mehr gredt – Herr bin i! Das Feuerwerk findet heute unter allen Umständen statt.

DER FEUERWERKER Ich glaub Ihnen nicht mehr, braucht bloß wieder jemand sagen, es regnet, dann sprechen Sie wieder anders.

DER WIRT Was? – Oana soll mir heut noch kommen und bloß das Wort »Regen« sagen, den hau i mit mein Bratschlegl nieder wie an Stier ... *Er haut mit einem Holzschlegel auf den Tisch. Karl Valentin kommt mit Liesl Karlstadt herein.*

DER VIERTE SOLDAT Grüß Gott, Fräulein.

LIESL KARLSTADT Grüß Gott.

KARL VALENTIN Servus, Kamerad! *Beide setzen sich zum vierten Soldaten.*

DIE KELLNERIN Was is?

KARL VALENTIN Sonntag is.

DIE KELLNERIN Naa, was kriagn ma – a Maß oder a Halbe?

KARL VALENTIN Was magst denn?

LIESL KARLSTADT Entweder a Maß oder a Halbe, das is ja gleich.

KARL VALENTIN Das is gleich.

DIE KELLNERIN Ja ... was soll i nacha bringa?

KARL VALENTIN Bringens zwoa Halbe in oan Maßkrug!

DIE KELLNERIN Das is ja a Maß – also, na bring ich a Maß.

KARL VALENTIN Ja.

LIESL KARLSTADT Naa – des is ja zvui, i mag überhaupt koa Bier – i mag höchstens a Schluckerl.

KARL VALENTIN Also, na bringens a Maß und a Schluckerl. *Die Kellnerin geht ab. Karl Valentin bricht eine Brezen auseinander.* Der Bäcker lebt aa nimmer, der wo de Brezn gebacken hat.

DIE KELLNERIN *bringt eine Maß und eine Halbe.* Gsundheit!

LIESL KARLSTADT Jetzt hats doch zvui bracht, so vui Geld hättst net ausgebn braucha.

KARL VALENTIN Für di is mir nix zvui. Trink nur.

LIESL KARLSTADT Bittschön! *Sie trinkt eine ganze Halbe aus.*

KARL VALENTIN *gibt das Glas der Kellnerin.* No a Schluckerl – da, trink derweil da, bis des andere kummt.

LIESL KARLSTADT Naa – dankschön. Also i hab jetzt Durst ghabt!

KARL VALENTIN Des ham ma scho gsehng. *Die Kellnerin bringt neues Bier.* 's nächst Mal bringens mir aber an Decklkrug.

DIE KELLNERIN Warum jetzt an Deckelkrug?

KARL VALENTIN Weil da allweil da Dreck so neifallt.

DIE KELLNERIN In der Rosenau gibts koan Deckel.

KARL VALENTIN Aber an Dreck.

LIESL KARLSTADT Mir braucha doch koan Deckel, i mag sogar die Gläser ohne Deckel viel lieber. Da braucht ma net lang an Deckl aufmacha, da kann man schnella trinka.

KARL VALENTIN Ja ja ...

LIESL KARLSTADT Ja ... und de Arbeit mit der Putzerei, so an

Deckl muaßt mit Zinnkraut putzen, da kannst glei zehn Minuten hinfummeln, bis er sauber is.

KARL VALENTIN Du brauchstn do net putzn!

LIESL KARLSTADT Jaa. – Du aa net!

KARL VALENTIN Arbeitn möchts nichts, faule Luada seids, denk an das Sprichwort, des ma scho in der Schul gelernt ham: Sich segen bringt Regen.

DER WIRT Regen? – Dir gib i glei an Regen! *Er haut ihm den Schlegel auf den Kopf – ein Tumult bricht aus. Alle springen auf, halten den Wirt und schimpfen wüst durcheinander.*

DER VIERTE SOLDAT Da braucht ma oan doch net glei an Schlegel aufs Dach naufhaun!

DER WIRT Dir hab ichn net naufghaut, also bist staad. Da woaß ma ja gar nimmer, wo man die Nerven hernehmen soll. *Zu Karl Valentin* Herr Nachbar, werdens schon entschuldigen, i hab nimmer gwußt, was i tua, sans ma halt net bös, wenn i Eahna den Schlegl naufghaut hab.

KARL VALENTIN Was hams?

DER WIRT An Schlegl hab i Eahna naufghaut.

KARL VALENTIN Wem?

DER WIRT Ihnen!

KARL VALENTIN Wann? Heut?

DER WIRT Jetzt grad im Moment.

KARL VALENTIN Mir?

DER WIRT Freilich. Ihnen doch – oder soll ich mirn selbst naufghaut ham?

LIESL KARLSTADT Ja was hast denn du für an Kopf? Hast du des net gspürt?

KARL VALENTIN Naa – i hab ja a Kappe aufghabt.

DER WIRT Des müassns halts nächste Mal aba tua, bei solcher Gelegenheit, sonst spürn Sie ewig nix, oder net so saudumm daher redn und sagen vom Regen, wo i a schöns Wetter brauch, weil i heut a Feuerwerk abbrenna will.

LIESL KARLSTADT Ja, Sie, wann is denn des Feuerwerk?

DER WIRT Jetzt na, wenns finster wird.

LIESL KARLSTADT Jetzt is aber no lang net finster.

DER WIRT Drum wirds aa jetzt no net abbrennt.

KARL VALENTIN Wenns aber heut net finster wird?

DER WIRT Des is mir wurscht, obs finster wird oder net, abbrennt wirds auf alle Fälle.

KARL VALENTIN Na kannsts aa jetzt abbrenna, jetzt is ja no net finster.

DER WIRT Jetzt is do no hell, dunkler muß es auf alle Fälle werden.

LIESL KARLSTADT Ja, Sie ... was tatens denn da, wenns heut ausnahmsweis net finster werden tat?

DER WIRT Geh, redens doch net so saudumm daher, finster werds do alle Tag auf d'Nacht.

KARL VALENTIN Wenns alle Tag finster werd, dann kannt ma ja alle Tag a Feuerwerk abbrennen.

DER WIRT Freili kannt ma das, aber wenn ma alle Tag a Feuerwerk abbrenna tat, dann is ja a Feuerwerk was ganz Alltäglichs – das hätt ja gar kein Sinn.

KARL VALENTIN Na hätt ja des aa kein Sinn, wenns alle Tag dunkel werd.

...komma noch früh gnua

DER WIRT Das hat eben schon an Sinn, denn wenns auf der Welt gar niemals mehr dunkel werden tat, dann könnt ma gar nia a Feuerwerk abbrenna.

KARL VALENTIN Warum net? Es hoaßt doch: Alles kann man, wenn man will!

DER WIRT Natürlich kann ma... jetzt woaß i nimmer, was i sagn soll...

LIESL KARLSTADT Ja, Sie, wenns aber dunkel is und Sie zünden Ihr Feuerwerk net an, dann kann mas ja auch net sehn?

DER WIRT Das is doch klar, daß ma im Finstern net sieht.

KARL VALENTIN A Feuerwerk aa net?

DER WIRT Jo! Grad a Feuerwerk sieht ma im Finstern besser.

LIESL KARLSTADT Auch wenns net ozundn is?

DER WIRT Jessas, jessas, die bringa mich direkt zur Verzweiflung. – Jetzt laßts mir mei Ruah und wartets halt, bis finster is.

KARL VALENTIN Ja... wir können doch net bis morgen in der Früh da warten, bis des Feuerwerk da angeht.

DER WIRT Bis morgen in der Früh? Da is ja schon z'spät, da wirds ja scho wieder hell.

LIESL KARLSTADT Ja, Sie, aber wenn...

DER WIRT Jetzt laßts mir mei Ruah – steigts ma an Buckl nauf.

KARL VALENTIN Ja. Des is a guate Idee, von Eahnan Buckl aus seh ichs Feuerwerk viel besser.

LIESL KARLSTADT Sag nix mehr zu eahm – jetzt stinkt er ihm.

DER VIERTE SOLDAT Geh weiter, Musi, sing ma oans, bis 's Feuerwerk ogeht. *Die Kellnerin bringt eine Ziehharmonika – Karl Valentin spielt.*

ALLE *singen*

> Des Morgens um halbe viere
> Ertönet der Trompetenschall,
> Da heißt es, auf, ihr Kürassiere,
> Und marsch hinunter in den Stall.
> Und putzt das Rößlein sauber ab,
> Und putzt das Rößlein sauber ab,
> Woran ich meine, woran ich meine,
> Woran ich meine Freude hab.
>
> Am Sonntag gehn wir promenieren,
> Hinunter in die Rosenau,
> Da kann ma sich gut amüsieren,
> Da gibt es oft an Mordsradau.
> Da haust halt oan a paar herab,

Da haust halt oan a paar herab,
Woran ich meine, woran ich meine,
Woran ich meine Freude hab.

Während des Singens ist die Dämmerung eingefallen.

KARL VALENTIN Ja, was is jetzt mit dem Feuerwerk?

DER FEUERWERKER So, meine Herrschaften, jetzt kanns losgehn – jetzt bin ich soweit! *Alle gehen nach hinten zum Zaun, Karl Valentin und Liesl Karlstadt kommen nach vorn an die Rampe.*

LIESL KARLSTADT Jetzt werds glei scheppern, da hinten.

DER WIRT Was is denn mit euch zwei, was stellts euch denn da her?

KARL VALENTIN Ja, 's Feuerwerk möchtn mir anschaun.

DER WIRT Des is doch dahinten, sehgts denn net, wo die andern Leut stehn?

BEIDE Aso! *Sie gehen gleichfalls nach hinten.*

LIESL KARLSTADT Is scho anganga?

ALLE Naa, wir wartn aa scho drauf.

DER FEUERWERKER Einen Moment, Herr Wirt, jetzt kann ichs nicht abbrennen, ich kann nicht anfangen, weil ich kein Zündholz hab.

DER WIRT Jessas, Jessas, jetzt hat der wieder koa Zündholz, des is doch blöd, des is grad so dumm, als wenn a Kaminkehrer koan Kamin dabei hat.

DER FEUERWERKER Das kann doch einmal vorkommen.

DER WIRT Das derfat net vorkommen, Sie san a trauriger Feuerwerker – hat denn niemand a Feuer?

KARL VALENTIN Ja, in der Kuchl, da is Feuer gnua, brennts es halt in der Kuchl ab!

DER FEUERWERKER In der Kuchel kann man doch kein Feuerwerk abbrennen.

DER WIRT Reds koan Schmarrn, und gebts ihm Streichhölzer.

DER DRITTE SOLDAT Da! *Der Feuerwerker stürzt hinaus.*

ALLE Wann gehts denn amal an? – Wann werds denn abbrennt?

DER FEUERWERKER *läuft wieder auf die Szene, alles fragt, er bahnt sich den Weg durch die Leute.* Herr Wirt, tut mir leid, aber ich kann das Feuerwerk noch nicht abbrennen.

DER WIRT Warum denn? Was ist denn scho wieder?

DER FEUERWERKER Es ist noch viel zu hell –

DER WIRT Jetzt machens mi aber bald narrisch, jetzt habns a schöns Wetter, habens Streichhölzer. Jetzt is Eahna auf einmal wieder z'hell – teans nur mir net traun ...

ALLE *lachen und schimpfen durcheinander* Das ist ja a Schwindel, so a Bamberlfeuerwerk, der alte Tritschler... *Sie setzen sich wieder an die Tische.*

DER FEUERWERKER Ich verbitte mir das, ich als Fachmann muß doch wissen, wenn ich ein Feuerwerk abbrennen kann. Jetzt is doch noch hellichter Tag, und ich brauche eine tiefdunkle Nacht.

KARL VALENTIN Brennen Sies doch im Keller ab – da is dunkel.

DER FEUERWERKER Im Keller – Unsinn. Haben Sie schon mal im Keller drunt ein Feuerwerk gsehn?

KARL VALENTIN Ich schon. Im Augustinerkeller war schon oft a Feuerwerk.

DER FEUERWERKER Ja, im Augustinerkeller, aber net im Augustinerkeller-Keller, drum, ich brauch eine stockdunkle rabenschwarze Nacht.

KARL VALENTIN Jetzt ists aber schon ziemlich dunkel. *Er trinkt vom Bier.*

DER FEUERWERKER Das nützt mir gar nichts. Ich kann mein Feuerwerk nicht »ziemlich« abbrennen, ich muß es ganz abbrennen.

LIESL KARLSTADT Jetzt braucht ma halt an Barometer, daß ma wissen taten, wie dunkel es ist.
Karl Valentin spuckt das Bier aus und lacht.

LIESL KARLSTADT Da brauchst net so gschwolln lacha, wenn i was sag.

KARL VALENTIN Du Rindvieh – du moanst ja an Thermometer.

LIESL KARLSTADT Du kannst ja glei sagn: an Kilometer.

DER WIRT Oder gleich an Manometer, zum Dummheit messen.

DER FEUERWERKER Das nützt mich alles nichts, ich brauch eine totale rabenschwarze Nacht.

DER WIRT Ich weiß schon – eine rapide Finsternis.

KARL VALENTIN Zu was »Fensterkiss«?

LIESL KARLSTADT A Finsternis, hat er gsagt – a Dunkelnis. *Jetzt wird es plötzlich ganz schnell dunkel.*

DER FEUERWERKER So, jetzt können wir anfangen.

LIESL KARLSTADT Im Dunkeln tuts Feuerwerk funkeln!
Man hört, wie sich im Dunkeln des hinteren Gartens die Paare küssen – es folgt ein Schuß, dann wird es für wenige Sekunden wieder hell.

DER WIRT *sieht die küssenden Paare und ruft* Ah, is des das Feuerwerk?
Und nun ist die Vorstellung auch schon im vollen Gange. Sie

*beginnt mit einem Feuerrad, dann folgen Christbaumkugeln,
die Bühnenscheinwerfer blitzen ab und zu auf, es regnet rote
und grüne bengalische Zündhölzer, Rauchkerzen duften, es
knallt erheblich. Alle Gäste im Biergarten der Rosenau begleiten das Schauspiel mit anerkennenden Zurufen:* »Aaaah« *und*
»Ooooh« *und* »Da schau her!« *Zum Schluß klatschen alle.
Man hört* »Bravo« *rufen, und alle verlassen die Bühne, während die Lampions aufflammen und die Gartenbeleuchtung
angezündet wird.*

KARL VALENTIN *und* LIESL KARLSTADT *schauen dem verlöschen-
den Feuerwerk nach.* Gute Nacht, schön wars.

DER WIRT Halloh! Was is denn mit euch zwoa? Auf was wartets
denn noch?

KARL VALENTIN Wann is denn das Feuerwerk aus?

DER WIRT Jessas, Jessas, des sehgts doch, daß schon aus ist, sonst
tats doch noch was sehgn.

LIESL KARLSTADT Aber schön war das Feuerwerk!

KARL VALENTIN Und kracht hats oft!

LIESL KARLSTADT Aber stinken tut so ein Feuerwerk!

KARL VALENTIN Ja, ja, es riecht nicht alles gut, was kracht.

DER WIRT Gute Nacht. – Machts, daß weiter kommts.

KARL VALENTIN Hoffentlich finden ma hoam, weils so finster is.

DER WIRT Da habts an Lampion – den schenk i euch! *Beide
raufen um den Lampion und zerreißen ihn dabei.*

LIESL KARLSTADT Jetzt hastn zrissen – schad.
Karl Valentin will ihn einstecken.

LIESL KARLSTADT Da brennst di ja.

DER WIRT Der brennt net vor Dummheit. – Gute Nacht.

LIESL KARLSTADT Sie, wann habens denn wieder amal so a schöns
Feuerwerk?

DER WIRT Nächsten Sonntag.

KARL VALENTIN Da gehn ma wieder runter – den Sonntag, der
jetzt kommt?

DER WIRT Jawohl.

KARL VALENTIN Ja ... wenns aber nächsten Sonntag regnet?

DER WIRT Jetzt leckts mi am A ...
Vorhang

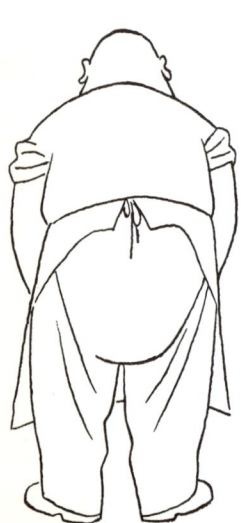

Ein kleines altmodisches Photoatelier. Verschiebbare Wolken
hängen herum. Eine seitliche Tür führt zur Dunkelkammer. Ge-
malte Hintergründe für photographische Aufnahmen mit allen
möglichen Landschaften stehen herum.

Der Meister trägt weichen Hut und Samtjoppe und ein Bärt-
chen. Karl Valentin spielt den Gehilfen Heinrich, Liesl Karl-
stadt den Lehrling Alfons.

MEISTER *steht allein auf der Bühne und betrachtet eine Photo-*
platte, ruft Heinrich, komm heraus, was ist mit dieser Platte
wieder los?

HEINRICH *kommt, nimmt die Platte, betrachtet sie.* Die ist nicht
ganz entwickelt, die hat der Fonse ausgewickelt – ah, entwik-
kelt.

MEISTER Fonse, da komm raus!

ALFONS Ha, was is denn?

MEISTER Was ist mit dieser Platte?

ALFONS Des geht ja mich nix an, des is ja net mei Arbeit. *Zu*
Heinrich Des hast ja du gmacht.

MEISTER Na, einer von euch zwei muß sie doch gemacht haben!

HEINRICH Naa, oaner von uns drei hats gmacht.

ALFONS Ah, des is ja de – de ham ma ja mitanander entwickelt.
Da wars ganz schön, aber der spielt immer mit der Platten so
– *wirft sie in die Höhe* – na is heut mittag in Kartoffelsalat
neigfalln.

MEISTER Also nicht lange reden, die Platte muß nochmal gemacht werden.

HEINRICH Ja, ob uns der halt nochmal hergeht, des glaub i
kaum.

ALFONS Des glaub i aa net, der war bei der Aufnahme schon so
ekelhaft.

HEINRICH Ah, des is ja der Herr Ding, der braucht nimma kemma, den photographier i auswendig.

MEISTER Da muß eben hingeschrieben werden, dann kommt er
schon. Also und daß ihr wißt, ich fahre nun auf zwei Tage
weg, habe eine geschäftliche Angelegenheit zu erledigen, und
in zwei Tagen bin ich wieder zurück.

HEINRICH Auf Wiedersehen!

MEISTER Daß ihr mir gut aufpaßt, wenn ich nicht da bin, ich
hoffe, daß ich mich auf euch verlassen kann. Das Material
wißt ihr ja, es ist alles draußen in der Dunkelkammer, und
seid vorsichtig mit dem Sublimat.

ALFONS Ja, des hat der scho amal gsuffa statt Limonad.

HEINRICH Hat mir aber gar nix gmacht.

MEISTER Ja, Unkraut verdirbt nicht.

HEINRICH Oder solln wir die zwei Tage nicht lieber zusperrn?

MEISTER Das tät euch so passen, für was seid ihr denn da?

ALFONS Da san mir ja nimma da, wenn ma zusperrn.

MEISTER Wenn jemand kommt, dann habt ihr die Aufnahme zu machen.

HEINRICH Mir könna ja gar koane Aufnahmen machen, Sie habn uns ja nia was machen lassen, mir ham ja bloß allweil mit dem Schachterl da entwickeln könna.

MEISTER Aber gesehn habt ihrs doch von mir, ihr seid ja lange genug da, ihr habt doch immer zugeschaut!

ALFONS Ja, da ham mir aber nia Obacht gebn.

HEINRICH Ja, wenn aber recht viel Leut komma zum Photographieren?

ALFONS Zu uns kommt doch niemand!

MEISTER Warum soll da niemand kommen?

ALFONS Das müßt a Zufall sein.

HEINRICH Wenn aber a ganzer Gesangverein kommt, solln ma den aa aufnehmen?

MEISTER Natürlich!

ALFONS Na, er moant ja, wenn gleich recht viel kommen – a paar Tausend gleich –

MEISTER Ach, ein paar Tausend kommen nie!

HEINRICH Na – er meint ja nur, wenns komma taten.

MEISTER Na, wir haben doch schon oft Gruppenbilder gemacht, ihr müßt einfach die Kundschaft anständig bedienen, schöne Posen stellen, damit es auch schöne Aufnahmen werden. Und dann noch was: Daß ihr mir ja nicht raucht! Also, ich gehe jetzt, in zwei Tagen bin ich wieder zurück.

HEINRICH Auf Wiedersehen!

MEISTER Pressierts Ihnen so?

ALFONS Der is manchmal gelungen.

MEISTER Ja, dir fehlt auch schon nichts. Also, daß mir alles klappt. Auf Wiedersehen.

ALFONS Ich mach schon zu, bitte. *Meister ab.* Jetzt hörn mir aber glei 's Arbeiten auf – was tea ma jetzt?

HEINRICH Nix mehr – deck ma glei d' Arbeit zu, daß mas nimma sehn. Jetzt mach ma zwoa Tag Urlaub. Anrührn tea ma nix mehr – *zündet sich eine Zigarette an und setzt sich auf den Stuhl* – so, aufmachn tea ma von jetzt an überhaupt nimmer, bis er kommt, d' Hausmoasterin war heut scho da,

und sonst kommt ja neamand. Der Briefträger wirft sei Sach
ins Briefkastl nei. Und du gehst nunter und laßt dir an Gram-
maphon leihen, und Lampions häng ma auf, dann mach ma
a italienische Nacht. Und i telephonier meiner Henna!

ALFONS Und wenn sich wer photographieren lassen will, de solln
einfach zu an andern Photographen gehn. *Es läutet.*

ALFONS Soll i aufmachen?

HEINRICH Net aufmacha! *Es läutet.* Wer wirds denn sein? *Es
klopft.*

HEINRICH Also, ausgschamte Leut gibts!

MEISTER *von außen* Heinrich – Alfons, warum macht ihr nicht
auf?

ALFONS Ui, der Alt. *Macht schnell auf.*

MEISTER Ja, was ist denn das? Habt ihr denn das Läuten nicht
gehört?

HEINRICH Wann – heut?

MEISTER Ja, jetzt im Moment.

ALFONS Naa – mir habn nix ghört, gar nix.

MEISTER So – und ich hab sechsmal hintereinander geläutet.

ALFONS Naa – dreimal wars bloß.

MEISTER Haha, da kommt ihr wieder auf. *Heinrich winkt wegen
dem Tischtuch.* Was soll denn das bedeuten?

ALFONS Zudeckt hab ichs, weil wie Sie nausgangen sind, ist auf
amal so a Wind gangen, hätt bald alles nuntergweht.

MEISTER Was, a Wind?

ALFONS A Sturm wars eigentlich.

MEISTER So, auf einmal geht da herin ein Wind.

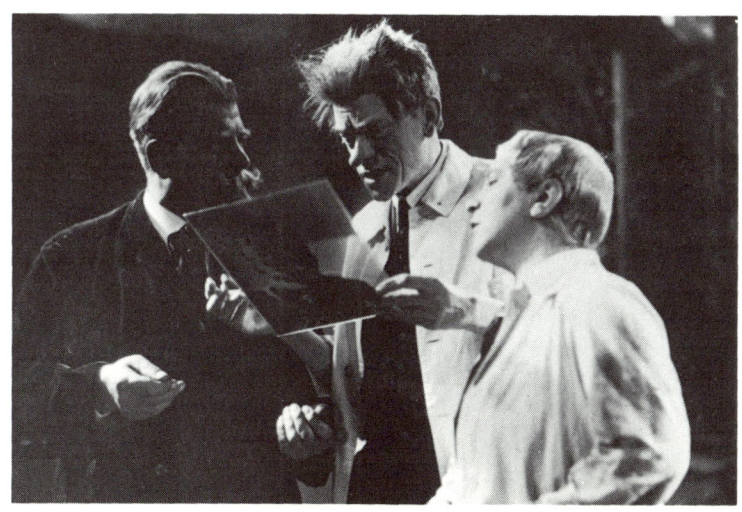

*Was ist mit dieser
Platte?*

ALFONS Ja, wir warn selber ganz baff. *Er schneidet die Zigarette ab, die Heinrich hinter dem Rücken verborgen hält. Der Stummel fällt auf den Boden und raucht weiter.*

MEISTER Was ist denn das? Da schau mal her?

ALFONS Wo?

MEISTER Da – was ist das?

ALFONS Ui, was is denn des?

HEINRICH A Glühwürmchen!

ALFONS Ja, pfeilgrad!

MEISTER Das raucht ja!

ALFONS Dann is a Rauchwürmchen.

MEISTER Wie kommt die Zigarette da her?

ALFONS Die Buben tuns immer zum Fenster reinwerfen, Schneeballn, Stoana.

MEISTER Wo ist da ein Fenster?

ALFONS Wer hat denn das Fenster zugmauert?

HEINRICH Aber in unserem früheren Atelier war a Fenster.

MEISTER Das kann ja recht nett werden, die zwei Tage!

ALFONS Na, wenn wir gwußt hätten, daß 's Sie wärn, hätten mir glei aufgmacht. *Heinrich gibt ihm einen Wurf.*＊

MEISTER So, und wenn es eine Kundschaft gewesen wäre?

HEINRICH Es war ja koa Kundschaft, des warn ja Sie.

MEISTER Wenns aber eine gewesen wäre?

HEINRICH Es war doch koane.

MEISTER Na, es ist gut, daß ichs weiß, zufälligerweise mußte ich noch einmal zurück, weil ich meine Brieftasche vergessen habe.

HEINRICH In der Dunkelkammer liegts drin.

ALFONS Ja, sieben Mark fünfzig Pfennig san drin.

MEISTER So, habt ihr da auch schon wieder hineingeschaut?

HEINRICH Ich weniger oft, aber er.

ALFONS Ja, weil ich gmeint hab, daß 's mei Brieftaschn is, aber er hat mir erst hernach gsagt, daß i gar koane hab.

MEISTER Da ist einer wie der andere. *Geht zur Dunkelkammer – schaut sich plötzlich um. Heinrich macht ihm ein Gesicht nach.* Was war denn das jetzt?

HEINRICH Ich kann mich nicht mehr erinnern. *Der Meister geht in die Dunkelkammer.*

ALFONS *leise* Sei Brieftaschn hat er vergessn.

MEISTER Also, jetzt geh ich, ich sage euch, daß ihr mir sofort aufmacht, wenn es läutet, das Geringste wenn ich hören muß, wenn ich zurückkomme, dann könnt ihr was erleben.

＊ *Stoß mit dem Ellenbogen (A. d. H.)*

ALFONS Kommen Sie jetzt dann nochmal zurück?

MEISTER Frag nicht so frech, sonst hau ich dir eine runter! *Ab.*

HEINRICH So, jetzt san ma richtig neitanzt.

ALFONS Du warst so gscheit, du hast gsagt, mir solln net aufmachen, is er glei mit oaner italienischen Nacht daherkommen, i
dank schö.

HEINRICH Am Läuten kennt mas doch net, wers is, für eahm sollt
halt a Extraglockn da sein – jetzt hat ers gspannt, daß mir
nicht aufmachen.

ALFONS Ja, jetzt is scho z'spät, jetzt denk i mir nix mehr, und
jetzt brauchst aa nimmer aufmachn, jetzt kommt er nimma.
Es läutet. Scho wieder. *Es läutet.*

HEINRICH *achselzuckend* Jetzt sollt mas halt wissen ... *Es klopft
fest.*

MEISTER *von außen* Heinrich – Alfons – was ist denn das?

ALFONS Ui – des is er wieder! *Er macht auf.*

MEISTER Ja zum Donnerwetter, was ist denn das? Warum wird
denn da wieder nicht aufgemacht?

ALFONS Ich war jetzt grad net da, ich war jetzt draußen in der
Dunkelkammer.

HEINRICH Ich war drauß in der Dunkelkammer.

ALFONS I war drauß, lüag net a so. *Sie wollen sich gegenseitig
stoßen und treffen den Meister.*

HEINRICH Ich werd wohl wissen, wo ich grad war.

ALFONS Na, gwiß war ich draußen, es kann ja möglich sein, daß
er auch draußen war, da hab ich ihn halt net gsehn, weils so
finster is.

MEISTER So, und ghört habt ihr auch nichts?

HEINRICH Wenns so finster is draußen.

MEISTER Wie stellt ihr euch denn das vor, wenn das nun eine
Kundschaft gewesen wäre?

HEINRICH 's war ja keine, warn ja wieder Sie.

MEISTER Wenns aber eine gewesen wäre?

HEINRICH Niemals!!

MEISTER Was heißt Niemals? Das kann ja nett werden, es ist
nur schade, daß ich unbedingt fort muß, sonst würde ich euch
auf der Stelle hinauswerfen, aber am Ersten fliegt ihr alle
beide.
Alfons schleicht sich leise hinaus. Ja, schleich dich nur hinaus,
scheinheiliger Tropf!

HEINRICH Auf Wiedersehen!

MEISTER Bande! *Er geht ab.*

HEINRICH *schüttet ihm Fixierwasser nach.* Kommt der Zigeuner noch amal daher!

ALFONS Mir san ja glei so dumm, alle zwoa, des hätt ma uns doch denka könna, daß der no amal kommt. Der is ja so raffiniert, werst sehn, der kommt schon noch a paarmal, den kenn i doch, den Bruada!

HEINRICH Das kann scho sein, aber da garantier i dir, daß uns der nimmer drankriegt, weil in dem Moment, wo es jetzt läut, ist die Tür auf, lieber mach i's scho vorher auf.

ALFONS Ja, ich stell mich jetzt daher bis morgn auf d' Nacht und wart, bis er kommt, und wenns läut, reiß ich auf. *Es läutet. Alfons reißt mit Wucht die Tür auf. Heinrich steht mit einer Fixierwanne aus Glas daneben, die Tür haut ihn fest an den Kopf, er läßt die Wanne fallen, sie zerbricht, daraufhin haut er Alfons eine klatschende Ohrfeige herunter. Eine Frau mit Kind kommt herein, altmodisch ländlich gekleidet. Alfons und Heinrich lachen.*

FRAU Bin ich da recht beim Photographen?

HEINRICH Der is net da – warum, was wollns denn?

FRAU Mei Enkelkinderl möcht i photographieren lassen.

HEINRICH Ham Sies dabei?

FRAU Daaa –

HEINRICH Des is noch z'jung zum Photographieren.

FRAU Ja also, wollns des Kind photographieren?

HEINRICH Der Photograph is net da momentan.

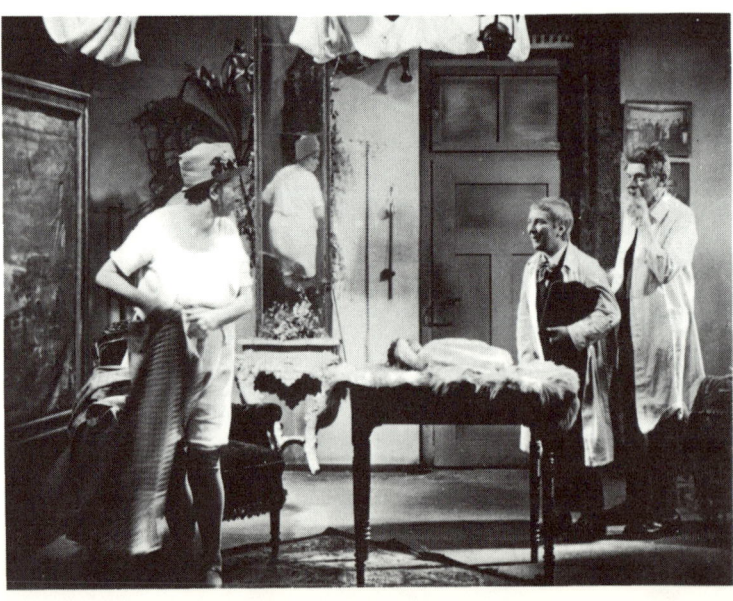

's Kind sollns ausziagn

FRAU No ja, dann wart i halt, bis er kommt. *Sie setzt sich nieder.* Kommt er bald, der Photograph?

HEINRICH Ja, übermorgen in der Früh.

FRAU Was übermorgen? I kann doch net bis übermorgen da warten!

ALFONS Warum hams Ihnen dann hingsetzt?

FRAU Ja also, wollns jetzt das Kind photographieren oder net?

HEINRICH Gengas doch zu an andern Photographen – der Ding in der Amalienstraß, der macht wunderbare Bilder.

ALFONS Der is auch viel billiger als wir.

FRAU Da will ich aber nicht hingehn, denn Ihr Geschäft ist mir gerade empfohlen worden.

HEINRICH Von wem denn?

FRAU Von an guten Bekannten.

HEINRICH Der soll sei Maul halten, s' nächste Mal.

ALFONS Des derfst doch net sagn, de Frau sagts unserm Alten, dann schmeißt er uns no amal naus.

FRAU Ja also, was is jetzt?

HEINRICH Ja, machs doch du, wennst so gscheit bist.

ALFONS Da is doch nix dabei, des photographieren mir jetzt, des gibt a Gaudi...

HEINRICH So, de jungen Kinder san viel schwerer zum photographiern wie die Alten.

ALFONS Du bist aa so a Schuaster – des geht scho – wo soll i's denn hinsetzen, des Kind – am Stuhl oder am Boden?

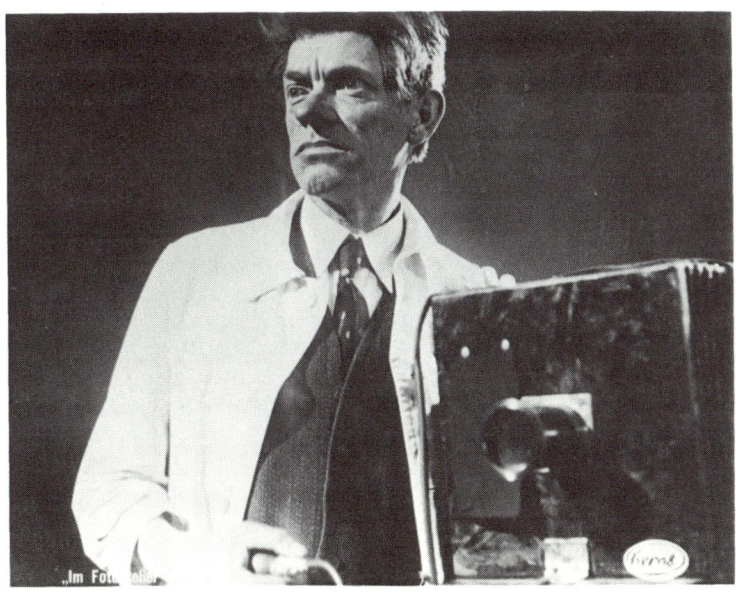

Des photographieren wir jetzt

HEINRICH Na, ins Fell legt ers immer nackert nei.

ALFONS Jessas ja – stimmt. Also Frau, bitte ausziehen.

FRAU Ausziehen??

ALFONS Ja, nackert.

HEINRICH Da tua a Platten einlegn, 13x17.

Alfons ab. Die Frau zieht sich aus und steht in ihrer altmodischen Unterwäsche da. Alfons und Heinrich schauen ihr interessiert zu.

HEINRICH Wie ham mas denn da? Was teans denn da?

FRAU Ausziagn hams gsagt.

HEINRICH 's Kind sollns ausziagn.

FRAU Ja so – 's Kind. *Sie zieht das Kind aus.*

HEINRICH Auf Eahna san ma net scharf. *Alfons richtet das Kind her, man hört es schreien.*

HEINRICH Geh hör auf mit der Sirene! *Alfons zerrt das Kind am Fuß. Heinrich richtet das Kind mit Popo zum Publikum. Alfons richtet das Kind mit Popo zum Objektiv. Heinrich deckt das Objektiv zu – geht zum Kind – haut es mit der Zeitung.* Hör doch amal dei Plärrn auf, du wirst doch bloß photographiert, das tut dir doch net weh, sei doch net so kindisch... *Er richtet mit einer Stange die Wolken, haut zum Schluß der Frau den Hut herunter und knipst dann. Frau geht aus dem Weg.*

ALFONS So, Frau, Sie müssen jetzt weggehen, sonst kommens auch drauf.

HEINRICH Ja, solln Sie net drauf kommen?

FRAU Ja woher!

HEINRICH Ich hab aber schon geknipst, i hab gmoant, Sie san d' Mutter.

FRAU A woher, das soll doch a Überraschung wern, i bin ja d' Großmuatter.

HEINRICH Des is ja wurscht, wenn Sie auch größer san, da hättens halt weggehn solln.

FRAU Des kann doch i net wissen.

ALFONS Ja, jetzt sans scho drauf.

FRAU Na müassns halt noch amal a Aufnahme machen.

HEINRICH Des könnas Ihna denken, daß mir wegen dem Schratzen nochmal a Platten anpatzen.

ALFONS Mir habn Ihna gleich gsagt, Sie solln zu an richtigen Photographen gehn. Da hams Ihna Kind wieder, machens, daß S' weiterkemma.

FRAU Des is amal a saubers Gschäft, des wer ich mir aber merken, so eine Bruchbude, da hört sich doch alles auf, eine solche Unverschämtheit ist mir auch noch net passiert, no ja, euer Gschäft kann man ja empfehln.

Sie geht ab.

HEINRICH Mir ham koa Eiergschäft – Sie brauchen uns net empfehln, mir san froh, wenn niemand kommt. *Alfons stellt sich vor die Tür hin.* De war ja guat, de Frau.

DER SCHARFRICHTER *ein großer, starker, furchtbar energischer Mann mit lauter Stimme reißt die Tür auf und stürzt herein, wobei er Alfons einen Stoß gibt.* Guten Tag – ein Bild will ich haben –

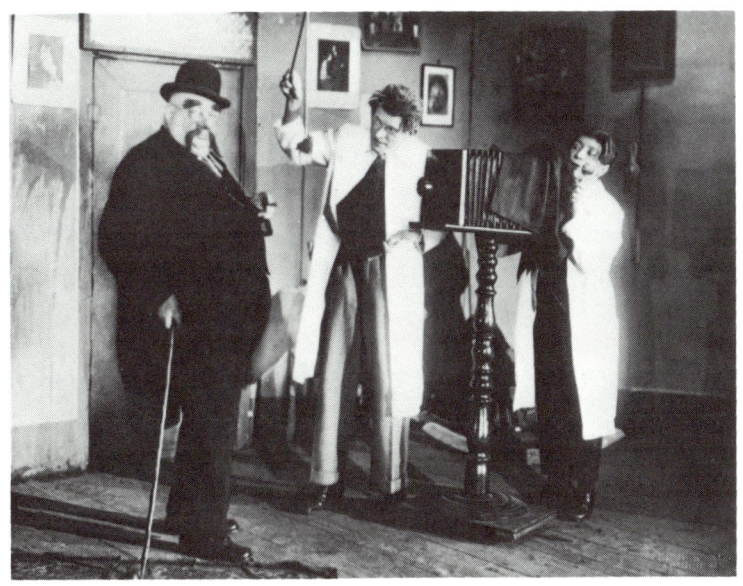

Jetzt kommts Vogerl

HEINRICH Wer hat denn den da reingschmissen?

ALFONS Was wolln Sie?

SCHARFRICHTER Ein Bild!

ALFONS Ein Knie- oder Brustbild?

SCHARFRICHTER Des ist egal, schnell ein Bild. *Heinrich mischt die Bilder wie Karten und zeigt sie ihm. Der Scharfrichter haut sie ihm aus der Hand.* Gehn Sie weg mit Ihrem Blödsinn – ein Bild muß ich haben – Sie wissen scheinbar gar nicht, wer ich bin. – Mein Name ist Meier – Scharfrichter.

BEIDE Uuuuuuuuuuuu

ALFONS Da derfst scharf einstellen, bei dem. *Heinrich fährt dem Scharfrichter mit dem Apparat in den Bauch.*

SCHARFRICHTER Was erlauben Sie sich?

ALFONS Tu ihn amal a bisserl hinrichten.

HEINRICH *rührt ihn an* Ich möcht Sie hinrichten.

SCHARFRICHTER Hinrichten tu ich, ich bin der Scharfrichter. *Heinrich spuckt in die Hände und richtet den Bart.* Unappetitlicher Kerl, spuckt in die Hände und greift nach meinem Bart!

ALFONS Schau, daß d' fertig wirst, daß ma'n nausbringen.

HEINRICH Bitte, darf ich Sie freundlich ersuchen, recht freundlich zu schauen?

ALFONS Ja, etwas lebhafter, bitte!

SCHARFRICHTER Das kann ich nicht.

HEINRICH A bisserl lächeln!

SCHARFRICHTER Ich kann nicht und will nicht lachen.

HEINRICH Bei uns müssens lachen, des is ja zum Lachen.

SCHARFRICHTER Ich lach nicht.

HEINRICH Ja, das paßt auch net zu seim Beruf – aber so könna mas net machen.

ALFONS So gehts net, so schauns aus wie a alter Seehund.

SCHARFRICHTER Frecher Kerl!

ALFONS Jetzt lacht er gleich – eins – zwei – drei! Jetzt kommts Vogerl.

SCHARFRICHTER Weg mit dem Unsinn, fahr ab, Idiot!

ALFONS Ah, der lacht net, da mag i aa nimmer.

HEINRICH Der reagiert net auf solchene Sachen. *Er nimmt das Glöckchen.* Lalalala. *Er knipst.*

ALFONS Jetzt hat er glacht – danke – fertig.

SCHARFRICHTER Bis wann kann ich die Bilder haben?

HEINRICH Bis in acht Tagen.

SCHARFRICHTER Das ist mir zu spät.

HEINRICH In sieben Tagen – in sechs – fünf – vier – drei – zwei – eins – null – gestern.

SCHARFRICHTER Also morgen!

HEINRICH Jawohl.

SCHARFRICHTER Und daß mir die Bilder gut werden, daß Sie sich Mühe geben.

HEINRICH Ja ja, bei Ihnen besonders, weil wir net wissen, ob wir Ihna net amal brauchen könna.

SCHARFRICHTER Guten Tag! *Er geht ab.*

HEINRICH *zur Tür hinaus* An schöna Gruß an die Geköpften!

ALFONS Geh, laßn doch stehn, sei froh, daß er draußen ist – des war fei der Scharfrichter – daß des net kennt hast?

HEINRICH Ja mei – gschäftlich hab i mit eahm no nia was z' tun ghabt.

ALFONS Aber gell, heut geht a Gschäft, weil der Alt net da is? *Es läutet draußen. Vor der Tür steht ein Brautpaar. Der Bräutigam ist ein Riese von über zwei Meter Länge, mit Zylinder; zunächst ist sein Kopf durch die geöffnete Tür nicht zu sehen. Die Braut ist eine sehr kleine, häßliche Frau, die auch von einem Zwerg dargestellt werden kann.*

HEINRICH Ah, der hat wahrscheinlich was vergessen. *Er macht die Tür auf – erschrickt und haut sie gleich wieder zu.* Jeß Maria!

ALFONS Was is denn?

HEINRICH A Geköpfter steht draußen.

ALFONS Wia, lassn sehn. *Er schaut hinaus.* Ahhh! *Er haut die Tür wieder zu.*

HEINRICH Gell, weil wir gfrevelt habn, da steht oana ohne Kopf draußen.

ALFONS Schaun ma nomal naus. *Tut es.* Freilich hat er an Kopf, aber ganz drobn. *Macht die Türe auf.* Bitte gehns rein.

BRÄUTIGAM Das geht ja nicht, die Türe ist zu klein.

ALFONS Ui, der kann net rein, weil er so lang ist.

HEINRICH Häng die Oberlichten aus! *Alfons hängt sie aus.*

BRÄUTIGAM Das geht ja noch nicht!

HEINRICH Halt, i hol d' Säg, na schneiden ma an Türstock durch. *Er holt die Säge – sägt die Querlatte an der Tür ab. Das Brautpaar kommt herein.* Sie wünschen, bitte?

BRÄUTIGAM Wir möchten Brautbilder haben.

ALFONS *zur Braut* Sie auch?

HEINRICH Wieviel?

BRÄUTIGAM Ein halbes Dutzend, bitte.

HEINRICH So viel wern ma gar net ham. *Er nimmt Bilder und zeigt sie her.*

BRÄUTIGAM Von uns wollen wir doch Bilder haben, das sind wir ja gar nicht.

HEINRICH A so, von Eahna wollns welche ham, ja de müßten aber extra angefertigt werden.

BRÄUTIGAM Natürlich, das wollen wir ja!

HEINRICH Ja ja, aber de hättens halt billiger kriegt, weil die san net abgholt worn, die flacka scho jahrelang bei uns umanander.

ALFONS Bittschön, möchtens Ihna aus dem Album was raussuchen?

HEINRICH Diese Firmlingsbilder wern sehr gern gekauft – oder solls was in Uniform sein?

ALFONS *zeigt das Album her.* Das wärn mehr so Massenaufnah-
men. *Er läßt es fallen.*

BRÄUTIGAM Das ist nichts für mich, wir beide wollen uns doch
bloß photographieren lassen.

ALFONS Na müaßtens halt noch a paar Bekannte holen schließlich.

HEINRICH Sehns, das ist ein direktes Brautbild.

BRÄUTIGAM Ja – das möchten wir haben.

HEINRICH Werden Ihnen de net z' teuer sein?

BRÄUTIGAM Warum, was kosten denn die?

HEINRICH Das weiß ich nicht – der Alte is net da, und der hat
uns in die Preis net eingweiht.

ALFONS Des steht doch hinten drauf.

HEINRICH De kosten vierzig.

BRÄUTIGAM Was vierzig?

Muß der Kopf unbe-
dingt drauf sein?

HEINRICH Ja, des wiß ma ebn net – entweder vierzig Stück oder vierzig Mark.

ALFONS Ich glaub, vierzig Stück eine Mark – nein, das stimmt auch nicht.

HEINRICH *legt das Bild halb zusammen.* Oder mach ma vielleicht die Hälfte?

BRÄUTIGAM Ja so – aber die andere Hälfte?

HEINRICH Jetzt wissens was, wir machen jetzt amal die Aufnahme, und an Preis können dann mit unsern Meister ausmachen, wenn er kommt.

ALFONS Na mach ma lieber die kleinern, weil wenns dann nix wern, is net so viel Geld hin. Bitte, stellen Sie sich amal daher.

HEINRICH *richtet den Apparat.* Weiter zurück, bitte –

BRÄUTIGAM Aber schöne moderne Bilder solls wern.

ALFONS Da können Ihnen verlassen, das werden Prunkbilder. *Er zieht den Arm der Braut heraus, hängt den Zylinder drauf – dann tut er den Zylinder wieder weg und läßt die Braut mit dem Zeigefinger zum Bräutigam deuten.*

HEINRICH *geht mit dem Apparat über die Bühne hinunter in den Zuschauerraum, schreit* Den bring i net auf d' Platten nauf.

BRÄUTIGAM Was ist denn los?

ALFONS Er bringt Sie net auf d' Platten drauf, Sie san z'lang, sagt er, wir haben keine so langen Platten.

HEINRICH *kommt mit dem Apparat.* Muß der Kopf unbedingt drauf sein?

BRÄUTIGAM Was ist das für eine Frage? Natürlich muß der drauf sein.

ALFONS Machstn halt bis daher und dann an Kopf extra, den papp ma dann unten hin.

BRÄUTIGAM Ich glaube, Sie können überhaupt nicht photographieren.

HEINRICH Ich kann Sie schon photographieren, aber da müßten Sie sich niederknien – niederkniegeln.

BRÄUTIGAM Was, niederknien! – Das habe ich aber noch nicht gesehn!

HEINRICH Mir ham so an Langhaxeten aa no net gsehn. *Bräutigam kniet sich nieder.*

ALFONS So is besser, da kommt wenigstens er drauf.

HEINRICH Jetzt ist aber sie zu groß, das ist nichts! *Zur Braut* Knien Sie auch nieder! *Die Braut kniet sich nieder.*

ALFONS Das is Gschmacksache.

HEINRICH Gfällt mir nicht.

BRÄUTIGAM Mir auch nicht.

HEINRICH Warum hams dann gheirat?

BRÄUTIGAM Die Stellung gefällt mir nicht.

HEINRICH *zum Bräutigam* Setzen Sie sich lieber nieder.

BRÄUTIGAM *setzt sich auf den Boden; zur Braut* Setz dich auch hin, Herzerl! *Die Braut setzt sich auf den Boden.*

HEINRICH So ists gut. – Einen Moment bitte. *Er knipst.* Danke schön! *Beide stehen wieder auf.* Das ist eine seltene Aufnahme geworden.

ALFONS Die ist wirklich gut geworden. *Er schaut in die Kassette.* Du, Heinrich, mir ham koa Plattn drin ghabt. *Er nimmt die Platte vom Tisch.*

BRÄUTIGAM Was ist denn los?

HEINRICH Nichts, wir habn nur eine Kleinigkeit vergessen. Nochmal, bitte schön!

ALFONS *bringt das Schaukelpferd.* Setzen Sie sich einmal da drauf, das wird eine Sportaufnahme.

HEINRICH *will den Fuß vom Bräutigam in den Steigbügel stecken, setzt ihn dann aufs Pferd und hängt ihm die Braut um die Schultern.* So, Sie hängen Ihnen hint drauf, wie bei einem Motorradl. Hier wird auch Kunstlicht verwendet. *Er knipst.* Danke.

ALFONS So, das ist sicher etwas geworden, die werd ich gleich entwickeln, dann könnens Ihnen gleich anschaun!
Er geht in die Dunkelkammer. Man hört die Platte auf den Boden fallen. Er kommt ganz kleinlaut heraus.

HEINRICH Depperta Depp, jetzt läßt er wieder die Platte fallen!

BRÄUTIGAM Jetzt wirds mir aber bald zu dumm – Sie können scheints wirklich nicht photographieren, jetzt machen Sie noch rasch ein Kniebild von meiner Braut, und dann gehen wir.

HEINRICH Ein Kniebild – ist recht. *Er hebt den Rock der Braut auf.*

BRÄUTIGAM *haut ihm mit dem Zylinder auf den Kopf, daß es kracht.* Was fällt Ihnen ein, den Rock meiner Frau aufzuheben, das erlaube ich nicht.

HEINRICH Wie kann ich denn ein Kniebild machen, wenn der Rock drüber ist?

BRÄUTIGAM Das ist eine Gemeinheit von Ihnen.

ALFONS Wenn er so ekelhaft ist, dann machst einfach ein Brustbild von ihr.

HEINRICH Wie kann ich denn a Brustbild machen, wenns koa Brust hat. *Er langt hin.*

BRÄUTIGAM *schlägt ihm wieder mit dem Hut auf den Kopf.* Sie unverschämter Kerl!

HEINRICH Was glaubn Sie denn eigentlich – mit Ihnen tu i jetzt nicht lang rum, stellns Ihnen mal da rüber, Sie wackeln auch die ganze Zeit. *Er gibt ihm den Ständer, derselbe rutscht runter.* Auweh, da is wieder die Schraubn kaputt – geh, haltn Sie selber. *Er gibt ihm das Stangl in die Hand. Alfons hängt den Schleier der Braut über den Ständer.*

HEINRICH Die Braut gehört doch auf die rechte Seitn nüber, stellens Ihna nüber – *er legt dem Bräutigam noch die Hand an den Kopf* – grad als obs sagen täten: Herrgott, bin i a Rindviech, daß i heut gheirat hab. *Er nimmt das Bukett, legt es der Braut zu Füßen, steckt es ihr dann ans Kleid, dann in den Mund.* So ists gut – einen Moment...

ALFONS *hat während dieser Zeit den Zylinderhut des Bräutigams vor das Objektiv gehängt. Er knipst.* Jessas, jetzt hängt der Hut wieder da – jetzt is wieder nix.

BRÄUTIGAM Ihr seid ja zwei Idioten – da hört sich doch alles auf, komm, wir gehen jetzt.

HEINRICH Sie sind einfach zu lang zum Photographieren, wegen Ihnen braucht ma a Photoatelier wia de Kegelbahn.

BRÄUTIGAM Ach Unsinn, Sie können beide nichts.

ALFONS Da können doch mir nichts dafür, daß Sie so lang san, außer wir machen eine Queraufnahme, wissens was, legens Ihnen amal hin.

BRÄUTIGAM Was, legen? *Er legt sich hin. Heinrich legt den Photoapparat auch auf den Boden und sich dazu.*

ALFONS Das wird eine Queraufnahme. *Er stellt den Fuß der Braut auf des Bräutigams Bauch, hält ihre Hand mit dem Strauß in die Höhe, die andere Hand aufs Herz.* Einen Moment bitte...

MEISTER *reißt die Türe auf.* Allmächtiger Gott! *Er fällt in Ohnmacht.*

Vorhang

Friseur,
der auch nebenbei frisieren kann,
sucht Stellung als Friseur,
am liebsten in einer Frisiererei.

Ein Berliner sandte an Karl Valentin ein Telegramm mit dem klaren Wunsch: Fröhliche Weihnachten! Und Valentin antwortete:

Lieber Wilhelm Schulze!

Wenn ich nicht bestimmt wüßte, daß mich Ihr an mich gerichteter Brief, vielmehr gerichtetes Telegramm sehr gefreut hätte, würde ich mich darüber vielleicht geärgert haben, denn es hat, ohne Sie wenigstens zu beleidigen, vor und auch nach Ihnen schon Weihnachten gegeben, ein unblöder Mensch, für den Sie sich halten, wird, wenn er wirklich einem anderen fröhliche Weihnachten wünscht, unbedingt die Jahreszahl ... hinter »Fröhliche Weihnachten« schreiben – da sonst der, der das Telegramm empfängt, sich es nicht enträtseln kann, welches Weihnachten der Entsender meint. Es wäre wohl absolut nicht mit großen Kosten verbunden gewesen, wenn Sie die vier Buchstaben 1928 beigefügt hätten, schon deshalb, weil uns dadurch stundenlanges Studieren erspart geblieben wäre. Daß Sie mit Ihrem schriftlichen Zuruf Weihnachten 1927 gemeint haben, dafür halte ich Sie zu fortschrittlich. Daß Sie 1930 gemeint haben, dafür halte ich Sie wieder zu rückständig... Den goldenen Mittelweg sind Sie ja noch nie gegangen, das hat sich ja gezeigt, als Sie kürzlich vor ungefähr ... Schweigen wir lieber darüber. Es war Ihrerseits eine freundliche Schuftigkeit, mich nächtlicherweile mit einem Berliner Telegramm zu erschrecken. Mein erster Schreck war sofort: Um Gotteswillen, ein Engagement nach Berlin. Manch anderer Artist erschrickt, wenn er plötzlich... kein Telegramm erhält. Sonst nichts Neues – Die Frau Wiesböck, die 6 Jahre in unserm Hause wohnte, ist ausgezogen, in die Ickstattstraße 19/3... Weil von da aus ihr Mann nicht so weit in die Fabrik hat. Es grüßt Sie, mit aller

Herrlichkeit Ihr
K a r l V a l e n t i n

Hochwasser

Heute nachmittag drei Uhr dreißig sind genau achthundert Jahre verflossen seit Bestehen unserer Isar. Das Isarbett selbst wurde erbaut von Herzog Jakob dem Wäßrigen. Seine Gemahlin, die spätere Kronprinzessin Cenzi von Harlaching, der frühere Kurprinz Maximilian der Wamperte, Großherzog von Kleinhesselohe waren bei der Isarenthüllung zugegen. Es war ein feierlicher Akt, ein historisches Jubiläum, als die ganze Münchner Bürgerschaft, der Stadtmagistrat samt den

Stadtvätern auf der Fraunhoferbrücke standen und jeden Moment auf die ersten Isarwellen warteten. – Auf der damaligen Praterinsel standen schon Böller salutbereit, die kleinen Häuser und Herbergen waren schon den ganzen Tag illuminiert in den Münchner Stadtfarben, und Tausende gelb und schwarze Flämmchen leuchteten in den sonnigen Tag hinein.

Punkt vier Uhr sollte der grüne Fluß eintreffen, aber es wurde später und später, und kein Tropfen Isar war zu sehen. Es wurden sofort Extrablätter verteilt mit der Inschrift: »Isar noch nicht eingetroffen, eine Stunde Verspätung!«

Große Bestürzung unter der Bevölkerung, aber das Volksgemurmel wurde durch ein eigenartiges, unleises Rauschen unterbrochen – ein kurzes Horchen der Menge, und aus tausend Kehlen schallt es durch die Auen: Die Isar kommt, die Isar kommt, die Isar kommt, die Isar ist schon da. Vom Frauenturm herab (der allerdings erst später erbaut wurde) hielt Bürgermeister A. Bcdef eine Ansprache, welche durch das damalige trübe Wetter für die Allgemeinheit sehr schwer verständlich war; nur der Turmwächter, welcher die Rede mitstenographierte, konnte dieselbe der Nachwelt überliefern. Die Ansprache lautete:

»Willkommen, edler Gebirgsfluß, willkommen in deiner Heimat, in der Haupt- und Residenzstadt München. Endlich haben deine Wogen unsere Stadt berührt, und wir alle freuen uns, des großen Nutzens und Schadens wegen, den wir durch dich bekommen. Du wirst in Zukunft unsere Windmühlen treiben, du gibst uns einen großartigen Aufenthaltsort für unsere armen Fische, wir können in dir baden. Geheimrat Pettenkofer wird dir etwas Gruseliges (nämlich die Fortschwemmung der Fäkalien) anvertrauen. – Liebe Mitbürger, wir können nicht umhin, uns selbst den herzlichsten Dank auszusprechen, denn gerade ich und wir waren es, welche uns am meisten ins Zeug gelegt hatten zur Errichtung einer Isar in der Stadt München. – Aber noch wer ist uns beigestanden bei unserer harten Arbeit; nämlich der da oben *deutet vom Frauenturm noch höher hinauf* er hatte uns das nasse Element, allerdings in etwas knapper Anzahl, zur Verfügung gestellt; alles in allem, ich ersuche, sämtliche Anwesende möchten sich von ihren Sitzen erheben und möchten mit mir in den Ruf einstimmen: ›Die schöne grüne Isar, sie lebe hoch!‹ *Böller* Hoch! *Böller* Hoch!«

Aber Gott läßt seiner nicht spotten, nach dem letzten Hoch stieg der Pegel auf ein – zwei – drei – vier – fünf und gar sechs Meter, die gutmütige Isar schäumte gelb vor Wut, die haushohen

Wellen waren mindestens ein bis zwei Meter hoch, die am Ufer stehenden Menschen flohen in die Stadt – ins Hofbräuhaus, welches bald überfüllt war, der Rest zog traurig von dannen – in die Kirche.

Mittlerweile wimmerte auf den Kirchtürmen der Stadt die Sturmglocke und verkündete Unheil – die Hunde heulten, der Wind ebenfalls, die furchtsamen Weiber auch ebenfalls, die Kinder gingen nicht in die Schule, der Bäcker backte, die Kinos wurden geschlossen, und die Schweine grunzten, aber das Hochwasser stieg trotzdem immer tiefer. Eine allgemeine Angst überfiel jeden, die Stadtväter traten mit gerunzelter Stirn zusammen, um Sicherheitsmaßregeln auszudenken, aber bei ihnen war alles Denken umsonst. Man beschloß, hundert Silbertaler demjenigen als Belohnung zu geben, der das Hochwasser zum Sinken brächte. Verschiedene Vorschläge von Mitbürgern sind gemacht worden:

1. Sofortige Tiefergrabung des Flußbettes.

2. Der Vorschlag, eine Arche Noah zu bauen, wurde des alten Systems wegen verworfen.

3. Ein Bittgang zum hl. Nepomuk war zu spät, da das Hochwasser bereits zu groß geworden war.

4. Ein Spaßvogel meinte, das Überwasser abzuschöpfen, aber wohin? Aber dem einen Vorschlag: abzuwarten, bis das Hochwasser selbst aufhört, wurde allgemein zugestimmt, da das auch kostenlos wäre.

Und einige Tage später war aus dem Hochwasser ein Niederwasser geworden und wurde noch öfters Hochwasser, und 1899 wurde es gleich so hoch, trat wieder aus den Ufern heraus, riß alle modernen Eisenbetonbauten um, die unmodernen alten Holzbrücken blieben stehen. Da wurde es den technischen Wasserbaumenschen einmal zu dumm, und sie sprachen: »Schluß mit den Überschwemmungen!«

Sie bauten Kaimauern in München, und zwar so hoch, daß die Isar niemals mehr über die Ufer fließen kann, und die Geschichte war für immer erledigt.

Und die Herren Ingenieure und Architekten machten sich lustig über Schillers Worte: »Denn die Elemente hassen das Gebild von Menschenhand!« und auch mit Recht, denn sie allein wissen es ja bestimmt, wie hoch die Isar in Zukunft werden kann!

Woher diese leeren Theater? Nur durch das Ausbleiben des Publikums. Schuld daran – nur der Staat. Warum wird kein Theaterzwang eingeführt? Wenn jeder Mensch in das Theater gehen muß, wird die Sache gleich anders. Warum ist der Schulzwang eingeführt? Kein Schüler würde die Schule besuchen, wenn er nicht müßte. Beim Theater, wenn es auch nicht leicht ist, würde sich das unschwer ebenfalls doch vielleicht einführen lassen. Der gute Wille und die Pflicht bringen alles zustande.

Ist das Thater nicht auch Schule, Fragezeichen!

Schon bei den Kindern könnte man beginnen mit dem Theaterzwang. Das Repertoire eines Kindertheaters wäre sicherlich nur auf Märchen aufgebaut, wie Hänsel und Gretel, Der Wolf und die sieben Schneewittchen.

In der Großstadt sind hundert Schulen, jede Schule hat tau-

Zwangs-
vorstellungen

send Kinder pro Tag, das sind hunderttausend Kinder. Diese hunderttausend Kinder jeden Tag vormittags in die Schule, jeden Nachmittag ins Theater – Eintritt pro Kinderperson fünfzig Pfennig, natürlich auf Staatskosten, das sind hundert Theater je tausend Sitzplätze. Also per Theater 500 RM – sind 50 000 RM bei hundert Theatern.

Wieviel Schauspielern wäre hier Arbeitsgelegenheit geboten! Der Theaterzwang, bezirksweise eingeführt, würde das ganze Wirtschaftsleben neu beleben. Es ist absolut nicht einerlei, wenn ich sage: Soll ich heute ins Theater gehen? Oder wenn es heißt: Ich muß heute ins Theater gehen. Durch diese Theaterpflicht läßt der betreffende Staatsbürger freiwillig alle anderen stupiden Abendunterhaltungen fahren, wie Kegelschieben, Tarocken, Biertischpolitik, Rendezvous, ferner die zeitraubenden blöden Gesellschaftsspiele: Fürchtet ihr den schwarzen Mann, Schneider, leih mir deine Frau usw.

Der Staatsbürger weiß, daß er ins Theater muß – er braucht sich kein Stück mehr herauszusuchen, er hat keinen Zweifel darüber, soll ich mir heute Tristan und Isolde anschauen – nein, er muß sichs anschauen – denn es ist seine Pflicht.

Er ist gezwungen, dreihundertfünfundsechzigmal im Jahr ins Theater zu gehen, ob es ihm nun vor dem Theater graust oder nicht. Einem Schüler graust es auch, in die Schule zu gehen, aber er geht gern hinein, weil er muß. – Zwang! – Nur durch Zwang ist heute unser Theaterpublikum zum Theaterbesuch zu zwingen. Mit guten Worten haben wir jetzt Jahrzehnte hindurch wenig Erfolg gehabt. Die verlockendsten Anpreisungen, wie: Geheizter Zuschauerraum – oder: Während der Pause Rauchen im Freien gestattet – oder: Studenten und Militär vom General abwärts halbe Preise; alle diese Begünstigungen haben die Theater nicht füllen können. – Die Reklame, die bei einem großen Theater jährlich Hunderte von Mark verschlingt, fällt bei dem Theaterzwang gänzlich weg. Ebenfalls auch die Preise der Plätze; denn die Plätze werden nicht mehr nach Standesunterschieden, sondern nach den Schwächen und Gebrechen der Theaterbesucher eingeteilt:

1.–5. Parkettreihe: Die Schwerhörigen und die Kurzsichtigen.

6.–10. Parkettreihe: Die Hypochonder und Neurastheniker.

10.–15. Parkettreihe: Die Haut- und Gemütskranken.

Sämtliche Rang- und Galerieplätze stehen den Asthmatikern und Gichtleidenden zur Verfügung.

Auf eine Stadt wie Berlin kämen also – ausgenommen die

Säuglinge und Kinder unter acht Jahren, Bettlägerige und Greise – täglich rund zwei Millionen Theaterbesuchspflichtige, eine Zahl, die die jetzige Theaterbesucherzahl der Freiwilligen weit überschreitet.

Man hat ja mit der freiwilligen Feuerwehr ebenfalls bittere Erfahrungen gemacht – und nach langer Zeit nun eingesehen, daß es heute ohne Pflichtfeuerwehr nicht geht.

Warum geht es also bei der Feuerwehr und nicht beim Theater? Gerade Feuerwehr und Theater sind heute so innig verbunden – ich habe in meiner langjährigen Bühnenpraxis hinter den Kulissen noch nie ein Theaterstück ohne Feuerwehrmann gesehen.

Sollte die vorgeschlagene Allgemeine Theaterbesuchspflicht, genannt ATBPF, zur Einführung kommen und, wie oben erwähnt, täglich zwei Millionen Menschen in das Theater zwingen, so müssen in einer Stadt wie Berlin zwanzig Theater mit je hunderttausend Plätzen zur Verfügung stehen. Oder vierzig Theater mit je fünfzigtausend Plätzen – oder hundertsechzig Theater mit je zwölftausendfünfhundert Plätzen – oder dreihundertzwanzig Theater mit je sechstausendzweihundertfünfzig Plätzen – oder sechshundertvierzig Theater mit dreitausendeinhundertfünfundzwanzig Plätzen – oder zwei Millionen Theater mit je einem Platz.

Was aber dann für eine famose Stimmung in einem vollbesetzten Hause mit, sagen wir, fünfzigtausend Besuchern herrscht, weiß nur jeder Darsteller selbst. Nur durch solche eminente Machtmittel kann man den leeren Häusern auf die Füße helfen, nicht durch Freikarten – nein – nur durch Zwang – und zwingen kann den Staatsbürger nur der Staat.

*In der Garderobe
mit Berliner
Pressezeichnern*

Der Regen ist eine primöse Zersetzung luftähnlicher Mibrollen und Vibromen, deren Ursache bis heute noch nicht stixiert wurde. Schon in früheren Jahrhunderten wurden Versuche gemacht, Regenwasser durch Glydensäure zu zersetzen, um binocke Minilien zu erzeugen. Doch nur an der Nublition scheiterte der Versuch. Es ist interessant zu wissen, daß man noch nicht weiß, daß der große Regenwasserforscher Rembremerdeng das nicht gewußt hat. Siedendes Regenwasser gehört zu den heißesten Flüssigkeiten der Gegenwart. Dem Regen am nächsten liegend ist der Regenwurm – er lebt vom Regen, genau wie der Regenschirmfabrikant. Regenschirm und Sonnenschirm sind zwei gleiche Begriffe, und doch würde ihre Verwechslung zu einer nicht vorausgeahnten Katastrophe führen, denn einen Regenschirm kann man im Notfalle als Sonnenschirm benützen, dagegen kann man einen Sonnenschirm im Notfalle kaum als Regenschirm benützen.

Die Regentropfen gleichen in der Form den Hoffmannstropfen, die, an der Medizinflasche hängend, eine ovale, frei in der Luft schwebend, eine runde, und auf einer Tischplatte liegend, eine platte Form besitzen. Regenwasser benützt man häufig zum Gießen von Wiesen, Gräsern, Blumen, Unkraut und Gärten. Kinder benötigen den bekannten Mairegen zum Wachstum, und es ist statistisch nachgewiesen, daß die Kinder wirklich wachsen, auch wenn sie nicht mit Mairegen begossen wurden. Der allerschönste Regen ist der Regenbogen – gar kein Vergleich mit dem Münchner Maffeibogen, jener ist ein Wunder des Himmels, letzterer ein Greuel der Stadt München. Nur an Farbenschönheit überragt ersterer den letzteren.

Das Regenwetter wird oft mit Sauwetter, Hundswetter betitelt. Die Theater-, Kino- und Kaffeehausbesitzer haben derlei Ausdrücke noch nie über ihre Lippen gebracht. Heftige Regengüsse nennt man Wolkenbrüche; damit ist gemeint, daß irgendeine Wolke so schwer mit Wasser gefüllt ist, daß sie bricht, welchen Vorgang man beim menschlichen Biermagen mit Katzenjammer bezeichnet. Gegenmaßnahmen zur Heilung von Wolkenbrüchen sind zur Zeit noch nicht gemacht worden, da Wolkenbruchbänder der großen Dimensionen halber noch nicht hergestellt werden können, und zwar aus technischen Gründen.

Künstlicher Regen wird durch Gießkannen erzeugt. Unglaubliche Sitten und Bräuche werden aus dem Mittelalter erzählt. Ich zähle hier schon einige mehr an Aberglauben grenzende Tatsachen auf: Bei den alten Germanen wurden schnell alternde Kinder mit frisch gefallenen Regentropfen geimpft. Während dieser Injektion mußte der Urgroßvater des betreffenden Kindes einen vierstimmigen Choral singen. Ein weiterer Aberglaube bestand darin, Ehesünder auf folgende Art zu entlarven: Bei strömendem Regen mußte der Ehemann 100 Meter weit laufen, unmittelbar nach seiner Ankunft am Ziel wurden die auf seinen Körper gefallenen Regentropfen schnell gezählt, waren es über 1000 Tropfen, war er ein Ehesünder.

Weitere wissenschaftliche Fortschritte über Regenwasser sind bis heute noch nicht gemacht worden. – Die Feuchtigkeit des Regens soll auch im Mittelalter nicht so stark gewesen sein wie heutzutage, was ja auch der jünstvergangene langanhaltende Regen beweist. Denn die verflossene Feuchtigkeit konnte nicht mehr mit Bodenfeuchtigkeit, sondern mit Hochwasser angedeutet werden. Und was Hochwasser bedeutet, wissen wir alle noch von der Sündflut her, die vielen unvergeßlich bleiben wird. Aber dennoch denken wir dabei an die Worte des Dichters:

Sich regen – bringt Segen.

Fünf Meter von Starnberg abwärts liegt der Starnberger See. Am linken Ufer des Sees liegt eine Leoni, kurz genannt Leoni. Wie in Neuyork, so landen auch hier stündlich Dampfschiffe. Mit den Dampfschiffen nehmen alltäglich die Starnberger Dampfschiffseerundfahrten ihren werten Anfang. Die Rundreisebilletten auf den Dampfern sind aus Pappkarton, und wenn es regnet, ist meistens während der Fahrt die Aussicht auf das bayerische Gebirge wegen schlechter Aussicht nicht zu sehen. Der Starnberger See selbst ist melancholisch, was bei anderen Seen stets meistens auch immer hie und da sehr oft der Fall ist. Einer alten Sage nach aus dem Jahre 1925 sollen sich vom Undosabad aus vorigen Sommer aus unbekannten Ursachen Tausende von Menschen in den See gestürzt haben; dieselben konnten sich aber dank ihrer guten Schwimmkenntnisse alle selbst aus den Wellen befreien. Im selben Jahre ereignete sich auch noch ein anderer bedauernswerter Unfall. Ein Mann stieß mit dem Ruderboot, ungefähr 50 Meter vom Ufer entfernt, an eine grüne Schlingpflanze, sogenannte Wasserrose, an, das Schiff kippte um, und im Handumdrehen fiel der Mann in das in der Nähe befindliche Wasser. Breit und weit kein Mensch, der dem Ärmsten

Neues vom Starnberger See

Hilfe bringen konnte, trotzdem er fortwährend um Hilfe schrie. Zufälligerweise kam ein Briefbote daher und bemerkte die Hilferufe des um Hilfe Schreienden. Statt nun wacker (nicht identisch mit Fußballklub Wacker) ans Rettungswerk zu schreiten, rief der hartherzige Briefträger dem Ertrinkenden die nicht minder harten Worte zu: »Ich kann Ihnen leider nicht helfen, da ich selbst nicht schwimmen kann, aber ich kann Ihnen die Adresse eines guten Schwimmlehrers mitteilen.«

Jeder Mensch ohne Ausnahme soll also in der heutigen Zeit schwimmen lernen, das finde ich unbedingt notwendig, damit er einen nicht Schwimmenkönnenden jederzeit aus dem Wasser retten kann. Aber eigentlich ist es auch wieder zwecklos, denn wenn jeder Mensch einmal schwimmen kann, braucht man ja keinen mehr retten. Also wäre es angebracht, daß jeder, der schwimmen kann, dasselbe sofort wieder verlernen soll. Ein weiterer Sport außer dem Ertrinken ist das sogenannte Fischen von lebenden Fischen. Daß die Fische gefangen werden müssen, leuchtet jedem ein, und das ist auch klar. Wäre im Starnberger See zum Beispiel seit Gründung, oder besser gesagt seit dem vieltausendjährigen Bestehen desselben noch nie ein Fisch gefangen worden, so hätten sich diese Fische seit diesen Jahrtausenden so vermehrt, daß vielleicht mehr Fische im See wären als Wasser. Die Folge davon wäre, daß die Fische vor lauter Fischen nicht mehr schwimmen könnten, zu wenig Wasser hätten und daher nicht mehr existieren könnten. Nachdem aber im Starnberger See viel Wasser ist, bleibt die Frage offen, ob tatsächlich schon so viel Fische gefangen worden sind. Eine Kontrolle hierüber käme jetzt natürlich zu nachträglich. Das Fischen mit der Angel ist von vielen Seiten als Tierquälerei empfunden worden, hauptsächlich vom Fisch selbst. Einen Dieb fängt man ja auch nicht mit der Angel, sondern eben aus Humanität mit List und Schlauheit. Stellen wir uns einmal einen Schutzmann vor, der mit der Angel einen Dieb fangen will; der Schutzmann geht mit der Angel in eine Wirtschaft, in der er den Dieb vermutet, befestigt an dem spitzen Angelhaken ein Stück Schweinsbraten, hält diesen dem Dieb vor die Nase, der Dieb beißt an, und schon hat der den Haken in der Oberlippe. Das wäre eine Grausamkeit. Ist es bei einem Fischlein keine Grausamkeit? Eigentlich noch mehr, denn der Fisch ist ja unschuldig, weil er nichts gestohlen hat.

Über die Tiefe des Starnberger Sees gehen die Ansichten weit auseinander. Einige behaupten, er sei tiefer als lang, andere sagen, er sei länger als tief. Fachmännisch wurde genau berechnet, daß er tief, seicht, lang, kurz, schmal und breit zu gleicher Zeit ist. Die Tragkraft des Wassers wurde erst kürzlich von Ingenieuren geprüft und dabei die erfreuliche Tatsache festgestellt, daß die irrige bisherige Meinung »je tiefer das Wasser, desto mehr Tragkraft« nicht richtig ist. Eine Probe brachte den sicheren Beweis. Während ein faustgroßer Stein in der Mitte des Sees, also an der tiefsten Stelle, rapid unterging, blieb ein ebenso großer Gummiball an der seichtesten Stelle auf der Wasserfläche liegen. Ob dieses Experiment eine Tragweite für die Zukunft bedeutet, wird uns die Zukunft beweisen. Jedenfalls ersieht man daraus das fortwährende wissenschaftliche Tasten nach Problemen. Auf alle Fälle steht fest, daß, je weiter sämtliche Ufer eines Sees voneinander entfernt sind, desto größer sich also die Wasserfläche gestaltet. Ein See ohne Ufer wäre daher kein See mehr, denn einen uferlosen See hat es bis heute noch nicht gegeben. Dasselbe gilt auch für den Ammersee.

Geschichtliches ist vom Starnberger See nur noch zu berichten, daß der damalige bayerische Herzog der Pfiffige einen Antrag des Starnberger Bürgermeisters: Errichtung einer Handelsflotte auf dem Starnberger See, schnöde abwies. Die heutigen noch existierenden Starnberger-See-Salondampfer können nur noch in den Augen der Firmlinge Gewaltiges auslösen, denn für Weltreisende bedeuten dieselben nur mehr ein Lustspiel auf offener See. »Bei schönem Wetter«, sagt der kleine Maxl, »ist es auf dem Starnberger See herrlich, regnet es aber, so wird der See naß.« Über Starnberg selbst ist wenig zu berichten. Starnberg hat seinen eigenen Reiz und seinen eigenen Bahnhof, in welchem unsere neuen elektrischen Schnellzüge stehen. Bei den elektrischen Schnellzügen, die einen Gipfel der deutschen modernen Technik darstellen, haben sich die alten Gasfunseln (aus dem Jahre 1880 ungefähr) so gut bewährt, daß dieselben jetzt in den modernen Münchner Straßenbahnwagen statt der elektrischen Glühlampen eingeführt werden sollen. In Starnberg sind jetzt schon viele Fremde zu sehen, die aus München geflüchtet sind, wegen den unaufhörlichen chronischen Straßenbauarbeiten.

Soweit wäre über Starnberg alles berichtet. Nächsten Sonntag nachmittag um halb 21 Uhr findet im Starnberger See ein Karpfenrennen statt, mit darauffolgendem Brillantfeuerwerk. Zwölf zehnpfündige dressierte Karpfen schwimmen mit Motorboot und Musikbegleitung von Starnberg nach Seeshaupt; während dem Rennen ist der See für Fußgänger gesperrt.

Eine gewöhnliche Bierwirtschaft, in die sich zwei bessere Herren verirrt haben.

Die KELLNERIN RESI *(Liesl Karlstadt) trägt das übliche schwarze Kleid mit schwarzen Strümpfen, weißer Trägerschürze mit Zahltasche, der angetrunkene* SEEMANN ANTON KAMMERLOHER *(Karl Valentin) eine abgetragene dunkle, gestreifte Hose, helles, fleckiges Jackett, waagrecht gestreiften, weißblauen Seemannspullover, unter dem sein offenes Hemd hervorschaut, und einen schwarzen Goggs, den er aufbehält.*

Bei Spielbeginn sitzen die beiden besseren Herren an einem kleinen runden Tisch. Hinter dem geschlossenen Vorhang ertönt aus dem Lautsprecher das Lied Mich rief es an Bord, es wehte ein kalter Wind, dann öffnet sich der Vorhang, wobei der dicke bessere Herr schon mit seiner Erzählung begonnen hat.

DER DICKE Und so zog ich durch die ganze Welt, denn ein Weltreisender muß überall gewesen sein. So gings über Rußland nach Sibirien, China, durch die Wüste Gobi nach Tibet, über Korea, Formosa nach Japan, von dort über die Philippinen nach Australien. Ich besuchte sämtliche Inseln wie Ceylon, Sumatra, Java, Celebes. Dann gings nach Indochina, Siam, Nepal, Hinterindien, Vorderindien, Turkestan, Afghanistan, Aserbeidschan, Arabien, von da aus nach Afrika, Ägypten, durch die Wüste Sahara bin ich jetzt schon zehnmal kreuz und quer gezogen, war in Senegambien, Abessinien, war auf Madagaskar, im Sudan und im Kongo, in Natal, kurz überall. Vom Kap der Guten Hoffnung gings nach Südamerika, Chile, Argentinien, Peru, Brasilien, Mexiko, Ekuador. Dann nach Uruguay, Paraguay und dann nach den Vereinigten Staaten von Nordamerika, später über Alaska, Kanada, Lappland und Finnland. In Europa war ich in Schweden, Norwegen, Dänemark, Polen, sämtlichen Balkanstaaten, auch Griechenland, Türkei, sowie Österreich und Italien, Schweiz, war in England, Holland, Belgien, Frankreich und Spanien.

DER ANDERE BESSERE HERR Was? In Spanien waren Sie auch? Erlauben Sie, da müssen Sie aber viel Zitronen gesehen haben?

DER DICKE Natürlich, das ist ja die Heimat der Zitronen. Überhaupt Spanien! Ein sehr schönes, wunderbares Land! Ich war fünf Jahre dort.

DER ANDERE BESSERE HERR Was – fünf Jahre? Da müssen Sie aber perfekt Spanisch sprechen können!

DER DICKE Logisch! Ich spreche fließend Spanisch – ich spreche überhaupt acht Sprachen.

DER ANDERE BESSERE HERR Acht Sprachen? Donnerwetter! Perfekt?

DER DICKE Spanisch natürlich am besten. Spanisch ist sozusagen meine zweite Muttersprache.

DER ANDERE BESSERE HERR Ach so, Ihre Schwiegermuttersprache.

RESI No, was sagens da, Herr Nachbar, gellns, da können wir zwei net hin, des san gscheite Leut – aber wir zwei können nur eine Sprach und die net gscheit, und der kann gleich acht Sprachen, und Spanisch kann er no extra.

KAMMERLOHER Gsagt hat ers – der und Spanisch? – Ewig net!

RESI Freilich kann er Spanisch – er hats doch selber gsagt!

KAMMERLOHER Ja gsagt – glaubst du des?

RESI Ja, warum soll ich das net glaubn, der andere Herr glaubts ihm doch auch.

KAMMERLOHER Dann is halt der grad so dappert wie du.

RESI Sie ham halt net Obacht gebn, wo der scho überall war, der is scho in der ganzen Welt rumkommen, der is ein Weltreisender.

KAMMERLOHER A Weltreisender? A Sprüchmacher is er. In Spanien war er? So schaut er aus! Merk dir des, Resi, einer, der sagt, er war überall, der war noch gar nirgends. Ich war in Spanien, ich war Matros!

RESI Sie warn schon in Spanien? Ja, des weiß ich ja gar net.

KAMMERLOHER Drum sag ich dirs ja, ich war in Spanien Matros, drei Jahr war ich bei der vierten Marinedivision, da schau her! *Er zeigt ihr seine Tätowierung.*

RESI Des is guat! Des hams Ihnen neinstechen lassen, gell?

KAMMERLOHER Naa, a Abziehbildl hab ich mir aufpappt.

RESI So, a Matros warn Sie, da müssens aber schneidig ausgschaut ham! Was ich sagn will: Ham Sie unsere neue Grammophonplatten schon ghört?

KAMMERLOHER Naa, laß 's rauschen!

RESI Des war a Platten für Eahna, des is a Matrosenlied, ah, wunderschön.

KAMMERLOHER Matrosenlieder kenn ich alle. Seemannslos. *Er singt* Stürmisch die Nacht und die See geht hoch ... tapfer noch kämpft das Schiff –

RESI Ja, des is Seemannslos.

KAMMERLOHER Was sagsd?

RESI I sag, des is Seemannslos.

KAMMERLOHER *singt* Warum die Glocke so greußlich klingt, dort zeigt sich ein Riff.

RESI Ja, wie gsagt, des is das Seemannslos, aber unser Matrosen-
platte is noch schöner. Aber ich weiß nie, wies heißt, die hat so
an damischen Namen, der fallt mir nie ein. Des geht halt so –
sie singt – Dara dararararara raaaaarara. Das ist wunderschön,
das Lied.

KAMMERLOHER Das is La Paloma, die weiße Taube.

RESI Siehgst es, er weiß 's.

KAMMERLOHER Des hab ich schon tausendmal gsungen.

RESI Des könnt ich auch tausendmal hörn, des Lied.

KAMMERLOHER *singt* Mich rief es an Bord, es wehte ein kalter
Wind.

RESI Ja, des ists. Des is großartig, des Lied.

KAMMERLOHER Schon der Anfang ist so schön – mich rief es an
Bord; paß auf, Resi, den wern mir gleich fangen jetzt, fragn
amal wie »an Bord« auf spanisch heißt. Frag 'n amal.

RESI Freilich, i laß mich von dem recht zsammschimpfen, des
könnens Ihnen denken.

KAMMERLOHER Wenn er so lang in Spanien war, dann muß er
doch wissen, wie »an Bord« auf spanisch heißt, fragn halt!

RESI Der tät mir höchstens an rechten Krach machen, den müssens schon selber fragen. Überhaupts »an Bord«, des weiß i
auch net, wie des auf spanisch heißt.

KAMMERLOHER Du brauchst es auch nicht wissen, der solls wissen, der Fettnbene*. Sie, Herr Nachbar, wenn Sie schon in
Spanien warn, wie hießt denn nacha zum Beispiel »an Bord«
auf spanisch? Aha – hatn schon derbissen, da hastn schon, den
spanischen Sprüchmacher.

RESI Lassens den Herrn gehn.

KAMMERLOHRER *steht auf, geht zum runden Tisch.* Passens auf,
Herr Nachbar, ich will nix Unrechts von Ihnen, aber wenn Sie
schon so lang in Spanien warn, dann müssen Sie doch wissen,
wie »an Bord« auf spanisch heißt. Wenns mir des sagn können, hab ich Respekt vor Ihnen, außerdem sind Sie ein Sprüchmacher. Also – wie heißt »an Bord« auf spanisch? Wie heißts
denn? Sag halt was – warum sagst denn nichts?

DER DICKE Fräulein, wo bleibt mein Schinkenbrot?

RESI Jessas, des hab ich ganz vergessen, gleich bring ichs Ihnen.
Sie holt es. Der andere bessere Herr lächelt.

KAMMERLOHER Was lachst denn da, Chines, du mit deim Schnauzl-
gsicht warst ja noch nicht amal in der Menterschwaign drobn,
viel weniger in Spanien, dir hau ich gleich a paar am Backen
hin! *Er geht auf seinen Platz.*

* *von Benedikt,
heißt etwa Fettwanst
(A. d. H.)*

RESI *mit Schinkenbrot* Setzens Ihnen nieder, is gscheiter. Guten
Appetit! Geh, tuns den Herrn net so belästigen, der belästigt
Ihnen ja auch net.

KAMMERLOHER Der belästigt mich eben schon – der soll keine
solchen Nägel runterhaun. Der soll jetzt sagn, wie »an Bord«
auf spanisch heißt.

RESI Mei, der mags halt net sagn.

KAMMERLOHER Der möchts schon, wenn er könnt, können tut er
nicht! Also wie heißts denn?

DER DICKE Lassen Sie mich bitte in Ruhe.

RESI Lassens ihn doch gehn, der erstickt ja.

KAMMERLOHER Wie heißts dann auf spanisch?

DER DICKE Ich will mein Brot in Ruhe essen.

KAMMERLOHER Friß danach.

DER DICKE So ein ungebildeter Mensch – da hört sich doch alles
auf, wer weiß, ob e r in Spanien war.

KAMMERLOHER Wer – ich? I war in Spanien, Gott sei Dank – *er
steht auf* – i kanns ja beweisen. Wo hab i denn meine Papiere?
Da is mei Brieftaschen, da schau her, Mo. *Er holt die Papiere
aus der linken Gesäßtasche seiner geflickten Hose. Strafzettel
und Schiffspapiere fallen ihm heraus und bedecken den Boden.*

DER DICKE Ich glaubs Ihnen schon.

KAMMERLOHER Resi, heb mir meine Papiere auf.

RESI Ja, i habs schon gsehn, da tanzt er immer umeinander, bleibens halt sitzn auf Ihrm Platz.

KAMMERLOHER Tu mirs net in Unordnung bringen.

RESI Is des Ihr Brieftaschn? Die schaut ja sauber aus.

KAMMERLOHER Da hat amal der Blitz neigschlagen – weißt, mir
leidts ja kein Leitzordner. Da lies vor – da stehts schwarz auf
weiß.

RESI Oha – des is schon mehr schwarz auf dreckig.

KAMMERLOHER *packt sie beim Kopf.* Resi, Resi, sei kei Böse. Lies
ihm vor, dem wamperten Klaubauf, weißt, meine Augäpfl
sind heut schon voll Alkohol, da, wo der Schiffsstempel drauf
is.

RESI Da versteh i recht viel davon – is des da, wos heißt: Anton
Kammerloher – da: Anton Kammerloher, geboren den 25.
August 1892 zu München, Freibadstraße 14/o, war vom 1. Fe-
bruar 1929...

KAMMERLOHER Februar?

RESI Ja – 1. Februar 1929 bis 2. Juni 1929 in der hiesigen Straf-

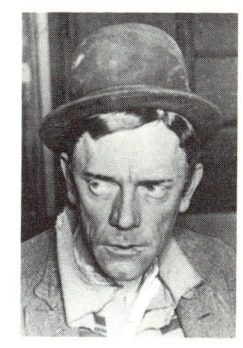

anstalt Stadelheim untergebracht und wurde heute, den 2. Juni, entlassen. *Die beiden besseren Herren lachen.* Ihnen les ich gleich nochmal was vor, da hab ich mich richtig blamiert, des hab ja ich net gwußt, Sie warn ja schon in Stadelheim?

KAMMERLOHER Des is ja wurscht – d' Hauptsache ist, daß i wo war – aber der war ja noch nirgends, der war ja noch net amal richtig bei ihm selber.

RESI Oder is des das Richtige? Da heißts: Kammerloher, 5. Marinedivision, Handelsdampfer Antwerpen?

KAMMERLOHER Des is das Richtige.

RESI Des hättens mir halt gleich geben solln, des kann ja ich net wissen.

KAMMERLOHER Also – war ich in Spanien oder net? *Er steckt dem anderen besseren Herrn die Nase hinein.* Da ham mas, ich war dort, ich war in Spanien, aber du net. *Er haut ihn auf den Kopf.*

RESI Jetzt sowas! *Geht zum Gast.* Is Ihnen was passiert?

DER DICKE Nehmens amal dem Mann den Hammer ab.

RESI Der hat doch kein Hammer!

DER DICKE Freilich – ich habs doch gspürt.

RESI Ah – der hat bloß solche Pratzen, aber entschuldigens bitte, ich kann ja nichts dafür.

DER DICKE Sagt ja auch niemand, aber sagen Sie, Fräulein, kommt der öfters da rein?

RESI Ja – der is der Kammerloher, der kommt alle Tage rein zu uns, des is sonst ein ganz netter Mensch.

DER DICKE Sonst – da ham wir ja Glück ghabt, daß wir ausgerechnet heute da sind, wo er nicht so nett ist.

RESI Heut hat er a bisserl zuviel trunken, jetzt ist er besoffen.

DER DICKE Sehns einmal zu, daß Sie ihn nausbringen.

RESI Der wird so nimmer lang da sein, der geht so gleich. Aber entschuldigen Sie bitte, mir ist die Sache sehr peinlich.

DER DICKE Schon gut.

RESI *geht zu Kammerloher.* Die zwei Herren ham sich jetzt grad beschwert über Sie, die möchten ihr Ruh habn, jetzt trinkens aus und gehns heim.

KAMMERLOHER Resi, jetzt bringst mir noch an Schapfa.

RESI Wegen Ihnen kann ich mich net derrennen.

KAMMERLOHER A Bier will i ham, sag i.

RESI Ich hab keins mehr, heut.

KAMMERLOHER Sei stad, gschnappige Amsel, a Bier fahrst jetzt her, sonst sag i dir was anders.

RESI Sie ham ja heut so schon so viel trunken, ich bring Ihnen einfach keins mehr, ich weiß überhaupt nicht, was Sie heut habn, Sie sind heut direkt streitsüchtig.

KAMMERLOHER Ich bin doch net streitsüchtig – ich will ja gar nix von ihm.

RESI Also, dann haltens Eahna Maul.

KAMMERLOHER I möcht ja nur ham, daß der mir sagt, wie »an Bord« auf spanisch heißt.

RESI Des is doch gleich, wie des heißt.

KAMMERLOHER Des is net gleich. *Er steht auf.* Des muß ich jetzt wissen. *Er nimmt seinen Stuhl, setzt sich zu ihm.* Paß auf, Kamerad, alter Freund – i will ja nichts Unrechts von dir, ich möcht jetzt nur von dir wissen, wie »an Bord« auf spanisch heißt. Also, raus damit!

DER DICKE Lassen Sie mich doch zufrieden.

KAMMERLOHER *geht weg von ihm.* Du bist ja bei mir ausradiert auf ewig.

RESI Jetzt zahln ma, des is des Gscheiteste. Was hamsn ghabt? Sechs Halbe – eine Mark achtzig, zehn Zigaretten macht zwei Mark zehne.

KAMMERLOHER Wie heißts dann auf spanisch?

RESI Zwei Mark zehne.

KAMMERLOHER *zahlt* Schama tät ich mich, da herin sitzen und net Spanisch können.

RESI Ja wie ham mas denn da – da fehln ja noch 65 Pfenning.

KAMMERLOHER Ich hab net mehr drauf, Resi, morgn kriegst as na schon.

RESI So schaun Sie aus – morgen ham Sie genau wieder so wenig Geld wie heut, Eahna mag i – ich tät halt dann net so viel saufen, wenn schons Geld net glangt.

KAMMERLOHER Dafür hab ich auch nix gessen. *Er singt* Stürmisch die Nacht.

RESI Also gell, net vergessen, 65 Pfenning krieg ich noch!

KAMMERLOHER Mei Orgel!

RESI Ja, nur recht gschert sei!

KAMMERLOHER A Halbe möcht ich jetzt noch.

RESI Hab koans mehr.

KAMMERLOHER Na bringst mir a Flaschl.

RESI Hab ich auch net.

KAMMERLOHER Dann nimmst an Schlüssel und sperrst dei Wirtschaft zu.

RESI Des kann ich machen, wie ich mag.

KAMMERLOHER Bring mir halt noch a Halbe!

RESI Ich hab wirklich keins mehr, mitm besten Willen könnt ich Ihnen keins mehr bringen. Das hat auch gar kein Wert mehr heut, sinds gscheit, Herr Kammerloher – gehns heim, Ihr Frau wird so schon Angst ham.

KAMMERLOHER Da hab ich schon mehr Angst auf d' Frau, wenn i mitn Strudl heimkomm.

RESI Gehns zu, sinds gscheit – schauns, hams noch den weiten Weg zum machen mit dem Radl bei dem schlechten Wetter, schließlich passiert Ihnen noch was, gehns heim zu Ihre Kinder. Jetzt legns Ihnen nieder und schlafens Ihrn Rausch aus und morgen kommens dann wieder. Dann gibts dann auch wieder a frisches Bier. Jetzt gehns nur zu – 's Radl bring i naus.

KAMMERLOHER Naa – halt, mein Brennabor –

RESI Den bring ich schon naus. So – jetzt wern ma 'n gleich draus ham – jetzt fahr ich ihm noch sein Karrn naus, und dann ham wir unser Ruh. Ja, gehns nur heim.

KAMMERLOHER Heim – naa, heim geh i net – jetzt bleib ich erst recht da, und so lang bleib ich da sitzen, bis der Hanswurscht mit mir spanisch redt. *Er hat sich gesetzt.*

RESI Des wern mir dann schon sehn – Sie gehn jetzt heim und aus ists, was wär denn jetzat des – da herin wird gar net spanisch gredt, des sag ich Ihnen im Guten – jetzt is amal Schluß mit dem spanischen Schmarrn – meinens, ich laß mir von Ihnen meine Gäst vertreibn, des könnens Ihnen denken. Bei der heutigen Zeit darf ma froh sein, wenn a paar herin sitzen, und der tät mirs nausekeln – Sie machen jetzt, daß S' nauskommen, und wenn Sie mir net folgn, dann sag ichs am Wirt.

KAMMERLOHER Auf den is ghust, des wär der einzige, den ich fürchten tät.

RESI Also Schluß jetzt, machens, daß S' weiterkommen. *Sie dreht ihn hinaus.* So, Herr Kammerloher.

KAMMERLOHER Schaust du mich für an Traller an?

RESI Ich meins Ihnen ja nur gut, jetzt gehns heim. So, Gott sei Dank. Bleibns draus, bleibns draus.

KAMMERLOHER Ja, jetzt merk ichs ja erst, nausgschmissen werd i da, und warum werd ich nausgschmissen? Weil der Sauhund net spanisch redt. Jetzt will ichs wissen, wie heißts, raus damit, wie heißts? *Er haut auf den Tisch.*

RESI Jetzt regns Ihnen nicht so auf, des hat gar kein Wert, der Herr hat Ihnen doch nichts getan.

KAMMERLOHER Ich laß mir schon nix tun – – wie heißts? Raus damit, Dreckkerl, dreckiger.

RESI *gibt ihm einen Wurf.* Jetzt langts aber, jetzt wirds aber Zeit,
so a unverschämter Kerl, da hört sich doch alles auf!

DER DICKE Was, will der in dem Zustand noch Radfahren? Der
bricht ja den Hals.

RESI A woher, Unkraut verdirbt net.
*Kammerloher fällt mit dem Rad um, er beginnt sofort heftig
zu bluten. Alles schreit.*

RESI Jeß Maria, da ham mas jetzt.

DER DICKE Saufen bis zur Bewußtlosigkeit und dann liegens da.
Der andere bessere Herr schiebt das Rad hinaus.

RESI Sie, der blut ja, was tun wir denn da – und der Wirt ist auch
net da.

DER DICKE Der Wirt könnte da auch nicht helfen, da muß ein
Arzt her.

RESI Meinens, daß er sterben muß?

DER DICKE Möglich.

RESI Ja, mir wärs genug, ich krieg noch 65 Pfenning von ihm!

DER ANDERE BESSERE HERR So rufens doch die Sanitäter an!

RESI Ich weiß ja die Nummer net.

DER DICKE Dann fragen Sie bei die Sanitäter zuerst an, was sie
für eine Nummer haben.

DER ANDERE BESSERE HERR Rufens doch die Auskunft an!

DER DICKE Die Auskunft ist seit Erfindung des Telefons dauernd
belegt.

RESI Bis ma da lang reden, derweil ham mas ja im Buch. *Sie
sucht bei Z.*

DER DICKE Ja, Fräulein, was suchens denn da unter Z?

RESI Is ja recht, man sagt doch – Zanitäter kemma.

DER DICKE Blödsinn, das wird doch mit S geschrieben.

RESI Wenn nur der Wirt da wär, sonst telefoniert halt der immer. *Sie blättert ganz aufgeregt.* Jetzt hab ichs: Sanitätsko-
lonne siehe Seite Nr. 1 – da muß ich vorn schaun – jetzt gehts
da bei 12 an, auweh, die hams mir rausgrissen.

DER ANDERE BESSERE HERR Wenn wir nur die Nummer wüßten.

RESI Ja, wenn wir nur die Nummer wissen täten.

KAMMERLOHER *am Boden* 24 8 00.

DER DICKE Der weiß die Nummer!

RESI Ich will Ihnen was sagn, des kann schon stimmen, den
hams schon öfters gholt. *Sie wählt.* Grüß Gott – bittschön, bei
uns herübn in der Goldenen Enten in der Ismaningerstraße, da

liegt einer, sinds so gut – ja – der Wirt is nämlich net da, und einer hat net Spanisch können – ja, ich bin d' Kellnerin – ja, und der rührt sich nimmer, jetzt weiß ich net, was ich tun soll, soll ich ihm an Kamillentee kochn, oder soll er gleich selber nübergehn zu Ihnen?

DER DICKE Aber Fräulein, der kann doch nicht gehn, sie solln ihn holn, Fräulein.

RESI Holn sollns, Fräulein.

DER DICKE Das sind doch keine Fräulein. Die Sanitäter solln sofort kommen und einen Verletzten holen.

RESI Also, Sie brauchen ihn erst am Letzten holen.

DER DICKE Nein, einen Verwundeten solln sie holen ...

RESI Sie, bittschön, einen Verwunderten.

DER ANDERE BESSERE HERR Verwundeten – deten, deten, deten ...!

RESI Ja, den sollns dann deten – der hats gsagt.

DER DICKE Sagen Sie, ein Unglück ist passiert!

RESI Ja, es ist was passiert. Ha – naa, Eglfing * is net da bei uns. Ich bins, 's Radl is einm naufgfallen, jetzt is der Kopf kaputt unds Radl blut. Ja bittschön, Parterr liegt er – am Boden – ja dankschön. *Sie hängt ein.*

DER ANDERE BESSERE HERR Was haben sie gesagt?

RESI An schönen Gruß hams gsagt, und sie kommen gleich. So, und jetzt hol ich a Wasser.

DER DICKE Der hat ja schon so viel gsoffen.

RESI Wenn nur der Wirt da wär! Grad heut is er in eine Versammlung gangen.

DER DICKE Jetzt hörens doch einmal auf mit dem Wirt, das ist ja furchtbar.

RESI Wie ist denn des eigentlich zugangen?

DER DICKE Das ist ganz einfach – ich war dagesessen und der Herr da, dann habe ich von Spanien gesprochen, darauf hat er mich belästigt, hat mich auf die Schulter geschlagen und hat Du zu mir gesagt.

RESI Da brauchens Ihnen gar nichts denken, des sagt er zu mir auch immer.

DER DICKE Dann wollte er in der aufdringlichsten Weise von mir wissen, wie »an Bord« auf spanisch heißt.

RESI Da muß ich aber jetzt dumm fragen, warum ham Sies ihm denn nicht gsagt? Sie können doch Spanisch?

DER DICKE Freilich kann ich Spanisch.

RESI Na also!

* *Vorort Münchens, Sitz der Nervenheilanstalt (A. d. H.)*

DER DICKE Ich spreche perfekt Spanisch. Aber der Zufall! Gerade das eine Wort »an Bord« ist mir unbekannt.

RESI So was Dummes. Hättens halt irgendein anderes gesagt.

DER DICKE Das wollte er ja nicht wissen, und überhaupt: Mit einem derartigen Menschen spreche ich nicht.

RESI Derartig ist er ja nicht, er ist ja bloß besoffen.

DER ANDERE BESSERE HERR Das ist ja das Traurige.

RESI Mir war nur das eine unangenehm, wie ihm seine Brieftaschen nuntergefallen ist, wo ihm das ganze Glump rausgfallen ist, und ich Depp les das noch vor von Stadelheim. Ich hab mich net viel gschamt. *Man hört von außen Hupenzeichen.* Jetzt hab ich was ghört. *Sie läuft ab und kommt sofort wieder.* Kommen schon, jetzt müß ma gleich Platz machen. *Zwei Sanitäter in Uniform mit Rotkreuzarmbinde kommen mit einer Tragbahre herein und stellen sie auf den Boden.* Des ist gut, daß S' jetzt da sind, wissens, ich hab gleich telefoniert.

SANITÄTER Wir sollen hier jemand abholen, wo ist er denn?

RESI Da liegt er am Boden.

SANITÄTER Ist gerauft worden?

DER DICKE Nein, nur eine Meinungsverschiedenheit hats gegeben.

SANITÄTER Das kennt man schon! *Resi und die beiden besseren Herren reden zugleich auf den Sanitäter ein, so daß man nichts mehr versteht.*

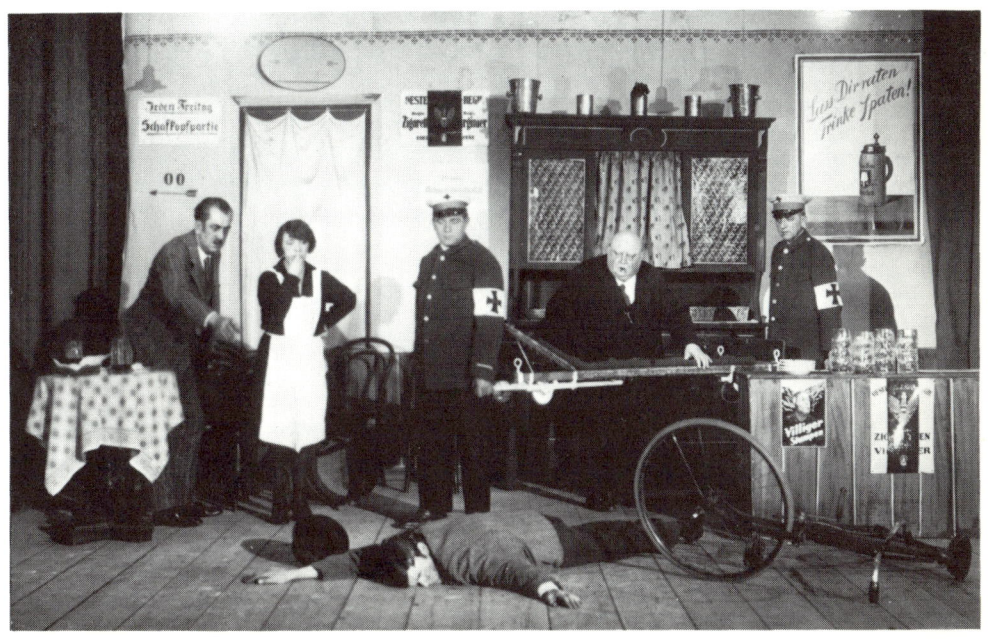

DER DICKE Also reden kann nur einer, sonst versteht man ja nichts.

RESI Ja, die Sache war so ... Der Herr war in Spanien ...

DER DICKE Nein, das war so. Ich bin dagesessen, der Herr da und er da ...

RESI Ja – und der Wirt war net da ...

DER DICKE Lassen Sie mich reden. Ich habe mich mit diesem Herrn unterhalten, ich habe erzählt, daß ich Weltreisender bin, habe gesagt, daß ich in der ganzen Welt herumgekommen bin, in Indien, Sumatra, Borneo, in Holland, Nordamerika, Südamerika, Australien, England, Frankreich, Schweiz, Italien, Türkei, Afrika, Dalmatien, Mexiko, und in Spanien war ich auch.

RESI Ja, und wie er in Spanien war, is 's angangen.

DER DICKE Ja also, ich habe von Spanien gesprochen, da ist er auf mich zugekommen und wollte von mir in der zudringlichsten Weise wissen, wie »an Bord« auf spanisch heißt.

RESI Ja, das hat ihm der Herr leider net sagen können, weil ers selber net weiß.

DER DICKE Ja also, wie gesagt, er ist auf einmal frech geworden, und dann hat er bezahlt.

RESI Aber mir ist er noch 65 Pfenning schuldig.

DER DICKE Das ist doch Nebensache, Fräulein.

RESI Ich dank schön, das ist ja bei mir d'Hauptsach!

SANITÄTER Das geht mich alles nichts an. Ich bin im Dienst, man hat uns gerufen.

RESI Ja, aber d'Nummer ham mir so lang net gfunden.

DER DICKE Sind Sie doch still, der Mann verblutet ja.

SANITÄTER Also los, da kennt sich der Teufel aus. *Beide Sanitäter heben Kammerloher auf; er kommt zu sich und schreit laut.*

KAMMERLOHER Nur net anlangen – was willst denn? Da werd ich windi! *Er schleudert den einen Sanitäter zurück, dieser fällt in das Büfett, es fällt um, der Sanitäter bricht mit blutendem Kopf zusammen. Der andere bessere Herr und der zweite Sanitäter bemühen sich um den verletzten Sanitäter und legen ihn auf die Tragbahre.*

RESI Mir ist ganz schlecht.

DER DICKE Sie Raufbold, was haben Sie denn da angestellt, Sie sollen sich schämen, sich in einer Wirtschaft, in einem öffentlichen Lokal so aufzuführen. Sie sind ja ein unmöglicher Mensch! Da schaun Sie her, jetzt ist nur mehr ein Sanitäter da,

der andere liegt selbst auf der Bahre, wer soll jetzt da hinaustragen helfen?

RESI Ja, wer hilft jetzt da tragn?

KAMMERLOHER Des wern ma glei ham – da geh her, Kamerad!
*Er packt kräftig die Bahre und trägt mit Hilfe des übrigge-
bliebenen Sanitäters den auf der Bahre liegenden hinaus. Alle
schauen verdutzt nach.*

Vorhang

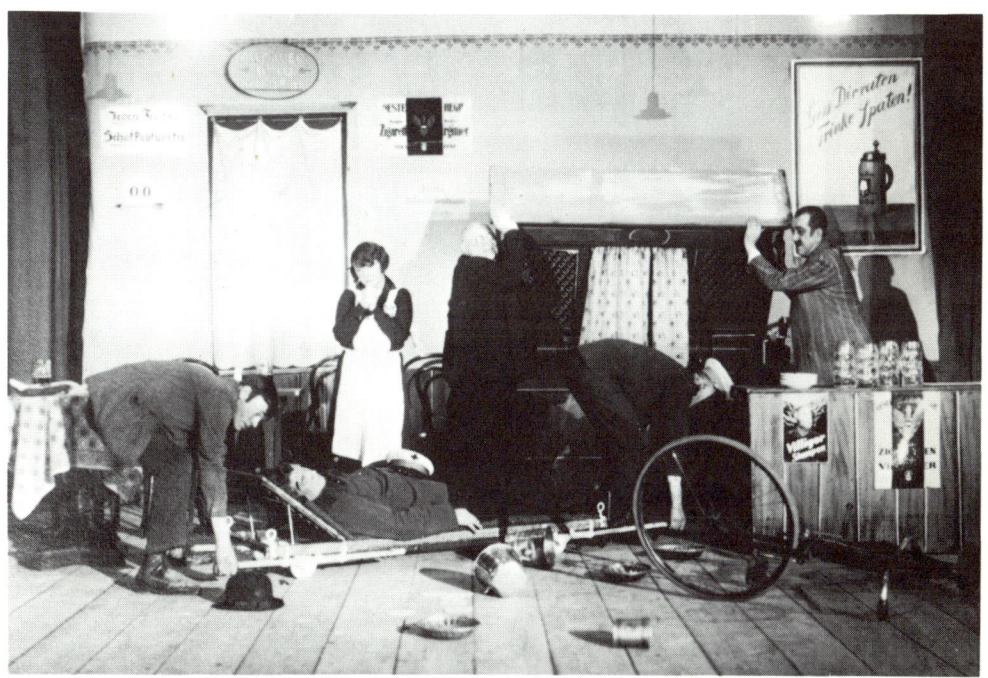

Hutfabrik Breiter. Bevor Sie Ihren Bedarf an Stiefeln decken,
besichtigen Sie mein reichhaltiges Lager an Hüten, Kappen,
Mützen, Strohhüten, Filzhüten, Hauben, Zylindern, Tschabig-
lappi, Kopfbedeckungen, Pelzmützen, Zipfelhauben, Strohmüt-
zen, Filzkappen, Kopfhauben, Strohkappen, Pelzhüten, Zipfel-
zylindern, Filzmützen, Pelzbedeckungen, Tschabiglappimützen,
Zylinderstrohbedeckungen, Filzpelzmützenhelmen, Zylinderkap-
penmützen, Strohhutkappzipfelhaubenhutmützenfilzpelzhüten.
Große Auswahl in festen Preisen.
Breiter & Schmäler, Dachauerstr. Nr. 14 – Kaufingerstr. Nr. 23 –
Bayerstr. Nr. 53 a.

> *Das anwesende
> Publikum wird
> gebeten, das
> nebenstehende
> Lichtbild laut
> mitzulesen.*

**Brief an
seine Tochter Bertl**

Sehr geehrte Tochter!

Anläßlich unseres letzten Beisammenseins in München, am 5. August 31, gestatte ich mir, jetzt die Rechnung für deine Existenz gütigst zu übersenden und hoffe, daß du mit den Preisen einverstanden bist.

Hebammenkosten, bezahlt am 21. September 1910	Mk.	20.–
1 kleine Blechbadewanne	„	6.–
Lauwarmes Wasser, 6 Jahre lang, tägl. 10 Pfg.	„	219.–
Schwammbenützung, 6 Jahre lang, tägl. 5 Pfg.	„	108.50
1 Wickelkissen und Babyausstattung . . .	„	100.–
Täglich 1 Liter Milch, ca. 6 Jahre lang, Semmelmus	„	438.–
Schmerzensgeld bei Geburt, von Mutter billigst berechnet	„	100.–
Schulzeit:		
Einschreibgebühr	„	2.20
Schultoiletten	„	500.–
Schulbücher	„	90.–
Pause Frühstück		
Pause Nachmittagsstück m. Berücksichtigung von Samstag Nachmittag insges. 1386 Tage	„	29.–
bis zu 21 Jahren tägl. Mittag- u. Abendbrot à 1.–	„	6.550.–
tägl. bis zu ab 10 Jahre ½ l Bier à 30 Pfg.	„	1.204.50
Taschengeld von 7–21 Jahr	„	1.000.–
5 x photographieren lassen	„	40.–
Ärztl. Behandlung und 16 ½ Warzen abätzen rechte Hand	„	120.–
Kirchensteuer	„	200.–
Schulsteuer	„	150.–
Tägl. ⅕ Ltr. Kaffee à 15 Pfg.	„	1.120.–
Monatl. ½ Ltr. Wasser – unberechnet . . .	„	–.–
Bubikopf schneiden	„	5.–
Kopfwaschen, 6 Jahre lang, wöchentl. Mk. 3.–	„	936.–
Barauslagen für Kino, Theaterbesuch, Bälle etc.	„	3.570.–

Kleidung vom 14.–21. Jahr, pro Jahr
Mk. 500.– incl. Wäsche . . . .   „   3.144.–
Unterricht Französisch, Englisch, Literatur .   „   540.–
Klavier- und Gitarreunterricht . . . . .   „   700.–
Reise nach Königsberg . . . .   „   83.–
Briefmarken und Telephongespräche nach
Königsberg . . . .   „   150.–

                           Mk.   24.625.20

Bezugnehmend, daß du mein eigenes Fleisch
und Blut bist, habe ich 10 % Ermäßigung zu-
gestanden . . . .   „   2.462.50

                           Mk.   22.162.70

Binnen acht Tagen zahlbar, da ich sonst zu meinem Bedauern
gezwungen wäre, gerichtliche Schritte zu unternehmen.

                       Mit vorzüglicher Hochachtung
                                Karl Valentin

Wilhelm
Hausenstein
Karl Valentin, der
große Komiker

Es war vor etwa drei Jahrfünften, drunten im Souterrain des Hotels Wagner. Er stand wie eine Latte. Die Latte spielte das »Meer« von »Schuckert«. Die Latte w o l l t e das Meer von »Schuckert« spielen – denn sie kam nicht dazu. Das Leben war ein raffiniertes und niederträchtiges Intrigenspiel der Schwierigkeiten. Der Festungsschlüssel paßte nicht an den Geigenkasten; das Notenpult war nicht in Ordnung; der Hammer, der nachhelfen sollte, zertrümmerte den Daumen; die Verbandgaze nahm den Geigenbogen mit hinein – und zuletzt, als alles wieder leidlich entwirrt schien, kam der Gerichtsvollzieher, um die Violine zu pfänden: »jetzt, wo es gerade so schön gegangen wäre«. »A Blamasch is's.« Die Latte stand – stumm vor Verlegenheit, ein Grabkreuz der Beschämung, dem nur die Querlatte fehlte, damit es als ein echtes Grabkreuz über dem Hügel eines Armen geragt hätte. Hier liegt begraben: »Blamasch«.

Uns war das Weinen näher als das Lachen. Eigentlich harrte eine ganze Trauerversammlung; all das quietschende und brüllende Gelächter ringsum war ein einziges Geweine, das verdreht herauskam.

Warum spielt er uns nicht mehr das »Meer« von »Schuckert«?

Aber er spielt andere Sachen, die in der Tiefe grundsätzlichen Mißlingens aller Unternehmung nicht minder wunderbar sind. Er spielt das Brillantfeuerwerk, die Raubritter vor München, das Christbaumbrettl, den Firmling, den von Mal zu Mal dichteren, grandioseren Firmling, und er spielt den »Scheinwerfer«. Er spielt die Orchesterprobe. Es gibt Valentins dramatische Werke! Sie sind, soviel ich weiß, nicht gedruckt; in dem kleinen Heftchen habe ich nur Monologe und Gedichte gefunden (oh, das herrliche Futurismus-Gedicht – kein Christian Morgenstern hätte es schöner dichten können). Aber es *gibt* die dramatischen Werke Valentins: nicht anders als die Werke Molières in dem Augenblick, ehe sie gedruckt waren; nicht anders als die Rüpelszenen bei Shakespeare in dem Augenblick, in dem sie aus der Improvisation in die Festigkeit der Form übergingen; und auch nicht anders als die Erfindungen der Commedia dell'arte. Denn ob auch ungedruckt: *fest* sind die Szenen Valentins – ein unerbittliches Gefüge, das einer fanatischen Vorstellung und einer zähen Nacharbeit verdankt ist. Und mögen sie ewig ungedruckt bleiben! Denn es wird nie wieder einen geben, der sie spielen kann – und dies übrigens ist das Besonderste an Valentin. Es verhält sich ja nicht nur so, daß er bloß seine eigenen Werke spielen kann, wiewohl es uns verlocken würde, ihn als den Prinzen von

Arkadien zu sehen oder als den Junker Spärlich oder als Schwejk; sondern es ist auch so, daß *nur* er, daß er *allein* die Werke spielen kann, die seine Erfindung sind ...

Aber wir verlieren uns. Ich wollte sagen: Das ganze Werk ist »Blamasch«. Alles ist wie das »Meer« von »Schuckert«. Alles mißlingt. Welch ein »défaitiste« (wider Willen). Alles ist Pech, Verwechslung, Unsinn, Philologasterei, Kläublerei, trockene Traurigkeit, ein verzwicktes Räsonnieren mit Sachen und Worten, schauderhaftes Sich-Verfangen, ein unschuldig-heilloser Eigensinn: der furchtbare katastrophenzeugende Eigensinn der Dummheit, der mit dem beängstigenden Gleichgewicht und der erstaunlichen Sicherheit eines Seiltänzers auf der haarfeinen Linie zwischen dem Komischen und dem Tragischen hingeht. Eigensinn ist da, vor allem, Eigensinn und noch einmal Eigensinn; Beharrung auf dem Wort, dem Begriff und dem Unbegriff, Beharrung mit der Unabweisbarkeit des Idioten. In einem kühlen Grunde, da geht ein Mühlenrad; mein Liebchen ist verschwunden, das dort gewohnet hat ... Er, Karl Valentin, der ideale »Depp«, der listige und schadenfrohe Depp, tadelt diesen Unsinn. »Dort« – wieso »dort«? In dem Mühlenrad? Man könne sich denken, daß dies arme Liebchen keine ruhige Minute gehabt hat, wohl aber alle Ursache zu verschwinden ... Und gar der Radfahrer auf der Neuhauserstraße! Valentin erzählt, daß er mit einem Freund vom Radfahren geredet hat – ungefähr in der Gegend der Michaelskirche; und unbegreiflich – im *gleichen* Augenblick kommt ein Radfahrer vorbei ... Aber daran, meint der andere, sei doch nichts. Valentin: Wieso? (*Sein* Wieso ... Wieso?) Das Erstaunliche sei doch, daß der Radfahrer *genau* in dem Augenblick vorbeifuhr, in dem er, Valentin, ans Radfahren gedacht habe. Er läßt sich nicht von der Erstaunlichkeit des Zusammentreffens abbringen. Unsere Verzweiflung ist vergeblich; sein Eigensinn, sein idiotischer Eigensinn ist stärker als unser »was ist dabei«. ... Und freilich ahnen wir, daß hier ein ungeschriebenes System der *Metaphysik* herblinzelt. Hat man erst den richtigen Augenaufschlag, so ist just das Banalste das Unfaßlichste.

Aber versuchen wir nicht, den Valentin nachzuerzählen. Es ist unmöglich, wie es ja auch unmöglich ist, ihn nachzuspielen. Keiner hätte ihn je nachspielen können: nicht der unvergeßliche Kellerhals, nicht der jugendliche Wasmann, nicht Pallenberg – mit dem Valentin in gewissen Augenblicken komisch-tückischer, rötlich-blonder Hinterhältigkeit zwar eine gewisse Ähnlichkeit hat. Nein, man kann ihn weder nacherzählen noch nachspielen. Ja, seine Wirkung hängt nicht einmal von seinem *Stück* ab; nicht von seinen gegenständlich faßbaren Leistungen, Aussagen, Niederlagen, sondern von der Unheimlichkeit seiner Person. Wenn er auf die Bühne kommt, dann kommt mit ihm, als Gegenteil eines Schutzengels nämlich, ein Geheimnis auf die Bühne. Dieser Clown hat um sich die Aura des Mißgeschicks; diese Aura, dies »Ambiente«, dies Geheimnis, dies gänzlich Irrationale macht die Wirkung seines Auftritts! Er könnte tun und reden, was er wollte; das Geheimnisvolle seiner Erscheinung würde uns immer ergreifen; es würde uns an der Stelle ergreifen, wo die Seele auch bei uns, bei jedem, unentschieden zwischen dem Sinn und dem Blödsinn steht wie Buridans Esel zwischen den Heubündeln – an der unheimlichsten Stelle des Menschlichen.

Dies Geheimnis muß man spüren; sonst geschieht, daß man ihn nicht begreift. Dies Allerfeinste, dies beinahe Unerfindliche, dies jedenfalls Unsagbare macht den Triumph seiner tragischen Komik. Wer das *Geheimnis* der Erscheinung, das Geheimnis dieses Wesens nicht gefühlt hat, wird hinausgehen wie jenes Dienstmädchen, das sein Eintrittsgeld mit den Worten zurückhaben wollte: »der kann ja nix'n«. Nebenbei: Valentin bucht dies Ereignis unter seine stärksten Erfolge.

Wie ist dieser Mensch in die Welt gekommen? Hat die Latte eine Herkunft? Hat sie eine Heimat – die Latte, die so hoffnungslos allein zu sein scheint, sozusagen hereinverbannt in unsere Welt?

Ja, Valentin hat eine menschliche Abstammung. Sie ist zur Hälfte sächsisch, zur Hälfte hessisch. Vom Sächsischen (von der Mutterseite) kommt das Proletarische dieser Tragikomik – das komische Elend der Szene mit dem Christbaumbrettl, in der das Genie Valentins sich mit dem Genie des Thomas Theodor Heine zu kreuzen scheint. Aus dem Hessischen (der Vater war aus Darmstadt) kommt das Geistig-Radikale, das Dichterisch-Kühne. Aus München, wo Valentin in der Au geboren ist, kommt das Drastische, das Geselchte. Freilich: der Speck fehlt. Es ist eine Komik ohne Fett. Es ist auch eine Komik ohne Gelächter. Wer hätte Valentin je *lachen* sehen? Zuweilen macht er eine Grimasse, in der das Lachen liegt, wie ein entgleister Zug zerstört an der Böschung hängt... Aus Sachsen kommt das Unterernährte; aus München kommt – ich habe kein anderes Wort – das Zünftige, das Sublimiert-Luckihafte, der Pfiff zwischen den Stockzähnen (ohne Finger).

Aber ach, mit dieser Genealogie ist über das Wesentliche so wenig ausgesagt! Die Geschichte dieser Herkunft ist zwar ein kleiner Weg zu ihm; aber die Hauptsache liegt immer im Geheimnisvollen der Erscheinung dieses unglaublichen Menschen, dieses unbeschreiblichen Künstlers. Damit ich gut verstanden sei: das Geheimnisvolle ist nicht etwa ein persönlicher Trick; sondern da geht es wirklich um ein *Geheimnis* – das heißt um ein Geheimnis, das an Schicksal grenzt. Wir dürfen von dem Bündnis zwischen Bliemchenkaffee und Maßkrug wissen. Aber wir sollen nicht meinen, daß wir damit alles wüßten und nun einfach sagen könnten: aha!

Er ist ein Bastler, dieser Valentin. An ihm ist ein halber Edison verloren; wie phantastisch und wie wahr, wie täuschend allein schon die Apparatur, mit der er arbeitet, zum Beispiel seine Flugmaschine bei den »Sturzflügen im Lokal«, und die durchaus seine Erfindung und seine ausführende Arbeit ist! Er beherrscht die Hobelbank; er ist sicher ein Stück von einem Schlosser; daß er vom Bombardon bis zur Klarinette mit einem ganzen Orchester konkurrieren kann, hat er bewiesen. Vom Basteln kommt er ins Komplizieren; vom Komplizieren kommt er in die Nerven; von den Nerven kommt er in die Tücke des Objekts und also in eine tolle Vollkommenheit alles nur möglichen Unheils. Verwickelte, ungeheuerlich zusammengesetzte Situationen entstehen, in deren Anblick Hieronymus Bosch und Pieter Bruegel begeistert den Stift gezogen hätten. Nun, dies ist viel. Aber ich sage: auch dies ist längst nicht alles. Sondern die Hauptsache liegt immer im Unaussprechlichen – in der Atmosphäre, die diesen langen, dünnen Mann umgibt; die Hauptsache liegt im Geheimnis seines Wesens. Und scheuen wir uns nicht, noch einmal auszusprechen: von diesem Geheimnisvollen gibt es eine Wegrichtung zu den Clownerien in den Tragödien des Shakespeare; zu jenen Clownerien, in denen das Tragische erst vollständig wird, indem es sich überschlägt, so daß die Tränen das Gelächter löschen und das Feuer des Gelächters das Wasser der Tränen verzehrt. Valentin ist auch in den Film gegangen. Unfaßlich, daß der Film sich Valentins nicht entschiedener versichert! Wie er, von seiner Gewichtlosigkeit profitierend, auf der Flucht vor der Gattin die Luftballontraube eines Festwiesenhändlers ergreift und von der Traube über die Oktoberwiese hinaufgetragen wird, um im Unendlichen zu entschwinden: dies hätte Chaplin, der Chaplin des Traumes in »The Kid«, nicht herrlicher, nicht dichterischer ausdenken können. Chaplin und Valentin, Brüder im Mißgeschick, sind zwar verschieden; aber ich wage zu sagen, daß Valentin nicht weniger Karat enthält als Chaplin, und ich bewundere das geringe Wahrnehmungsvermögen der Filmwelt, die dies noch nicht gespürt hat. Denn wohlgemerkt: der Film-Valentin ist sein eigener Unternehmer gewesen – draußen hinterm Ostfriedhof, vor fünfzehn Jahren, und auch heute umwirbt die Filmwelt diesen großen Komiker keineswegs...

Und endlich: dies alles ist aufs dichteste mit seinem ganzen Dasein verbunden. Sein privates Existieren ist nicht minder kompliziert als sein Bühnendasein; ich kenne keinen Künstler, der immer, immer so sehr er selbst ist. (Wahrscheinlich ist es die Wurzel seiner Komik überhaupt, daß er so sehr *er selbst* ist; wie fliegt er immer wieder auf den Antennendraht – unbeirrbar, unabweisbar gleich einer Elster, die was Blankes sieht und es aus ihrem Selbst heraus eben haben *muß!*)

Als wir einmal in einer Münchner Weinstube spät nachts zusammen hinter einem Glase Pfälzer saßen, da holte er aus der Herztasche eine Broschüre; er holte sie vorsichtig heraus, als wäre sie etwas Skandalöses. Es war: Immanuel Kant »Von der Macht des Gemüts« (nämlich durch den bloßen Vorsatz krankhafter Gefühle Herr zu werden). Karl Valentin hatte darin eine Stelle über den Hypochonder angestrichen. Er zeigte sie mir und flüsterte: »Schaug'n S' her, Herr Doktor, dös hat er g'spannt, do moant er *mi.*«

Ich hätte es nicht sagen solln; ich verrate ein Geheimnis; aber ich kann nicht anders. Ein Komiker, der, ein Psychologe seiner eigenen Komik, für Beruf und Leben aus dem reinsten Ernst den Kant studiert, sozusagen mit Kant trainiert: dies gibt es bei uns, in München! Und so begreift man wieder einmal, weshalb man in München lebt.

Wissen Sie schon ..? ...daß der Krieg 1870–71 um 29 Jahre kürzer war als der Dreißigjährige?

...daß die Welt nur ohne Menschen schön wäre?

...daß eine Riesenschlange auf der rechten Seite genauso lang ist wie auf der linken?

...daß mehrere Schweine keine Meerschweine sind?

*Zwei Szenen
aus dem Stummfilm
Der Sonderling
(1929)*

Der Schauplatz der Handlung ist ein altmodisches kleinbürgerliches Mansardenzimmer mit vergilbter, billiger Tapete aus Großvätertagen. Über dem geschweiften Plüschkanapee zur Linken hängt in kitschigem Goldrahmen ein Blumenstück im Vierfarbendruck. Die beiden Fenster im Hintergrund scheinen auf irgendeine Brandmauer hinauszugehen; jeder Flügel ist in drei Scheiben geteilt. Lange nicht gewaschene cremefarbige, helle Vorhänge ohne Übergardinen sind zu beiden Seiten der Fenster gerafft, zwischen beiden Fenstern ein altmodisches Frauenbild in ovalem Rahmen, darüber ein unförmig großer Geschäftskalender, der als Datum eine große Acht trägt, oder irgendein anderes Datum, das weit zurückliegt, so daß man erkennt, wie lange er nicht abgerissen worden ist. Rechts vom Fenster auf einem Wandbrett ein Vogelbauer, in der Ecke ein Kachelofen mit Blechrohr nach oben, an dem eine Wäscheleine mit Wäsche zum Trocknen festgemacht ist, auf der oberen Ofenkante eine Kaffeemühle, in der Durchsicht eine bauchige, runde, tönerne Kaffeekanne, in der offenbar Kaffee gewärmt wird. Eine altmodische Kommode steht zwischen den Fenstern, darauf ein Radio und mehrere Nippsachen. In der Bühnenmitte ein viereckiges Rohrtischchen, das mit einer weißen Klöppeldecke bedeckt ist, darauf ein Blumenstrauß in einer billigen Vase. Vor dem Kanapee ein runder Tisch mit Plüschdecke und leuchtender Posamentenkante. In der schrägen Seitenwand ein Dachfenster.

DIE FRAU *(Liesl Karlstadt) trägt über ihrem Kleid eine blaue Schürze mit weißer Kante.*

DER MANN *(Karl Valentin) hat einen struppigen Vollbart und eine Glatze, die nur durch wenige zur Seite gekämmte Haare gegen die Stirn abgegrenzt ist. Seine weite dunkle Hose schlägt Falten, die helle, oft geflickte Weste ist aufgeknöpft. Sein Chemisett hat einen niedrigen breiten Gummiumlegekragen, unter dem eine altertümliche schwarze Binde, wie sie früher die Handwerker trugen, durchgezogen ist.*

Beim Aufgehen des Vorhangs sieht man den Mann am Tisch sitzen und Zeitung lesen.

DIE FRAU *kommt eilig herein.* Du, Alter, denk dir nur, jetzt geh ich eben über die Treppen rauf, da begegnet mir unser Hausfrau und hat mir schon wieder was gschenkt – rat amal, was s' mir gschenkt hat?

DER MANN Sei net kindisch, sags halt.

DIE FRAU Da schau her, zwei Theaterbilletten fürn Faust – was sagst denn du dazu?

DER MANN Dankschön! Warum gehts denn net selber nei, des alte Luada?

DIE FRAU Ja mei, sie wird halt koa Zeit ham.

DER MANN So so, s i e hat keine Zeit, aber w i r müssen schon Zeit habn.

DIE FRAU Aber sei doch net so undankbar.

DER MANN Da siehst doch ganz deutlich, daß die Frau irgendwas gegen uns hat, sonst tats doch net ausgerechnet uns die Karten schenken.

DIE FRAU Aber sie wollte uns doch nur eine Freude bereiten.

DER MANN Sie uns?! Haben wir vielleicht ihr schon mal eine Freude bereitet?! – Niemals!

DIE FRAU Also willst mitgehn? Ja oder nein?

DER MANN Wann geht denn des an?

DIE FRAU Des weiß i net – i geh nunter und frags nochamal.

DER MANN Des geht halt um halb acht Uhr an.

DIE FRAU Jetzt is ja schon dreiviertel sieben Uhr, da tät ma nimmer fertig werden! Aber die Theater gehn doch meistens erst später an – um acht Uhr.

DER MANN Naa, zwischen halb acht und acht Uhr gehns an.

DIE FRAU Naa, vor acht Uhr auf keinen Fall; immer gehn die Theater erst später an; weißt noch, vor vier Wochen warn ma amal in an Frühschoppen, der ist erst um zehn Uhr angegangen.

DER MANN Ja, was mach ma denn da?

DE FRAU Überleg dirs halt net lang, komm!

DER MANN Gegessen ham ma auch noch nicht.

DIE FRAU Das Essen ist fertig.

DER MANN Ja, i werd scho fertig, kampelt bin ich gleich.

DIE FRAU Das kannst hernach machen, jetzt eß ma zerst. *Sie geht ab. Der Mann nimmt einen Spiegel und stellt ihn auf den Tisch; der Spiegel fällt immer wieder um. Die Frau kommt mit Tellern und Besteck.* So, jetzt schaun ma, daß wir weiterkommen. Ja gibts denn des auch – stelln halt auf. *Der Spiegel bleibt stehen, aber nur verkehrt herum.*

DER MANN Ich kann doch net soo neinschaun.

DIE FRAU Dreh ihn halt um. *Der Mann dreht den Spiegel um, aber nun bleibt er wieder nicht stehen, sondern fällt immerzu um. Die Frau stellt ihn richtig hin. Der Mann kämmt sich.*

DIE FRAU Jetzt möcht ich bloß wissen, was da zu kämmen gibt – da kannst doch keinen Scheitel mehr machen, aus der Mordstrumm-Plattn.

DER MANN Das bin ich noch so gewöhnt von früher her.

DIE FRAU Wie nur der Mensch so eitel sein kann – für wen richtst dich denn gar so schön zsamm, mir gfallst, und wem andern brauchst net gfallen.

DER MANN Vielleicht sitzt im Theater ein sauberes Madl neben mir.

DIE FRAU Die wird dann grad dich anschauen, die schaut doch den Faust an!

DER MANN I mein ja in der Pause.

Die Frau geht und bringt das Essen, eine Schüssel mit Kraut und Würstchen.

DER MANN Schon wieder Eintopf!

DIE FRAU Bei uns hats doch noch nie was anderes gebn. *Jeder kriegt eine Wurst, er nimmt sie, zieht sein Metermaß aus der Hosentasche, mißt beide Würste, gibt der Frau die kleinere und behält die längere für sich; dann fahren beide hastig mit ihren Gabeln ins Kraut, die Gabeln verfangen sich ineinander, sie ziehen vergeblich jeder nach seiner Seite daran. Endlich schlägt er die Gabeln mit seinem Messer auseinander. Während des Hin- und Herziehens schaut er auf den Regulator an der Wand.*

DIE FRAU Da, jetzt ist sie krumm, jetzt weiß ich wenigstens, wer unsere Gabeln immer so kaputt macht. Jetzt eß ma aber schnell.

DER MANN Schnell soll man nicht essen, das ist ungesund.

DIE FRAU Da hast a Kraut! *Sie steht auf und gibt ihm Sauerkraut auf seinen Teller.*

DER MANN *wirft es zornig mit der Hand zurück.* Ich nimm mir mei Sach scho selber. *Er nimmt sich Sauerkraut. Er schaut in den Spiegel.*

DIE FRAU Mach doch keine Geckerl, unterm Essen brauchst doch nicht in den Spiegel schaun.

DER MANN Gerade da – dann hat man zwei Portionen. Was mach ma denn mit unserem Buben, wenn er von der Arbeit heimkommt?

DIE FRAU Da hab ich schon drandenkt. – 's Essen müß ma ihm warmhalten, und bevor wir fortgehen, müß ma ihm an Zettel schreiben – iß nur du weiter, den schreib ich gleich. *Sie holt aus der Kommode Papier und Tinte.* Dann schreib ich, daß wir nicht daheim sind.

DER MANN Des brauchst ihm net schreiben, das sieht er ja selber – aber des mußt ihm schreiben, daß wir fortgangen sind.

DIE FRAU Das mein ich ja! Ich schreibe ihm, daß wir nicht da
sind, weil wir abwesend sind.

DER MANN Schreib: München, den –

DIE FRAU Nein, ich schreib: Lieber –

BEIDE Ja, wie hoaßt jetzt der?

DIE FRAU Du als Vater wirst doch wissen, wie der Bub heißt.

DER MANN Du als Mutter mußt es viel eher wissen.

DIE FRAU Weil man eben immer Bub zu ihm sagt, ja wie heißt er
denn?

DER MANN Wart – ich frag die Nachbarin.

DIE FRAU Naa – da wern ma doch selber draufkomma, Jeßmar-
andjoseph – ah Joseph heißt er. Also: Mein lieber Joseph –

DER MANN Das kannst net schreiben, weil er mir auch ghört.

DIE FRAU Dann schreib ich halt unser lieber Joseph, daß d' a
Ruah gibst. – Unser lieber Joseph …

DER MANN Sehr geehrter Herr, unser lieber Joseph –

DIE FRAU Dein Essen steht in der Küche am Ofen, mach es dir
warm, weil es schon kalt ist …

DER MANN Es ist bereits Dezember.

DIE FRAU Ich meint dochs Essen – kalt ist und weil wir ins Theater gehen müssen.

DER MANN Wenn ma net mögen, müß ma net.

DIE FRAU Dann schreib ich dürfen – können – wollen – sollen –

DER MANN – werden.

DIE FRAU Dann sind wir doch schon fort, wenn er den Zettel
liest.

DER MANN Dann schreibst: Gegangen sind.

DIE FRAU Sollte das Theater aus werden, dann kommen wir vielleicht bestimmt nach Hause. Es grüßt dich

DER MANN Hochachtungsvollst

DIE FRAU Deine fortgegangenen Eltern, nebst Mutter.

DER MANN Bei die Eltern ist doch d' Mutter schon dabei!

DIE FRAU Dann mach i halt an Punkt, sonst liest des Rindviech
weiter.

DER MANN Jetzt schreib noch hin: Solltest du aber das Essen lieber kalt mögen – dann brauchst du es nicht warm zu machen.

DIE FRAU Weil es sonst zu heiß wird. So, den legen wir jetzt am
Tisch her. Oder vielleicht sieht er ihn da net glei – er geht doch
meistens bei der Tür herein, dann legen wir den Zettel am
Boden her.

DER MANN Dann tritt er drauf mit die schmutzigen Stiefel und
kann ihn nicht mehr lesen.

> Kochherd
> *samt Feuer und*
> *halbfertigem*
> *Schweinsbraten*
> *sofort zu ver-*
> *kaufen.*

Er stellt den Brief auf das Seitentischerl, wo er ihn an die Blumenvase lehnt.

DIE FRAU Das ist nichts, da, mit dem Blumenbukett, da meint er ja, er hat Namenstag.

DER MANN Er hat aber kein Namenstag.

DIE FRAU Aber das irritiert ihn – also das ist nichts.

DER MANN *lehnt den Brief an den Spiegel.* Das ist großartig, da schau her, jetzt wenn er kommt, stellt er sich daher, schaut in den Spiegel hinein und denkt sich, was ist denn das für ein Zettel? Dann sieht er ihn.

DIE FRAU Wir schauen freilich nein, weil wir wissen, daß da ein Zettel liegt – aber er hat ja keine Ahnung, jetzt, wenn er nicht neinschaut?

DER MANN Das ist Grundbedingung, daß er neinschaut.

DIE FRAU Wenn er aber net neischaut, dann hast den Zettel umsonst hingstellt.

DER MANN Jaso, halt, ich habs – jetzt schreibst nochmal an Zettel: Wenn du heimkommst, schaue sofort in den Spiegel.

DIE FRAU Also: Wenn du heimkommst, schaue sofort in den Spiegel hinein, dann siehgst du was – schreib ich. So – jetzt ham ma uns so lang mit der Schreiberei aufghalten – jetzt gehts auf sieben Uhr – is gut, daß das Theater erst um acht Uhr angeht.

DER MANN Um halb acht Uhr gehts an.

DIE FRAU Ich mein, abspülen tu ich erst morgen früh, sonst wirds zu spät. *Sie serviert ab.*

DER MANN *sucht überall herum, zieht die Schubladen auf und schüttelt den Kopf.* Fanny, wo hast denn mei Kragenknöpferl?

DIE FRAU Jetzt geht wieder d' Suche nach dem Kragenknöpferl an, hunderttausend Kragenknöpferl hab ich dir schon …

DER MANN Des is zuviel – oans brauch ich bloß.

DIE FRAU Ich möcht bloß wissen, wo du die Kragenknöpferl immer hinbringst, ich glaub, du frißt sie direkt. *Sie nimmt die Knopfschachtel und zeigt sie ihm. Der Mann stürzt auf sie zu, beide stoßen mit ihren Köpfen zusammen, er wühlt in der Schachtel, endlich findet er ein Kragenknöpferl und hält es ihr triumphierend unter die Nase.*

DIE FRAU Jetzt mach ich mich fertig – ah, in d' Küch muß ich nochmal. *Sie geht ab.*

DER MANN *ruft ihr nach* Wo ist denn mein Kragen?

DIE FRAU Wostn gestern hingelegt hast.

DER MANN *quält sich mit dem Umbinden des Kragens ab, bringt es aber nicht fertig, das Kragenknöpferl durch das zweite Knopfloch des Bündchens zu schieben.* Fanny, mach mir mein Kragen ein, bevor ich narrisch werd.

DIE FRAU *stürzt mit der Brennschere im Haar wieder herein.* Du mußt mir schon mei Ruh lassen, sonst werd ich auch nicht fertig – was soll ich denn tun?

DER MANN Mein Kragen sollst mir einmachen, sonst wirf ich ihn hintern Ofen.

DIE FRAU Da, halt amal d' Scher! *Sie faßt die Lockenschere an den Holzgriffen und hält ihm das heiße Eisenteil hin.*

DER MANN Au – dumme Gans, gibts mir die heiße Scher *so* in d' Hand.

DIE FRAU Ja, wie soll ich dirs denn sonst geben, ich kann dirs doch net so geben! *Sie faßt die Schere am Metallteil an.* Au!

DER MANN *läßt sein Kragenknöpferl auf den Boden fallen.* Jetzt hab ich mei Knöpferl hinuntergeworfen. *Er reißt ein paarmal die elektrische Zuglampe herunter und stößt sich dabei den Kopf an.*

DIE FRAU Jetzt hat er wieder kein Knöpferl – also wennst so weitermachst, dann kommen wir viel zu spät, des sag i dir glei. *Sie sucht das Knöpferl.* Vielleicht ists unterm Diwan?

DER MANN Der is ja hingemaln, da unter der Kommode is es hingfalln! *Sie bückt sich suchend, er hebt die Kommode etwas auf, das Geschirr und die Nippsachen fallen herunter.*

DIE FRAU Jessasmarandjoseph, mei schöns Gschirr! *Sie schimpft wütend weiter.*

DER MANN *lacht* Da is ja 's Knöpferl! Wo is denn mei Kragen –?

DIE FRAU Jetzt hat er wieder koan Kragen – da is er ja!

DER MANN Nein, an Kragen . . . da is er ja.

DIE FRAU Ich zieh mich jetzt an, dann is wenigstens eins fertig; soll ich das schwarze Kleid anziehn?

DER MANN Ja.

DIE FRAU Oder das braune?

DER MANN Ja.

DIE FRAU Ich kann doch net zwei Kleider anziehn!

DER MANN Dann frierts dich net.

DIE FRAU Wenn man nur dich um was fragt – jetzt ziag i amal 's braune an – dann sehn mas schon, 's schwarze kann i dann immer noch anziehn. *Sie geht ab.*

Der Mann hat inzwischen Kragen und Krawatte umgebunden. Er sucht seine Schuhe und findet sie. Während er den

einen anzieht, stellt er den anderen auf den Tisch. *Beim Zu-*
schnüren ärgert er sich über die Schuhbänder.

DIE FRAU *kommt im braunen Kleid hereingestürzt.* Geh, mach
mir amal mei Kleid ein, das kann ich net allein.

DER MANN Auweh – jetzt kommen wieder die fünfhundert Ha-
kerln alle.

DIE FRAU Nein, brauchst koa Angst ham, i hab ja an Reißverschluß hinmachen lassen. *Der Mann macht den Reißverschluß*
zu. Des war doch früher furchtbar; wenn man ein Hakerl zu-
gemacht hat, dann is das andere wieder aufghupft, und beim
Ausziehen, wenn man eins aufgmacht hat, is des ander wieder
zughupft.

DER MANN Jetzt red net lang, schau, daß d' fertig wirst. *Das*
Schuhband reißt ihm ab, er schimpft und flucht vor sich hin.

DIE FRAU Sei doch net so nervös! Ich weiß net, andere Leut gehn
doch auch ins Theater.

DER MANN Das sind auch keine Schuhbandln.

DIE FRAU Das nächste Mal zieh ich dir a paar Drahtseil ein – aber
die reißt du auch noch ab. *Sie geht ab.*
Der Mann knüpft das Schuhband zusammen, steht dann auf,
stampft ein paarmal mit beiden Füßen und zieht dann Weste
und Jackett an.

DIE FRAU *kommt mit ihrem Hut in der Hand wieder herein.* Ich weiß net, der Hut, find ich, paßt net recht zu dem braunen Kleid.

DER MANN Setz an andern auf – schick dich! *Er setzt seinen Hut auf und ist fertig.*

DIE FRAU Und der macht mich furchtbar frech.

DER MANN Der hat mir noch nie gfalln.

DIE FRAU Ich setz das Theatertuch auf, das steht mir auch besser.

DER MANN Das tust – aber geh – mach – wir kommen zu spät. *Er trippelt nervös hin und her.*

DIE FRAU *sucht ihren Pompadour und ihren Fächer.* Jetzt muß ich noch a bisserl aufräumen.

DER MANN *schimpft* Ja, d' Stiegn tät ich noch putzen und d' Fenster putzen, langweiliges Frauenzimmer.

DIE FRAU *schimpft auch* Ja, sei nur net so grantig! Ich kann doch auch nichts dafür, daß i zwei Billetten gschenkt kriegt hab.

DER MANN Des Mistviech solls nächste Mal selber ins Theater gehn und andere Leut net damit belästigen.

DIE FRAU Ich darf mich nur amal auf was gfreun, bei uns is amal a so, zum Arbeiten bin i 's ganze Jahr guat gnua, aber –

DER MANN Und i zum Verdienen.

DIE FRAU Jetzt gehts scho wieder dahin, i kenn di schon, jetzt hörts wieder nimmer auf, jetzt wird an ganzen Weg gstritten, und im Theater drin wird gstritten, und die halberte Nacht hernach wird aa noch gstritten! Aber des sag ich dir, auf a solches Vergnügen verzicht i von vornherein. Da bleib i lieber daheim, und du gehst allein ins Theater.

DER MANN Wie kann ich denn mit zwei Billetten allein ins Theater gehn?

DIE FRAU *weint und setzt sich.* Ich kann doch schließlich nichts dafür, wenn mir wer zwei Billetten schenkt.

DER MANN Auf das hab ich gwart, marsch! Vorwärts ins Theater!

DIE FRAU Ich hab mich so aufgregt, du weißt, ich kann die Anschreierei nicht vertragen, ich will nicht mehr fortgehn, und ich kann nicht mehr fortgehn; meinetwegen gehst ins Theater, mit wem du magst! Ich zieh mich jetzt aus und geh ins Bett, ich hab so viel Kopfweh kriegt, jetzt –

DER MANN Dann nimmst a Kopfwehpulver! *Er gibt es ihr.*

DIE FRAU Da brauch ich dich net dazu, geh hin, wos d' magst, i geh ins Bett. *Sie schluckt die Arznei und geht ab.*

DER MANN Halt, hast as schon runtergschluckt? Schlucks rauf!

DIE FRAU Hast mir was Falsches gebn?

DER MANN Weilst aber auch alles nunterfrißt!

DIE FRAU Red, was hast mir denn gebn?

DER MANN Leopillen zum Abführen.

DIE FRAU Da hast ja jetzt was Saubers angstellt, des sind ja Leo-
Laxierpillen! Da stehts: Prompte Wirkung binnen einer Stunde! Jetzt is halb acht Uhr, da sitz ma dann grad im Theater
um halb neun Uhr, und da gehts dann los.

DER MANN Um halb acht Uhr gehts los.

DIE FRAU Ich mein ja bei mir; aber dann genga ma halt jetzt,
vielleicht sind wir bis dahin wieder daheim. Ich möcht bloß
wissen, obs bei andere Leut auch so zugeht, wenns fortgehn,
wie bei uns.

DER MANN Genau so!

DIE FRAU So kanns ja gar nirgends zugehn!

DER MANN De sagns bloß net. Also gehn ma.

DIE FRAU Und gschlampert bist wieder anzogn, des kann ma dir
nimmer abgwöhna, ja, was hast denn du für a Hemd an?

DER MANN A Herrnhemd.

DIE FRAU Mit dem Hemd wirst doch net ins Theater gehn wolln,
das ist ja dein ältestes, des hast ja schon vierzehn Tag an.

DER MANN Des sieht ma doch net!

DIE FRAU Nein, mit dem Hemd geh ich nicht fort, keinen Schritt,
wenn dich da wer sieht, de Leut meinen ja, ich bin a Drecksau.

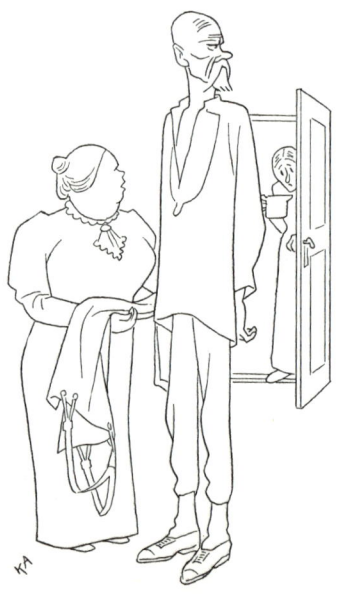

DER MANN Des macht ja nichts.

DIE FRAU Nein – du ziehst jetzt ein anderes Hemd an! *Sie holt eins aus dem Wäscheschrank.*

DER MANN Aber den Tag werd ich mir merken; nie mehr, nie mehr ins Theater.

DIE FRAU Komm, ich helf dir! *Er zieht sich aus bis aufs Hemd, im selben Moment kommt die Nachbarin herein. Sie hält eine Tasse in der Hand. Wie sie den ausgezogenen Mann sieht, schreit sie vor Schreck auf und läßt ihre Tasse fallen.*

DIE FRAU Warum klopfens denn net an, und du stehst nackat da! – Geh ins Schlafzimmer! *Er schlurft ab.* Wir haben keine Zeit, wir gehen ins Theater.

DIE NACHBARIN Ah bittschön, a kleins bisserl a Salatöl wenns mir leihen könnten.

DIE FRAU Sie kommen aber immer im ungünstigsten Augenblick daher, allaweil brauchen Sie was anders. *Sie holt die Ölflasche.* Also, wieviel wollns denn?

DIE NACHBARIN A kleins Tröpferl bloß. *Die Frau gibt ihr Öl in die Tasse. Inzwischen ist der Mann wieder hereingekommen. Er trägt seine Hose noch in der Hand und stößt seine Frau an den Ellenbogen, während sie gerade beim Einschenken ist.*

DER MANN Wo hast denn mei Hemd? *Das Öl rinnt der Frau aufs Kleid.*

DIE FRAU Jessas, das auch noch, das schöne Kleid, gleich weinen könnt ich.

DIE NACHBARIN Das ist mir aber peinlich.

DIE FRAU Da hab ja i nichts davon – das Kleid is kaputt – is guat, daß bloß a Öl ist, des gibt wenigstens keine Flecken. Langt Ihnen das? Da! *Sie gibt ihr die volle Tasse.*

DIE NACHBARIN Dankschön – viel Vergnügen. *Sie geht ab.*

DER MANN Wo ist denn mein Hemd?

DIE FRAU Da liegts doch auf dem Stuhl.

DER MANN *hebt das Hemd auf, faltet es auseinander und hebt es hoch. Man sieht, daß es ein Kinderhemd ist.* Jessas, Jessas.

DIE FRAU Das is ja an Buam sei Hemd, das ist das einzige, das in der Schublade war, du bist ein gschlamperter Kerl, du weißt ganz genau, daß du bloß zwei Hemden hast – und de reißt immer raus und sagst nichts davon, zieh halt a Brust an – da hast a frische Brust. *Sie gibt ihm ein Gummi-Chemisett.*

DER MANN Die is ja zu lang.

DIE FRAU Dann reißt du sie ab! *Sie reißt die untere Hälfte des Chemisetts ab.*

DER MANN Schnell! Halb acht Uhr ist es! *Er zieht sich mit fliegenden Händen an, Chemisett, Krawatte, Uhr fallen dabei herunter, er steckt die Uhr in die Hose, da fällt sie durch das Bein; die Frau gibt ihm Weste, Jackett, Hut, Schirm und dann den Überzieher – er fährt ins Futter und dann mit dem Schirm in den Ärmel; ein fürchterliches Durcheinander entsteht.*

DIE FRAU Jetzt kommen wir zu spät, jetzt müssen wir mit der Straßenbahn fahren, dann steig mir aber gleich in den vorderen Wagen ein, daß wir früher hinkommen. Halt, den Operngucker haben wir noch nicht, den trägst du. *Sie nimmt ein Opernglas im Futteral aus einer Schublade und reicht es ihm.*

DER MANN *läßt es fallen.* Das ist kaputt.

DIE FRAU Mir wärs schön gnug. *Sie macht das Etui auf.* Ah, gut, daß keins drin war, das wär hin gwesen. Also, gehn ma jetzt – hast alles, die Schlüssel, die Geldbörse, a Taschentuch, dein Schnupftabak – hast im Schlafzimmer d' Fenster zugmacht, wenn ein Gewitter kommt? *Sie schaut nach.*

DER MANN Komm, komm!

DIE FRAU Also, machs Licht aus und sperr zu!

DER MANN *im Finstern* Billetten hast du?

DIE FRAU Nein, die hast du!

DER MANN Nein, du – wart, mach a Licht.

DIE FRAU Das waar ja jetzt die Höhe, wenn wir jetzt keine Billetten hätten. *Sie schaltet das Licht an und schaut in ihre Tasche.* Ich hab doch mei Tascherl gar net aufgmacht. Da drüben bist gsessen, und da hab ich dir die Billetten in die Hand geben.

DER MANN Vielleicht hast dus da rüber. *Er geht an die Kommode und legt seine Hand hin.*

DIE FRAU Nein – ich weiß es ganz bestimmt. *Sie haut die Schublade zu und zwickt ihm dabei die Finger ein.*

DER MANN Au – Au. *Er weint und lehnt sich an seine Frau.*

DIE FRAU Ich kann dir nur sagen, daß mir vor dem Theatergehn schon bald graust! Wenn wir nur die Billetten hätten, denn ohne Billetten lassens uns ja nicht hinein.

DER MANN Halt! *Er zieht die Theaterkarten aus der Hosentasche.*

DIE FRAU Da sinds ja; jetzt tu ichs aber gleich in mei Tascherl nei, sonst verlierst sie noch einmal, da schau, da hätt ma gleich draufschaun können, da stehts ja, wanns angeht: Anfang acht

*Wer hat jetzt
wieder amal recht
ghabt?*

Uhr – wer hat jetzt wieder amal recht ghabt – ich – die Frau
hat immer recht – da stehts schwarz auf weiß – Anfang acht
Uhr.

DER MANN Ja stimmt, Anfang acht Uhr. Freitag, den 17. Juli.

DIE FRAU Wieso Freitag? Heut ist ja erst Donnerstag! *Beide
schauen sich entgeistert an.*

Vorhang

Karl Valentin. Diesem durch und durch echten, durch mehr
als ein Band mit München verbundenen Künstler sollen
die folgenden Zeilen gelten. Es gibt da zwei Gefahren: das Ge-
strüpp der Metaphysik und das Sich-Verlieren in Einzelheiten.
Der Berliner hat ein Wort: »Erzählen Sie keine Opern!« Damit
ist die Unmöglichkeit, eine individuelle Gesamterscheinung zu
erschöpfen, m. E. gut bezeichnet. Karl Valentin, so wie ich ihn
sehe, ist schwerlich als »Pessimist« zu bezeichnen. Bei ihm spielt
»Weltanschauung« gar keine Rolle. Sondern was ihn über Tausende emporhebt, das ist die absolut natürliche unreflektierte
Verkörperung dessen, was er selber seiner Natur nach ist. Karl
Valentin zeigt nicht nur die wirkliche Welt, sondern er ist ihr

Tim Klein
Der Komiker
Karl Valentin

Vertreter, wenn man will: ihr darstellerischer Interpret oder ihr Opfer. Das klingt sehr tragisch, ist es aber nicht. Denn wo hat man, außer bei tragischen Schmieren-Aufführungen, gehört, daß so ausgiebig gelacht wurde – vom stillen Schmelzen der Gefühlsmaske bis zum ungehemmten Ausbruch unauslöschlichen Gelächters – wie bei Karl Valentin? Karl Valentins Komik umschließt das Geheimnis allen tieferen Humors, daß wir nämlich über uns selber lachen, indem wir uns einbilden, über ihn zu lachen. In Wirklichkeit sind wir gerade so gehemmt, das Beste in uns steht vor dem Einfachsten gerade so ratlos wie Valentin.

Die Welt, das Leben sind aber nicht einfach, sondern kompliziert. Wir haben im großen wie im kleinen den Kampf mit dieser Welt, mit diesem Leben durchzusetzen und spielen darin für den ganz überlegenen Humor eine komische Rolle. Über diese Tatsache kann man philosophieren; Karl Valentin stellt diesen Kampf unmittelbar dar, innerhalb der Grenzen des Unschädlichen, des Kleinen, des Verzwickten, ja des Nichtigen. Man nehme einmal an, der Wind reißt einem behaglichen Passanten den Hut vom Kopf. Hat jemand schon gesehen, daß ein solcher Gentleman, ohne mit der Wimper zu zucken, den Hut rollen läßt, in den nächsten besten Hutladen geht und sich einen neuen Hut kauft? Keine Idee! Jeder läßt sich mit dem Schicksal ein, jeder rennt dem rollenden Hut nach. Und selten wird man durch ein solch beglücktes, mit etwas Verlegenheit gemischtes Lächeln ein in einen Zweck verbohrtes Gesicht sich glätten sehen, als wenn das Schicksal in der Gestalt irgendeines Menschenfreundes den Hut auffängt und dem Besitzer und Jäger überreicht. Karl Valentins Kunst läßt sich wohl am besten indirekt andeuten. Charles Dickens gibt in seinen Pickwickiern dem um seinen Hut gebrachten Menschen, der seiner Kopfbedeckung nachläuft, in allem Ernst folgende Ratschläge: »Es gehört keine geringe Kaltblütigkeit und ein besonderer Grad von Beurteilungskraft dazu, einen fortrollenden Hut wieder einzufangen. Man darf nicht zu sehr eilen, sonst stürmt man über ihn hinaus; man darf nicht zu langsam sein, sonst verliert man ihn. Die beste Art ihn einzufangen ist, möglichst in gleicher Linie mit dem verfolgten Gegenstand zu bleiben, behutsam und vorsichtig zu sein, die Gelegenheit hübsch abzuwarten, ihm allmählich vorzukommen, dann plötzlich die Hand auszustrecken, ihn bei der Krempe zu ergreifen und fest auf den Kopf zu drücken. Dabei empfiehlt es sich, fortwährend zu lächeln, als hielte man alles für einen ebenso guten Spaß wie jeder andere.« – – Schön und gut. Aber wo sind die Meister, die aus dieser ebenso lächerlichen wie entwürdigenden Situation als Sieger hervorgehen? Karl Valentin würde ganz gewiß nicht allein über den Hut hinausrennen oder dahinter zurückbleiben; er würde in eine Straßenbahn oder in ein Auto hineinlaufen – kurz: er wäre dem Schicksal nicht gewachsen. Wer ist es? – – Karl Valentin zieht alle Blitze des Schicksals auf sich, das ist das natürlichste Ding von der Welt bei ihm. Er macht keine Witze um ihrer selbst willen, und kann doch von beißendem Witze sein, ohne ein Wort zu sagen. Ein Beispiel: Der Vater will seinem geliebten Sohne, dem »Firmling«, eine besondere Freude machen. Schon der Anfang der komischen Szene in dem feinen Weinrestaurant ist ein Meisterstück ohne Worte. Wie mit Hilfe von Kobolden ist im Handumdrehen alles, was auf dem Tische steht, gleich einem Stacheldraht ineinandergewirrt. Valentin ist als Vater und Firmpate nicht einmal der verhältnismäßig leichten Aufgabe gewachsen, seinem Buben einen vergnügten Tag zu machen. Er weiß nicht, wo er ist, er weiß nicht, was er will, hie und da kommen Lichtblicke – aber die Katastrophe ist unentrinnbar: – der Schnaps hat ihn am Wickel und schließlich muß der arme Firmling seinen, dem Weinlokal und der Erde entrückten Erzeuger Huckepack hinaustragen.

Besonders gefährlich und deshalb komisch wird diesem Kombattanten gegen das Schicksal natürlich die Maschine. Sie erfordert den Gleichtakt des Verstandes und der Urteilskraft mit ihrem eigenen Gesetz. Das muß zur Aufdeckung des Mißverhältnisses zwischen menschlicher Kraft und dem Schicksal führen. Dabei kommt nun auf, daß Valentin nicht aus irgendeiner »Weltanschauung« heraus schafft, sondern daß seine Komik sehr markant das (meist verdeckte) Verhältnis zur Wirklichkeit aufdeckt. Das geschieht sehr drastisch in Szenen, wo er in Beziehung zur Maschine tritt. Das Verhältnis kehrt sich bald um. Je besessener er selber wird, desto sicherer wird die Maschine über ihn Herr. Sie verliert zwar ihren Sinn, gewinnt aber unbeschränkte Macht über ihn, – das vollkommene komische Abbild der tückischen Wirklichkeit und des mehr oder minder wehrlosen Menschen in ihr treibt einem die Tränen des Lachens ins Auge.
Der Vers von Rabelais:

> Langsam unter stillen Sternen
> Würgt das Leben dich kaputt,
> Heulst du? – Laß dich nicht entkernen!
> Lachen ist dein Menschengut –

Dieser Vers umschreibt das innere Getriebe von Karl Valen-

tins komischer Kunst vielleicht nicht übel. Karl Valentin denkt, ja, er denkt vielleicht zuviel; oder er denkt in einer falschen Richtung, oder er denkt in Worten und nicht abstrakt. Sein Wort entspricht durchaus diesem Denken. Seine Sprache kann knapp und weitschweifig sein. Aber wie Holzwolle, die einen vielkantigen Maschinenteil einhüllt, sich immer wieder an einer Spitze verhängt, so bleibt seine Rede an irgend einem äußerlichen Vorgang hängen, er spinnt sie weiter, bricht ab, setzt wieder an, bis er selber den Kampf aufgibt und kapituliert.

Wenn Valentin einen Verwandten hat, dann ist es Don Quichotte. Der edle Ritter liegt in ewigem Kampf mit der Wirklichkeit und durch diesen Kampf stellt er sie dar, wie er sie sieht. Sie ist voll großer und kleiner Dämonen. Nie aber ruhen Tartsche und Lanze.

Karl Valentins Bedeutung und komische Wirkung liegen wesentlich auf der Seite der Unzulänglichkeit der Menschen, wie sie in Wirklichkeit besteht. Wir lachen über das Vordergrundspiel. Und das sollen wir. Wohl uns, wenn wir auch ein Lachen aufbringen über uns selbst. Wenn der Spiegel, der vor uns glitzert, unser eigenes Antlitz uns zeigt, so daß wir zu diesem Lachen den Grund erkennen. Karl Valentins Kunst befreit nicht deshalb das Gemüt, weil sie es verschmäht, mit bloßen »Witzen« Komik zu machen, sondern weil sie aus einem Gemüt kommt, das sich in seiner Kunst selbst befreit. Wir werden nicht bloß gekitzelt, sondern in Wahrheit gelöst, wir können lachen ohne den bitteren Beigeschmack, daß man uns gewaltsam »amüsieren« will. Das ist Karl Valentins unbestreitbare Eigenart, die nur *einmal* da ist. In ihm hat der Clown den Sand der Arena verlassen. Und er steht ohne Rivalen einer Komik da, die die tiefsten Dinge sieht und sagt, so wie von Sonntagskindern die Rede geht, daß sie auch am Tage die Sterne sehen. Ihm hat die Wirklichkeit sich erschlossen. Er »findet« sie nicht etwa komisch, sondern so, wie er sie darstellt, ist sie komisch. Sie ist auf eine geheimnisvolle Weise von ihm vermenschlicht, und deshalb erregt sie nicht aus dem Bauche, sondern aus der Seele kommendes Gelächter.

Hier sitz ich alleine und spähe umher
und lausche hinauf und hernieder,
so heißt es in dem alten Lied An der Weser.

So ähnlich erging es mir, als ich allein im Olympia-Stadion saß. – Wie kam es, fragte ich mich selbst, daß ich zur Olympiade zu spät kam? – Ich blieb mir die Antwort nicht schuldig, Ihr Leichtsinn ist daran schuld! erscholl es von meinen Lippen. (Ihr bedeutet ich selbst.) Denn aus Eigentrotz sage ich selbst zu mir nicht Du, sondern Sie, weil man da vor sich selber viel mehr Respekt hat als mit der Duzerei. – Nur e i n e n Tag zu spät und dennoch zu spät! – O, Herr, bewahre mich bei der nächsten Olympiade 1940 vor solchen Etwaigitäten! – Trotzdem ich mich setzte, war es doch entsetzlich, als ich allein dasaß, in einer Hand die verfallene Eintrittskarte, die andere Hand in meiner eigenen Hosentasche. – Um mich herum saß nirgends niemand – das große Schweigen ringsumher war still und lautlos. – Meine einzige Unterhaltung war das Warten. Zuerst wartete ich langsam, dann immer schneller und schneller, kein Anfang der Olympischen Spiele ließ sich erblicken – da endlich von mir ein schriller Blick, und meine Augen starrten hinunter zu dem Eingang bei der Kampffläche. – Ich sahte einen kleinen Jemand, der Jemand scheinte mich zu suchen, was diesem auf den ersten Blick gelang. Unsere Pupillen kreuzten sich in der Mitte unserer Entfernung. Ich saß – sie kam – nur sie allein, die kleine Liesl Karlstadt, klärte mich darüber auf, daß gestern der letzte olympische Tag gewesen ist. – »Ist das schade!« schrie ich teilnahmserregt in den blauen Äther hinaus – ich schnellte langsam von meinem Sitz empor, flux verließen wir die Stätte des großen Gewesenseins. Freudezerknittert traten wir per Verkehrsmittel die Heimfahrt an in die Stammkneipe am Kurfürstendamm. – Wir Sachsen haben in Berlin einen eigenen Stammtisch, dort kommen täglich alle Münchener zusammen, und da wird erzählt, von diesem und jenem, von jenem weniger, dafür öfter von diesem. Ich konnte leider heute zu meinem Bedauern nichts von den Olympischen Spielen erzählen, da ich ja nichts gesehen hatte – und alle lauschten umsonst.

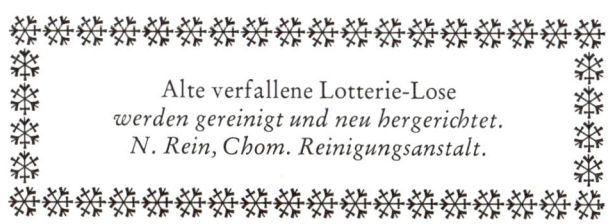

Alte verfallene Lotterie-Lose
werden gereinigt und neu hergerichtet.
N. Rein, Chom. Reinigungsanstalt.

MAXL Grüß Gott, Herr Zitherlehrer.

LEHRER Grüß Gott, Maxl; komm nur herein.

MAXL An schönen Gruß von der Mutter, und Sie möchten vielmals entschuldigen, daß ich heute so spät komme.

LEHRER Hat dich deine Mutter so lange benötigt?

MAXL Naa, naa, d' Mutter hat mich pünktlich fortgschickt – aber i hab mit meine Kameraden Räuber und Schandi gspielt.

LEHRER Ja, was hat denn das mit deiner Mutter zu tun?

MAXL Des woaß i aa net.

LEHRER Na ja. Hast du fleißig gelernt?

MAXL Nein, Herr Lehrer!

LEHRER Warum nicht?

MAXL Ja, ich hab der Mutter Kohlen raufholen müssen vom Keller.

LEHRER Das ist ja recht und schön, wenn du deiner Mutter hilfst, aber heut ist doch Donnerstag, und am Montag warst du das letzte Mal bei mir in der Zitherstunde; du hast doch nicht drei Tage lang Kohlen raufholen müssen vom Keller.

MAXL Ich hab ja Kartoffeln auch raufholen müssen.

LEHRER Ja, ja, aber das dauert doch nicht drei Tage lang.

MAXL Aber a Milli hab i auch holen müssen und a Salatöl.

LEHRER Das ist ja alles ganz recht – aber du hättest doch alle Tage wenigstens eine Stunde üben können.

MAXL Naa, des is net ganga, weils so kalt gwen is in userm Zimmer.

LEHRER Dann heizt man eben ein, ich muß auch heizen – da hätte halt deine Mutter einheizen sollen.

MAXL Mir ham ja keine Kohlen.

LEHRER Wieso? Grad vorher hast du gesagt, du hast deiner Mutter Kohlen raufholen müssen vom Keller, und jetzt im Moment sagst du wieder, ihr habt keine Kohlen.

MAXL Ja, im Keller ham ma keine mehr, weil ichs alle rauftragen hab.

LEHRER Nun ja, dann hast du die Kohlen heraufgetragen, und dann hat sie eingeheizt.

MAXL Naa, naa!

LEHRER Was naa, naa?

MAXL Eingheizt war ja schon.

LEHRER Wie? Es war schon eingeheizt?

MAXL Ja, eingheizt hat d' Mutter scho ghabt mit Holz allein, aber bis i d' Kohlen rauftragen hab vom Keller, is s' Holz wieder verbrennt gwen, weil mir im vierten Stock wohnen.

LEHRER Ich glaub halt, daß deine Mutter nicht richtig einheizen kann. Dann soll eben dein großer Bruder Feuer machen.

MAXL Moana Sie an Schorsche? Der Schorsche konn se ja net bucka, der hat ja an wehen Fuaß, weil er vom Baum abigfalln is.

LEHRER Ach ja, der ist vom Baum gefallen. – Bei der Arbeit?

MAXL Naa, beim Obststehln.

LEHRER Dann soll halt deine Großmutter einheizen.

MAXL Ah, d' Großmutter, de is ja scho z'alt, de sieht ja net amal an Ofa, viel wenigers Ofaloch.

LEHRER Ja, irgendwer wird doch bei euch zu Haus noch einheizen können!

MAXL Mei Tante, die hat –

LEHRER Nun ja, die Tante, soll doch die einheizen!

MAXL Mei Tante, die hat gut einheizen können, aber die is ja schon gstorbn vor vier Jahr.

LEHRER Ist denn das möglich, daß in einer Familie niemand einheizen kann? Es muß doch bei euch zu Hause e i n Mensch sein –

MAXL Ja, höchstens mei Schwester, d' Lina – aber de hoazt nia ein, weil d' Muatter erst neulich zu ihr gsagt hat, sie soll einhoazn, na hat mei Schwester gsagt: »Des kannst dir denken, daß i mit de frischlackierten Fingernägel eihoazn tu und rußige Pratzn kriag.«

LEHRER Na also, wenn deine Schwester zu nobel ist zum Einheizen, dann muß sich doch um Himmels willen irgend jemand finden, der bei euch einheizen kann.

MAXL Ja, höchstens der Vater.

LEHRER Ach was, der Vater heizen – Heizen ist doch kein Geschäft für den Vater!

MAXL Ja, ja – mei Vater is doch Heizer.

Der Zitherspieler

Im Zoologischen Garten

Mit Tierimitationen: Löwengebrüll, Wolfsgeheul usw.

BILLETTEUR Bitte die Herrschaften Billetten vorzeigen!

VALENTIN Was heißt: Billetten vorzeigen! Haben Sie noch kein Billet gesehn vom Zoologischen Garten?

BILLETTEUR Schon viele, aber die Ihren noch nicht.

VALENTIN Die sind doch alle gleich.

KARLSTADT Des is doch wegn der Kontrolle.

VALENTIN I brauch koa Kontrolle, i bin koa Schwindler, oder glaubn Sie...

KARLSTADT Geh zua, werst wohl net streiten wegn dene 2 Billetten! – Ah, da schau nüber, da is schon ein Riesenelefant.

VALENTIN Wo?

KARLSTADT Da drüben.

VALENTIN Des is doch kein Elefant, des is doch ein Nilpferd.

KARLSTADT Ja ja, ich weiß schon, ich hab mich nur versprochen.

VALENTIN Da schau her, Kunigunde, der wunderbare Tintenfisch da oben!

KARLSTADT Wo oben?

VALENTIN Da oben.

KARLSTADT Des is doch kein Tintenfisch, des is ja a Steinadler.

VALENTIN Ja ja, Steinadler wollt ich sagen, ich hab mich auch nur versprochen.

KARLSTADT Ah, da schau her, sibirische Wölfe, und wie die unheimlich heulen.

VALENTIN Ja ja, des sind auch unheimliche Raubtiere, die müssen auch unheimlich heulen, das würde sich dumm anhören, wenn die Wölfe zwitschern würden.

KARLSTADT Na ja, genauso blöd wäre es, wenn a Schwalbe heulen würde. – Käfig Nr. 5 Das Nashorn. Warum heißt das Nashorn?

VALENTIN Weils auf der Nase ein Horn hat.

KARLSTADT Ja, wia is denn des dann beim Elefant?

VALENTIN Na ja, der hat eine Ele am Fant.

KARLSTADT Nein, der hat einen Rüssel am Kopf, der müßte eigentlich Rüsselkopf heißen!

VALENTIN Sags ihm!

KARLSTADT Wem, dem Elefant?

VALENTIN Nein, dem zoologischen Besitzer. – Du, da schau her, die netten kleinen Affen, da sagen die Leut immer, wir gleichen den Affen – *Schreien* – des find i net, mir san doch viel größer!

KARLSTADT Da schau her, das ist eine Gemeinheit, da zahlt man

1 Mark Eintritt – *Zwitschern* – und da sieht man einen gewöhnlichen Spatz!

VALENTIN Stimmt, das ist ein Spatz, vielleicht is der in'n Zoologischen Garten hereingflogn. Wenn er nicht im Katalog steht, gehört er nicht herein. – Schau, Nr. 22 Pelikane.

KARLSTADT Und was sind das für kleine weiße Dreckhäufchen, die auf dem Beton liegen?

VALENTIN Das ist der Abfall von de Pelikane, das Pelikanol, das wird in Tuben gefüllt und kostet dann 30 Pfennige.

KARLSTADT Hier ist ein Orang-Utan, ein Menschenaffe.

VALENTIN Der schaut aber wirklich blöd. Alte, stell dich net so nah an das Gitter hin, sonst weiß der Aff net, bist du im Käfig oder er. *Gebrüll.*

KARLSTADT Horch, was is denn das für ein Gebrüll?

VALENTIN Das sind wahrscheinlich die Brillenschlangen. – Käfig Nr. 24 Der Fuchs. Moanst, Alte, daß des der Fuchs is?

KARLSTADT Was für a Fuchs?

VALENTIN No ja, der wo damals die Gans gstohln hat.

KARLSTADT Du fads Mannsbild, mit deine blöden Witz! – Ja, was is denn des, des is ja a Storch! Du, Alter, moanst, des is der Storch?

VALENTIN Was denn für a Storch?

KARLSTADT No ja, der wo die kleinen Kinder bringt.

VALENTIN Du fads Fraunzimmer du, mit deine blöden Witz! *Raubtiergebrüll.*

KARLSTADT Du, jetzt müaß ma ins Raubtierhaus – um 4 Uhr ist Fütterung sämtlicher Raubtiere! – Komm!

VALENTIN Nein, das mag ich nicht sehn.

KARLSTADT Warum nicht?

VALENTIN Ich kanns auch nicht leiden, wenn mir wer beim Essen zuschaut.

Schöner Papagei,
gut sprechend,
samt Messing-Käfig entflogen.
Dortselbst ist auch eine leere Badewanne
zu verkaufen.

Der Hasenbraten

MANN Elisabeth! – Ich hab doch Hunger, was is denn heute mit dem Hasenbraten?

FRAU Der ist noch nicht ganz fertig, aber die Suppe steht schon am Tisch.

MANN *schlürft* Na, die Suppe ist heut wieder ungenießbar.

FRAU Wieso? Des is sogar heut eine ganz feine Suppn.

MANN Das sagt ja auch niemand, daß die Suppn nicht fein ist, ich mein nur, sie ist ungenießbar, weils so heiß ist.

FRAU Eine Suppe muß heiß sein.

MANN Gewiß! Aber nicht zu heiß!

FRAU Dddddd – alle Tag und alle Tag das gleiche Lied, entweder ist ihm d' Suppn zu heiß oder sie ist ihm zu kalt; jetzt will ich dir amal was sagn: Wenn ich dir nicht gut genug koch, dann gehst ins Wirtshaus zum Essen.

MANN Des is gar net notwendig, die Suppn is ja gut, nur zu heiß.

FRAU Dann wartest halt so lang, bis kalt is.

MANN Eine kalte Suppn mag ich auch nicht.

FRAU Dann – jetzt hätt ich bald was gsagt.

MANN Ich weiß schon – nachm Essen.

FRAU Jeden Tag und jeden Tag muß bei uns gestritten werden, anders gehts nicht.

MANN Na ja, du willst es ja nicht anders haben.

FRAU So, bin ich vielleicht der schuldige Teil?

MANN Na, wer denn, hab ich die Suppn kocht?

FRAU Eine kochende Suppe is immer heiß.

MANN Ja, vielleicht kochst dus zu heiß!

FRAU Zu lang? Nein, nein, morgn häng i an Thermometer in Suppentopf nei, damit der Herr Gemahl a richtig temperierte Suppn bekommt.

MANN Eine gute Köchin braucht kein Thermometer zum Suppnkochen.

FRAU Ja ja, nun kommt die spöttische Seite, so gehts ja jeden Tag, zuerst nörgelt er, und dann kommt der Spott auch noch dazu.

MANN Was heißt nörgeln. Ich habe doch als Mann das Recht zu sagen, die Suppe ist mir zu heiß.

FRAU Jetzt fangt er wieder mit der heißen Suppn an; es ist wirklich zum Verzweifeln.

MANN Du brauchst nicht zu verzweifeln, du sollst die Suppe so auf den Tisch stellen, wie sie sein soll, nicht zu kalt und nicht zu heiß.

FRAU Aber jetzt ist sie doch nicht mehr zu heiß!

MANN Jetzt nicht mehr, aber wie du sie hereingetragen hast, war sie zu heiß.

FRAU Schau, schau, er hört nicht mehr auf, er bohrt immer wieder in dasselbe Loch hinein.

MANN Wieso, was soll denn das heißen?

FRAU Weil du immer wieder mit der heißen Suppn daherkommst.

MANN Du bist doch mit der heißn Suppn dahergekommen, nicht ich, du drehst ja den Stiel um.

FRAU Du bist und bleibst ein Streithammel. – – Du, horch! – Was riecht denn da so komisch?

MANN Ich hör auch was – da brandelt was.

FRAU Hast vielleicht wieder eine brennende Zigarette auf den Teppich geworfen?

MANN Ich hab ja heute noch nicht geraucht, und wenn ich geraucht hätt, dann hätt ich die Zigarette nicht auf den Teppich, sondern in den Aschenbecher geworfen.

FRAU Ich habs ja auch nicht behauptet, ich hab ja nur gemeint, und meinen werd ich noch dürfen. Um Gottes willen, der Rauch kommt ja aus dem Gang!

MANN No, so geh halt naus und schau, was los ist.

FRAU Mein Gott! – Die ganze Küche ist voll Rauch. *Macht die Ofentüre auf.* Jessas, der Has ist verbrannt!

MANN Ja ja, bei uns muß ja immer was los sein!

FRAU So! – *Kommt aus der Küche auf den Mann zu und zeigt ihm den Braten.* Da schau her, da schau her, da haben wir jetzt die Bescherung! Mit deiner ewigen Streiterei ist unser ganzes Essen verbrannt.

MANN Mahlzeit! – Und drinnen waltet die tüchtige Hausfrau!

FRAU Wer ist denn schuld? Du! Mit deinem ewigen Streiten und Nörgeln!

MANN Ich habe nicht gestritten und genörgelt, ich hab ja nur gesagt, daß die Suppe zu heiß ist!

FRAU Jetzt fangt er wieder an mit der heißen Suppn, ich lauf noch auf und davon!

MANN Auf brauchst gar nicht laufen, nur davon! – Genügt mir vollständig.

FRAU Mit lauter Streiten hab ich ganz drauf vergessen, und der arme, arme Has ist jetzt im glühenden Ofenrohr jämmerlich verbrannt. – Essen kannstn nimmer!

MANN Das glaub ich! Aber dem Tierschutzverein werd ichs melden!

Am Heuboden

ANNI Simmerl, Simmerl! Wo bist denn?

SIMMERL Do!

ANNI Wo?

SIMMERL Do!

ANNI I seh di ja net.

SIMMERL Deswegn bin i do da.

ANNI Ja, hörn tua i di scho, aber sehn tua i di net.

SIMMERL Ja, des ko i scho versteh, weilst halt im Finstern nix siehst.

ANNI Aba warum hört ma nacha im Finstern was?

SIMMERL Ja warum? Hörst du ebba jetzt grad was?

ANNI Freili! Di hör i!

SIMMERL Warum grad ausgrechnet mi?

ANNI Weil halt sunst wahrscheinli niemand da is.

SIMMERL Ja, woaßt du des gwiß?

ANNI Freili woaß i des gwiß, sunst tat i do außer dir no ebbs hörn.

SIMMERL Hörst du mi denn aa, wenn i nix red?

ANNI Sell woaß i net; red amal nix, ob i nacha was hör.

SIMMERL Ja, jetzt paß auf, jetzt red i nix. – – – – Hast des jetzt ghört, wia i nix gredt hab?

ANNI Ja, tadellos – und des hab i nacha ghört, wiasd gsagt hast: »Hast des jetzt ghört, wia i nix gredt hab?«

SIMMERL So, des hast ghört? – Aber des andere net?

ANNI Was für a anders?

SIMMERL No ja, wia i nix gredt hab.

ANNI Naa, zuaghört hab i scho, aber ghört hab i nix.

SIMMERL Des is gspaßig, gell, mit dera Hörerei.

ANNI Ja, des is wohl gspaßig. – Du, Simmerl! Probiern ma des gleiche mitm Sehn aa, statt mitm Horchn; schaug amal net, ob i di na seh.

SIMMERL Ja, is scho recht. – Jetzt schaug i amal net. – – – – Jetzt hab i net gschaugt, hast mi gsehn?

ANNI Naa!

SIMMERL Hast mi wirklich net gsehn?

ANNI Naa!

SIMMERL Ja, wo hastn nacha dann hingschaugt?

ANNI Nirgends.

SIMMERL Warum hast denn dann nirgends hingschaugt?

ANNI Ja, wo hätt i denn sonst hinschaun solln?

SIMMERL Ja mei, zu mir her hättst schaun solln!

ANNI Im Finstern seh i di doch net.

SIMMERL Ja, warum net?

ANNI Wenn du des net woaßt, wia solls denn dann i wissn? Wo i doch vui dümmer bin als du.

SIMMERL Naa Anni, des kannst aa net sagn, mir zwoa san scho gleich dumm, sunst kunnt ma net so saudumm daherredn.

ANNI War des saudumm, was mir jetzt grad gredt ham?

SIMMERL Naa, ganz saudumm no net.

ANNI No net? – Was ist denn nacha ganz saudumm?

SIMMERL Ganz saudumm wär zum Beispiel des, wenn i zu dir gsagt hätt: Anni, halt dir amal d' Ohrn zua, dann schaug i, ob i di riach.

ANNI So, des is ganz saudumm?

SIMMERL Ja, des wär ganz saudumm.

ANNI O mei, bin i saudumm, daß i net amal gwußt hab, was ganz saudumm is!

Meine lieben Gäste und Gästinnen! Wenn ich heute das Wort ergreife, so halte ich es für meine Pflicht, einer Sache näherzutreten, die Ihnen und uns und für alle Zukunft ein Problem von schwerwiegender Bedeutung zu bleiben scheint. Gewiß haben wir nicht die volle Gewißheit, was in Anbetracht einer Zerklauberei der ewig unmöglich erscheinenden Begleiterscheinungen in sich vereinigt, denn gerade hier bieten sich einschneidende Bedingungen, die von vorneherein ein für allemal ausgemerzt werden müssen. Die Vergangenheit hat uns gezeigt, daß gerade in diesem Punkte gesündigt wurde, schon aus dem Grunde, weil ein Zusammenkommen jener wichtigen Erscheinungen stets verschwiegen wurde. Wir haben uns mehr denn je über diese Kleinigkeiten immuniert und haben in Sachen herumgewühlt, statt zu sagen: »Freunde, geht ans Werk«, »Greift zu und Ihr werdet es nicht bereuen«.

Glauben Sie nicht, meine Herren, o bewahre, schauen Sie sich selbst ins Gesicht und Sie sehen Ihre eigenen Masken – herunter damit! Nein, fühlen Sie sich nicht dazu genötigt, denken Sie an das Problem der Atomzertrümmerung, denken Sie an die Worte des Sokrates: »Femina, feminina monstrum vivat concenbinatum – o eleonoris causa veni veni vizi.« Meine Herren, Schatten der Gegenwart möchte ich verpflanzen wie Minderwertigkeiten, welche nur zu deutlich aufgerollt werden, wenn

Vereinsrede

In großem Raum gesprochen. Die Volksmenge bricht beim Erscheinen des Volksredners in Bravorufe und Händeklatschen aus

uns die Zeit nicht selbst den Stempel des Daseins auf die Stirne drückt. Aber wenn wir der Einsicht nähertreten, so werden die Nebenstehenden die Schäden und Nutzen am eigenen Leibe verspüren, denn zu heiß wurde noch keine Suppe gegessen, und wenn, dann verbrennen sich die den Schnabel, die sich mit den bittersten Enttäuschungen selbst am Ufer der Vernunft ins Lächerliche gezogen haben. Es ist nicht gleichgültig, ob ich sage: »Ich bin oder ich werde«, nein, meine Herren, Zufälligkeiten und Abdrosselungen eigener Anschauungen haben sich noch nie zu einer Konservierung von Gedanken verbinden lassen. Wehe dem, der sich selbst, wehe dem, dem derjenige nur das ist, was wir uns von diesem erwartet haben. – Selbst ist die Frau! – Meine Herren! Wenn die Besonnenheit uns von unseren Sorgen, deren wenige ein verblendendes Spiel in uns gesetzt zum Zwecke des Mittels, einen wie bei jedem, wir können nicht das gute Gewissen mit derselben Resignation verknüpfen, der unserem Standpunkt von vorneherein gegenüberstand. Wenn wir in lückenloser Vergangenheit eine Parallele ziehen, wenn wir uns vergegenwärtigen, daß nur Trotz und ein Gegenspiel von weittragender Bedeutung ein Resultat fördert und damit nie wiederkehrende Gelegenheitsfinumen erzielt werden können und wir hiermit unser Gewissen nicht unnötig belasten, daß eine Voraussagung eventueller Submissionsschwierigkeiten einen spontanen Verlauf nehmen, oder nehmen müssen, dann ist es besser, wir vermeiden jegliche Inspirationen, die durch Sicherungen seitens kollektiver Kongreßerörterungen ausgerottet werden. Es gab eine Zeit und diese Zeit läßt sich Zeit, denn im Zeitabschnitte dieses Zeitabschnittes wird die Zeit kommen, die wir zeitlebens nicht vergessen werden. Und wenn es am Sonntag wider alles Erwarten wirklich schlechtes Wetter ist, müssen wir unser Stiftungsfest auf den nächsten Sonntag verschieben. *Bravorufe – Applaus.*

In der Apotheke

VALENTIN Guten Tag, Herr Apotheker.

KARLSTADT Guten Tag, mein Herr, Sie wünschen?

VALENTIN Ja, das ist schwer zu sagen.

KARLSTADT Aha, gewiß ein lateinisches Wort?

VALENTIN Nein, nein, vergessen hab ichs.

KARLSTADT Na ja, da kommen wir schon drauf, haben Sie kein Rezept?

VALENTIN Nein!

KARLSTADT Was fehlt Ihnen denn eigentlich?

VALENTIN Nun ja, das Rezept fehlt mir.

KARLSTADT Nein, ich meine, sind Sie krank?

VALENTIN Wie kommen Sie denn auf so eine Idee. Schau ich krank aus?

KARLSTADT Nein, ich meine, gehört die Medizin für Sie oder für eine andere Person?

VALENTIN Nein, für mein Kind.

KARLSTADT Ach so, für Ihr Kind. Also, das Kind ist krank. Was fehlt denn dem Kind?

VALENTIN Dem Kind fehlt die Mutter.

KARLSTADT Ach, das Kind hat keine Mutter?

VALENTIN Schon, aber nicht die richtige Mutter.

KARLSTADT Ach so, das Kind hat eine Stiefmutter.

VALENTIN Ja, ja, leider, die Mutter ist nur stief statt richtig, und deshalb muß sich das Kind erkältet haben.

KARLSTADT Hustet das Kind?

VALENTIN Nein, es schreit nur.

KARLSTADT Vielleicht hat es Schmerzen?

VALENTIN Möglich, aber es ist schwer. Das Kind sagt nicht, wo es ihm weh tut. Die Stiefmutter und ich geben uns die größte Mühe. Heut hab ich zu dem Kind gsagt, wenn du schön sagst, wo es dir weh tut, kriegst du später mal ein schönes Motorrad.

KARLSTADT Und?

VALENTIN Das Kind sagt es nicht, es ist so verstockt.

KARLSTADT Wie alt ist denn das Kind?

VALENTIN Sechs Monate alt.

KARLSTADT Na, mit sechs Monaten kann doch ein Kind noch nicht sprechen.

VALENTIN Das nicht, aber deuten könnte es doch, wo es die Schmerzen hat, wenn schon ein Kind so schreien kann, dann könnts auch deuten, damit man weiß, wo der Krankheitsherd steckt.

KARLSTADT Hats vielleicht die Finger immer im Mund stecken?

VALENTIN Ja, stimmt!

KARLSTADT Dann kriegt es schon die ersten Zähne.

VALENTIN Von wem?

KARLSTADT Na ja, von der Natur.

VALENTIN Von der Natur, das kann schon sein, da brauchts aber doch net schrein, denn wenn man was kriegt, schreit man doch nicht, dann freut man sich doch. Nein, nein, das Kind ist krank, und meine Frau hat gsagt: Geh in d' Apothekn und hol einen ...?

KARLSTADT Kamillentee?

VALENTIN Nein, zum Trinken ghörts nicht.

KARLSTADT Vielleicht hats Würmer, das Kind.

VALENTIN Nein, nein, die tät man ja sehn.

KARLSTADT Nein, ich mein innen.

VALENTIN Ja so, innen, da haben wir noch nicht reingschaut.

KARLSTADT Ja, mein lieber Herr, das ist eine schwierige Sache für einen Apotheker, wenn er nicht erfährt, was der Kunde will!

VALENTIN D' Frau hat gsagt, wenn ich den Namen nicht mehr weiß, dann soll ich an schönen Gruß vom Kind ausrichten, von der Frau vielmehr, und das Kind kann nicht schlafen, weils immer so unruhig ist.

KARLSTADT Unruhig? Da nehmen Sie eben ein Beruhigungsmittel. Am besten vielleicht: Isopropilprophemilbarbitursauresphenildimethildimenthylaminophirazolon.

VALENTIN Was sagns?

KARLSTADT Isopropilprophemilbarbitursauresphenildimethildimenthylaminophirazolon.

VALENTIN Wie heißt des?

KARLSTADT Isopropilprophemilbarbitursauresphenildimethildimenthylaminophirazolon.

VALENTIN Jaaaa! Des is! So einfach, und man kann sichs doch nicht merken!

Mit Liesl Karlstadt

KARLSTADT Also, Herr Maier, Sie beginnen heute Ihre Tätigkeit in meinem Geschäft als Buchhalter.

VALENTIN Jawohl, Herr Meier.

KARLSTADT Es ist natürlich wieder ein Verhängnis, daß Sie auch Maier heißen, genau wie ich.

VALENTIN Jawohl, Herr Meier, aber ich schreibe mich Maier mit ai und Sie, Herr Meier, mit ei.

KARLSTADT Nun ja, aber wies der Kuckuck haben will, haben wir noch mehrere Meier in unserer Fabrik, und zwar mein Teilhaber, der heißt auch Meyer.

VALENTIN Was Sie nicht sagen! Aha! Das ist natürlich tafal – fatal, das muß ja zu Verwechslungen führen.

KARLSTADT Nein, nein, Verwechslungen gibt es da nicht, denn der Teilhaber schreibt sich ja Meyer mit Ypsilon.

VALENTIN Verzeihung! So, so, dann natürlich nicht.

KARLSTADT Dann haben wir noch einen weiteren Meier bei uns, und zwar den Hausmeister.

VALENTIN So? Was Sie nicht sagen!

KARLSTADT Der heißt aber Gott sei Dank Meir.

VALENTIN Meir! Aha!

KARLSTADT Also hinten ohne e.

VALENTIN So? Nur vorne? Das ist natürlich kinderleicht, den und die andern Meier auseinanderzukennen.

KARLSTADT Na, das will ich nicht sagen! Der Hausmeister Meir muß nur sehr prägnant ausgesprochen werden.

VALENTIN Aha! Natürlich, Herr Meier, also Meirrr.

KARLSTADT Ja. Also, das wären nun mal die vier Meier in meinem Geschäft. Nun zu den Kunden und Geschäftsleuten!

VALENTIN Selbstverständlich!

KARLSTADT Da schreiben sich nahezu ein halbes Dutzend ebenfalls wieder Meier in allen Variationen.

VALENTIN Was Sie nicht sagen!

KARLSTADT Merken Sie sich nun, was ich Ihnen sage!

VALENTIN Jawohl, Herr Meier.

KARLSTADT Also, passen Sie auf, Herr Maier!

VALENTIN Jawohl.

KARLSTADT Unser Holzlieferant heißt Mayer. Den können Sie aber mit sich nie verwechseln –

VALENTIN Selbstverständlich!

KARLSTADT – weil Sie sich ja mit ai schreiben –

VALENTIN Aha!

KARLSTADT – er aber mit ay, verstehn Sie?

VALENTIN Aha, also so wie der Hausmeister.

KARLSTADT Wieso der Hausmeister? Der Hausmeister schreibt sich doch Meir. Ohne hinten mit e.

VALENTIN Richtig, richtig! Ohne hinten mit e. Ich war jetzt in Gedanken – ohne hinten mit e, Verzeihung.

KARLSTADT Hinten ohne e, verstehen Sie?

VALENTIN Selbstverständlich, selbstverständlich!

KARLSTADT Zu aller Fatalität heißt nämlich mein Schwiegersohn auch noch Mejer –

VALENTIN Was Sie nicht sagen!

KARLSTADT – aber Mejer mit Jot.

VALENTIN Aha, mit Jod.

KARLSTADT Und dann haben wir noch einen Kunden mit dem Namen Meierer.

VALENTIN Soso?

KARLSTADT Um aber Verwechslungen zu vermeiden, ist es das Einfachste, Sie merken sich die Schreibweisen der vielen Meier.

VALENTIN Selbstverständlich, selbstverständlich.

KARLSTADT Also, erstens meine Wenigkeit, M-e-i-e-r geschrieben.

VALENTIN Geschrieben, ja.

KARLSTADT Ihre Wenigkeit, M-a-i-e-r geschrieben.

VALENTIN Selbstverständlich.

KARLSTADT Mein Teilhaber, M-e-y-e-r geschrieben.

VALENTIN Geschrieben.

KARLSTADT Der Hausmeister Meir, M-e-i-r ohne e hinten am Schluß geschrieben.

VALENTIN Jawohl.

KARLSTADT Der Holzhändler, M-a-y-e-r geschrieben; mein Schwiegersohn, M-e-j-e-r geschrieben.

VALENTIN Geschrieben.

KARLSTADT Und ein Kunde, M-e-i-e-r-e-r geschrieben.

VALENTIN Selbstverständlich.

KARLSTADT Sehen Sie, so wäre es sehr einfach und jede Verwechslung ausgeschlossen.

VALENTIN Jawohl, jawohl.

KARLSTADT Dann noch ein wichtiger Punkt. Wenn der eine oder andere Meier ins Geschäft kommt, dann ist es ja leicht für Sie, im Laufe der Zeit die vielen Meier auseinanderzukennen.

VALENTIN Selbstverständlich!

KARLSTADT Sagen wir, der Maier – mit i geschrieben, hat zum Beispiel ein gestreiftes Taschentuch, nicht wahr.

VALENTIN Jawohl.

KARLSTADT Oder der – der Meyer mit Ypsilon – sagen wir – der, der trägt vielleicht einen schmutzigen Kragen.

VALENTIN Aha! Wenn er aber einen frischen Kragen trägt, Verzeihung.

KARLSTADT Na ja, dann erkennen Sie ihn eben dann am frischen Kragen!

VALENTIN Aha.

KARLSTADT Kritisch ist die Sache mit den vielen Meiern nur am Telephon, weil man diese Kerle nicht sieht.

VALENTIN Selbstverständlich! Dann einen Fernsehapparat!

KARLSTADT Fernsehapparat! Soweit sind wir noch nicht!

VALENTIN Soso.

KARLSTADT Also, sagen Sie, Herr Maier, haben Sie gut aufgepaßt, was ich Ihnen gesagt habe?

VALENTIN Selbstverständlich.

KARLSTADT Also, wiederholen Sie die Schreibweisen der vielen Meier!

VALENTIN Jawohl! Also der eine Meier hat vorne ein schmutziges Taschentuch und hinten ein Ypsilon.

KARLSTADT Ach Gott! Lieber Gott!

VALENTIN Und der zweite Meier hat hinten das a und vorne reibt er sich mit Jod ein.

KARLSTADT Ja, Sie Idiot! Sie sagen ja alles verkehrt! Sie sind ja unmöglich! Was würden Sie tun, wenn die vielen Meier jetzt plötzlich alle kämen?

VALENTIN Zusperrn und keinen hereinlassen, Herr Meier!

MANN Klara! Ich finde meine Brille nicht. Weißt du, wo meine Brille ist?

Wo ist meine Brille?

FRAU In der Küche hab ich sie gestern liegen sehen.

MANN Was heißt gestern! Vor einer Stunde hab ich doch noch gelesen damit.

FRAU Das kann schon sein, aber gestern ist die Brille in der Küche gelegen.

MANN So red doch keinen solchen unreinen Mist, was nützt mich denn das, wenn die Brille gestern in der Küche gelegen ist!

FRAU Ich sag dirs doch nur, weil du sie schon ein paarmal in der Küche hast liegen lassen.

MANN Ein paarmal! Die habe ich schon öfters liegen lassen – wo sie jetzt liegt, das will ich wissen!

FRAU Ja, wo sie jetzt liegt, das weiß ich auch nicht, irgendwo wirds schon liegen.

MANN Irgendwo! Freilich liegts irgendwo – aber wo – wo ist denn irgendwo?

FRAU Irgendwo? Das weiß ich auch nicht – dann liegts halt woanders!

MANN Woanders! – Woanders ist doch irgendwo.

FRAU Ach, red doch nicht so saudumm daher, woanders kann doch nicht zu gleicher Zeit woanders und irgendwo sein! – Alle Tage ist diese Sucherei nach der saudummen Brille. Das nächste Mal merkst dir halt, wo du sie hinlegst, dann weißt du, wo sie ist.

MANN Aber Frau!!! So kann nur wer daherreden, der von einer Brille keine Ahnung hat. Wenn ich auch weiß, wo ich sie hingelegt hab, das nützt mich gar nichts, weil ich doch nicht sehe, wo sie liegt, weil ich doch ohne Brille nichts sehen kann.

FRAU Sehr einfach! Dann mußt du eben noch eine Brille haben, damit du mit der einen Brille die andere suchen kannst.

MANN Hm! Das wär ein teurer Spaß! 1000mal im Jahr verleg ich meine Brille, wenn ich da jedesmal eine Brille dazu bräuchte – die billigste Brille kostet 3 Mark – das wären um 3000 Mark Brillen im Jahr.

FRAU Du Schaf! Da brauchst du doch nicht 1000 Brillen!

MANN Aber 2 Stück unbedingt, eine kurz- und eine weitsichtige. – Nein, nein, da fang ich lieber gar nicht an. Stell dir vor, ich habe die weitsichtige verlegt und habe nur die kurzsichtige auf, die weitsichtige liegt aber weit entfernt, so daß ich die weitsichtig entferntliegende mit der kurzsichtigen Brille nicht sehen kann!

FRAU Dann läßt du einfach die kurzsichtige Brille auf und gehst so nah an den Platz hin, wo die weitsichtige liegt, damit du mit der kurzsichtigen die weitsichtige liegen siehst.

MANN Ja, ich weiß doch den Platz nicht, wo die weitsichtige liegt.

FRAU Der Platz ist eben da, wo du die Brille hingelegt hast!

MANN Um das handelt es sich ja! Den Platz weiß ich aber nicht mehr!

FRAU Das verstehe ich nicht. Vielleicht hast dus im Etui drinnen.

MANN Ja!!! Das könnte sein! Da wird sie drinnen sein! Gib mir das Etui her!

FRAU Wo ist denn das Etui?

MANN Das Etui ist eben da, wo die Brille drinnen steckt.

FRAU Immer ist die Brille auch nicht im Etui.

MANN Doch! – Die ist immer im Etui. Außerdem ich habs auf.

FRAU Was? – Das Etui?

MANN Nein! – Die Brille.

FRAU Jaaaaa! Was seh ich denn da? – Schau dir doch einmal auf deine Stirne hinauf!

MANN Da seh ich doch nicht hinauf.

FRAU Dann greifst du hinauf! Auf die Stirne hast du deine Brille hinaufgeschoben!

MANN Ah – stimmt! Da ist ja meine Brille! Aber leider?!

FRAU Was leider?

MANN Ohne Etui!

*Clownsszene
mit Liesl Karlstadt*

Hochgeehrte Versammlung! – Es freut mich ungemein, daß Sie, wie Sie, wenn Sie hätten, widrigenfalls ohne direkt, oder besser gesagt, inwiefern, nachdem naturgemäß es ganz gleichwertig erscheint, ob so oder so, im Falle es könnte oder es ist, wie erklärlicher Weise in Anbetracht oder vielmehr, warum es so gekommen sein kann oder muß, so ist kurz gesagt kein Beweis vorhanden, daß es selbstverständlich erscheint, ohne jedoch darauf zurückzukommen, in welcher zur Zeit ein oder mehrere in unabsehbarer Weise sich selbst ab und zu zur Erleichterung beitragen werden, ohnedem es wie ja unmöglich erscheint in bis jetzt noch nie, in dieser Art wiederzugebender Weise, ein einigermaßen in sich selbst, angrenzend der Verhältnisse, die Sie, wie Sie, ob Sie gegen sie oder für sie nutzbringend in sich selbst von vorne als gänzlich ausgeschlossen erachtet werden wird und daß ohnehin einer ferngehaltenen Verschlimmerung ein, oder ein in irgendeinen einigermaßen einzig verschwiegen ist.

Dennoch treten eine insgesamt wie sich zeigende, weniger oder einschließlich von unabsehbarer Weite sich kreuzende Meinungsverschiedenheiten die in unbestimmt einschneidende Zirkulationshemmungen auftretenden Gesichtspunkte auf. Gegebenen Falles erscheinen also nie wiederkehrende Emanzipationen, welche einer dringenden Abhilfe insofern gegenüberzustehen erscheinen, wenn beiderseits die interesselose Resignation widerspenstiger Auftritte seitens der Gedankenhalluzination beiderlei Geschlechtes sich in mehrheitigen Gesinnungsvibrationen durch Kontrapunkte in nichts verwandeln und eine parteilose, hochprozentige Stimmungsmehrheit vorläufig zu Tage treten wird.

Gerade die machtlose Erscheinungsmöglichkeit, ob und wie, jetzt oder später, ist die Grundessenz der lageveränderten Zeitpunkte, welche keinerlei maßgebende eventuelle Aktualitäten in sich birgt und der zeitweiligen Vernichtung von Privatexistenzen zugrunde liegt, obwohl Europa nie Anteil daran genommen hat.

Ich beschließe die Versammlung und heiße Sie zum Schlusse herzlich willkommen und begrüße Sie hochachtungsvollst im Namen sämtlicher Zuhörer – habe die Ehre!

SCHUTZMANN Halt!

Valentin blinzelt den Schutzmann an.

SCHUTZMANN Was blinzeln Sie denn so?

VALENTIN Ihre Weisheit blendet mich, da muß ich meine Schnee-brille aufsetzen.

SCHUTZMANN Sie haben ja hier eine Hupe, ein Radfahrer muß doch eine Glocke haben. Hupen dürfen nur die Autos haben, weil die nicht hupen sollen.

VALENTIN *drückt auf den Gummiball.* Die meine hupt nicht.

SCHUTZMANN Wenn die Hupe nicht hupt, dann hat sie doch auch keinen Sinn.

VALENTIN Doch – ich spreche dazu! Passen Sie auf, immer wenn ich ein Zeichen geben muß, dann sage ich Obacht!

SCHUTZMANN Und dann haben Sie keinen weißen Strich hinten am Rad!

VALENTIN Doch! *Zeigt seine Hose.*

SCHUTZMANN Und Rückstrahler haben Sie auch keinen.

VALENTIN Doch! *Sucht in seinen Taschen nach.* Hier!

SCHUTZMANN Was heißt in der Tasche – der gehört hinten hin.

VALENTIN *hält ihn auf die Hose.* Hier?

SCHUTZMANN Nein – hinten auf das Rad – wie ich sehe, ist das ja ein Transportrad – Sie haben ja da Ziegelsteine, wollen Sie denn bauen?

VALENTIN Bauen – ich? Nein! Warum soll ich auch noch bauen? Wird ja so viel gebaut.

SCHUTZMANN Warum haben Sie dann die schweren Steine an Ihr Rad gebunden?

VALENTIN Damit ich bei Gegenwind leichter fahre, gestern in der Früh zum Beispiel ist so ein starker Wind gegangen, da hab ich die Steine nicht dabei gehabt, ich wollt nach Sendling nauf fahren, daweil bin ich nach Schwabing nunter kommen.

SCHUTZMANN Wie heißen Sie denn?

VALENTIN Wrdlbrmpfd.

SCHUTZMANN Wie?

VALENTIN Wrdlbrmpfd.

SCHUTZMANN Wadlstrumpf?

VALENTIN Wr – dl – brmpfd!

SCHUTZMANN Redens doch deutlich, brummens nicht immer in Ihren Bart hinein.

VALENTIN *zieht den Bart herunter.* Wrdlbrmpfd.

SCHUTZMANN So ein saublöder Name! – Schauns jetzt, daß Sie weiterkommen.

VALENTIN *fährt weg, kehrt aber nochmal um und sagt zum Schutzmann* Sie, Herr Schutzmann –

SCHUTZMANN Was wollen Sie denn noch?

VALENTIN An schönen Gruß soll ich Ihnen ausrichten von meiner Schwester.

SCHUTZMANN Danke – ich kenne ja Ihre Schwester gar nicht.

VALENTIN So eine kleine stumpferte – die kennen Sie nicht? Nein, ich habe mich falsch ausgedrückt, ich mein, ob ich meiner Schwester von Ihnen einen schönen Gruß ausrichten soll?

SCHUTZMANN Aber ich kenne doch Ihre Schwester gar nicht – wie heißt denn Ihre Schwester?

VALENTIN Die heißt auch Wrdlbrmpfd.

Der Wilddieb

Die Mutter sitzt allein in der Stube, draußen zieht ein furchtbares Gewitter vorbei. Es blitzt und donnert unaufhörlich.

MUTTER *schaut zum Fenster hinaus.* Jessas Maria und Josef, steh mir bei, so a starks Gewitter, und mei Sohn, da Hias, is no net z'Haus. Er werd wohl net grad in des Gwitter neikommn sei, er hats Gwehr mitgnommn, des hat nix Guats zu bedeutn. I moan allaweil, i moan allaweil, er is wieder auf die schmale Wand nauf zum Wildern, weil er gar so stad aussi is zum Häusl. Gar net kann ers lassn, 's Wildern, und des is noamal sei Unglück, denn der Oberförster hat, glaub i, scho a bisserl an Verdacht auf eahm, und daß e r an Oberförster auf der Lattn hat, des woaß scho 's ganze Dorf. Was hör i? Jessas, da kummt er scho, ja grüaß di Gott, mei Bua.

HIAS Grüaß di Gott, Muatta! Da schau her, was i heut gschossn hab, an Adler, weil mir heut nix anders vor d'Büchsn kumma is. *Er hält einen Adler samt Brett in der Hand.*

MUTTER Mei Bua, i hab scho so vui Angst ghabt um di!

HIAS Um mi brauchst koa Angst habn, i wißt net, warum.

MUTTER Hias, i hab scho a bisserl Angst ghabt, weil, weil ...

HIAS Was weil ...

MUTTER Weilst heut wieder mitm Gwehr furtganga bist.

HIAS Mitm Gwehr furtganga, ja mitm Schmetterlingsnetz oder mit a Mausfalln kann i koane Reh fangn.

MUTTER Du woaßt doch, daß 's ganze Dorf scho munkelt, der Mooshammer Hias is a Wilderer.

HIAS A Wilderer, ja a Wilderer bin i aa – weil i's net begreifa konn, daß unser Herrgott die Gams und die Reh nur für die Jaga und Förster erschaffen hat, de derfas schiassn, und mir arme Deifi könna Kartoffe fressn.

MUTTER Aber Hias, denk doch ans Zuchthaus…

HIAS Ja, 's Zuchthaus habns für uns Arme, des stimmt, aber bloß für de, de wos dawischt habn.

MUTTER Hias, Bua, schau mi o, du redst so gspassi daher, daß i glei moana kunnt, du hättst was ogstellt.
Der Hias geht auffallend auf und ab.

MUTTER *merkt, daß da etwas nicht richtig ist und schreit ihn an, indem sie ihn umklammert.* Hias, du hast mitm Oberförster was ghabt, i kenn dirs an… Dein Todfeind… Du hastn… um Gottes willn…

HIAS Ja, i habn…

MUTTER Daschossn?

HIAS Daschossn – der kummt nimmer!
Die Mutter sitzt weinend am Tisch.

HIAS Muatta, horch auf, i erzähl dir, wias kemma is. Wia i heut in da Fruah aussi bin, hab i mi mitm Gwehr durchs Gebüsch durchgschlichn und bin übern Jagersteig auffi. I geh kaum 100 Meter, wer steht vor meiner – mei Todfeind, der Försterlenz. I nimm an Stutzn, leg o – Schuß – a Krach – und da Förster stürzt blutüberströmt zusammen.

MUTTER Hastn troffa?

HIAS I? Des woaß i net gwiß, denn im selben Moment, wo i an Stutzn oleg und schiaß, fahrt a Blitzstrahl vom Himmel runter, und jetz woaß i net, hab i an Förster troffa oder da Blitz? Oana von uns zwoa hatn troffa!

MUTTER No ja, des werd sich bei der Verhandlung scho rausstelln.

HIAS Aber Muatta, i hab jetzt höchste Zeit, daß i verschwind. Da Grenzschandarm is ma auf da Spur, und wann der mi da herin dawischt, dann is aus mit mir, des kost mi an Kopf.

MUTTER Bua, bleib bei mir, bei deiner Muatta. I woaß an Ausweg – ziag di o als dei Schwester, in de de Schandarm verliabt is. Tua dir dein Bart schnell wegrasiern, und wenn der Schendarm kimmt, tuast bittn um dein Brudern sei Lebn und gibst ihm dei Hand, und alles is wieder guat.

HIAS Ja, Muatta, i dank dir für dein guatn Rat. *Er rasiert sich und zieht der Vroni ihr Gewand an.*

MUTTER Du schaust aus wie die Greta Garbo, denselben Blick.
Es klopft.

BEIDE Herein!

SCHANDARM Wißt Ihr schon das Neueste?

BEIDE Naa – was is denn passiert?

SCHANDARM Vor oaner Stund hat ma an Förster von einer Wil-
dererkugel durchbohrt im Jägergrabn gfundn, und mei Pflicht
is jetzt des als Schandarm, daß i den Mörder ausfindi mach,
der unserm Förster an Garaus gmacht hat, und i glaub, in dera
Hüttn herin bin i von dem Mordgeselln net weit weg – moan
i wenigstens. Na Vroni – wo is denn heit dei Bruada?

HIAS Da Hias?

SCHANDARM Ja, da Hias – der heut so schnell mit'm Gwehr auf
de Hüttn zuglaffa is.

HIAS Um Gottes willn, Schandarm, du werst wohl auf mein
Bruadern koan Verdacht habn, daß der der Mörder is...

SCHANDARM Verdacht glaub i, is da überflüssig, wenn ma an
der Mordstelle zwoa Corpus delicti gfundn hat – und zwar a
Bleikugel, die i dem Förster aus der Brust raus hab und de
wo... *Er nimmt das Gewehr, das unter dem Tisch liegt und
steckt die Kugel in den Lauf.* De paßt aber genau – is des a
Zufall? Und noch ein corpus delicti – der oane, wenn 600
Meter runterstürzt von an Berg, bricht sich d' Füaß, der andere vielleicht d'Händ, aber des is no koa Beweis, denn d'
Füaß und d'Händ schaun alle gleich aus von de Menschen –
aber de Bärt net, und des is an Förster sei Vollbart, da gibts
koan Zweifel.

276

MUTTER Hat er sich den abbrochen?

SCHANDARM Aber wenn du mir dein Herz schenkst, auf des i scho seit Jahren hoffen tua, dann tat i halt wegen dem Mordverdacht, den i auf dein Bruada hab, a Aug zuadrucka – wannst aber naa sagst – dann werd halt dei Bruada Hias binnen sechs Wochen um einen Kopf kürzer sein.

HIAS *fällt ihm um den Hals.* Ja, i will dei Weib werdn ums Leben von meim Bruada.

MUTTER Meinen Segen habts dazua.

BEIDE *knien sich nieder und die Mutter gibt ihren Segen. Bengalisches Licht, rot.*

BEIDE *singen im Duett (Melodie: Waldeslust)*
Wir beide sind vereint
so lang die Sonne scheint
und nach dem Traualtar
wird alles klar.

Der Umzug

Die Bühne zeigt eine Vorstadtstraße mit vielen kleinen winkeligen Giebeln und Dächern. Im Vordergrund eine armselige Bretterhütte mit Tür und zwei schmalen Fenstern. An der linken Ecke des Häuschens ein staubiger Fliederbusch und zwei riesige aufgeblühte Sonnenblumen. Rechts ein Gartenzaun, ein winkeliges Gäßchen mit Schuppen, hinter welchem eine Kastanie hervorschaut, aufgehängte Arme-Leute-Wäsche.

KARL VALENTIN trägt einen Vollbart, eine verbogene Nickelbrille, offenes Hemd ohne Kragen, karierte Weste, havelockähnlichen dunklen Überzieher, unter dem Korkenzieherhosen hervorschauen, die in riesigen Schuhen enden. Unter dem Kragen des Mantels ist eine Schnur durchgezogen, an der große, dicke Pelzhandschuhe befestigt sind, die der Mann trotz des warmen Sommerwetters angezogen hat. Er kommt mit einem flachen Handkarren auf die Bühne, dessen Räder durch Kette und Vorhängeschloß blockiert sind.

LIESL KARLSTADT mit schütteren, grauen Haaren, Madonnenscheitel und Nickelbrille, trägt rotes Halstuch, karierte Jacke, helle Schürze und einen graugestreiften Rock.

Vor dem Häuschen ist übereinander der ganze ärmliche Hausrat zusammengestellt: Ein Vogelbauer mit Kanarienvogel, der mit einem langen Faden um den Fuß an einem Gitterstab ange-

bunden ist, Matratzen, Bettenbündel, eine Kommode, ein Kinderwagen, die Küchenuhr mit Gewichten, Reisekörbe, zwei Nachtkastl, eine Waschtischgarnitur, Küchengeschirr, eine Kaffeemühle, mehrere Rohrtischchen, Stühle, ein kleines Handleiterwagerl, ein Hirschgeweih, ein Aquarium mit Wasser, aber ohne Fische, ein Blumenstock, ein Hockerl etc.

Bei geschlossenem Vorhang spielt die Musik Morgenstimmung von Grieg, dazu ertönt Vogelgezwitscher, dann geht der Vorhang auf.

LIESL KARLSTADT *tritt aus dem Haus, in der Hand einen Blumenstock, den sie abstellt.* Heut sinds grad sechs Jahr, daß ich am Wohnungsamt vorgemerkt bin. Und so oft ich früher in Rosenkranz ganga bin, ins Angerkloster, so oft geh ich jetzt aufs Wohnungsamt. Es ist sozusagen meine zweite Heimat geworden. Es ist zwar immer ein fader Gang da hinauf, und es ist grad gut, daß wenigstens die Herrn Beamten vom Wohnungsamt so nette, freundliche Menschen sind. Der eine gar auf Schalter dreizehn, der sagt jedesmal zu mir: »Schauns morgn wieder her!!« und das sagt er so lieb, daß mir jedesmal die Tränen in den Augen stehn, so fürcht ich mich vor dem; 's letzte Mal hat mich der eine Beamte gfragt, ob ich auch wirklich verheiratet bin, und ob ich auch wirklich fünf Kinder hab. Er hats halt gar net recht glauben können, er hat gmeint, ich lüg ihn an. Dann bin ich aber heim und habs alle gholt. Mitn Kinderwagl bin ich glei über d'Stiagn nauf gfahrn. Und drobn hab ichs ihm alle vorgestellt: an Micherl, an Wiggerl, an Sepperl, d' Fanni und d' Walli.

Der hat gschaut, der hat nimmer gsagt: »Sehr angenehm!« Das war ihm schon sehr unangenehm. »So«, hab ich gsagt, »mit dene fünf Kinder, mit mein Mann, mein alten Vatern und der Schwiegermutter, Hund, Katz und Kanari ham mir oan Zimmer. Und manche Großkopferte ham zu zweit, sage und schreibe, sieben bis zehn Zimmer!« Ja ja, mir sind furchtbar beschränkt – nicht mir selber, sondern mit unserer jetzigen Wohnung. Wohnung kann man da eigentlich nimmer sagn, mir sagn halt so, weil wir bis jetzt noch keinen passenden Ausdruck dafür gfunden ham, wie wir unser Heim nennen könnten. Loschie mögn ma net sagn, weil das ein Fremdwort ist, und Dreckloch, das ist uns zu ordinär. Wir wohnen halt jetzt sechs Jahr in der Vorstadt in der Quellengasse, neben der alten Papierfabrik am Mühlbach. Hausnummer ham ma koane, aber es ist leicht zum finden – wenns uns bsuchen wolln, brauchns nur in d' Quellenstraß gehn – wo de Kunstmaler allweil umananderhocka – und speziell das Häusl, wo de allweil abmaln – in dem wohna mir. Mir ham ja nie über unser trautes Heim geklagt, aber – wie uns vor drei Jahr das letzte Hochwasser ausn Zimmer an Fuaßbodn rausgschwoabt hat, von da ab war ein weiteres Ausharren unmöglich. Das einzige Schöne, was wir in der Wohnung ham, ist das laufende Wasser – das lauft Tag und Nacht über d' Wänd runter, so feucht ists in unsrer Burg. Und ein Leben ist drin! Alle acht Tag werden die Schulkinder klassenweise in unsere Wohnung geführt, und der Herr Lehrer erklärt den Kindern bei uns das Leben und Treiben des Hausungeziefers. Drum hat auch der Herr Kommissär von unserm Bezirk gesagt: »Die Wohnung ist nicht mehr geeignet für menschliche Wesen. Sie müssen eine andre Wohnung kriegen«, hat er gsagt, »dafür ist das Wohnungsamt da!« – Wir kriegn aber keine vom Wohnungsamt, sechs Jahr wart ma jetzt drauf. Nacha is uns des z' bunt wordn, und drum ziagn mir heut schwarz um! *Man hört den Kanarienvogel in seinem Bauer zwitschern.* Ja der Hansi, der singt schon sein Abschiedslied. *Sie nimmt den Hansi aus seinem Bauer und reißt den Zwirnsfaden von seinem Fuß ab.* Ja, Hansi, jetzt wirds ernst – heut müß ma ausziehn. Mei, Hansi, da wirds dir heut schlecht gehn bei dem Umzug. Da wirds dich umananndaschütteln auf dem Wagen droben, da kriegst ma ja du a Gehirnerschütterung, was mach ma denn da? Halt, i habs – du bist ja a Vogerl, du brauchst ja net gfahrn werden, du kannst ja hinfliegen, dir sag i jetzt unser neue Adreß, dann fliegst derweil voraus. Also – Ickstattstraße 42/III links im Rückgebäude. *Sie läßt ihn fliegen.* Weiter links, weiter links – schau net immer um. Jetzt hätt er sich bald an einen Kamin angstoßn. Ah – der findt scho hin. Jetzt wärs halt recht, wenn der Alte mitn Karrn scho da wär. Seit drei Stunden wart ich auf ihn. *Sie spricht in die Kulisse.* Was sagns, Frau Hinterhuber, ich versteh Sie nicht – ja grad sag ichs, jetzt is er noch nicht da – drei Stund is er jetzt aus – jetzt hab ich die schweren Möbel alle allein runtertragn. Und jetzt wärs Wetter so schön, das ist so notwendig beim Umzug – derf bloß a Schütterer daherkommen, dann derweichts uns unser ganze Rokokoeinrichtung. Ich kann mir gar nicht denken, wo er so lange bleibt – aber Sie wissen ja, die Mannsbilder – da ist einer wie der andere! Ihnen brauch ich ja nichts zu erzählen, Sie haben ja das gleiche Rindvieh wie ich ... jetzt kommt er ja endlich –

also, pfüa Gott, Frau Hinterhuber, bleibens recht gesund, wenn ma uns nimmer sehn sollten – und bsuchens uns amal in der neuen Wohnung. *Die Musik spielt Mit Standarten von Blon. Karl Valentin kommt mit dem Wagen, er schiebt ihn ganz langsam.*

LIESL KARLSTADT Ja wo warst denn du so lang? Jetzt wennst noch länger ausblieben wärst, wärst noch später kommen. Und so an kleinen Wagen hast gebracht – da bring ma ja unsere Möbel gar net nauf.

KARL VALENTIN Dann muß ma halt abermals fahren.

LIESL KARLSTADT Und schwitzen tut er – ja, wenn du mit dem leeren Wagen schon schwitzt –

KARL VALENTIN Ja, weil der Karren so schwer zum fahren ist.

LIESL KARLSTADT Ah – ein leerer Wagen kann doch net so schwer zum fahren sein – den nimmt man einfach und schiebt ihn. *Sie probiert es, bringt den Wagen aber nicht vom Platz.* Ja, da gehn die Räder ja gar nicht rum, der is ja kaputt.

KARL VALENTIN Nein – da. *Er deutet mit dem Zeigefinger auf das Schloß.*

LIESL KARLSTADT Ja, der ist ja abgesperrt!

KARL VALENTIN Deshalb war er ja so schwer zum fahren.

LIESL KARLSTADT Ja sag amal, bist du den ganzen Weg mit dem abgesperrten Wagn gfahrn?

KARL VALENTIN Ja – darum war er ja so schwer zum fahren.

LIESL KARLSTADT Da glaub ich schon, daß du so lang gebraucht hast – ja haben dir die Leute keinen Schlüssel mitgeben zum Aufsperren?

KARL VALENTIN Natürlich hab ich an Schlüssel. *Er zieht ihn aus der Westentasche.*

LIESL KARLSTADT Da hat er an Schlüssel – ja, warum hast denn nicht aufgesperrt?

KARL VALENTIN Der hat gsagt, der Wagen muß immer abgesperrt bleiben, weil er schon amal gestohlen worden ist.

LIESL KARLSTADT Aber unterm Fahrn kann dir doch niemand den Wagen stehlen. *Sie sperrt das Schloß auf.*

KARL VALENTIN Sicher ist sicher!

LIESL KARLSTADT Dir könnt man ihn zwar auch unterm Fahren stehlen, so langsam schaust du. *Er steigt über beide Wagengriffe.* Schau nicht lang – und zieh dich aus.

KARL VALENTIN Ganz?

LIESL KARLSTADT Nein, mir wars gnua, dein Mantel und dein Hut sollst runter tun. *Er legt den Hut vorne auf den Wagen, den Mantel hinten zwischen die beiden Griffe.* Ja, da darfst jetzt nichts herlegen, da müssen wir doch Möbel rauflegen. *Er nimmt den Mantel und hängt ihn an den linken Wagengriff. Der Mantel schleift auf der Erde. Er hebt den Wagen auf, da rutscht vorne der Hut hinunter. Er putzt den gleichfalls heruntergefallenen Mantel ab. Sie ruft* Was is denn?
Er schaut zu ihr hin, haut sich sein Gesicht am Wagengriff an. Er geht vor, legt den Hut auf den schiefstehenden Wagen. Der Hut rutscht immer herunter. Er hebt den Wagen auf und legt den Hut darauf. Dann geht er zu den Wagengriffen zurück. Als er seine Weste ausziehen will, bemerkt er, daß der Mantel wieder auf dem Boden liegt. Er hebt die beiden Wagengriffe auf und balanciert damit. Wir haben doch was Wichtigeres zu tun – laß diese Kindereien, tu den Mantel weg. *Er hält jetzt den Mantel in der Hand.* Da hast an Kleiderbügel. *Sie geht ab. Er hängt den Mantel auf den Bügel. Er weiß nicht wohin damit, sucht herum und hängt schließlich den Bügel mit dem Mantel auf einen hervorstehenden Pfannengriff. Die mit Geschirr vollbepackte, auf einem hohen Tisch stehende Pfanne fällt herunter.*

LIESL KARLSTADT *kommt zurück.* Ja natürlich, wenn man nur dich zu was brauchen könnte. *Beide legen das Geschirr in die Pfanne. Sie stellt die Pfanne wieder an ihren Platz zurück. Er bückt sich um seinen Mantel, stößt beim Aufstehen wieder an den Stiel der Pfanne, das Geschirr fällt wieder herunter. Sie hebt alles wieder auf. Er hat den Bügel mit dem Mantel in der Hand.* Jetzt hat er den Mantel immer noch in der Hand – zieh ihn halt an. *Sie hilft ihm den Mantel anziehen – er hält den Bügel in der Hand, weiß nicht wohin damit und steckt ihn in die Manteltasche. Er holt den Blumenstock.* Nein, der kommt später dran! *Er nimmt einen Stuhl und eine Schüssel mit Geschirr und geht damit zum Wagen.* Warum trägst jetzt das Geschirr, du läßt ja doch wieder alles fallen, nimm doch eins nach dem andern. *Er stellt alles zurück, nimmt den Nudelwalker. Als er ihn auf den Wagen legt, kugelt der Nudelwalker herunter, er wiederholt das dreimal.* Das ist ja zum Kotzen mit dir – der muß ja runterrinnen, weil er rund ist.

KARL VALENTIN Zum Umziehn bräucht man halt einen viereckigen Nudelwalker.

LIESL KARLSTADT Da legt man einfach was unter, dann bleibt er liegen. *Sie haut ihn fest auf den Wagen. Er legt den Nudelwalker vorsichtig auf den Wagen, holt den Besteckkasten zum Unterlegen – aber der Nudelwalker ist inzwischen auf den Boden gefallen. Er hebt ihn auf.*

LIESL KARLSTADT Mit so einem Glump fangt auch kein Mensch zum aufladen an, mit so kleinen Dingen schon gleich gar nicht.

KARL VALENTIN Es heißt aber: Mit Kleinem fängt man an.

LIESL KARLSTADT Aber nicht beim Umziehn. Da, nimm ein großes Bett-Teil. *Sie legt eines auf den Wagen.*

KARL VALENTIN *nimmt auch eines, schlägt damit hinter sich das Geschirr herunter und legt es dann auf den Wagen. Er schaut plötzlich genau hin – nimmt den Nudelwalker und schlägt eine Wanze tot.* Vor de Wanzen hab ich an direkten Abscheu, die mag ich nicht amal streicheln!

LIESL KARLSTADT *holt die Flitspritze und spritzt, während er genau hinschaut.* Geh weg! *Sie spritzt ihm ins Gesicht. Er holt einen Puppenwagen und versucht, ihn auf den Wagen zu stellen.* Wie du nur immer das Verkehrteste erwischen kannst, der Wagen ist doch so klein, das Wägerl hat aber doch Räder, das braucht man doch nur an den Wagen anzuhängen, dann läuft es von selber.

KARL VALENTIN Ja, das ist wahr, das soll selber fahren, das ist alt genug.

LIESL KARLSTADT Geh weg, lauf mir nicht immer zwischen den Beinen rum, hol was anders. *Sie hängt das Puppenwägerl an den Handwagen an.* Schau, das ist praktisch – wenn wir dann wegfahren, läuft das Wägerl von selber mit. *Er kommt mit einer Wanduhr, von der lange Gewichte herunterhängen, bleibt an der Wagerlschnur hängen, verwickelt sich mit Ketten, Fäustlingen, Taschenuhrkette und Kleiderbügel – schließlich bleibt er rückwärts am Haken hängen und reißt sich einen Triangel in die Hose.* Du machst ja mehr kaputt, als deine ganze Arbeit wert ist. *Sie beginnt ihn von seiner Umschnürung zu befreien.*

KARL VALENTIN So Sachen halten am meisten auf.

LIESL KARLSTADT Die Uhr legen wir gleich hier in das Wägerl, da ist sie am besten geschont. *Er bringt den Blumenstock. Beide tragen eine Kommode zum Wagen, heben sie hoch und merken im gleichen Augenblick erst, daß an dieser Ecke gerade der Hut liegt.* Jetzt liegt der saudumme Hut gerade da. *Er will ihn wegnehmen, kann aber die Kommode nicht auslassen und versucht, ihn wegzublasen.* Stell die Kommode runter. *Sie stellen die Kommode wieder auf den Boden.* Mußt du den Hut gerade da herlegen, den kannst du doch woanders auch hintun. *Sie legt den Hut hinter zu dem linken Wagengriff. Beide überlegen, wie man jetzt die Kommode nehmen soll, er macht eine krumme Armbewegung von vorne nach hinten, sie meint umgekehrt.* Also, wie du willst, aber andersrum wäre es auch gescheiter gewesen. *Beide heben die Kommode auf, halten sie zu zweit nach vorne, die Schublade mit allem Inhalt fällt heraus. Eine Klosettpapierrolle rollt sich auf, er will sie aufnehmen, sie rollt aber immer weiter auf. Beide heben die Sachen auf, er wirft seine Handschuhe, die aber an einer Schnur um seinen Hals hängen, immer wieder in die Schublade hinein und zieht sie immer wieder heraus. Er hebt eine Frauendusche auf, schaut sie lange an. Sie sieht das, reißt sie ihm rasch aus der Hand und legt sie in die Schublade.*

KARL VALENTIN *hebt den Kleiderbügel vom Boden auf und fährt ihr damit unter den Rock. Dann hebt er vom Boden einen Zettel auf, liest ihn und lehnt sich an die Kommode.* Da schau her, jetzt ham man, fünf Jahr lang ham ma gsucht, und jetzt ist er da – Geburtsurkunde 1783 Ururgroßmutter, katholisch – kann uns nichts mehr passieren.

LIESL KARLSTADT Na also – dann heb ihn nur gut auf. *Beide heben die Kommode wieder auf den Wagen, der nach unten kippen will.* Wart, ich hol was zum Unterstellen – aber laß ja nicht aus!

KARL VALENTIN An Blumenstock stell unter!

LIESL KARLSTADT Was nehm ich denn gleich? Und du hältst daweil 's Maul – ah, an Wagen. Das Nachtkastl stellen wir unter.
*Sie holt es, geht vorn vorbei, verwickelt sich in die Wägerl-
schnur und reißt das Puppenwägerl um.* Hilf mir doch, da geh
her! *Er kann die Kommode auf dem Wagen nicht loslassen.
Sie dreht sich um – der Nachttopf mit Inhalt fällt aus dem
Nachtkastl.*

KARL VALENTIN *macht Grimassen, weil er sich geniert.* Das ist
eine solche Katástrophé.

LIESL KARLSTADT Katastróphe heißt es. *Sie stellt das Nachtkastl
auf den Boden und nimmt den Nachttopf.* Ich bin ja heut zu
gar nichts gekommen, mit lauter Einpacken. *Dabei stellt sie
den Nachttopf ins Nachtkastl hinein und schiebt das Nachtkastl unter den Wagen.*

KARL VALENTIN *zwickt sich den Finger ein und schreit* Eventuell
verbinden!
*Sie holt einen Wäschekorb, zieht ihn am Boden hinter sich und
fordert ihn durch Gebärden auf, ihr dabei zu helfen. Beide
gehen im Bogen um die Wagerlschnur herum, wollen den Korb
auf den Wagen heben, sehen aber, daß der Hut wieder dort
liegt, wo sie den Korb hinstellen wollten. Er nimmt rasch den
Hut weg und setzt ihn auf, dabei fällt aus dem Wäschekorb
der Boden heraus. Sie jammert und legt die Wäsche wieder in
den Korb.*

LIESL KARLSTADT Die schöne Wäsch, habs so schön gewaschen
und gebügelt. *Er steigt in den Korb hinein.* Gehst glei raus aus
dem Korb! *Sie haut ihm die Fäustlinge auf den Kopf – er
steigt wieder hinaus, sucht seinen Hut, reißt alle Wäsche raus,
um sie gleich darauf wieder in den Korb zu werfen, und findet
dabei endlich seinen Hut. Dann heben beide den Korb auf den
Wagen.
Er bringt den Blumenstock, dann das Aquarium. Im Herbei-
gehen spritzt er immer Wasser hinaus.* Wer hat denn gesagt,
daß du das alte Wasser mitnehmen sollst – wir haben doch
schon ein Vierteljahr keine Goldfische mehr. Zum Andenken
an unsere Fisch wirst dus doch nicht mitnehmen wollen?
Schütts doch weg!

KARL VALENTIN Wenn ma aber wieder neue Fisch kriegn?

LIESL KARLSTADT Dann nehmen wir wieder a neus Wasser!

KARL VALENTIN Oder des reinigen lassen!

LIESL KARLSTADT Schütt es doch weg! *Sie lädt alles Übrige auf
den Wagen. Er schüttet das Wasser in einen Eimer.* Ausge-

rechnet in den Eimer schütt ers nei, den müssen wir doch auch mitnehmen.

KARL VALENTIN Das weiß ich doch nicht. *Er schüttet das Wasser in die danebenstehende Kanne.*

LIESL KARLSTADT Aber ich bitt dich, nicht in die Kanne nein, die müssen wir doch auch mitnehmen. *Er schüttet das Wasser aus der Kanne wieder ins Aquarium zurück.* Jetzt schüttet ers wieder ins Aquarium. Bist denn du vollständig blödsinnig geworden?

KARL VALENTIN Ich weiß ja nicht, wohin ich es schütten soll.

LIESL KARLSTADT Wo man halt a Wasser hinschütt – in 'n Kanal hinein.

KARL VALENTIN Wo ist denn ein Kanal?

LIESL KARLSTADT Jetzt findet er wieder keinen Kanal – dann saufst es aus!

KARL VALENTIN *trinkt das Aquarium leer.* Ex! *Er bringt wieder den Blumenstock.*

LIESL KARLSTADT Nein, der kommt zuletzt. Weißt was, wir müssen das Ganze auch noch verschnüren, sonst könnts sein, daß wir etwas verlieren. Hast einen Strick?

KARL VALENTIN *nimmt einen Wollfaden, umwickelt alles, auch die Frau, die vor dem Korb steht.* Ich weiß net, der Schnur traue ich net recht.

Sie hat alles aufgeladen, aber den Helm am Boden liegen lassen. Er hebt ihn auf, will ihn zuerst auf den Wagen legen, setzt ihn aber dann auf.

LIESL KARLSTADT *hat das Zuberwaschtischerl hinten verschwin-*

den lassen und das Hirschgeweih in den Korb beim Bett gesteckt. Weißt, was mir abgeht, unser Keilpolstermatratze – wo is denn die hinkommen? Bei der Kommode ist sie doch vorher gelegen –

KARL VALENTIN Da drüben ist sie.

LIESL KARLSTADT Ja wie kommt denn die da nüber – hast du sie da nübergschmissn?

KARL VALENTIN Ich habs ja gar nicht angrührt.

LIESL KARLSTADT Von allein kann sie doch nicht da nüber laufen!

KARL VALENTIN Die schon! *Er legt sie auf den Wagen – dann geht er zu den Griffen.* Noch unpraktischer hättst das Geweih wirklich nicht hinlegen können, da schau – direkt in d' Nasn stoß ich mirs nei. *Er tut es weg und setzt es sich auf.* Schau, wie a Bock!

LIESL KARLSTADT Bei dir hats sichs schon ausgebockelt!

Er holt den Blumenstock.

LIESL KARLSTADT *schlägt ihm denselben auf den Kopf und schreit* Laß mir doch amal mit dem Blumenstock mei Ruah!

Er taumelt hin und her. Geh, sei net gar so empfindlich!

KARL VALENTIN *steckt die Blume ins Knopfloch und schickt sich an, wegzufahren.* Auweh, müß ma alles wieder runtertun – ich seh ja nicht drüber – ich fahr ja ins Ungewisse – alles muaß wieder runter.

LIESL KARLSTADT Um Gottes willen, ich bin froh, daß wir alles droben haben –

KARL VALENTIN Ich seh doch kei Straßenbahn –

Er nimmt plötzlich das Hockerl vom Wagen und stellt sich darauf. Jetzt – da – man muß nur denken können, jetzt seh ich alles.

LIESL KARLSTADT Ja – aber wie ist das unterm Fahrn?

KARL VALENTIN Jaso – das ging schon, aber des geht nicht, die Wagengriff gehörn darauf – das ist auch nichts. *Er steigt hinunter.*

LIESL KARLSTADT Du weißt dir schon gar nicht zu helfen, jetzt schaust so blöd aus und bist doch noch so saudumm. – Halt! – Wir müssen ja gar nicht so nüber fahrn, wir wohnen ja da drüben, wir müssen so nüber fahren, dann brauchst doch den Wagen nicht schieben, sondern ziehen.

KARL VALENTIN Man sagt ja sowieso umziehen, nicht umschieben.

LIESL KARLSTADT Jetzt wirds ernst – schau dirs Häusl noch amal an!

KARL VALENTIN Ich kanns nicht mehr anschaun. *Er weint. Beide singen*

> So leb denn wohl, du stilles Haus.
> Wir ziehn betrübt von dir hinaus,
> Wir wollten nicht, doch muß es sein,
> Denn morgen reißt man dich schon ein.
> Wir wollten nicht, doch muß es sein,
> Denn morgen reißt man dich schon ein.

LIESL KARLSTADT *singt einige Male allein*

> Wir wollten nicht, doch muß es sein –

KARL VALENTIN *hört ihr zu, geht um sie herum und schlägt ihr die Fäustlinge auf den Kopf.* Hör auf, so oft reißen sies nicht ein.

LIESL KARLSTADT Also, ich nimm das kleine Wagerl und fahr voraus, und du brauchst bloß hinten nachfahren, dann findest schon hin! *Sie fährt weg.*
Er hebt den Wagen bei den Griffen auf, und alles fällt hinunter. Man hört ein ungeheures Getöse. Er steht entgeistert da. Sie kommt weinend herein. Er will sie kniend um Verzeihung bitten, aber sie haut ihm den Haussegen auf den Kopf, daß er den Rahmen auf den Schultern hat. Er nimmt ihn weg und schaut sich selber wie ein Bild an.

LIESL KARLSTADT Wenn man nur dich was tun läßt! *Sie weint.* Die schöne Einrichtung! *Sie setzt sich erschöpft auf den Wäschekorb und fällt hinein, daß ihre Füße in die Höhe stehen.*

KARL VALENTIN *legt den Helm auf das Nachtkastl und stützt sich mit flacher Hand auf die Helmspitze. Er schreit auf* Au!

LIESL KARLSTADT *sitzt am Korb und jammert* Des Unglück! Des Unglück!

KARL VALENTIN Das ist kein Unglück, das ist ein Glück.

LIESL KARLSTADT Wieso is des a Glück?

KARL VALENTIN Weil, wenn net alles nuntergefallen wär, hätten wir unser Nachtkastl vergessen.

LIESL KARLSTADT Stimmt, da hab ich gar nicht mehr daran gedacht. Ja, das Jammern hat überhaupt keinen Wert, da müssen wir halt jetzt von vorn anfangen. Wo ist denn der Wagen? *Er zieht den Wagen heran.* Also beeil dich – zieh dich aus.

KARL VALENTIN Ganz?

LIESL KARLSTADT Nein, den Mantel und dein Hut sollst runtertun. *Er legt den Hut auf den Wagen und dazu den Mantel.*

LIESL KARLSTADT Ja, da darfst nichts nauflegen, da kommen doch die Möbel nauf.

Er hängt den Mantel an den linken Wagengriff, hebt dann
den Wagen auf und putzt den heruntergefallenen Mantel ab.
LIESL KARLSTADT Was is denn?
Er haut sich das Gesicht am Wagengriff an, und der ganze
Umzug geht nun wieder von vorne an. Damit das Publikum
nicht zweimal dasselbe sieht, wird langsam abgeblendet.

Vorhang

Das Derby

Werner und Trainer laufen aufgeregt über die Bühne.

WERNER Unglaublich – ja gibts denn des aa – in letzter Minute
sagt mir der ab!

TRAINER Um Gottes willen, was ist denn los, Herr Werner?

WERNER So was is mir no net passiert in meiner ganzen Laufbahn, in meiner ganzen Rennbahn, in meiner ganzen Renn-
laufbahn.

TRAINER Ja, was ist denn? – Hat denn die oberste Stelle das
Rennen verboten?

WERNER Was verboten?! – Die oberste Stelle bin ich da heraußen; mir kann neamands was verbieten. – Da, lesens! *Gibt*
ihm ein Telegramm. Da ham ma den Salat.

TRAINER Ich kann mir gar nicht denken, was Sie so in Aufregung versetzt.

WERNER Redens net lang – lesens!

TRAINER *liest* Hochwohlgeborener Herr Rennstallbesitzer Werner! Leider bin ich gezwungen, das heutige Rennen wegen
Krankheit absagen zu müssen. Ein Furunkel, welches gerade
an einer kritischen Stelle sitzt, macht mir das Reiten unmöglich. Hoffentlich findet sich zur Not ein Ersatz, der die Northruth reitet.

WERNER Ersatz – Ersatz – wo soll ich 10 Minuten vor dem Rennen an Ersatz kriagn, das ist ja unmöglich. Wegen so einem
kleinen Wimmerl so ein großes Rennen absagen.

TRAINER Verzeihung, Herr Werner, es ist nicht wegen der Größe
des Furunkels, sondern wegen der Stelle, an der es sich befindet –

WERNER Was für a Stelle?

TRAINER Wegen dem Platz meine ich –

WERNER Was für ein Platz?

TRAINER No, das können Sie sich ja denken –

WERNER Naa, des kann i mir net denken – i hab noch nia a Furunkel ghabt.

TRAINER Ich mein so, Herr Werner, als Vergleich: Wann ein Trompeter an den Lippen ein Furunkel hat, dann kann er doch nicht blasen –

WERNER Was genga denn mich dem Trompeter seine wehen Lippen an!

Der Trainer flüstert ihm was ins Ohr.

WERNER Ah so – ausgerechnet da! *Er schaut auf die Uhr.* 5 Minuten hats no, und mir ham noch koan Jockey – so mag ichs!

TRAINER Herr Werner, da schauns hin, der bringt jetzt die Northruth.

WERNER Ah, ah, und so in Form is das Pferd – aber was nützt mi das schöne Pferd, wenn i koan Jockey dazua hab! *Er ruft* Wo führst as denn hin? Gscherta Lump, geh rei da!

VALENTIN *kommt näher.*

WERNER Ja sag amal, wo waarst denn jetzt hinganga mit dem Gaul?

VALENTIN Am Sattelplatz ummi, weils Rennen glei angeht!

WERNER In Stall kannstn wieder neiführn, weil ma koan Jockey ham. Alles is verlorn, die 1000 Mark kann i mir am Nabel naufschreibn. Jessas, jetzt fallt ma was ein – du kannst ma aushelfa!

VALENTIN I Eahna aushelfa? *Er reibt Daumen und Zeigefinger aneinander.*

WERNER Ah, i moan ja net mitn Zwuns – Zwuns hab i gnua – 's Rennen muaßt reiten.

VALENTIN I? – Warum i?

WERNER Weil der Jockey krank is.

VALENTIN Was fehlt ihm denn?

WERNER Ein Furunkel.

VALENTIN Fehlt ihm?

WERNER Na, fehln tuats eahm net, aber habn tuat er oans.

VALENTIN Wo?

WERNER Des woaß i aa net.

TRAINER *liest das Telegramm vor* Ein Furunkel, welches gerade an einer kritischen Stelle sitzt, macht mir das Reiten unmöglich.

VALENTIN I versteh des net, daß ma wegen einem Furunkel das Rennen absagt.

WERNER Wegen dem Furunkel hat er ja net abgsagt.

VALENTIN Aber zu mir hams gsagt wegen dem Furunkel.

WERNER Ja schon wegen dem Furunkel, aber es kummt do schließlich drauf o, w o er des Furunkel hat.

VALENTIN Ja, meistens sitzts hinten am Gnack.

WERNER Am Gnack hat ers net.

VALENTIN Auf der Nasn?

WERNER Naa – aa net.

VALENTIN Aufm Hirn?

WERNER Naa, erst recht net, am Hirn werd no koaner a Furunkel ghabt habn.

VALENTIN Am Hirn?! Des glaub i, a Freund von mir, der hat da oans ghabt, a so a Trumm, daß eahm 8 Tag der Huat nimmer paßt hat.

WERNER Also Schluß jetzt mit dem Furunkel, du reitest mir jetzt des Rennen!

VALENTIN Ja, i bin ja no net oft gritten ...

WERNER Du brauchst do net vui reiten, der Gaul lauft ja ganz alloa.

VALENTIN Alloa, ja wenn er alloa lauft, dann brauch ja i net mitreiten.

WERNER Geh, red doch net so saudumm daher! – Naa, naa – muaß der ausgerechnet a Furunkel habn!

VALENTIN Ja, wo hat er denn eigentlich des Furunkel!?

Vom Startplatz herüber ertönt die Glocke, das Rennen hat begonnen. Werner, Valentin und Trainer horchen erstaunt, alle drei schreien zusammen 's Rennen is oganga!!!

WERNER Jessas, Jessas, Jessas, jetzt ham wir wegen dem saudummen Furunkel 's Rennen versäumt!

VALENTIN Weil Sie mir des net gsagt ham, wo der des Furunkel hat.

WERNER *wütend* Am Arsch hint hat ers! Daß d' a Ruah gibst!

VALENTIN Ah so! Ja, da kann er freilich net reiten! *Besinnt sich.* Ja, grad da hätt er reiten solln, dann wärs aufganga!

KARLSTADT Ja sag einmal, warum bist du denn heute mittag nicht zum Essen gekommen? 2 Stunden hab ich auf dich gewartet.

VALENTIN Ja, ich hab da draußen gleich gegessen, wo ich zu tun ghabt hab, in der kleinen Wirtschaft, und da ißt man sehr gut, fast tadellos.

KARLSTADT No, so gut, wie ich koche, wirds bestimmt nicht sein.

VALENTIN Doch, doch.

KARLSTADT Aber jetzt ist es 9 Uhr abends, wo warst du denn in der langen Zwischenzeit?

VALENTIN Nirgends, da hab ich auf das Mittagessen gewartet.

KARLSTADT Ja ist dir denn das nicht zu langweilig geworden?

VALENTIN Nein – in der Zwischenzeit hab ich mit der Kassierin gesprochen.

KARLSTADT Was, 9 Stunden warst du mit der Kassierin beisammen? Über was habt ihr denn da gesprochen?

VALENTIN Ja über des, daß die Semmelnknödeln so lange nicht kommen.

KARLSTADT So lang wartet doch kein vernünftiger Mensch auf das Mittagessen.

VALENTIN Da war ich ja nicht vernünftig, ich war ja hungrig.

KARLSTADT Papperlapapp – wenn man das Essen um 12 Uhr bestellt und in einer halben Stunde ist es noch nicht da, dann geht man einfach.

VALENTIN Freilich, dann frißts ein anderer für mich.

KARLSTADT Und ausgerechnet Semmelknödel hat er sich bestellt, wo doch ich heute auch Semmelknödel gemacht habe.

VALENTIN Was, dieselben?

KARLSTADT Ah, dieselben! Unsinn – andere hab ich halt gemacht, aber Semmelknödel sind Semmelknödel.

VALENTIN ...deln.

KARLSTADT Was deln?

VALENTIN Semmelnknödeln heißts.

KARLSTADT Ich hab ja gsagt Semmelknödel.

VALENTIN Nein, Semmelnknödeln.

KARLSTADT Nein, man sagt schon von jeher Semmelknödel.

VALENTIN Ja, zu e i n e m – aber zu m e h r e r e n Semmelknödel sagt man Semmelnknödeln.

KARLSTADT Aber wie tät man denn zu einem Dutzend Semmelknödel sagen?

VALENTIN Auch Semmelnknödeln – Semmel ist die Einzahl, das mußt Ihnen merken, und Semmeln ist die Mehrzahl, das sind also mehrere einzelne zusammen. Die Semmelnknödeln werden aus Semmeln gemacht, also aus mehreren Semmeln, du kannst nie aus einer Semmel Semmelnknödeln machen.

KARLSTADT Machen kann mans schon.

VALENTIN Ja ja, machen schon, aber wenn du aus einer Semmel 10 Semmelnknödeln machen tätst, dann würden die Semmelnknödeln so klein wie Mottenkugeln. Dann würde das Wort Semmelknödeln schon stimmen. Weils bloß aus einer Semmel sind. Aber solang die Semmelnknödeln aus mehreren Semmeln gemacht werden, sagt man unerbitterlich: Semmelnknödeln.

KARLSTADT Da sagst es aber auch nicht richtig, jetzt hast grad gsagt Semmelnknödeln.

VALENTIN Nein, ich hab gsagt Semmelnknödeln.

KARLSTADT Richtig muß es eigentlich S e m m e l n knödeln heißen, die Semmel muß man betonen, weil die Knödel aus Semmeln gemacht sind – überhaupt das Wichtigste ist der Knödel – Semmel k n ö d e l n müßt es ursprünglich heißen.

VALENTIN Nein, das Wichtigste ist das n zwischen Semmel und Knödeln.

KARLSTADT Ja wie heißt es dann bei den Kartoffelknödeln?

VALENTIN Dasselbe n, Kartoffel n knödeln.

KARLSTADT Und bei den Schinkenknödeln ah – hahaha –

VALENTIN Da ists genau so – da ist das n schon zwischendrin, es gibt keine Knödeln ohne n.

KARLSTADT Doch, die Leberknödeln.

VALENTIN Ja, stimmt – Lebernknödeln kann man nicht sagen!

Mit Hans Albers

FRAU LINSENBERGER Ach bitte, Herr, wo komme ich denn hier in die Schreinerwerkstätte von Holzinger?

HAUSMEISTER Im Hof rechts. Gehns nur da rein, wo die Hobelmaschine so brummt.

FRAU LINSENBERGER Danke schön, Herr. *Sie geht in die Schreinerwerkstätte hinein. Dort ist der Maschinenlärm so stark, daß man kaum sein eigenes Wort verstehen kann.* So. Sind Sie der Herr Schreinermeister, mein Name ist Walburga Linsenberger, mein Sohn ist nämlich verlobt und will in zwei Monaten heiraten, ja! Und da soll ich fragen, was bei Ihnen eine Schlafzimmereinrichtung kostet, hell Eiche, also zwei Betten – Nachtkästen – zwei Stühle – einen Sessel – ein Kleiderkasten und eine Kommode, aber alles hochmodern. Mein Sohn, der Lorenz, meint aber, ein Schlafzimmer in Eiche wäre zu hell für ein Schlafzimmer, er meint, Mahagoni wäre für ein Schlafzimmer passender, aber Mahagoni, glaub ich, ist viel teurer als Eiche, ich und mein Mann meinen auch, Eiche wäre vorteilhafter, weil es heller ist, aber meine Schwiegertochter meint wieder, Eiche ist zu alltäglich, das hat man heut nimmer, und Mahagoni ist halt doch Mahagoni und auch noch aparter, weils nicht so schmutzt als wie Eiche. Wie w i r damals geheiratet haben, haben wir uns ein Nußbaumschlafzimmer machen lassen, und diese Möbel haben wir h e u t e noch, die haben sich tadellos gehalten, aber Nußbaum kommt schließlich genauso teuer wie Mahagoni – Palisander wär ja noch schöner, aber Palisander wird halt zu teuer sein, drum soll ich fragen, wie die Preise sind und ob Sie die Möbel erst anfertigen müssen, oder ob Sie Schlafzimmereinrichtungen gleich vorrätig haben, dann könnte ich ja dieser Tage mit meinem Sohn herkommen zur Besichtigung.

SCHREINER Ja mei, Frau, ich hab Ihnen nicht recht verstanden, was Sie da wollen, da muß ich schon die Hobelmaschin abstellen, sonst versteh ich nichts. *Stellt die Hobelmaschine ab.* So, also, was wollen Sie eigentlich?

FRAU LINSENBERGER Ja, ich habs Ihnen grad gsagt … mein Sohn ist nämlich verlobt und will in zwei Monaten heiraten, ja! Und da soll ich fragen, was bei Ihnen eine Schlafzimmereinrichtung kostet, hell Eiche, also zwei Betten – Nachtkästen – zwei Stühle – einen Sessel – einen Kleiderkasten und eine Kommode, aber alles hochmodern. Mein Sohn, der Lorenz, meint aber, ein Schlafzimmer in Eiche wäre zu hell für ein Schlafzimmer, er meint, Mahagoni wäre für ein Schláfzimmer passender, aber Mahagoni, glaub ich, ist viel teuerer als Eiche, ich und mein Mann meinen auch, Eiche wäre vorteilhafter, aber meine Schwiegertochter meint wieder, Eiche ist zu alltäglich, das hat man heut nimmer, und Mahagoni ist halt doch Mahagoni und auch noch aparter, weils nicht so schmutzt als wie Eiche. Wie w i r damals geheiratet haben, haben wir uns ein Nußbaumschlafzimmer machen lassen, und diese Möbel haben wir h e u t e noch, die haben sich tadellos gehalten, aber Nußbaum kommt schließlich genauso teuer wie Mahagoni – Palisander wär ja noch schöner, aber Palisander wird halt zu teuer sein, drum soll ich fragen, wie die Preise sind und ob Sie die Möbel erst anfertigen müssen, oder ob Sie Schlafzimmereinrichtungen gleich vorrätig haben, dann könnte ich dieser Tage mit meinem Sohn herkommen zur Besichtigung.

SCHREINER Ja, liebe Frau, da sind Sie an der falschen Adresse, da müssen Sie zu einem M ö b e l schreiner gehn – des hier ist eine B a u schreinerei.

*Mit
einer ausländischen
Zitrone*

294

Karl Valentin aus München. Man muß furchtbar lachen über ihn, obzwar er gar nicht lustig ist.

Alfred Polgar
Karl Valentin

Wo er hintippt, springen Quellen absoluter Komik. Eine halbe Bewegung, ein Zucken um die strichdünnen Lippen, ein Zwinkern der wasserfarbenen Punkt-Äuglein holt aus der Minute ihr Letztes an lächerlichem Inhalt.

Stimmt das vielleicht nicht ganz, so fehlt doch gewiß nur ein Winziges, damit es stimme. Den Zuschauer dahin zu bringen, daß er mehr sieht als vorhanden, seine Phantasie spendierfroh zu machen: das ist auch schon Kunst.

Valentins Gestalten haben Wahrscheinlichkeit: nur ist es eine »aufgegangene« Wahrscheinlichkeit, in Gärung geraten durch den Zusatz jenes unerklärlichen Ferments, das eben Valentins Persönlichstes, sein Natur- und Kunstgeheimnis ist.

Alles Lächerliche solcher Figur steht in Blüte; daß diese Blüte aus dem Innersten des dargestellten Subjekts aufgeschossen in seinem Herzen verwurzelt und mit seinen Lebenssäften genährt ist, gibt ihr was Gespenstisches. Die biologische Wahrheit dieses Humors ist es, die so unheimlich berührt. Das Elend der Kreatur ist in ihn mitverarbeitet, Lustigkeit scheint hier oft entartete Traurigkeit. Dem Schalk sitzt der Melancholiker im Nacken.

Dem Orchestermusiker im Vorstadtvarieté, den er da auf zwei Groteskbeine stellt, sehen wir tief in die arme Seele und riechen die muffige Stube, in der er haust. Er ist maßlos komisch, aber auch gebeizt von aller Not solch notigen Daseins, von jederlei Essenz der Armseligkeit. Wir atmen die Luft, in der dieser ulkige Mensch atmet. Er trägt seine magere Erde mit sich und seinen blassen Himmel um sich, und genau abzumessen ist der Horizont, in dem beide sich schneiden.

Fest sitzt die Figur in all ihren Bedingtheiten. Ihre seelische Lage ist sofort exakt bestimmt, wie ihre geographische Lage exakt bestimmt ist durch den münchnerischen Längen- und Breitengrad.

Valentin ist ein Spaßmacher aus dem Volke. Sein Witz hat das Kindliche, das ein unzerstörbarer Grundstoff der sogenannten Volksseele ist, das Neugierige, Schadenfrohe, Verspielte, Trotzige, Aufgeweckte, Terrible; und übet in Einfalt, was kein Verstand der Verständigen sieht. Dieser Komiker hat die geschickte Ungeschicklichkeit des dummen August, eine Schulbubenlust an üblen Streichen, ein kostbarstes Phlegma der Narretei.

Sein Humor, eine wunderliche Mischung aus Schwachsinn und

Tiefsinn, ist metaphysische Clownerie. Seine Antwort auf die Frage, warum er die leere Brillenfassung, in der schon seit vier Jahren keine Gläser mehr sind, immer auf der Nase trage: »Besser als gar nix is es«, rührt an eine vierte Dimension der Ulkigkeit. Wenn er als Ortsbestimmung angibt: Kreuzung der Mariahilferstraße mit der Oberen Donaustraße, ist das nicht ein rechter Sprung ins Bodenlose? Und wenn er von dem sonderbaren »Zufall« erzählt, daß auf der belebten Münchner Hauptstraße, eben als er von einem Radfahrer gesprochen habe, ein Radfahrer dahergekommen sei, und dann die abenteuerlich dumme Debatte, ob das Zufall gewesen oder nicht, plötzlich, ganz verzagt, ergeben, hoffnungslos mit den Worten abbricht: »Sie haben halt eine andre Weltanschauung!« ... wer erklärt es, woher der kohlensaure Wohlgeschmack, das tief Erquickliche solches Trunks aus dem löchrigen Becher der Torheit?

Seine Verlegenheit ist ein Stück Ur-Verlegenheit der Kreatur darüber, daß sie da ist. Seine Dummpfiffigkeit gibt er aus wie Zinsen eines Kapitals an Mutterwitz, mit dem er möglichst sparen will. Er hat den Galgenhumor eines zum schlimmen Leben Verurteilten, die Bosheit seiner Ohnmacht. Und das Glücksgefühl, frech und rebellisch denken zu dürfen – unantastbarer Besitz auch derer, die gar nichts haben –, liegt als obstinater, lichter Schimmer auf seinem Hungerleider-Gesicht. Es ist komisch ohnegleichen, zu sehen, wie solch ein Gedanke sich ihm langsam zum Wort formt, wie es leise zuckt und rumort unter dem rötlichen Strohdach des Schädels, wie sein Hirn kaut und vorgenießt, schließlich die Spannung der Mienen und der Haut in einem blassen, selbstzufriednen Lächeln sich erlöst, und aus der Sparkasse-Spalte des Mundes das fertige Ding fällt. Seine langen, stummen Pausen, bevor der Witz kommt, sind einfach genialisch. So voll Vorausnahme heiterer Wirkung, daß diese sich einstellt, auch wenn der Scherz, der dann laut wird, gar nicht geeignet ist, sie hervorzurufen. Er ist ein Phänomen und spottet der Analyse. Er ist ein Gespenst und doch ein Münchner.

Brieftaube
für eingeschriebene Briefe
zu kaufen gesucht.

Entschließt sich dieses Unikum unter den Komikern zu einer Maske, so ist's nichts weiter als eine spitze Nase, die er der seinen aufklebt, uralte Tradition des Spaßmachers. Und begnügt sich im übrigen, seine ihm von Natur verliehene überaus magere Anatomie wirken zu lassen, verstärkt noch von eng wie ein Trikot anliegenden Hosen, zu engem Jäckchen und viel zu kurzen Ärmeln. Er macht einen erbarmungswürdigen Eindruck. Aber sofort schlägt er aus: es wehrt sich die verunglückte, mißhandelte Kreatur mit der Bosheit, der Schadenfreude und der dummdreisten Schläue gegen alle Ohrfeigen des Schicksals und wehrt sich aber doch vergeblich, denn allsofort saust seine gut zielende Faust ihm selber ins Gesicht. Wenn auch nur als die ewige Tücke des Objekts.

Dieser Valentin hat nicht seinesgleichen. Man nennt ihn einen Komiker, weil man für seine besondere Art kein besseres Wort weiß, und weil man lacht. Aber er ist eigentlich ein Tragiker, der lachen macht. Denn lustig oder belustigend im gewöhnlichen Sinn ist er ja gar nicht. Sondern höchst traurig. In allen seinen zahllosen, von ihm selbst verfaßten Szenen und Stücken variiert er immer wieder und immer durch einen neuen, blitzenden Einfall seinen ganz eigenen Typus eines armen Teufels, dem das Leben die Fallen stellt auf jedem Schritt, den er tut, sogar in der Sprache, über deren häufige Doppelsinnigkeit er nicht hinwegkommt und sich darin unrettbar verfängt. In einer Szene trägt Valentin eine Brille. Er hat sie einmal wo gefunden. Sie hat keine Gläser. Und doch trägt er sie. Denn »es ist besser als nix«. Er kann dem völlig Unsinnigen einen Sinn geben. Er nimmt das schlechthin Blöde in sein Wesen auf, und es kommt da in eine Ordnung. Daß er in einer belebten Großstadtstraße mit einem Bekannten sich von Radfahrern unterhält und im gleichen Augenblick ein Radfahrer daherkommt, das fällt ihm als merkwürdiger Zufall auf, und er bleibt gegen alle Einrede, daß das doch kein Zufall sei, dabei, es sei einer. Und schneidet den Streit darüber als sinnlos ab, indem er seinem Widerpart an den Kopf wirft: »Sie haben eben eine andere Weltanschauung.«

Dieses Gesicht schneidet nie eine Grimasse. Es läuft darüber ein ungemein feines, höchst nüancenreiches Vibrato. Diese Stimme verstärkt sich bei keiner Pointe. Sie behält durchaus ihre leise, ganz unvordringliche Art. Valentin ist der verlegene Mensch, der es nicht sein und seine Widerstände überwinden möchte. Er ist der schüchterne Frechling. Der leise, boshafte Zwischenrufer. Der, dem mit besten Absichten alles durcheinander

Franz Blei
Karl Valentin

Um 1938

297

*Der Schriftsteller
Otto Ehrhart-
Dachau schickt Karl
Valentin aus
Verehrung sein Buch
»Das
sterbende Moor«
mit einer
schönen Widmung.
Valentin bedankt
sich einige Tage
darauf:
Sehr geehrter Herr
Ehrhart!
Ich danke schön für
das schöne Buch,
habe aber leider
keine Zeit, dasselbe
zu lesen, schicken Sie
mir doch bitte ein
gelesenes Exemplar.*

*Ein berühmter
Zeichner behauptete
einmal, er könne
alles zeichnen.
So, so, sagte Valentin,
dann zeichnen Sie
mir einmal ein Stück
Aluminium.*

*Ein Kellner fragt
Herrn Valentin, als
dieser gehen will:
Welcher Mantel
gehört Ihnen?
Valentin: Der mit
die zwei Ärmeln!*

*Valentin sitzt in
einem Restaurant –
ein Herr fragt ihn,
ob das auch wirklich
Salz sei in dem
Streuglas und nicht
Streuzucker.
Valentin:
Selbstverständlich
ist es Salz, das sehn
Sie doch schon an
der Farbe.*

und daneben gerät und der dann kopfschüttelnd nicht begreift, wie das zugeht. Kein Mensch tut ihm was, aber die Welt tut ihm alles. Er kapiert das nicht. Man könnte ihn einen tragischen, metaphysischen Clown nennen. Denn: dieser Karl Valentin auf dem Podium ist kein anderer als dieser Karl Valentin in seinem ganzen anderen Leben. Wie schon gesagt: er macht keine Maske, er macht keine Witze, er zieht sich nicht zur Vorstellung auf, er schraubt sich nicht nach der Vorstellung herunter. Er geht nur in den vierundzwanzig Stunden des Tages zwei- oder dreimal durch das Licht einer Bühne, aber er macht sich nicht einen Auftritt und einen Abgang zurecht. Er läßt im Bühnenlicht für eine Weile sich sehen, wie er auch sonst ist. So zu sein, wie er ist, das ist sozusagen sein Beruf. Nicht ein Komiker zu sein oder überhaupt ein Schauspieler. Darin liegt vielleicht die ganz eigentümliche Wirkung, die er ausübt. Er bringt in jeder Szene das höchst eigentümliche Gesamtinventar seiner Person auf die Bühne.

Möglich, daß er die Welt verkehrt sieht und daß sie ihm dadurch so unverständlich und sinnlos vorkommt. Aber auch möglich, daß wir sie verkehrt sehen und der Valentin sie richtig sieht. Es ist das nicht auszumachen. Man kann sich darüber nicht einigen. Und so lacht man über die Diskrepanz. Aber es ist ein seltsames Lachen, das da ausgelöst wird. Nicht von einem Komiker, nicht von einem Schauspieler, sondern von einem Menschen, der den Tiefsinn des Blödsinns entdeckt hat. Er bläst in einem Orchester die Trompete. Nach Schluß des Stückes produziert er noch ein halbes Dutzend grauslicher Einzeltöne: gewissenhaft am falschen Ort holt er die im Eifer des Konzertierens versäumten Noten nach. Er spielt ein Stück auf der Zither, kommt an das Wiederholungszeichen der Coda und wiederholt. Aber immer wieder kommt er an dieses Zeichen und findet so in dem Stück kein Ende. Er ist von peinlicher Genauigkeit dort, wo diese Eigenschaft von revoltierender Sinnlosigkeit wird. Er ist sonst ein Drückeberger Faulenzer, Spitzbub. Aber im Absurden wird er sofort streitsüchtig, eigensinnig, hartnäckig, unnachgiebig und bringt die Umwelt zur Raserei. Er unterliegt nur der Gewalt. Aber geistig sozusagen behält er durchaus recht. Bleibt unbesiegt und widerlegt mit der Geste des Siegers. Oder der des aufständischen, heimtückischen Unterdrückten, der seinen Moment abwartet. Wie alles Volk ist Valentin gänzlich unsentimental. Nichts rührt ihn. Er ist der Letzte der Letzten, der geborene Hungerleider, der gelegentliche Arbeiter, der alles kann, weil er gar nichts kann, er hat Mitleid nicht einmal mit sich selber. Sondern nur protestlerischen Ingrimm, der sich Luft machen muß. Ohne zu gewinnen. Valentin ist nie in einer Szene aufgetreten, die ein anderer verfaßt hat. Er könnte das wahrscheinlich gar nicht. Er kann nichts vormachen, sondern nur sich selber ausdrücken. Er macht nichts scheinbar, sondern alles wesentlich. Daher das auffallend Unmittelbare seiner Wirkung. Sie geht von ihm aus, von seiner Person. Nicht von seiner Kunst, so sehr er auch alle ihre Mittel beherrscht im Dienste seiner Person. Aber nur in diesem Dienste. Er ›denkt sich nichts aus‹, das nicht in seinem Wesen läge. Er manifestiert in allen seinen Kreationen immer seine bestimmte Art, die Welt zu sehen und zu erleiden und dagegen anzurennen.

Solche Art wie die Valentins wird immer das sein müssen, was man lokal gebunden nennt. Figürlich wie sprachlich muß so etwas immer Volk sein, im gelebten Sinn, nicht im abstrakten. Hochdeutsch spricht ja kein Deutscher anders als in Konzession. Praktisch wird er sich gratulieren müssen, wenn sein Sprechen in einen Dialekt gebettet ist. Denn daraus wird er Anschaulichkeit und Kraft und Unmittelbarkeit haben. Das Blut kreist nur im Dialekt einer Sprache. So ist Valentin nicht zu übersetzen, aber er ist deshalb gar nicht, was man einen Münchener Komiker nennt. Er wäre, was er ist, in jedem anderen Idiom einer Sprache auch.

Er teilt mit, er würde ein Violinkonzert spielen. Er tritt auf, verbeugt sich, mit einer scheuen Sicherheit; die großen Hände aus den zu kurzen Jackenärmeln rudern hilflos, verstecken sich am Rücken, kommen wieder nach vorn; wieder verbeugt sich die fadendünne Gestalt, und das Gesicht verschwimmt in äußerster Verlegenheit; die Augen ringen gewissermaßen die Hände in Verzweiflung und wissen nicht worüber. Der Virtuose hat seine Geige vergessen und hat auch dieses vergessen: nur ganz verschwommen ahnt er, daß er hier was soll; und erst im äußersten Moment des Ertrinkens erinnert er sich, stürzt ab und holt den Geigenkasten. Aber das Schicksal rollt tückisch, wie es begonnen, weiter.

Valentin eröffnete 1939 im Färbergraben 33 seine Ritterspelunke, eine Verbindung von Panoptikum, Kellerkneipe und Kabarett. Allabendlich trat er auf. Das Programm bestand aus drei Teilen. Die alten Volkssänger I (später Die alten Volkssänger II), nach der Pause die beiden ersten Akte des Ritter Unkenstein (der dritte Akt wurde erst 1942 geschrieben und gelangte nicht mehr zur Aufführung) und schließlich eine Führung durch das Panoptikum, in dem u. a. ein liegender Stehkragen, der Strohhalm, an den der Ertrinkende sich klammert, das Nest voll ungelegter Eier und der Entdecker der Rollgerstensuppe ausgestellt waren.

*Sah ein Knab
ein Röslein stehn*

Damals war Liesl Karlstadt nicht mehr Valentins Partnerin. Die Kunigunde im Ritter Unkenstein spielte die junge Schauspielerin Annemarie Fischer, der Ritter wurde von Otto Zagler dargestellt und der Recke Heinrich von Valentin.

Die alten Volkssänger ist eine lockere Szenenfolge ähnlich dem Tingeltangel. Die beiden Manuskripte sind hier gekürzt wiedergegeben, da Valentin einige Passagen seinen früheren Stücken entnommen hatte.

Auch die Komödie Aus guter alter Zeit ist wahrscheinlich zu Beginn des 2. Weltkriegs entstanden.

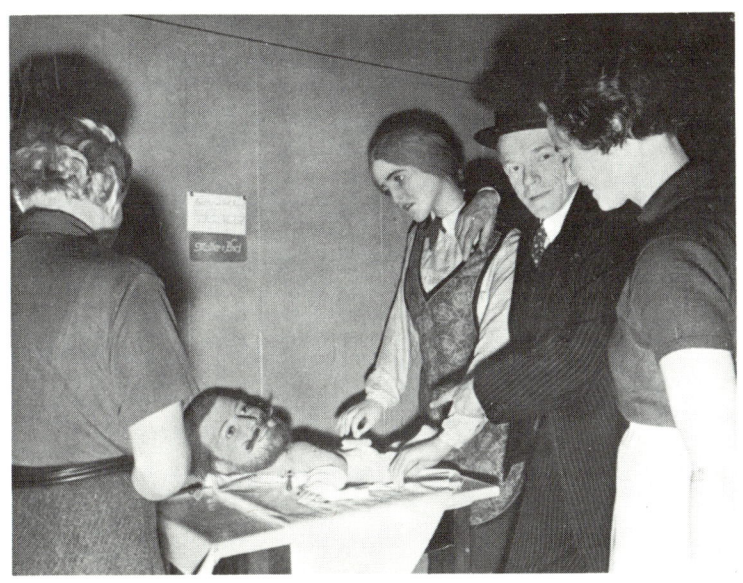

Die verpfuschte Verjüngungskur. Valentin zeigt Besuchern sein Panoptikum

Vier Musiker treten auf und ordnen ihre Instrumente. Karl Valentin hat seine Arme um den Körper geschlungen.

Die alten Volkssänger I

DER ZWEITE MUSIKER So, jetzt pack mas wieder. *Auf Valentin deutend.* Da is er ja schon. Ja, was hat er denn, was soll denn das bedeuten? So ein Gstell?

KARL VALENTIN Ja – i war krank – jetzt bin i wieder gsund.

DER ZWEITE MUSIKER Ja, aber die Arm?

KARL VALENTIN Ah, der Doktor hat gsagt, wenn ichs erste Mal ausgeh, soll ich mich recht halten. *Musiker lachen ihn aus.*

KARL VALENTIN Wertes Auditorium – werter Zuschauerraum. Unser philharmonisches Orchester bestand sonst – in Friedrichs – ah, Friedenszeiten aus 80 philharmonischen Musikermännern. Infolge des sich einschleichenden Krieges wurden 76 Musikmänner eingerückt – ah na – 76 sollten eingerückt – na – wollten – das stimmt auch net! – jetzt hab ichs, mußten einrücken. – Also zu Haus hab ichs so gut können – immer wenn ich was auswendig lern, bleib ich stecken, und zu Haus hab ichs so gut können – aber ich kann doch net verlangen, daß Sie gschwind mit mir nach Haus gehn. Davon abgsehn, hätt ich gar net so viel Platz. Jetzt fang ich halt noch amal an. Also, wir waren 80 Mann. 76 mußten davon einrücken – jetzt sind wir noch – ja wieviel sind wir denn noch? *Er rechnet auf einem Zettel.* 80 weniger 76 – jetzt sind wir noch vier Musiker und ein Weib, welches nicht einzurücken braucht, wenigstens vorderhand nicht. Wir sind jetzt von einem p h i l harmonischen auf ein w e n i g harmonisches Orchester – auf ein sogenanntes Bamberlorchester zusammengeschrumpft. *Die Musiker widersprechen.* Schauen Sie sich nur die Zusammenstellung an – Klavier, Bombardon, Schlagzeug und der – *er zeigt auf den Klarinettisten* – hat glei sei Instrument ausm Stiegengländer rausgrissen. Was wir Bruchkapelle aber im Leistenbruch – also reden tu i scho furchtbar schlecht – wenn mir so a Musi machen, wie ich red, dann is gscheiter, wenns jetzt glei wieder gehn – ach ja, was wir im leisten zustande sind, das werdens jetzt gleich hören. Was nützt das viele Reden! Taten wollen wir sehen und hören! Fanget an! *Die Musiker richten ihre Noten her. Valentin setzt sich auf einen Schemel.*

KARL VALENTIN Wo ist denn eigentlich jetzt die Lehne?

ANNEMARIE FISCHER Wer?

KARL VALENTIN Die Lehne?

DER ZWEITE MUSIKER Wen meint er denn da?

ANNEMARIE FISCHER Ach unser Kassierin, die blonde.

KARL VALENTIN Wieso blond. Ach Schmarrn. *Er nimmt den Schemel in die Hand.* Die Stuhllehne mein ich ja. *Valentin bekommt einen anderen Stuhl.*

DIE MUSIKER Ach so.

KARL VALENTIN An ner Kassierin kann i mich doch net anlehnen. *Er setzt sich auf den richtigen Stuhl, hebt das Bombardon mit großer Kraftanstrengung auf und rutscht samt Bombardon vom Stuhl hinunter. Die Musiker springen hinzu und helfen ihm wieder herauf.*

KARL VALENTIN Das ist ja unglaublich! Ihr seid mir schöne Kollegen – pfui Deifi! Da hilft ma einem doch! *Die Musiker sind entsetzt.*

DIE MUSIKER Ja, wir haben aber doch gholfen – also so was! Der schimpft uns auch noch zsamm.

KARL VALENTIN Ja nachher, wie i scho runtergrutscht war.

DER ZWEITE MUSIKER Mir können dir doch net scho raufhelfen, bevor du überhaupt nuntergrutscht bist. – So gscheit sollst doch schon sei.

KARL VALENTIN Na, so gscheit bin i eben net – drum hab ich mich auf dich verlassen.

DER ZWEITE MUSIKER Ach Schmarrn.

KARL VALENTIN A leck –

DER ZWEITE MUSIKER Was?

KARL VALENTIN Leck – hab i gsagt.

DER ZWEITE MUSIKER Des is ja unglaublich. Jetzt wiederholt ers auch noch amal.

KARL VALENTIN Leck war das Schiff, dann ging es unter. *Er sagt an* Defilier-Marsch von Scherzer. *Sie spielen den Marsch.*

ANNEMARIE FISCHER *sagt an* So, und jetzt kommts Rehlein.

KARL VALENTIN Ah, laß rein, dann hab ma was z'fressn.

Annemarie Fischer

ANNEMARIE FISCHER Ich mein doch Das muntere Rehlein. Das ist ein rheinischer Schlager, den Sie bestimmt alle schon kennen und damit Sie recht fleißig mitsingen können, liegen extra Zettel mit dem Text auf. Hoffentlich sind noch welche da.

KARL VALENTIN Ja, wir habn nur noch a paar, und neue laß ma net drucken – des kommt zu teuer.

ANNEMARIE FISCHER Also wer keinen Text hat, der braucht ja bloß lalala singen.

KARL VALENTIN Des is doch ganz wurscht, ob die Leut mitsingen oder net. Die Hauptsach is, daß sie drobn 1.70 Eintritt bezahlt haben.

ANNEMARIE FISCHER *in der Ansage fortfahrend* Das wär dies Jahr bestimmt d e r Oktoberfestschlager worden. Aber leider is ja die Wiesn ins Wasser gefallen.

KARL VALENTIN In'n Krieg is gfalln. Eine Million Räusch sind dies Jahr ins Wasser gfalln.

ANNEMARIE FISCHER Blamier mich doch net so.

ANNEMARIE FISCHER *zum ersten Musiker* Wie gehts jetzt deiner Tochter?

KARL VALENTIN Ja, wie gehts ihr denn? Hats schon entbunden?

DER ERSTE MUSIKER Ja.

KARL VALENTIN So – wie lang – ah – wann?

DER ERSTE MUSIKER Vor drei Tag.

KARL VALENTIN Was – vor drei Tag – was hats denn kriegt? A Kind oder a Mädel?

DER ERSTE MUSIKER A Mädel.

KARL VALENTIN So, so, ja und wie gehts denn der Tochter – ah, der Mutter – der mütterlichen Tochter?

DER ERSTE MUSIKER Danke, ganz gut.

KARL VALENTIN Liegts noch im Bett?

DER ERSTE MUSIKER Aber geh – vor drei Tag.

KARL VALENTIN Ja, da sans meistens drauf recht müd. – Wenn dei Tochter triffst – na sagst an schönen Gruß, und sie soll sich ja recht halten, daß koan Rückfall kriegt.

ANNEMARIE FISCHER So, und jetzt sing ma den Bummelpetrus. Der is ja genügend bekannt.

KARL VALENTIN Des is ja scho a ganz a alter Heiter *. Den hams ja schon bei der Hochzeit von Kanaan gsungen.

ANNEMARIE FISCHER Ja, aber moderne Sachen . . .

KARL VALENTIN Naa – moderne Sachen passen zu uns net richtig rein. Da müssens schon zum Weissferdl in die Bonbonniere gehen. Jess, i Rindvieh mach für den auch noch Reklame.

* *Bayerischer Ausdruck für Schindmähre (A. d. H.)*

ANNEMARIE FISCHER Ihr brauchts fei nur den Refrain mitblasen.

KARL VALENTIN Des kann i nimmer.

ANNEMARIE FISCHER Des wird scho gehn. Also fang ma gleich amal mit dem Refrain an. *Valentin möchte immer zu früh einsetzen und versäumt dann schließlich doch seinen Einsatz. Er macht den ersten Musiker dafür verantwortlich, da dieser ihm kein Zeichen gegeben habe. Valentin schaut gelangweilt in die Gegend, streitet dann wieder mit dem ersten Musiker, fängt ein Gespräch mit dem Pianisten an und versäumt erneut seinen Einsatz. Annemarie Fischer schimpft nun auch mit Valentin, der sich weiter mit dem ersten Musiker streitet.*

ANNEMARIE FISCHER Das ist ja unglaublich. So eine Batzerei. Und jetzt streitet ihr auch noch. Ihr seid schon wirklich gschert.

KARL VALENTIN Das wenn ich ghört hätt.

ANNEMARIE FISCHER Is scho wahr auch. Da kann man doch nicht singen.

KARL VALENTIN Du kannst so auch net singen.

ANNEMARIE FISCHER Das ist eine Frechheit.

KARL VALENTIN *zum ersten Musiker* Du mit deiner Wichtigmacherei – deswegen haben sie dich ja aus der Fachschaft rausgschmissen.

ANNEMARIE FISCHER Jetzt seids doch endlich mal ruhig. *Sie sagt an* Und jetzt kommt das Glühwürmchenidyll von Paul Lincke. *Der Pianist fängt zu spielen an, was Valentin und den ersten Musiker nicht hindert, immer heftiger weiterzustreiten. Schließlich geht Valentin zum ersten Musiker und gibt ihm eine schallende Ohrfeige. Der erste Musiker schreit auf, die anderen unterbrechen entsetzt ihr Spiel.*

ANNEMARIE FISCHER Ja, was ist denn los? Das ist ja unglaublich!

DIREKTOR *kommt aufgeregt herein.* Ja, aber das geht doch nicht.

KARL VALENTIN Des is scho gangen.

DIREKTOR Warum haben Sie denn Ihrem Kollegen eine Ohrfeige gegeben?

KARL VALENTIN Weil er mich beleidigt hat.

ANNEMARIE FISCHER Wieso denn? Was hat er denn gemacht?

KARL VALENTIN Eine Sau hat er mich gheißen.

DER ERSTE MUSIKER Das ist nicht wahr!

ANNEMARIE FISCHER und DIREKTOR Das ist ja unglaublich.

KARL VALENTIN Ich brauch mich doch von dem net zu beleidigen lassen, wo er noch dazu der Ältere is.

ANNEMARIE FISCHER Ja und warum denn? Da muß er doch einen Grund gehabt haben.

KARL VALENTIN Ach, des stammt ja noch von heut nachmittag von der Probe her, das is net so wichtig.

ANNEMARIE FISCHER Doch, des wollen wir jetzt schon wissen. Jetzt hats Publikum auch schon gmerkt.

KARL VALENTIN Wenn er wenigstens Schwein gsagt hätt – aber eine direkte Sau hat er mich ghoaßn.

DIREKTOR Ja, jetzt sagens doch endlich einmal, warum.

KARL VALENTIN Du bist d' Sau – net ich – ich war ja grad derjenige, der den Ventilator hat laufen lassen. *Alle ab bis auf den Pianisten und Annemarie Fischer, die das Glühwürmchenidyll singt. Dann tritt Valentin wieder auf.*

KARL VALENTIN Ein Bombardon-Solo: Im tiefen Keller sitz ich hier. Eigentlich müßts ja heißen – steh ich hier. Da müssens aber ganz ruhig sein, sonst hörens nix. *Valentin vermurkst einen hohen Ton. Zum Pianisten* Nur recht batzen – des mag ich. *Er spielt weiter. Kurz vor dem Schluß kommt der erste Musiker herein.*

DER ERSTE MUSIKER Valentin, Valentin!
Valentin will sich nicht unterbrechen lassen.

DER ERSTE MUSIKER Herr Valentin, eine junge Dame ist draußen und hat diesen Brief gebracht. Sie wartet gleich auf Antwort.

KARL VALENTIN Ausgerechnet jetzt, das wär doch nicht so wichtig gewesen. Ich hätt doch nur noch einen Ton zum Blasen gehabt. *Valentin fällt das Couvert hinunter.* Au!

DER ERSTE MUSIKER Des kann doch net weh tun!

KARL VALENTIN Doch, es is mir ja mit der Kanten naufgfalln. *Der erste Musiker hat inzwischen den Brief wieder aufgehoben und Valentin gegeben. Valentin macht den Brief auf.* Ach der ist von der. Die schreibt immer gelungen. Des muß ich Ihna vorlesen. *Zum ersten Musiker* Nehmens inzwischen Platz. *Er liest den Brief vor*

Januar den 33. München 1939

Lieber Geliebter!

Mit weinenden Händen nehme ich den Federhalter in meine Hände und schreibe Dir.

Warum hast Du so lange nicht geschrieben, wo Du doch neulich geschrieben hast, daß Du mir schreibst, wenn ich Dir nicht schreibe. – Mein Vater hat mir gestern auch geschrieben. Er schreibt, daß er Dir geschrieben hätte. Du hast mir aber kein Wort davon geschrieben, daß er Dir geschrieben hat.

Hättest Du mir ein Wort davon geschrieben, daß Dir mein Vater geschrieben hat, so hätte ich meinem Vater geschrieben, daß Du ihm schon schreiben hättest wollen, hättest aber leider keine Zeit gehabt zum Schreiben, sonst hättest Du ihm schon geschrieben.

Mit unserer Schreiberei ist es sehr traurig, weil Du mir auf kein einziges Schreiben, welches ich Dir geschrieben habe, geschrieben hast.

Wenn Du nicht schreiben könntest, wäre es was anderes, dann tät ich Dir überhaupt nicht schreiben, so kannst Du aber schreiben und schreibst doch nicht, wenn ich Dir schreibe.

Ich schließe mein Schreiben und hoffe, daß Du mir nun endlich einmal schreibst, sonst ist dies mein letztes Schreiben, welches ich Dir geschrieben habe. Solltest Du aber diesmal wieder nicht schreiben, so schreibe mir wenigstens, daß Du mir überhaupt nicht schreiben willst, dann weiß ich wenigstens, warum Du mir nie geschrieben hast.

Verzeihe mir die schlechte Schrift, ich bekomme immer den Schreibkrampf unterm Schreiben, Du bekommst natürlich nie den Schreibkrampf, weil Du nie schreibst.

               Gruß und Kuß   Deine N. N.

Zum ersten Musiker Sagens ihr an schönen Gruß, und sie soll heut nacht Punkt 2 Uhr warten. Aber pünktlich muß sein.

DER ERSTE MUSIKER Ja – und wo?

KARL VALENTIN Des is doch wurscht. *Er bläst den letzten Ton. Der erste Musiker geht ab.*

ANNEMARIE FISCHER Und jetzt ein Marsch: Der Gardeleutnant. Achtung, ganze Abteilung, marsch!

KARL VALENTIN *trommelt* Zu gut darf i gar net trommeln, sonst muß i auch noch einrücken.

Die Kapelle spielt den Marsch zu Ende. Alle bis auf Valentin und den ersten Musiker gehen ab.

KARL VALENTIN So, Sie müssen mir jetzt da bei der Regie a bissl behilflich sein, können s ma a Trommel leihen?

DER ERSTE MUSIKER Ham mer.

KARL VALENTIN Naa, koan Hammer, sondern eine Trommel.

DER ERSTE MUSIKER Des moan i ja.

KARL VALENTIN Warum sagen s nachher Hammer?

DER ERSTE MUSIKER Haben wir.

KARL VALENTIN Ja, das is was anders. Sinds doch net so gschert. Mir ham doch auch norddeutsche Zuschauer. *Er probiert die auf der Bühne stehende große Trommel aus, dann die kleine daneben.* Die kommt gar nicht in Frage. Hams net no a andere?

DER ERSTE MUSIKER Ja, vielleicht unsere kleine Felltrommel.

KARL VALENTIN Des is ganz wurscht, entweder a Feld- oder a Wiesentrommel. *Der erste Musiker bringt eine kleine Felltrommel. Valentin probiert sie aus.* Die hat so an trommelmäßigen Klang.

DER ERSTE MUSIKER Des is ja a Trommel.

KARL VALENTIN Ah so, deswegen – kann scho sein. *Er probiert wieder die ersten beiden Trommeln, wobei er bei der kleinen sagt* Die kommt nicht in Frage. Wissens, die große Trommel wär im Klang scho recht, aber die is wieder net zeitgemäß angestrichen. Es war einmal. Habns net no eine?

DER ERSTE MUSIKER Na nehma mei alte.

KARL VALENTIN Is scho recht – der hau i auch nauf. *Der erste Musiker bringt eine ganz alte Trommel.* O mei, die war ja wirklich scho beim 30jährigen Krieg dabei – die is ja ganz derfeit – da wärs ma scho lieber gwesn, die hättens mir net reingebracht.

DER ERSTE MUSIKER Ja, dann ham mir nur unsere schöne Konzerttrommel.

KARL VALENTIN Schön brauchts net sein. D' Hauptsach is, daß sie gut klingt. *Der erste Musiker bringt die Trommel.* Ah, die

Aufführung in der Ritterspelunke

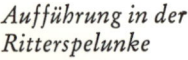

is ja verbronzt. Wer hat denn die angebronzt? *Er probiert die Trommel.* Naa, des is auch nets Richtige. Habns kei solche wie bei der Wachtparade, a Pauke oder wia ma die heißt. *Der erste Musiker bringt eine Pauke.* Die is recht. *Valentin schlägt sehr fest auf die Pauke, so daß das Publikum erschrickt.* Da brauchas net daschreckn, die wo so herkommen – *er deutet mit dem Arm eine seitliche Bewegung an* – machen nix, nur die von oben kommen. *Er möchte nun noch einmal alle Trommeln durchprobieren.* Jetzt kann i nimmer probiern, weils so nah aneinander stehn. Bleib mer bei der. *Er deutet auf die Pauke.* *Er beginnt nun, dem ersten Musiker leise etwas zu erklären, wobei er wiederholt auf das Gedichtmanuskript deutet, das er zur Hand genommen hat. Zum Publikum* Net zuhörn, des is privat. Sie können sich ruhig dazwischen unterhalten. *Er fährt leise in seiner Erklärung fort.* Habens mich verstanden?

DER ERSTE MUSIKER Ja.

KARL VALENTIN *eindringlich* Habens mich wirklich verstanden?

DER ERSTE MUSIKER Ja natürlich!

KARL VALENTIN Ausschauen tuns nämlich, wie wenns mich net verstanden hätten. Wenns jetzt die Trommel naustragen, dann gehns gleich selber mit. *Der erste Musiker geht mit der Pauke fort.* Hallo! Hallo!

DER ERSTE MUSIKER Was is denn?

KARL VALENTIN Sie sind ein schrecklicher Mensch. Was hab ich Ihnen denn gsagt? Sie sind ja zum Kotzen! Mit was wollns denn trommeln? Mit die Ohrwatschl vielleicht? *Der erste Musiker kommt zurück und nimmt von Valentin den Paukenschlegel entgegen.* Sind Sie am Kopf sehr empfindlich?

DER ERSTE MUSIKER Ja, furchtbar.

KARL VALENTIN So, dann hau i 'n Ihna net nauf.

DER ERSTE MUSIKER Was man nicht im Kopf hat, hat man in die Füß.

KARL VALENTIN Sie ham im Kopf nix und ham in die Füß nix. Sie ham nirgends nix. Redens net so viel – tragens mehr. *Der erste Musiker murmelt etwas vor sich hin.*

KARL VALENTIN Murrens net – sinds froh, daß Sie in dieser schweren Zeit eine Beschäftigung ham. – Hallo! Gehns noch amal her!

DER ERSTE MUSIKER *kommt nochmals mit der Pauke zur Bühne vor.* Was is denn?

KARL VALENTIN *betrachtet die Pauke.* Ja, des is scho die richtige.

Er hebt die kleine Felltrommel hoch. Ich hab gmeint, Sie ham die mitgnommen. *Der erste Musiker geht wieder mit der Pauke ab.* Also ganz naus in d' Küch. *Zum Pianisten* Gell, Sie tuns bissl melodramisch untermalen. *In Richtung Küche* Sinds draußen?

Der 30jährige Krieg

Aus großer Zeit stammt mein Gedicht,
Ich nenn des Kaisers Namen nicht,
Auf weiten Fluren, auf weiten Auen,
So weit die Augen konnten schauen,
War Kampf und Schlacht und Schlacht und Kampf
Mit Schwertgeklirr und Pulverdampf.
So ging das dreißig Jahre lang – von Anfang an.
Doch jeder Anfang nimmt sein Ende,
Und plötzlich kam des Schicksals Wende.
Von Ferne dröhnt der letzte Schuß *horcht – Paukenschlag*
Der Krieg war aus – 's war Friedensschluß.

DER ERSTE MUSIKER *bringt die Trommel wieder.* Des is ja unglaublich – wegen dem einen Schlag...

KARL VALENTIN Der Schuß war noch zu laut.

DER ERSTE MUSIKER Wirklich unglaublich!

KARL VALENTIN Ach, des verstehen Sie net. Des is eben Regie.
Die Trommeln werden von der Bühne geräumt.

KARL VALENTIN *zum Publikum* Ja, was wollt ich Ihnen jetzt noch erzählen? *Da es ihm nicht einfällt, erzählt er minutenlang von einem Witz, den er dann aber aus politischen Gründen doch lieber für sich behalten möchte. Endlich fällt ihm ein, was er sagen wollte:* 15 Minuten Pause.

Die alten
Volkssänger II

Der erste Musiker tritt auf. Er ist allein auf der Bühne. Er begrüßt das Publikum und weist auf die vorzügliche Qualität der Kapelle hin. Er sieht auf die Uhr und entschuldigt sich, daß er seine Rede abbrechen muß, aber Dienst sei Dienst. Er fängt zu trommeln an.

DER ZWEITE MUSIKER *kommt gelassen herein und fragt erstaunt* Was machst denn?

DER ERSTE MUSIKER Trommeln! Hört man das nicht?

DER ZWEITE MUSIKER Das schon, aber jetzt schon und ganz allein!

DER ERSTE MUSIKER Schau mal auf deine Uhr.

DER ZWEITE MUSIKER *schaut auf die Uhr.* Jööö! Ja was is des, höchste Zeit. Aber die andern sind auch noch net da!

DER ERSTE MUSIKER Das ist mir gleich. Ich fang an. Ich laß mir nichts nachsagn.

DER ZWEITE MUSIKER Nacha fang i auch an. Was spieln ma denn?

DER ERSTE MUSIKER Den Doppeladler in k-moll. *Beide trommeln unentwegt.*

KARL VALENTIN *kommt ebenfalls erstaunt herein. Er raucht eine Zigarette, nimmt das Bombardon, wirft die Zigarette oben hinein, stößt sich den Mund an und bläst.*

DER DRITTE MUSIKER *kommt langsam herein.* Was, is schon Zeit? *Er packt umständlich seine Klarinette aus.*

KARL VALENTIN *ruft durch das Bombardon* So, fang schon amal an, steh net rum do!

DER PIANIST *kommt wortlos ans Klavier und beginnt zu spielen. Nach Schluß des Marsches erhebt sich der erste Musiker, um die nächste Nummer anzusagen. Valentin unterbricht ihn.*

KARL VALENTIN Was warts denn net, bis alle beinand sind, es zwei Stiften. Da fangens mit zwei Trommeln allein an, die Wichtigmacher, nur damit der Wirt sieht, daß da sind. Lieber machens den Leut a Saumusi vor mit zwei Trommel!

DER ERSTE MUSIKER Ist das Ernst oder Spaß?

KARL VALENTIN Das ist Ernst! I mach kein Spaß. Das liegt mir nicht!

DER ERSTE MUSIKER Ja aber im Vertrag steht zwanzig Uhr dreißig!

KARL VALENTIN I richt mich net nach einem Vertrag!

DER ERSTE MUSIKER *zieht seine Uhr.* Hier, es ist aber Zeit!

KARL VALENTIN I richt mich auch net nach der Uhr. Nach deiner schon gar net. I hab selber a Uhr. I brauch dee net, was willst denn?! I wohn in der Nähe vom Isartor, da ist die große Turmuhr drobn, und wann ich da in der Früh vorbeigeh, merk ich mirs fürn ganzen Tag!

DER ERSTE MUSIKER Das ist ja eine wunderbare Logik! Ich stell mich hierher, erzähl den Herrschaften, was wir für eine wunderbare Kapelle sind...

KARL VALENTIN Drum soll man vorher keine Sprüch machen!

DER ERSTE MUSIKER Sprüch machn! Weiß ich, daß ihr kommts, wann ihr wollts?

KARL VALENTIN Wolln! Wolln!... wolln tun wir überhaupt nicht. Meinens, daß i da hergangert, wenn i net müßt, wanns net wegen die zwei Mark fuchzig wär. Kein Mensch bringert mich bei der Finsternis raus. I brauch mein Hirn zum Denken und net zum Einrennen.

DER ERSTE MUSIKER Aber der Mensch muß ein Pflichtgefühl haben!

KARL VALENTIN Hast du eins?

DER ERSTE MUSIKER Gott sei Dank!

KARL VALENTIN Paß auf, daß dirs keiner nimmt, sonst hast auch keines. Was willst denn überhaupt? Ich hab mich halt verspätet, Herr Werkführer.

DER ERSTE MUSIKER Das haben wir gemerkt, Herr Gefolgschaftsmitglied!

KARL VALENTIN An was? – Vielleicht weil i spät kommen bin?

DER ERSTE MUSIKER Weil ihr daherschleicht einer nach dem andern!

KARL VALENTIN Na ja, ich war halt beim Mittagessen, und da hab ich mich verspätet.

DER ERSTE MUSIKER Lächerlich! Mittagessen bis um halb neun Uhr auf d' Nacht!

KARL VALENTIN Das geht dich gar nix an, wie lang i zu Mittag eß! *Zum dritten Musiker* Weißt, i eß alleweil da drüben in der kleinen Wirtschaft in der Neuhauser Krone. Schon seit ersten September eß ich dort jeden Tag und alle Tag lauter Semmelknödel. Seit ersten September lauter Semmelknödel!

DER ERSTE MUSIKER Warum lauter Semmelknödel?

KARL VALENTIN Weil i halts Fleisch momentan net so gern mag! Die Semmelknödel waren immer so schön hell, so gelb, so gelblichhell, schön rund aa, so hellgelblichrund!

DER ERSTE MUSIKER So ein Unsinn! Hellgelblichrund! Wie halt Semmelknödel sind!

KARL VALENTIN Ja so!!! Und heut hab ich welche kriegt, die warn so greußlich, so dunkelfinster, wie die Mauer da. Jetzt hab i den Wirt gfragt, warum die Knödel heut so schwarz sind, so unappetitlich, ob er vielleicht a schwärzers Mehl zuteilt kriegt hat, könnt ja leicht möglich sein. Sagt der Wirt: Nein, er hat noch dasselbe Mehl und die gleichen Zutaten wie früher. Nur die Köchin, sagt er, hat keine Seife mehr!

DER ERSTE MUSIKER *zum Publikum* Sie werden inzwischen festgestellt haben, daß wir uns tatsächlich in einer Ritterspelunke befinden, und da gehört es dazu, daß wir ein Ritterlied singen. Wir haben eines. Die Melodie ist tausende Jahre alt und der Text aus neuerer Zeit. Wenn Sie wollen, können Sie beim Kehrreim etwas mitsingen, damit…

KARL VALENTIN Tuns doch die Leut net aufhetzen. Droben müssens eine Mark siebzig Eintritt zahlen und herunten müssens um eahna eigenes Geld singen.

DER ERSTE MUSIKER Kein Mensch hat gesagt, daß sie müssen, nur wenn sie wollen!

KARL VALENTIN Das sehns ja, daß net wolln! Kein Mensch singt!

DER ERSTE MUSIKER Die Leute wissen doch gar nicht, was sie singen sollen!

KARL VALENTIN Das macht nix! Wenns singen wollen, könnens so auch singen!

DER ERSTE MUSIKER Da ist gar nichts dabei, wenn die Leute mitsingen.

Nun wird das Couplet Die alten Rittersleut *gesungen.*

DER ERSTE MUSIKER

   Da herunt an diesem Ort
   sicherlich mein Ehrenwort
   da habn edle Ritter ghaust
   denen hat vor gar nichts graust.

REFRAIN

   Ja so warns, ja so warns, die alten Rittersleut,
   ja so warns, ja so warns, die alten Rittersleut.

DER ERSTE MUSIKER

   Gsuffa habns und das net wia
   aus die Eimern Wein und Bier
   habns dann als zammgsuffa ghabt
   dann sinds untern Tisch drunt gflackt.
   Ja so warns usw.

KARL VALENTIN Die ersten zwei Verse waren mau. Na, für den Anfang gehns!

DER ERSTE MUSIKER

   Jeder Ritter 's is bekannt
   trug a ganz a blechers Gewand
   hat er sich a Loch neingrissen
   hats der Spangler löten müaßn!

KARL VALENTIN Das war ein handwerklicher Vers, der war schon etwas besser.

DER ERSTE MUSIKER·

   D'Ritter die warn lustge Leut
   in der guten alten Zeit
   denn das Leben war da schön
   es hat noch kein Finanzamt gebn!

KARL VALENTIN Zuerst sagns, die Leut solln mitsingen, daß in

Stimmung kommen, und nacher singen sie vom Finanzamt. I wissat aa a Verserl.

DER ERSTE MUSIKER Also singen Sies halt!

KARL VALENTIN Ja, aber 'n Text, den hab i vergessen! Daheim hab ich ihn noch gewußt, aber i kann doch jetzt net extra heimgehn deswegen. *Besinnt sich eine Weile.* Jetzt weiß ich ihn! Aber er ist ziemlich erotisch.

> So ein frühres Ritter-Wei'
> war dem Manne niemals treu
> dem Manne war das einerlei
> er war auch nur halbedrei!

DER ERSTE MUSIKER Das soll erotisch sein?

KARL VALENTIN Der Vers war gut, der war prima! Über den Vers könnt i mich selber z'schnulln, so gut war der. *Er singt denselben Vers nochmals.*

DER ERSTE MUSIKER Das ist doch der gleiche Vers!

KARL VALENTIN I weiß es, aber der is so gut, den können d'Leut öfter hörn. *Er will ihn noch ein drittes Mal singen.*

DER ERSTE MUSIKER Jetzt ist es aber genug, das will doch kein Mensch hören!

KARL VALENTIN *zum Publikum* Jetzt hat er an Neid, das vergönnt er mir net!

DER ERSTE MUSIKER

> Hatt ein Ritter den Kartharr
> damals warn die Mittel rar
> er hat der Erkältung trotzt
> er hat gräuspert, gschneuzt und grotzt!

KARL VALENTIN Das war ein medizinischer Vers, aber sehr schleimig!

> Meckerer gabs in frührer Zeit
> damals nicht soviel wie heut
> denn das Leben war da schön
> es hat noch nichts zum meckern gebn!

DER ERSTE MUSIKER Und nun kommt unsere kleine, entzückende Annemie Fischer heraus als Soubrette ... aber ...

KARL VALENTIN Sie müssen sagen, daß das keine moderne Soubrette ist.

DER ERSTE MUSIKER Ich weiß doch, was ich zu sagen habe.

KARL VALENTIN Eben net. Sie sagn nur: Sie kommt raus. Was sie macht, müssens sagn.

DER ERSTE MUSIKER Das will ich, aber ich kann doch nicht alles auf einmal zu gleicher Zeit rausprudeln!

KARL VALENTIN Sprudeln Sies nur raus! Die Leut suchen sichs schon raus.

DER ERSTE MUSIKER Das ist doch Unsinn.

KARL VALENTIN Sie müssen die Leut aufklären! Das Volk lechzt heute mehr denn je nach Aufklärung!

DER ERSTE MUSIKER Ich kann ja nicht aufklären. Kaum daß ich einen Satz beginne, meckern Sie mir schon wieder dazwischen.

KARL VALENTIN Blasens mich fei net so an da heroben, sonst sag i Eahna was!

DER ERSTE MUSIKER Wissens, was ich Ihnen sag? Die Wahrheit!

KARL VALENTIN Das ist ja noch trauriger!

DER ERSTE MUSIKER Es ist eine Unverschämtheit! Wenn jemand auf der Bühne steht...

KARL VALENTIN Bühne! Die zehn zammgnagelten Schwartling nennt er Bühne!

DER ERSTE MUSIKER Das steht hier nicht zur Diskussion, ob das Schwartling sind oder nicht. Auf jeden Fall ist es eine Ungezogenheit, dieses Dazwischenmeckern. Man steht hier vorne wie ein Depp!!!

KARL VALENTIN Das wißn ma schon!

DER ERSTE MUSIKER *zum Pianist* Hast du das gehört. Ich werde mich beschweren. *Zum Publikum* Entschuldigen Sie bitte!

KARL VALENTIN Bitte, bitte!

DER ERSTE MUSIKER Und nun kommt unsere Annemie Fischer heraus...

KARL VALENTIN Da! da! Jetzt kommts schon zum drittenmal raus. Die wird ja müd von lauter Kommen. Drückens doch net so lang rum. Die steht draußen im Gang. Die ist ja halb nackert, die friert ja. Die zittert jetzt schon wie a Schweinssulz!

DER ERSTE MUSIKER Aber nun ist es genug! Solche Ausdrücke! Schweinssulz!

KARL VALENTIN Das war doch nur ein Vergleich!

DER ERSTE MUSIKER Ein schöner Vergleich. Wie kann man eine Soubrette, so etwas Delikates, in gleichem Atemzug mit einer Schweinssulz vergleichen?

KARL VALENTIN Oha! A Schweinssulz is zur Zeit aa was Delikates! Mir wär heut a Schweinssulz schon lieber wie a Soubrette!

DER ERSTE MUSIKER Sie sehen, meine sehr Verehrten, da kann man sagen, was man will, da ist Hopfen und Malz verloren.

KARL VALENTIN Drum hab ma wieder a Dünnbier. I nehms bloß zum Gurgeln!

DER ERSTE MUSIKER Darf ich nun endlich mal weitersprechen ohne Störung?

KARL VALENTIN Bitte!

DER ERSTE MUSIKER Es kommt unsere Annemie Fischer herein, unsere Soubrette. Aber nicht als moderne Soubrette, sondern so um das Jahr 1895 bis...

KARL VALENTIN 96.

DER ERSTE MUSIKER 1895 bis...

KARL VALENTIN 96, i weiß es doch...

DER ERSTE MUSIKER *wütend* 1896 bis 1900!!!

KARL VALENTIN Ja, das is was anders!

DER ERSTE MUSIKER Also um die Jahrhundertwende. Das Kostüm, die Frisur, der Hut, das stammt alles noch aus der damaligen Zeit, nur...

KARL VALENTIN Nur die Figur net! Die haben wir nimmer auftrieben. *Zum Publikum* Wissens, früher da hat a Soubrette feist sein müssen. Da war was dran.

DER ERSTE MUSIKER Das gehört doch nicht hierher!

KARL VALENTIN In alle Theaterbüro sind wir rumpretscht um a feiste Soubrette. Mir habn aber keine gfunden. Lauter so magerne Hülsen habns jetzt. Eine hat sogar den Boanfraß ghabt und solcherne Haxn! *Er zeigt zum Vergleich die Trommelstöcke.*

DER ERSTE MUSIKER Das sagt man doch nicht! Man muß doch höflich sein zu die Leut!

KARL VALENTIN A woher!

DER ERSTE MUSIKER Wenn unsere Annemie kommt, sind Sie bitte recht lieb und nett zu ihr... *Wird vom zweiten Musiker angestoßen.* Was ist denn jetzt schon wieder?

DER ZWEITE MUSIKER *deutet auf Valentin.* A Fliagn hat er gfressen!

KARL VALENTIN Nein, a Schab wars!

DER ERSTE MUSIKER Hoffentlich hats gschmeckt!

KARL VALENTIN Voriges Jahr warns besser! Das warn noch Friedensfliegn, dee habn noch Woll zum fressen ghabt. Die heutigen fressen nur Holz!

DER ERSTE MUSIKER Wie kann man denn nur so was in den Mund nehmen! *Zum Publikum* Ich wünsche Ihnen zu unserer Soubrette recht viel Vergnügen. Es kommt: die fesche Mizzi! Genießen Sie!!! *Ab. Annemarie Fischer tritt auf und singt einige Couplets.*

Ein Raum in Ritter Unkensteins Burg zu Grünwald. Unkenstein und seine Tochter Kunigunde sitzen an einem Tisch.

UNKENSTEIN Ja, liebe Tochter, es hat sich viel verändert in Grünwald, in der Zeit wo du fort warst. Der Rodenstein auf seiner Burg Schwaneck, der macht mir die Hölle heiß! Dieser Lump!

KUNIGUNDE Aber Vater! Das kann ich nicht glauben!

UNKENSTEIN Doch, liebe Tochter. Der Rodenstein hat mir die Sache eingebrockt, mit dem Zoll und mit den Flößern. Da kann einem ja der Helm hochgehen!

KUNIGUNDE Was war denn da mit den Flößern?

UNKENSTEIN Seit fünfzig Jahren verlangt der Rodenstein auf seiner Burg Schwaneck den Zoll von den Flößern, und an meiner Burg Grünwald fließt doch die Isar zuerst vorbei, also hätte ich zuerst das Recht, den Zoll zu verlangen, aber der Rodenstein, dieser Lump, ist mir zuvorgekommen, und ich kann jetzt durch die Finger schauen!

KUNIGUNDE Ja, Vater, jetzt ist es zu spät! Da hättet Ihr Euch früher rühren sollen!

UNKENSTEIN Das verstehst du nicht, mein Kind. Rühren, rühren – ich habe mich die ganze Zeit gerührt, aber was soll ich denn machen? Ich kann doch nicht die ganze Isar aussaufen oder zumauern lassen, nur wegen diesem Schurken, dem Rodenstein. Ich habe alles versucht, ich habe sogar eine Eingabe gemacht.

KUNIGUNDE Hat sie etwas genützt, Vater?

UNKENSTEIN Sie wurde abgelehnt, und warum? Nur weil der Rodenstein gegen mich hetzt. Alle Ritter im Isartal hat er gegen mich aufgehetzt. Die Großhesseloher, die Menterschwaiger, die Harlachinger, die Pullacher. Und was war am vorigen Sonntag? Der Thalkirchner reitet an mir vorbei, wie wenn er mich gar nicht kennen würde. Nicht mal gegrüßt hat er mich, und das habe ich alles dem Rodenstein zu verdanken, diesem Halunken! Aber ich werde es ihnen schon zeigen, wo der Bartl den Most holt!

Recke Heinrich (Karl Valentin) tritt auf und stellt sich hinter Unkenstein.

UNKENSTEIN Was ist los?

HEINRICH Nix! I hab bloß fragn wolln, ob was los ist.

UNKENSTEIN Da fragst du mich? Ich frage dich, was du bisher getan hast.

HEINRICH Net viel. Den Burghof hab i zamkehrt und der Köchin hab i a Milli gholt, sonst weiß i nix! Ja, und auf der Bärenjagd war i.

UNKENSTEIN Das ist doch Weiberarbeit. Ich möchte wissen, ob du etwas erspäht hast!

HEINRICH Naa, nix ... ja, doch! Etwas hab i erspäht. Vor unserer Burg neben dem Weg liegen so Haufen herum.

UNKENSTEIN Schweinerei! Das haben wieder diese Hunde getan.

HEINRICH Keine Hunde. Menschenhäufa sinds, direkte Menschenhäufa.

UNKENSTEIN So, das auch noch! Sofort wegräumen! Einen Besen und Schaufel, und wegräumen! Ich laß mir nicht nachsagen, daß vor meiner Burg die Häufen umherliegen, damit jeder dreinsteigt.

HEINRICH De kann i doch net wegräumen, Menschenhäufn sind es doch!

UNKENSTEIN Ja, soll i c h sie vielleicht wegräumen? Das ist deine Arbeit!

HEINRICH De kann i allein net wegräumen ... Menschenhaufn, a Haufn Menschen, mein i doch, a ganzer Haufen Menschen sind vor der Burg.

UNKENSTEIN Was? Volk vor meiner Burg?

HEINRICH Ja, Volk, Gesindel, Wegelagerer oder Räuber.

UNKENSTEIN So! Hast du sie erkannt?

HEINRICH A woher! I kenn doch kein solches Gesindel!

UNKENSTEIN Hast du irgend etwas gehört?

HEINRICH Ja, ghört hab i schon was. Da stimmts schon lang nimmer. Unlängst war ich im Maibräu, und da sind die anderen Knappen und Recken beinand gwesn, und da hab i so ghört, wies gredt ham. I habs net recht verstanden, habns vom Rotwein gredt oder vom Rodenstein?

UNKENSTEIN Rodenstein! Das ist es. Ich hab es ja gewußt, daß da etwas nicht stimmt. *Zu Kunigunde* Siehst du, liebe Tochter, ich hab es gewußt! Na, ich werde mich persönlich überzeugen. Ich steige auf den höchsten Turm und luge in das Land.

HEINRICH Ja, lugns nur, vielleicht derlugens was.

UNKENSTEIN Und du, Recke Heinrich, siehst in der Waffenkammer nach, ob alles da ist.

HEINRICH Oh, da schauts bös aus! A Haufa Lanzen sind abbrochn, die Säbeln sind ganz verrostet, und die Kanonenkugeln ghörn aa wieder amal abgstaubt, sunst wans wirklich aufgeht und mir schiaßn mit de Kugeln, sagt dann da Feind, mir sind Drecksäu!

UNKENSTEIN Also, das muß alles gerichtet werden, dann steigst du auf den kleinen Ostturm und spähst auch da hinunter und meldest mir jede Kleinigkeit. Verstanden? *Zu Kunigunde* Ängstige dich nicht, mein Liebling, ich komme gleich wieder. *Er küßt sie auf die Stirn.*
Zu Heinrich Na?
HEINRICH *dreht sich um.* Servus.
UNKENSTEIN Wie heißt das, Kerl? *Heinrich steht stramm. Unkenstein ab.*

HEINRICH Heut ist er wieder grimmig, was hat er denn?   *3. Szene*
KUNIGUNDE Ich weiß es nicht, ich kenne mich nicht aus. Vom Zoll und den Flößern hat er etwas gesagt und vom Rodenstein. Kannst du mir das nicht erklären, Heinrich?
HEINRICH Ja mei, Fräun Kuni, das is schon a alte Gschicht. Ihr Vater ist bös, weil der Rodenstein den Zoll schon fuchzig Jahr verlangt und Ihr Vater hat nix, aber er stinkt eahm schon länger. Eahna Vater is einmal vorm Rodenstein seiner Burg vorbeigerittn, und da hat dem Rodenstein sein Bua auf Ihren Vater sein nagelneuen Panzer an Schneeballn hingworfen, direkt mitten auf die Brust.
KUNIGUNDE Aber Heinrich, das kann ihm doch nicht weh getan haben.
HEINRICH Weh net, aber prellt hats ihn, und deswegn ärgert er sich heut noch. – Seit Sie weg warn von Grünwald, is überhaupt nimmer auszuhalten mit Ihrem Vater. Die ganzen neun Monat, wo Sie weg warn, is er schon so grantig. – Des is jetzt aa guat, daß Sie grad neun Monat fort warn. Unsere ganzen Knappen habn schon immer gredt deswegen, das is so komisch, habns gsagt, daß Sie grad neun Monat fort warn – net zehn Monat und net acht, grad neun Monat. Fort sinds wie a Blutorange und heimkommen sinds wie a unbackenes Laibl, wie a Pfund Kas, so bleich.
KUNIGUNDE Ach, Heinrich! Haben die nichts anderes zum reden gehabt?
HEINRICH Wahrscheinlich net!
KUNIGUNDE Und was denkst du darüber, Heinrich?
HEINRICH Dasselbe.
KUNIGUNDE O Heinrich! Du kennst mich ja schon, seit ich auf der Welt bin. Heinrich! Dir kann ich es ja verraten ... ich hab wirklich ein Kind!
HEINRICH Ja freilich! Is doch so!

KUNIGUNDE Ich habe es auch noch dabei...droben im großen Turm.

HEINRICH So, Sie habens dabei, ja, wie haben Sies denn in die Burg hereingebracht?

KUNIGUNDE Deine Schlamperei hat mir geholfen, weil du vergessen hast, die Zugbrücke hochzuziehen.

HEINRICH Und jetzt habn Sies am Turm oben – auf userm großen Turm? Ja, da is ja feucht oben, das wird Eahna ja hin, wanns das a paar Wochen da oben habn, fangts Eahna ja zum Graweln an – das kriegt ja an Hausschwamm!

KUNIGUNDE Aber Heinrich, rede doch nicht so dumm. Es ist nur schade, daß das deine Frau nicht aufziehen kann.

HEINRICH Mei Frau? Warum denn net, die ziehts schon auf. Der gebns a paar Taler, und die ziehts auf, de hat ja mi aa aufzogn ... ah naa, mi net!

KUNIGUNDE Aber Heinrich! Deine Frau ist doch schon tot.

HEINRICH Was? Mei Frau? Naa!

KUNIGUNDE Doch Heinrich! Schon seit zehn Jahren ist deine Frau tot.

HEINRICH Was?! Mei Frau is tot? Ja, daß die mir nie was gsagt hat davon! Drum hab i de schon so lang nimmer gsehn.

KUNIGUNDE Ich weiß nicht, was ich nun machen soll.

HEINRICH Ja, wie is des ... in der Stadt drin habns das Kind geborn? – Ja, und wer is der Bohrer? Ah, da Vater, wollt i sagn.

KUNIGUNDE Das ist es ja, was ich nicht sagen kann! Das einzig Nette ist, daß es ein Bub ist.

HEINRICH A Bub is? Aber da hat Ihr Vater die größte Freud!

KUNIGUNDE Um Gottes willen! Mein Vater darf es überhaupt nicht erfahren!

HEINRICH Warum denn net? Der hat die größte Freud, er hat doch immer gsagt, wenn nur amal mei Kuni heiraten tät, damit ein Erbe ins Haus käme, wenn i mal abkratz, daß wer mei Burg übernimmt! Das muß ich ihm gleich erzähln.

KUNIGUNDE Heinrich, um Himmels willen, bleib da! Mein Vater darf das nicht erfahren! Überhaupt kein Mensch! Ich bin ja nicht verheiratet!

HEINRICH Das is wurscht.

KUNIGUNDE Nein, Heinrich, das ist nicht wurscht. Du darfst es keinem Menschen sagen. Verstanden?!

HEINRICH Ja, und wer is jetzt eigentlich der Vater?

KUNIGUNDE Das kann ich nicht sagen, Heinrich.

HEINRICH Mir können Sies schon sagen, Fräun Kunigunde. Kenn ich ihn?

KUNIGUNDE Freilich kennst du ihn, aber ich sag es nicht!

HEINRICH *sinnt nach.* Wer könnt des jetzt sein? *Pause.* I bins fei net. Aber i weiß schon, wers is. Wie hat er denn gheißen... von Ismaning...der Ritter Lenz, glaub i, der mit dem roten Spitzbart, is der?

KUNIGUNDE Aber nein, Heinrich, der ist es nicht!

HEINRICH Der ist es nicht? Hats Kind an roten Spitzbart?

KUNIGUNDE Aber Heinrich, rede nicht so dumm, das erratest du nie! Gib mir lieber dein Ehrenwort, daß du nichts verrätst.

HEINRICH Das könnens schon haben. Also, wer is?

KUNIGUNDE Der Rodenstein.

HEINRICH Was?! Wie?! Der Rodenstein – auf Burg Schwaneck?

Recke Heinrich

Naa, das gibts net – Fräun Kuni, das kann net sein – da
täuschns Eahna.

KUNIGUNDE Aber Heinrich, ich werde doch wissen, wer der
Vater ist!

HEINRICH Der Rodenstein? O du mein lieber Meingott – ja, was
is des! Fräun Kuni, was habns da gmacht! Wie können Sie sich
so vergessen! Der Rodenstein, von Eahnen Kind der Todfeind,
von Eahna Todfeind das Kind. Wenn das Ihr Vater erfahrt,
der laßt Sie dreimal köpfen, der laßt Sie aufspießen wie an
Stöckerlfisch, der laßt Sie in der Folterkammer strecken, daß
nur mehr in einer Kegelbahn übernachten können.

KUNIGUNDE Sonst weißt du mir keinen Rat als das?

HEINRICH Ja mei, was soll ma denn da sagn?

4. Szene

Unkenstein kommt herein.

UNKENSTEIN *zu Heinrich* Na, was stehst du hier noch rum? Deinen Rapport!

HEINRICH Ja freilich. Interessiert Eahna das?

UNKENSTEIN Lache nicht! Antworte mir: Deinen Rapport will
ich wissen!

HEINRICH Zweimal glaub i.

UNKENSTEIN Was soll das heißen, Kerl?

HEINRICH Ja, i hab Eahna net recht verstanden – was meinens?

UNKENSTEIN Deinen Rapport will ich hören.

HEINRICH Ach so, Rapport. Das ist was anders.

UNKENSTEIN Ich meine, ob du etwas erspäht hast?

HEINRICH Ja, ich hab schon gspäht, aber es war schon z'spät
zum Spähn, drum hab i nix mehr erspäht, aber da herin hab
i was erspäht.

UNKENSTEIN Hier herinnen? Was? *Kunigunde stößt Heinrich.*

HEINRICH Nix, gar nix!

UNKENSTEIN Eben sagtest du doch, du hast etwas erspäht.

HEINRICH A woher, das war nur a Gspaß.

UNKENSTEIN Laß diese Witze! Antworte mir! *Er sieht, daß Kunigunde Heinrich am Ärmel zupft.* Was soll das heißen? Hat
meine Tochter Heimlichkeiten vor mir?

KUNIGUNDE Aber nein, lieber Vater.

UNKENSTEIN *zu Heinrich* Du steigst jetzt auf den Turm und
spähst abermals! Führe meinen Auftrag genau aus, sonst hole
ich mir deinen Kopf!

HEINRICH Da habns schon was davon. *Heinrich geht brummend
ab.*

UNKENSTEIN Also, ich möchte nicht erfahren, daß meine Tochter 5. Szene
Heimlichkeiten hat hinter meinem Rücken – sonst werde ich
tückisch.

KUNIGUNDE Es ist wirklich nichts, lieber Vater. Hast du etwas
erspäht?

UNKENSTEIN Ja, es sind Reiter vor meiner Burg. Aber die Kerle
sind zu weit weg, ich kann sie nicht erkennen.

KUNIGUNDE Aber du siehst, lieber Vater, der Rodenstein ist bestimmt nicht dabei.

UNKENSTEIN Ach, dabei oder nicht dabei, auf jeden Fall ist er
derjenige, der hetzt. Aber diese Kerle sollen es nur wagen,
meine Burg anzugreifen. Mit blutenden Köpfen schicke ich sie
von dannen.

Heinrich kommt aufgeregt zurück. 6. Szene

HEINRICH Sie! De kommen schon, a ganzer Haufen sind beinand! Von alle Seiten kommens.

UNKENSTEIN Sind sie bewaffnet?

HEINRICH Freilich! Unzählige Lanzen habns dabei, ja fast noch
mehr, und Kanonen, mindestens zwanzig Stück, ja, was sag
i, fast neunzehn – und zwei Fasanerietrompeten und a paar
Mundharmonikabläser ...

UNKENSTEIN Was? Zwanzig Kanonen haben die?

HEINRICH Ja, und mir habn nur eine, und die ist kaputt, und
dann ist von unserer Kanone der Schlund nach vorn hinge-
richtet, und de kommen aber von arschlings!

UNKENSTEIN Von Arschlings? Das Dorf kenn ich ja gar nicht,
das liegt doch nicht im Isartal?

HEINRICH Arschlings! Das ist doch kein Dorf, das ist doch ein
Fachausdruck. Arschlings heißt von hintenwärtsher, von hin-
tenherwärts.

UNKENSTEIN Ach so! Die kommen von rückwärts. Dann muß die
Kanone sofort umgedreht werden nach Dings, nach arschlings!

HEINRICH Nachher brichts uns ganz zusammen, das eine Radl
ist schon ganz faul.

UNKENSTEIN Also, das muß auch sofort gemacht werden.

HEINRICH Ja, und im Rohr is a Schwalbennest drin.

UNKENSTEIN So ein Saustall!

HEINRICH Na, kein Saustall, a Schwalbennest.

UNKENSTEIN Blödsinn! Also sofort die Kanone richten, dann die
Zugbrücke hochziehen, den Burggraben vollaufen lassen, einen

Kessel voll Pech sieden, meinen Helm und mein Schwert. Wiederholen!

HEINRICH Was habns gsagt? Das is so schnell gangen, i bin net mitkommen.

UNKENSTEIN Du sollst wiederholen!

HEINRICH Wiederholen? Was soll ich wiederholen? I hab ja noch nix gholt.

UNKENSTEIN Meinen Befehl sollst du wiederholen, den ich dir eben gegeben habe.

HEINRICH *suchend* Mir habens an Befehl gebn? Wo hab i denn den hingelegt?

UNKENSTEIN Du Schafskopf, du sollst meinen Auftrag wiederholen, was du zu tun hast!

HEINRICH Ja, das kann i mir net alles auf einmal merken.

UNKENSTEIN Paß doch auf, Kerl! Sind deine Ohren verstopft?

HEINRICH I weiß net, i seh net nein.

UNKENSTEIN Mein Gott, ist der Kerl blöd! *Er wiederholt den ganzen Befehl, Heinrich sagt alles verkehrt nach.*

HEINRICH I werds schon richtig machn. Und an Helm soll i bringen – welchen Helm? Den Feuerwehrhelm?

UNKENSTEIN Meinen Streithelm!

HEINRICH Ach so, diesen wollns, weil da Dings, da Wil-Helm wäre aa grad da.

UNKENSTEIN Raus!!! *Heinrich geht eilig ab.*

7. Szene

UNKENSTEIN Diese Halunken wagen es tatsächlich, meine Burg anzugreifen. Na, denen werde ich es zeigen. Ich werde einen genialen Schlachtplan entwerfen. Reiche mir die Landkarte, liebe Tochter.

8. Szene

Während Kunigunde die Landkarte holt, kommt Heinrich mit dem Helm und Schwert zurück.

HEINRICH So! Da is 's Sach. Passens auf, daß Eahna keinen Schiefer einziehn!

Er gibt Unkenstein das Schwert und setzt ihm den Helm auf das Barett.

UNKENSTEIN Na, was treibst du denn da?

HEINRICH Haltaus! Das geht ja net. Sie habn d' Pelzhaubn noch auf. *Er setzt ihm Helm und Barett ab.* Sie, da sieht ma Eahna Gummischnürl von Eahnan Bart. *Er setzt ihm den Helm verkehrt herum auf.*

UNKENSTEIN Nun, liebe Tochter, jetzt werde ich dir zeigen, wie man einen genialen Schlachtplan entwirft. *Heinrich hat sich aber inzwischen schon über den Plan gebeugt.*

HEINRICH Also, mir werden das am besten so machen... mir gehen her...

UNKENSTEIN *wütend* Schweig!

HEINRICH Mir gehen her und machen das so... weil de anderen ... drum müssen mir...

UNKENSTEIN *noch wütender* Schweig!!

HEINRICH *blickt Unkenstein erstaunt an.* Menterschwaig? Das liegt da...

UNKENSTEIN Du sollst schweigen, Kerl!!

HEINRICH Sind Sie doch net so, a anderer hat aa eine gute Idee.

UNKENSTEIN Du sollst dein ungewaschenes Maul halten! Verstanden?! Ich entwerfe meinen Kriegsplan allein!

UNKENSTEIN *zu Kunigunde* Hier liegt meine Burg Grünwald, hier ist Harlaching. Die können durch den Wald nicht durch, weil...

HEINRICH *zeigt mit dem Finger auf die Karte.* Wenns aa durch den Wald net durch können, aber über die Isar...

UNKENSTEIN *haut mit der Hand auf den Tisch.* Du sollst dein Maul halten, Kerl! *Diese Szene wiederholt sich einige Male, bis Unkenstein schreit* Hebe dich von dannen! Sieh lieber nach, was der Feind macht.

HEINRICH *geht zum Fenster.* Gut, mir is recht, aber i bin fei net schuld, wenns schiefgeht. *Er trinkt aus einem Glas, das auf ein Stück Pappe gemalt ist, schaut aus dem Fenster, während Unkenstein weiterhin Kunigunde den Plan erklärt. Plötzlich dreht sich Heinrich erschrocken um.* Herr Ritter, de kommen schon, und an der Spitze, wissens, wer an der Spitze der Heerscharen...

UNKENSTEIN Halt dein Maul! Störe mich nicht!

HEINRICH *aufgeregt* Ja, aber an der Spitze, wissens, wer an der Spitze...

UNKENSTEIN Das ist mir wurscht, verstanden!

HEINRICH Das ist keine Wurscht, wanns a Wurscht wär, wärs eh gut, aber es is doch da...

UNKENSTEIN Donnerwetter, Kerl, laß mich zufrieden mit deinem Gepappel. Laß sie doch kommen, diese Hunde, ich fresse sie, einen wie den anderen!

HEINRICH Ach so! Die solln kommen, ja das is was anderes. *Aus dem Fenster rufend* Kommts nur! Kommts nur! Nur eini! Kommts nur!

UNKENSTEIN *zu Kunigunde* Und hier an dieser schmalen Stelle werden wir sie überraschen und vernichten. Hier beginnen wir den Kampf. *Er beginnt zu singen, Kunigunde und Heinrich fallen in den Gesang ein.* Auf in den Kampf ihr Ritter, Stolz in der Brust, siegesbewußt... *Ein Schuß ertönt, Fenster klirren, eine Kanonenkugel fliegt auf die Bühne. Alle erschrecken und reden durcheinander.*

UNKENSTEIN Was war das? Was ist geschehen?

HEINRICH *hebt die Kugel auf.* Gschossen habns mit einer Kanonenkugel, da schauns her. *Er wirft die Kugel von einer in die andere Hand, bevor er sie auf den Tisch legt.* Die is noch ganz heiß. Bei der Tür habns reingschieß, reingschossen, die Sauhund! Weils aa alleweil 's Haustürl offen laßts! Da tun sich de leicht, wenns gleich bei der Haustür reinschießn können. *Er riecht an der Kugel.* Das is a Rodensteinkugel, das riech i.

UNKENSTEIN UND KUNIGUNDE Wieso vom Rodenstein?

HEINRICH Das kenn i an der Rundung, das ist eine Rodensteinkugel.

UNKENSTEIN Kerl, wieso ist das eine Rodensteinkugel?

HEINRICH Der Rodenstein is ja an der Spitze der Heerscharen, aber Sie haben mich ja net ausreden lassen.

UNKENSTEIN *stürzt ans Fenster.* Tatsächlich, da reitet er, mein Todfeind. Hahahaha!!! *Er wendet sich Kunigunde zu, die zu schluchzen begonnen hat.* Was schluchzest du, liebe Tochter?

HEINRICH Jetzt wirds gscheckert!

UNKENSTEIN Du brauchst nicht weinen, liebe Tochter. Auch Rodenstein, diesen Schurken, werde ich vernichten, und du, als meine tapfere Tochter, ziehst mit mir gegen den Feind. Ich werde dir den Falben aus dem Stall holen, und du reitest. *Mit heroischer Geste streckt er wiederholt den Arm, den Heinrich jedesmal hinunterdrückt.* Zum Teufel auch! Laß sie doch reiten! *Zu Kunigunde* Du reitest an meiner Seite gegen meinen Feind, wie die Jungfrau von Orleans!

HEINRICH Ist ja keine mehr.

UNKENSTEIN Was sagtest du da?

KUNIGUNDE Vater, ich bitte, hört mich an. Ich muß Euch ein Geheimnis anvertrauen.

UNKENSTEIN Ein Geheimnis? Papperlapapp! Ein Geheimnis, wenn du es mir anvertraust, ist kein Geheimnis mehr. Ich habe keine Zeit. Ich muß in den Schlachthof, in den Burghof wollt ich sagen, zur Schlacht!

KUNIGUNDE Vater, ich muß es Euch anvertrauen, hört mich an!

UNKENSTEIN Gut! Aber beeile dich, liebe Tochter, ich habe wenig Zeit.

KUNIGUNDE Vater – ich habe ein Kind. *Unkenstein ist wie gelähmt.*

HEINRICH So! Jetzt ists heraus, zum zweitenmal.

UNKENSTEIN Was war das? Hat mich mein väterliches Ohr betrogen?

HEINRICH Naa, naa. Es stimmt schon.

UNKENSTEIN Was! Meine Tochter hat ein Kind? Ein außereheliches Kind? Du bringst Schande über meine Burg! *Er stützt sich auf den Tisch, mit einer Hand aber versehentlich auf die noch immer glühende Kanonenkugel, und er schreit auf vor Schmerz.*

HEINRICH I habs Eahna aber gsagt, daß die frisch abgschossen is, oder meinen Sie, die schießen mit Eiskästen?

UNKENSTEIN Diese Schande! Das gibt zu verdauen!

HEINRICH *Unkenstein ins Ohr flüsternd* Aber es ist a Bub, ein Bub ist es, ein Bub!

UNKENSTEIN Ein Knabe!

HEINRICH Ein Knabe ist ja ein Bub. Das war schon lange ihr Wunsch, einen männlichen Erben. Na, und jetzt habens einen! Freuen solln Sie sich jetzt.

UNKENSTEIN Ja! Ich habe mir schon immer einen Erben gewünscht. Gut, ich will diesmal Gnade für Recht ergehen lassen. Wir sprechen später darüber.

HEINRICH *zu Kunigunde* Na, sehns, i habs ja gewußt, daß er a Freud hat, Eahna Vater, brauchens net traurig sein.

UNKENSTEIN *zu Kunigunde* Aber der Vater dieses Kindes?

HEINRICH Jetzt wirds greußlich, i geh, i kündige mir gleich selber, pfüa Gott.

UNKENSTEIN Hierbleiben! Du harrest noch meiner Befehle. *Heinrich steht stramm. Zu Kunigunde* Der Vater des Kindes, ist das ein edler Ritter?

KUNIGUNDE *schluchzend* Ja, Vater.

UNKENSTEIN Gut, hole ihn hierher!

HEINRICH Er kommt so gleich.

UNKENSTEIN So, er kommt? Das freut mich.

HEINRICH Oha! Des glaub i net!

UNKENSTEIN Wenn er kommt, gebet ihm Salz und Brot und einen kühlen Trunk und saget ihm, er muß an meiner und ihrer Seite in die Schlacht ziehen, gegen meinen Todfeind, gegen Rodenstein.

KUNIGUNDE *fällt auf die Knie.* Nein, Vater! Verlange das nicht, das geht nicht!

HEINRICH Na, das geht doch net!

UNKENSTEIN Dann soll er reiten, wenn er nicht gehen kann! Mein Schwiegersohn muß gegen meinen Feind ziehen!

KUNIGUNDE Vater! Er ist ja bei den Feinden dabei!!!

UNKENSTEIN Waas? Mein Schwiegersohn ist bei meinen Feinden?

HEINRICH Ja! Das ist ja das Komische!

UNKENSTEIN *zu Kunigunde* Wie heißt dieser Geruchlose?

KUNIGUNDE Ich kann es nicht sagen, Vater.

UNKENSTEIN Ich frage dich nochmals, wie heißt dieser Kerl? Weißt du es?

HEINRICH I wisserts schon.

UNKENSTEIN Du weißt, wie der Kerl heißt?

HEINRICH Ja ... aber i sags net!

UNKENSTEIN Nenne mir sofort seinen Namen!

HEINRICH Ha! ... Da werdens alt und schierlig, brauchens also nur mehr alt werden. *Unkenstein geht langsam auf ihn zu, bis er mit seiner Nase an die Heinrichs stößt. Heinrich nimmt die Brille ab, an der die Nase hängt.* Jetzt habens mir a Dulln eini gmacht, in mei Nasen. *Er setzt die Nase wieder auf.* I sags net, auf keinen Fall.

UNKENSTEIN So, du willst es also nicht sagen. Gut, ich zähle bis drei!

HEINRICH Sinds net so kindisch.

UNKENSTEIN Eins! Zwei! Drei! *Er zieht sein Schwert und begibt sich in Fechterstellung. Gleichzeitig zieht Heinrich sein um die Hälfte kürzeres Schwert und beginnt mit Unkenstein zu fechten, bricht den Kampf aber nach kurzer Zeit ab und verlangt einen Tausch der Schwerter.*

UNKENSTEIN Hier, dieses Schwertes Spitze stoß ich dir in deinen mageren Leib.

HEINRICH Ja freilich! Tuns des Ding weg! Wie oft is schon was passiert durch so eine Dummheit.

UNKENSTEIN Die stoß ich dir in deinen mageren Leib, daß du dich in deinem Blute wälzt!

HEINRICH So! Wo i so blutarm bin.

UNKENSTEIN *setzt Heinrich das Schwert auf den Leib.* Wie heißt der Kerl?

HEINRICH *faßt sich an den Rücken, um zu prüfen, ob ihn das Schwert bereits durchstoßen hat.* I kanns net sagen! *Er heult auf wie ein Hund.*

UNKENSTEIN Sag den Namen oder ich stoße zu.

HEINRICH *heult noch einmal entsetzlich auf* Rodenstein. *Unkenstein erstarrt.*

UNKENSTEIN Waaas?! Rodenstein, mein Todfeind?!! *Er packt Heinrich an der Brust.* Kerl, hast du mir auch die Wahrheit gesagt?

HEINRICH *weinerlich* Jawohl.

Vor Wut aufschreiend springt Unkenstein zweimal in die Höhe und landet mit derartiger Heftigkeit auf dem Fußboden, daß Heinrich beide Male ein wenig nach oben geschleudert wird. Dann schaut Heinrich Unkenstein grimmig an, fletscht die Zähne und knurrt.

UNKENSTEIN Du Schandweib! Einmal hast du dich vergessen!

HEINRICH Sinds doch net so! Einmal ist keinmal!

UNKENSTEIN Recke Heinrich – hierher!

HEINRICH *zu Kunigunde, die ihn zurückhalten will* I komm glei wieder, Fräulein Kuni. *Er steht vor Ritter Unkenstein stramm.*

UNKENSTEIN Recke Heinrich! Du bürgst mir mit deinem armseligen Kopf, daß du meine Befehle ausführst. Verstanden?! Packe dieses Weib, lege sie in Ketten! Packe sie! *Heinrich packt Kunigunde, wobei er seine Hand klatschend auf deren Hintern legt.* Werfe dieses Schandweib in den Kerker, lege sie in Eisen! Im zweiten Akt lasse ich sie hinrichten.

Kunigunde schreit fürchterlich auf und wird von Heinrich abgeführt.

UNKENSTEIN Ha! Der Wind pfeift durch die Zinnen meiner Burg. Fürwahr, ein schauriger Morgen bricht an. Und dennoch! Hier an dieser hundertjährigen Stätte, wo meine Tochter das Licht der Welt erblickte, soll sie ihr sündhaftes Leben verhauchen. Noch ehe die Sonne den neuen Tag verkündet, noch ehe die Fehde vor meiner Burg beginnt, will ich ihr Haupt zu meinen Füßen rollen sehen. *Ferner Trommelwirbel.* Ha! Es naht schon der Henkerszug. Dumpfer Trommelwirbel dringt an mein Ohr. Wohlan, heute muß diese Schmach gerochen werden.

II. Akt
1. Szene

Recke Heinrich, der Scharfrichter, Trommler und Pfeifer treten auf.

2. Szene

HEINRICH Melde gehorsamst, der Henkerszug ist eingetroffen!

UNKENSTEIN Sage dem Scharfrichter, er möge seines Amtes walten!

HEINRICH *zum Scharfrichter* Du möchtest deines Amtes walten! *Der Scharfrichter schüttelt den Kopf und redet leise auf Heinrich ein.* Naa! Ja is das auch möglich?

UNKENSTEIN *stößt Heinrich mit dem Schwert in den Hintern.* Na, was zögert ihr?

HEINRICH Moment! *Er kehrt um.* Der Scharfrichter weigert sich, er kann die Fräulein Kunigunde net hinrichten!

UNKEINSTEIN Waas? Der Kerl weigert sich?

HEINRICH Ja. Er sagt, er kennt die Kuni schon so lang, schon als kleines Kind hat er sie kennt, und er bringt es nicht übers Herz, i kanns aa verstehen, aber trotzdem is es feig. *Zum Scharfrichter* Du feiger Hund, du feiger! Was bist denn nachher a Scharfrichter worden, wannst keine Leut umbringen kannst, das hättst dir ja gleich denken können, daß du keine Ameisen zertreten mußt, sondern Leut umbringen, scham dich – wärst a Schweinemetzger worden!

UNKENSTEIN Recke Heinrich! Jage diese Memme von meiner Burg, bespeie ihn! *Heinrich packt den Scharfrichter, wirft ihn hinaus und spuckt ihm nach.*

3. Szene

UNKENSTEIN Und das will ein Scharfrichter sein!

HEINRICH A Stumpfrichter is er! Jetzt ham mas! Jetzt haben wir keinen Scharfrichter mehr. Jetzt san ma extra um halber fünfe aufgstanden, umsonst, und das Richtschwert hat er auch noch mitgenommen, der Bazi. Jetzt könnens Eahnam Kind den Kopf abbeißen!

UNKENSTEIN Das kann mich nicht hindern!

HEINRICH Net den Hintern – den Kopf mein ich.

UNKENSTEIN Dann lasse ich meine Tochter in den Hungerturm werfen!

HEINRICH Das geht net, da ist unser ganzer Proviant drinnen, die frißt sich ja deppert da drinnen.

UNKENSTEIN Dann lasse ich meine Tochter von der höchsten Zinne meiner Burg in die Tiefe stürzen!

HEINRICH Das geht aa net, da bleibts uns schließlich an einem Telefondraht hängen und dann kriegen wirs nimmer runter.

UNKENSTEIN An was bleibt sie hängen?

HEINRICH An an Telefondraht.

UNKENSTEIN Telefondraht? Was ist das?

HEINRICH Na, Sie werden doch an Telefondraht kennen... Telefondraht... ah, haltaus, den gibt es erst in fünfhundert Jahren, der wird erst erfunden.

UNKENSTEIN Verdammt! Heute geht überhaupt nichts!

TROMMLER Dann laßt sie erschießen, edler Herr.

HEINRICH Halt doch du dei Maul, er kann doch mit seim Kind machen, was er will.

UNKENSTEIN *zum Trommler* Erschießen? Du Tropf! Dieses Schandweib ist keinen Schuß Pulver wert!

HEINRICH Dann gibts nichts anders, und das wäre für Eahna das Einfachste und Billigste und für sie das Beste – begnadigen!

UNKENSTEIN Waas? Begnadigen? Du elender Wurrrm!

HEINRICH *entrüstet* Na na na na!

UNKENSTEIN Ich will sie tot sehen! Ich werde sie hängen lassen! An den Galgen mit ihr!!!

HEINRICH Ja, den Galgen haben wir auch nimmer, den ham ma letzten Winter zusammengschnitten, wies so kalt war, weil ma koa Brennholz ghabt habn.

UNKENSTEIN Dann lasse ich sie erwürgen, erdrosseln!

HEINRICH Ja, das geht. Den Würgnagel haben wir noch, da sind schon Hunderte dran baumelt, des geht, aber wer solls machen, wenn ma keinen Scharfrichter haben?

UNKENSTEIN Ich habe einen Scharfrichter – Trommler!

HEINRICH A der? Der scheißt schon vorher in die Hosen!

UNKENSTEIN Trommler, schlage einen Wirbel!

Der Trommler zittert und läßt einen Trommelstock fallen.

HEINRICH Na, du alter Depp! Kannst net amal die zwei Steckeln halten.

UNKENSTEIN *zum Trommler* Wenn mir das noch einmal vorkommt, laß ich dich fotzen! *Zu Heinrich* Heinrich, trete vor! Hiermit ernenne ich dich zu meinem Scharfrichter!

HEINRICH *momentan ganz verdutzt* Naa! Und niemals nein! Das kann ich nicht! Das Fräulein Kunigunde hinrichten, die ich schon als kleines Kind kennt hab. *Er fängt zu heulen an.* Das kann ich net! Nein, das net – Ihnen jederzeit.

UNKENSTEIN Was? Kerl! Wage das ja nicht mehr zu sagen. Du spielst mit deinem Kopf, verstanden! Ich befehle es dir, du wirst meine Tochter hinrichten!

HEINRICH *fleht weinerlich* Das kann ich net, das dürfens nicht verlangen von mir, das kann ich net!

UNKENSTEIN *zeigt Heinrich einen Beutel Gold.* Und wenn ich dir einen Beutel Gold dafür gebe?

HEINRICH *plötzlich ganz sachlich* Ja, um Gold schon. Warum sagens denn das net gleich, um Gold jederzeit.

UNKENSTEIN Dann hole sie. *Heinrich geht ab.*

Man hört Kunigunde gellend aufschreien. Von Heinrich geführt, betritt sie die Richtstätte.

KUNIGUNDE *fällt vor Unkenstein auf die Knie.* Ich will nicht sterben, Vater! Ich will leben! Gnade, Gnade!

UNKENSTEIN *lacht hämisch* Gnade? Die Peitsche! *Der Trommler reicht Heinrich die Peitsche.* Recke Heinrich! Gib ihr sechs Schläge!

HEINRICH Ersparen Sie ihr doch diese Qual.

UNKENSTEIN Vorwärts! Sechs Schläge, sage ich! *Heinrich streicht die Peitsche sanft über Kunigundes Rücken.* Ja, was denn? Hab ich gesagt, du sollst sie kitzeln? Peitschen sollst du sie! Kräftige Hiebe, vorwärts! *Heinrich gibt Kunigunde mit aller Kraft fünf Hiebe. Nach jedem Schlag schreit Kunigunde fürchterlich auf.* Das waren erst fünf.

HEINRICH Oh, das langt.

UNKENSTEIN Soll ich den sechsten dir verabreichen lassen?

HEINRICH Nein, da gib ich ihn schon lieber der Kunigunde. *Er peitscht sie noch einmal auf den Rücken.*

UNKENSTEIN Recke Heinrich! Sage dem Trommler, er möge das Todesurteil verlesen.

HEINRICH *zum Trommler* Du möchtest das Todesurteil verlesen. *Der Trommler verliest das Todesurteil, wobei Kunigunde wieder laut schluchzt.*

HEINRICH *zittert am ganzen Körper.* Sei stad Kuni, es is sowieso glei vorbei.

UNKEINSTEIN *zu Heinrich* Den Stab!

HEINRICH *holt den Stab.* Ich bitte nochmals um Gnade für die Kunigunde. Es ist Ihr einziges Kind, edler Ritter!

UNKENSTEIN Gib mir den Stab, sonst breche ich dich entzwei. *Heinrich gibt ihm den Stab.* Hiermit breche ich den Stab über sie.
Heinrich packt Kunigunde, die noch immer am Boden kniet, schleppt sie an die Wand und legt ihr den Strick um den Hals. Kunigunde schreit. Heinrich schaut zu Unkenstein, der nun ein Handzeichen gibt. Heinrich zieht die Schlinge zu.

UNKENSTEIN Halt! Gnade! Gnade!
Heinrich lockert sofort den Strick, doch Kunigunde sinkt leblos zu Boden. Alle schweigen einen Moment.

UNKENSTEIN *niedergeschlagen* Zu spät!

DAS VOLK Zu spät!

HEINRICH *streckt Unkenstein die Hand entgegen; Unkenstein schüttelt sie ergriffen.* Nein, mein Gold will ich.

UNKENSTEIN Gold? Ach, deinen Lohn! *Er wirft Heinrich den Beutel zu.* Hier! Du Judas! Um Gold! Um schnödes Gold hast du das Liebste, was ich hatte, meine Tochter, umgebracht. Da, sieh sie dir an! Meine Tochter ist tot!

HEINRICH Wer sagt denn das? *Er beugt sich zu Kunigunde.* Fräulein Kuni, stehns auf. *Er hilft Kunigunde.*

UNKENSTEIN Was, meine Tochter lebt? Ja, bin ich denn von Sinnen?

HEINRICH Nein, von Grünwald.

UNKENSTEIN Aber Recke Heinrich, du hast sie doch erwürgt, erdrosselt?

HEINRICH *lachend* Ja, aber mit einem Gummistrick. *Alle lachen.*

Zwei Tage später. Ritterstube des 1. Aktes.

III. Akt
1. Szene

KUNIGUNDE *sitzt mit ihrem Wickelkind auf dem Arm und singt*

    Schlaf Kindlein schlaf
    Dein Vater ist kein Graf
    Dein Vater ist ein Ritter
    Daß tot er ist, ist bitter
    Schlaf Kindlein schlaf.

Schicksal, warum warst du mit mir so grausam – ich bin da, das Kind ist da, Ritter Rodenstein ist nicht mehr da. Er ist tot, und der richtige Vater von dir – er lebt! *Mit erhobenen Händen* Was soll das noch werden?

HEINRICH *kommt leise herein.* Was ham jetzt Sie grad gsunga, Fräulein Kunigunde?

KUNIGUNDE Ach Heinrich, hättest du doch grad einen richtigen Strick genommen bei meiner Hinrichtung, statt diesen verfluchten Gummistrick, dann wären mir alle Qualen erspart geblieben. Mein Vater hat in seinem Zorn den Ritter Rodenstein köpfen lassen.

HEINRICH Ja und? Da schauns hin – Ihr Kind.

KUNIGUNDE Ja, was ist denn mit meinem Kind?

HEINRICH Wachsen tuts.

KUNIGUNDE Das sieht man aber doch nicht.

HEINRICH Was ist denn eigentlich mit dem Rodenstein?

KUNIGUNDE Der ist doch unschuldig!

HEINRICH Machens keine Witze, wieso?

KUNIGUNDE Er ist ja nicht der Vater dieses Kindes gewesen.

HEINRICH Jesses Maria! Ja wer ist denn dann der Vater?

KUNIGUNDE Ach Heinrich, wenn du unbedingt wissen willst, wer der Vater ist – der Ritter mit dem roten Spitzbart.

HEINRICH Der Ritter Lenz von Ismaning? Gell, ich hab damals doch recht ghabt! Ja weiß es Ihr Vater schon?

KUNIGUNDE In meiner Verzweiflung habe ich es ihm gestanden, weil ich doch den Ritter Rodenstein noch retten wollte, aber es war schon zu spät. Und jetzt hat der Vater auch noch Schritte gegen den Ritter Lenz unternommen und hat ihn in unseren Hungerturm werfen lassen.

HEINRICH Ja braucht man denn zum Hungern einen Turm?

KUNIGUNDE Ach, red doch nicht so dumm daher. Weißt du, Heinrich, ich habs selbst gar nicht geglaubt, denn ich war ja doch nur einmal mit ihm zusammen.

HEINRICH Na ja, einmal genügt auch für ein Kind – und dann noch was, warum haben Sie denn mit dem Rodenstein auch ein Techtelmechtel betrieben?

KUNIGUNDE Schau Heinrich, den Rodenstein kenn ich schon von Jugend auf – wir sind doch Nachbarn gewesen. Und außerdem kann ich doch nicht alle drei Tag nach Ismaning zum Ritter Lenz hinunterreisen.

HEINRICH Warum alle drei Tag?

KUNIGUNDE Ach Heinrich, frag doch nicht so dumm. Außerdem mag mich der Ritter Lenz gar nicht mehr – der hat mich ja sitzenlassen. Sei still, mein Vater kommt. *Heinrich ab.*

2. *Szene*

UNKENSTEIN Gibt es sonst keine Arbeit in meiner Burg, als daß ihr hier zusammen schwätzet?! Ach mein Kind, es ist ein hartes Dasein. Was ist alles über mich hereingebrochen. Meine eigene Tochter wollte ich erwürgen lassen, aber durch die Schläue des Recken Heinrich, der dich mit einem Gummistrick erwürgte, bliebst du mir erhalten. Kurz und gut, ich habe dich wieder, mein Kind, und auch dein Kind, mein Enkel, ist mir geblieben, aber daß ich mich vergaß und den Vater deines Kindes irrtümlich enthaupten ließ, läßt mich keine Ruhe mehr finden. Ich möchte ihm verzeihen, aber er ist tot.

KUNIGUNDE Ja, er ist tot.

UNKENSTEIN O könnte ich ihn nur um Verzeihung bitten.

KUNIGUNDE Das kannst du!

UNKENSTEIN Was sagst du?

KUNIGUNDE *geheimnisvoll* Er ist im Haus.

UNKENSTEIN Bist du wahnsinnig geworden?

KUNIGUNDE Er ist im Haus. Täglich nachts in der Geisterstunde zwischen 12 und 1 Uhr geht er in der Burg um. Er zieht durch alle Gemächer.

UNKENSTEIN Was schwätzest du für Mist?

KUNIGUNDE Ja, ja, Vater, der Recke Heinrich hat es mir erzählt. Er hätte ihn selbst gesehen, wie er nachts in unserem Kellergewölbe als Geist umherwandelt.

UNKENSTEIN Erzählest du mir Märchen?

KUNIGUNDE Nein, mein Vater, es ist so.

UNKENSTEIN Wo ist Heinrich? – Heinrich!

HEINRICH Was ists? Sie haben mir gerieft?   *3. Szene*

UNKENSTEIN Ich vernahm eben die Kunde, aus dem Munde meiner Kunigunde, daß du Ritter Rodenstein in unseren Katakomben unten gesehen hättest.

HEINRICH Ja, ja, edler Ritter, es ist so – mir schaudert die Haut, wollte ich Ihnen davon erzählen.

UNKENSTEIN Spreche, Heinrich!

HEINRICH Ihr schicktet mich vor ein paar Tagen in den Keller, um Wein zu holen. Es war nachts 12 Uhr. Ich ging die Kellertreppe hinab, und als ich guckt zur Tür hinein, da huben dort im Mondenschein Gespenster schrecklich anzusehn – so ungefähr a Stuckera zehn. Ich schlich mich durch den langen Gang – da hörte ich ein Gewimmer – ich ging dem Gewimmer entgegen, und wer stand vor mir ...

UNKENSTEIN *mit starren Augen* Rodenstein!

HEINRICH Nein – ein großes Weinfaß!

UNKENSTEIN Ach so. Weiter, weiter.

HEINRICH Der Wind heulte in den Gedärmen, ah, Gemächern wollt ich sagen, im Burghof heulte der Hund, da hörte ich auf einmal einige Schritte gehen – ich stoppte meine Gebeine, und wer steht vor mir ...

UNKENSTEIN Ritter Rodenstein!

HEINRICH Nein – wieder ein Weinfaß.

UNKENSTEIN Ach leck mich doch jetzt bald am Arsch mit deinen Weinfässern.

HEINRICH Da plötzlich bog ich um die Ecke und ging schnurstracks weiter, und in einem matten Kerzenschimmer – wer stand vor mir?

UNKENSTEIN Wieder ein Weinfaß?

HEINRICH Nein – der Rodenstein!

UNKENSTEIN Was sprachte er zu dir?

HEINRICH Das kann ich nicht sagen.

UNKENSTEIN Warum nicht? Ich will es wissen!

HEINRICH Das wäre zu mannigfaltig, würde ich das verraten.

UNKENSTEIN Er hat mich ganz sicher verflucht.

HEINRICH Reden wir von was anderem. Was will der edle Ritter heute zum Mittagmahl?

UNKENSTEIN Nichts will ich mahlen, wissen will ich, was der Geist Rodenstein zu dir gesagt hat – das macht mich stutzig.

HEINRICH Ich sage nur das eine, gehen Sie niemals zu nächtlicher Stunde in den Keller. Es wäre schrecklich für Sie.

KUNIGUNDE Tu das nicht, Vater, Heinrich hat recht. Man soll die Geister nicht versuchen. Wehe, wehe, wehe, es könnte Euch ein Leid zustoßen.

UNKENSTEIN Papperlapapp – Heinrich, sorge für drei Laternen, es ist gleich 12 Uhr, wir gehen hinunter zu Rodenstein.

HEINRICH Ich würde Euch, edler Ritter, abraten, solche Schritte zu unternehmen, denn es gehen dort viele Gespenster um, deren Anblick Euch zum Gruseln veranlassen würde.

UNKENSTEIN Geister hin oder her – ich befehle dir, die Katakomben zu öffnen, und wir steigen zusammen hinunter. Ich will Ritter Rodenstein um Verzeihung bitten, ich will mit ihm sprechen.

HEINRICH Er kann ja nicht mehr sprechen.

UNKENSTEIN Wieso, ein Geist kann doch jedenfalls auch sprechen.

HEINRICH Ja schon, aber der Rodenstein überhaupt nicht mehr.

UNKENSTEIN Warum nicht?

HEINRICH Er hat doch keinen Kopf mehr. Den haben Sie ihm doch runterhauen lassen.

UNKENSTEIN Er hat keinen Kopf mehr?

HEINRICH Ein Geköpfter hat doch niemals mehr einen Kopf.

UNKENSTEIN Ja wo hat er ihn denn dann?

HEINRICH Im Arm!

UNKENSTEIN Das ist ja schauerlich. Und dennoch gehen wir hinunter, dann spreche ich halt mit dem Kopf allein.

HEINRICH Tun Sie das nicht. Das strengt ihn vielleicht sehr an.

UNKENSTEIN Zünde die Kerzen an, wir gehen. Du gehst voraus, wir folgen dir.

4. Szene

Ritter Unkenstein, Kunigunde und Recke Heinrich verlassen mit Stallaternen in der Hand die Bühne, um sich in die Katakomben der Burg zu begeben. Der Vorhang bleibt offen. Die Stimmen werden durch einen Lautsprecher übertragen.

KUNIGUNDE *mit zitternder Stimme* Es ist eiskalt.

HEINRICH Ich kenne keine Furcht, es sei denn, ich bekäme Angst.

KUNIGUNDE *schreit* Aaaaah!

UNKENSTEIN UND HEINRICH Was ist los?

KUNIGUNDE Eine Maus, eine Maus!

HEINRICH Ausgeschlossen, wir haben keine Mäuse da herunten, das sind vielleicht nur Ratten!

UNKENSTEIN Wo ist Rodenstein?

HEINRICH Der kann noch net da sein, es ist ja noch nicht 12 Uhr. Wir gehn halt jetzt durch den langen Gang in das hintere Gewölbe, da hab ich ihn gestern nacht gesehen.

KUNIGUNDE Hoffentlich sehen wir ihn nicht.

UNKENSTEIN Du dumme Gans – wir wollen ihn ja sehen, deswegen sind wir doch runtergegangen. *Es schlägt 12 Uhr. Beim 12. Schlag heult der Wind stärker. Krähengeschrei, Klopfen.*

KUNIGUNDE Herein!

HEINRICH Da brauchens nicht herein sagen, das sind ja nur die Klopfgeister. Die klopfen ja nur, weils sonst auch nichts zu tun haben.

UNKENSTEIN, HEINRICH, KUNIGUNDE Jess Maria! Jetzt kommt er daher!

UNKENSTEIN Seinen eigenen Kopf tragt er im Arm daher.

HEINRICH Hoffentlich läßt er ihn net fallen, sonst kriegt er noch eine Gehirnerschütterung.

KUNIGUNDE Wie er nur ohne Kopf gehen kann?

HEINRICH Ja, er geht doch mit den Füßen.

UNKENSTEIN Jetzt gehe ich hin zu ihm und bitt ihn um Verzeihung. – Mein lieber alter Freund Rodenstein! Es tut mir leid, daß ich dich unschuldig köpfen ließ. Ich werde das nie mehr tun.

RODENSTEIN *mit Geisterstimme* Das glaube ich dir gerne, strenger Ritter Unkenstein. Ich habe ja auch nur einen Kopf gehabt, und diesen einen hast du mir abschlagen lassen.

HEINRICH Edler Ritter Rodenstein! Haben tust du ihn ja noch, wirf ihn nur net weg, man weiß nie, wie man so was wieder einmal brauchen kann.

UNKENSTEIN Aber es wird dir eine Genugtuung sein, daß ich den Ritter Lenz von Ismaning auch aufhängen lasse. Der kann dir dann Gesellschaft leisten, da herunten in diesem langweiligen Labyrinth.

RODENSTEIN Das hat es nicht nötig. Wenn schon, dann lasse deine Tochter enthaupten, deine Kunigunde, mit der kann ich mich besser unterhalten in der Geisterstunde.

UNKENSTEIN Du liebst sie auch noch als Geist, wie diese Bemerkung beweist. Wir müssen jetzt wieder gehen. Leb wohl, Ritter Rodenstein, auf Wiedersehen.

RODENSTEIN Was heißt: Lebe wohl – ohne Kopf.

5. Szene

Alle kommen nun wieder auf die Bühne, und das Tribunalgericht beginnt. Ritter Unkenstein sitzt in der Burgstube als Präses des Tribunals. Links und rechts neben ihm je ein Ritter. Kunigunde sitzt seitwärts.

UNKENSTEIN *zu Heinrich* Schleppe mir sofort den Ritter Lenz aus dem Burgverlies und bringe ihn hierher.

HEINRICH Jetzt gleich?

UNKENSTEIN Was heißt gleich?

HEINRICH Naa, i moan, weil er grad abendessen tut.

UNKENSTEIN Was? Im Hungerturm? Statt zu hungern tut er abendessen?

HEINRICH Natürlich. Wenn er nichts zu essen hätt, dann stürb er ja, und wenn er gestorben wäre, dann könnte er ja nicht mehr hungern. Was tät er dann noch im Hungerturm?

UNKENSTEIN Also, los, schlepp ihn herbei! *Heinrich ab.*

6. Szene

KUNIGUNDE Lieber Vater, ich bitte Euch, seid mit meinem Ritter Lenz, mit meinem zukünftigen Gatten, nicht gar so streng und gebet Euer Jawort, auf daß er mich zum Altar führe.

UNKENSTEIN Das kommt erst darauf an, was der saubere ehrlose Ritter zu seiner Verteidigung hervorzubringen weiß.

7. Szene

Heinrich bringt Lenz gefesselt vor das Tribunal.

LENZ *kniet vor Unkenstein nieder.* Ich liege untertänigst zu Euren beiden Füßen.

KUNIGUNDE *fällt ihm um den Hals und schluchzt* Geliebter! Du und sonst keiner soll es sein!

UNKENSTEIN Ritter Lenz, Ihr habt ein heimliches Spiel mit meiner Tochter Kunigunde betrieben, aus dessen Folgen ein uneheliches Knääääblein entsprungen ist. Ich frage Euch hier vor Zeugen: Seid Ihr der Vater des Kindes meiner Tochter? Nein oder ja?

LENZ Ja!

UNKENSTEIN Wollt Ihr meine Tochter zum Traualtar führen?

LENZ Nein!

ALLE *murmeln durcheinander* Der gemeine Kerl, der Schuft, der ehrlose Schurke.

UNKENSTEIN Ich frage dich nochmals: Willst du meine Tochter

heiraten? Von mir aus liegt nichts im Wege, und meine Tochter liebt dich. Also, willst du meine Tochter heiraten?

LENZ Nein, ich kann nicht.

UNKENSTEIN Du kannst nicht heiraten? Heiraten ist doch keine Kunst! Heiraten kann doch ein jeder!

LENZ Ich nicht.

UNKENSTEIN Wart, Schurke, ich werde dir die Heirat erpressen. *Zu Heinrich* Hole die Daumenschraube herbei.
Heinrich holt die Daumenschraube und legt sie Lenz an.

UNKENSTEIN *zu Heinrich* Ziehe die Schrauben an! *Lenz stöhnt.*

UNKENSTEIN Willst du meine Tochter heiraten?

LENZ Ich kann nicht!

UNKENSTEIN *zu Heinrich* Ziehe die Schrauben fester an!

LENZ *krümmt sich und schreit* Nein, ich kann nicht!

UNKENSTEIN Schraube noch fester! Ich frage dich nochmals, willst du meine Tochter heiraten?

LENZ *brüllt* Ich – kann – nicht!

UNKENSTEIN Zum Donnerwetter noch einmal, warum kannst du meine Tochter nicht heiraten? Warum willst du meine Tochter nicht zur Frau?

LENZ Weil i scho oane hab!

HEINRICH Was, er hat schon eine Frau?

UNKENSTEIN Und meine Tochter hat von dir ein Kind?

LENZ Meine Frau hat ja schon elfe von mir!

HEINRICH Na ja, sans froh, edler Ritter, daß aso is, dann is as Dutzend voll! Furchtbar wars nur, wenn die Kunigunde von ihm elf ledige hätt und seine Frau von ihm bloß eins.

UNKENSTEIN Ja, das ist eigentlich wahr. Aber Strafe muß sein. *Er besinnt sich.* Er soll seiner Freiheit beraubt werden.

HEINRICH Nun ja, dann lassens ihn doch wieder bei seiner Frau!

UNKENSTEIN Nun wollen wir aber heben an eine Versöhnung zu feiern, die sich gewaschen hat. Heinrich, schleppe fünf Kannen von unserem guten Rotwein herbei. Mit dem stärksten Rebensaft will ich euch laben, auch bringe das Leckerste aus der Küche hierher.
Heinrich holt Speise und Trank, Kunigunde deckt den Tisch. *8. Szene*

UNKENSTEIN So, ihr Ritter und Mannen, laßt euch meinen Wein gut munden, ergreift die Becher, auf daß wir den Vater meines kleinen Enkels Hunibald hochleben lassen. *Alle erheben sich.* Der zukünftige Schloßherr, mein kleiner Ritter, Ritter Hunibald von Unkenstein, er lebe hoch, hoch, hoch!

HEINRICH *säuft einen Krug auf einen Zug leer.* Aaah!

UNKENSTEIN Brav, mein Recke, du hast einen guten Zug im Halse, nur fürchte ich, daß dich dieses große Quantum Rebensaft bald zu Boden zwingt. Aber vorher lasse noch einige Trutzverschen über uns ergehen.

HEINRICH *nimmt die Laute und singt. Nach jedem Vers Rittergebrumm.*

> Rittermänner laßt die Becher klingen
> Heute wollen wir das Glück besingen
> Heute wollen wir alle lustig sein
> Hoch lebe unser Enkelein!
>
> Und der Ritter drunt von Eulenbach
> Hat mit seiner Gattin öfters einen Krach
> Sie ist ein Mistviech, ein ganz derfeits
> Der Mo hat mit dem Weib sei Kreuz!
>
> Und der Ritter von Hahnenspieß
> Der hat den Wolf zwischen die Füß
> Sitzt er mit dem Wolf auf dem Roß
> Sind die Schmerzen sehr groß!
>
> Und der Ritter von Freising drunt
> Is ein ganz gspassiger Hund
> Sieht er ein Mädchen gehn
> Bleibt er glei stehn!

Heinrich wird nun besoffen und erlaubt sich in diesem Zustand viel zuviel mit Kunigunde. Als er sie sogar küßt, wird der Ritter Lenz eifersüchtig, und es beginnt ein furchtbarer Wortwechsel, der in eine Rauferei ausartet, bei der mit allerlei Gegenständen geworfen wird, aber der Streit wird von Unkenstein wieder geschlichtet. Die Sauferei nimmt ein Ende. Vor dem Abschied entspinnt sich jedoch wieder ein Streit, und zwar deshalb, weil Ritter Lenz das Kind mit sich nach Hause nehmen will.

LENZ Was, Ihr wollt mir mein Kind nicht mitgeben?

KUNIGUNDE Du bist verrückt, das ist doch mein Kind!

LENZ Aber das Kind hab doch ich ...

KUNIGUNDE Und ich habs geboren!

HEINRICH Ihr werd euch doch net wegen dem kleinen Kind da streiten. *Er nimmt das Wickelkind, legt es auf den Tisch und schneidet es mit dem Schwert mitten auseinander.* Da hast du die Hälfte, und da hast du die Hälfte, und jetzt gebts miteinander eine Ruh!

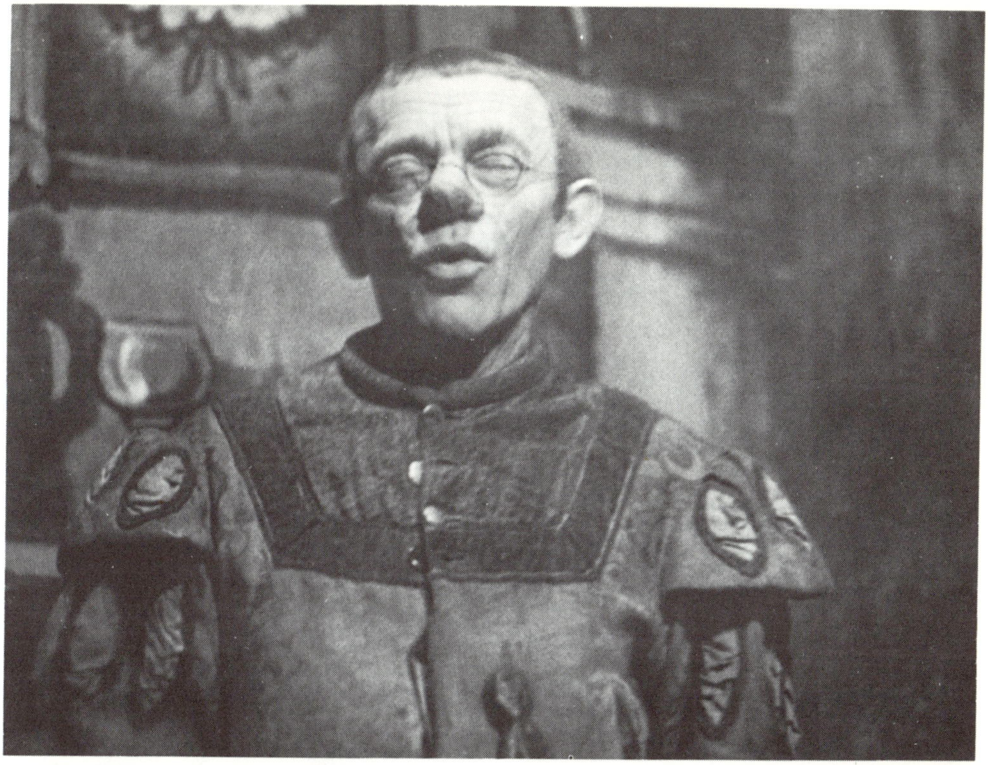

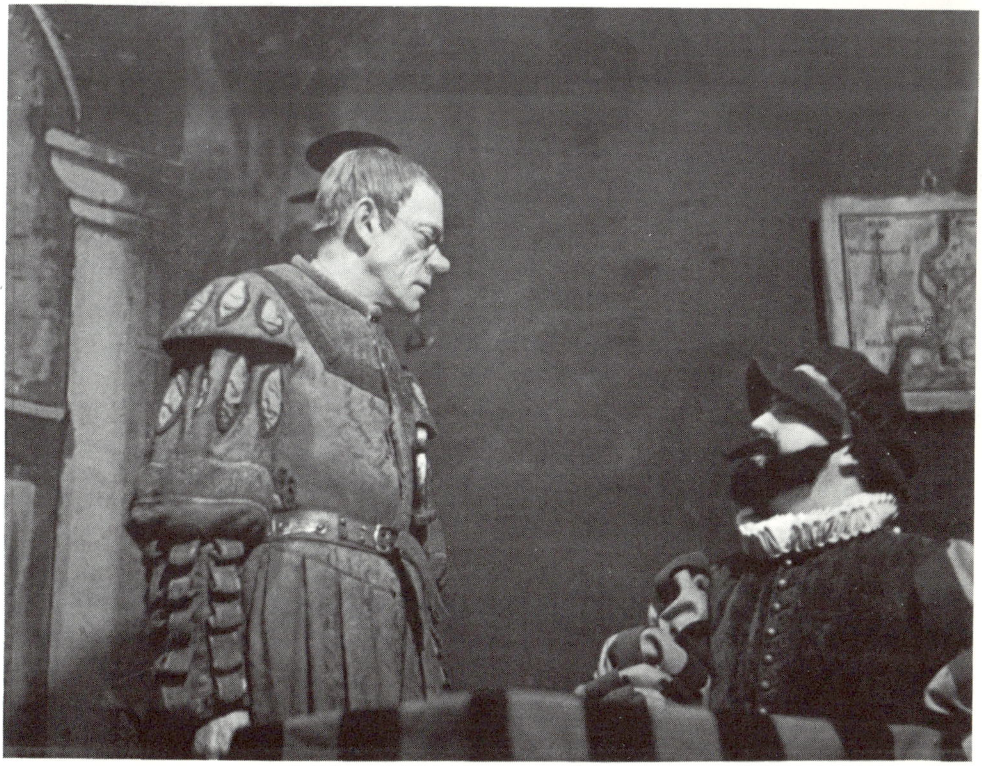

Aus guter alter Zeit

1. Szene:
Im Gasthaus
Zum Grünen Baum

Ein grüner Baum breitet seine Äste über den alten Wirtschafts-garten, in welchem auf alten, verwitterten Holzbänken Alt-münchner Volk sitzt: alte Bürgerwehrsoldaten, Flößer usw. Der Wirt steht an der Gasthaustür. Gartenkonzert. Besetzung: Harfe, Zugharmonika, Klarinette, Baßgeige. – Sonntagnachmit-tagsstimmung.

ALLE *singen (Melodie: Schunkelwalzer)*

> Im Gasthaus Zum grünen Baumwirt
> am Isarufer entlang,
> an schwülen Sommertagen
> sitzen wir fröhlich beisamm.
> Die schöne grüne Isar,
> die rauscht ihr altes Lied,
> die frohen Gäste des Baumwirts,
> die singen alle mit.

Refrain   Goldne Zeit, du goldnes Bayernland
> mit deiner Hauptstadt am grünen Isarstrand!

WIRT Wer kommt denn da daher?

ALLE Wer kommt denn da daher?

WIRT 's ist einer von der Bürgerwehr – Bi – Ba – Bürgerwehr, Bi – Ba – Bo – Bürgerwehr.

HAUPTMANN Grüaß Gott beinand!

ALLE Grüaß di Gott, Hauptmann, was gibts Neues?

HAUPTMANN Neues?! – Ja, habts es denn no net ghört, Leut?

ALLE Naaa – was denn?

HAUPTMANN *singt*

> Auf der böhmischen Grenz hats an Fuhrmann verwaht

ALLE Duljö, duljö, duljö, hallo.

HAUPTMANN Ganz recht is eahm gschehn, warum fahrt er so stad.

ALLE Duljö, duljö, duljö!

WIRT Ja, meine liabn Leut, wenns es auf Neuigkeiten gar so versessen seids, da kunt eich ich a Neuigkeit sagn!

ALLE Raus damit, Baumwirt!

WIRT *singt*

> Heut gibts Weißwürst in der Soß,
> morgn gibts Gschwollne, aa de san famos,
> übermorgn komma de Dünngselchten dran,
> nachher fang ma wieder mit de Weißwürst an.
> Leberwürst und Blutwürst, fein durchspickt
> und ganz frisch vom Schlachten,
> sind nicht zu verachten,

aber für uns Münchner hats kein Wert,
weil der Münchner immer seine alten Bräuche ehrt.

POLIZEIDIENER *tritt ein.* Grüaß Gott, Leutl, eine große Neuigkeit!

ALLE Wiss ma schon!

POLIZEIDIENER Was wißts!? An Dreck wißts!

ALLE An Fuhrmann hats verwaht an der böhmischen Grenz.

POLIZEIDIENER Schmarrn! I woaß net, ihr sitzts da beinanda, teats saufa und singa, und die ganze Stadt is in heller Aufregung!

ALLE *springen auf.*

POLIZEIDIENER *zieht ein Extrablatt hervor, stellt sich in Positur und liest* Die Polizei gibt allhier wohnenden Einwohnern der Stadt kund, daß eine große Räuberbande in der Umgebung der Stadt ihr Unwesen treibt. Die Stadtmauern sind sogleich zu sperren, nähere Anordnung wird noch angeordnet. Morgen Montag nach dem Kaffeetrinken hat sich die ganze Bürgerwehrartillerie mit Geschütz auf der Exerzierwiese einzufinden. Der Stuckmeister wird vom General beauftragt, 20 Kanonenkugeln mitzubringen und den Kanonenwischer nicht zu vergessen.   Hupfauf – General der Bürgerwehr

WIRT Ja, woaß ma denn scho, wo sich de Räuberbande aufhalt?

POLIZEIDIENER Ja freili, ganz drobn in de Isarauen, bei der Isarbruggen, da sans alle in ara Räuberhöhln drin – a dreißg a vierzg Stuck!

ALLE Jessas, glei so vui!

POLIZEIDIENER No ja, wenn de ganze Polizei und de ganze Bürgergarde mit ausruckt, na derwisch mas scho, de Räuberbande. *Zum Wirt* Du hast nix Eiligeres zu tun, als heut um zwölfe Polizeistund macha, damit de Soldaten morgn früahzeitig aufsteh kenna und net alle bsuffa zum Appell kemma.

WIRT Ja paß auf, Polizeidiener, oa Räuber is bei mir scho im Haus.

ALLE *erschreckt* Wo?

WIRT Im Speicher drobn. *Alle ziehen schon die Säbel.* Bleibts da, des is ja koa gfährlicher Räuber, des is blos da Fensterreiber.

ALLE Geh, spinnata Teufi, hast du uns jetzt derschreckt!

POLIZEIDIENER Mit so a heilign Sach macht ma doch koan Gspaß! Also, pfüad Gott mitnand, i muaß jetzt ins Gasthaus Zum Kettele und 's Extrablattl nochmal verkündigen, daß de aa wissen. *Ab.*

ALLE Pfüadi Gott!

Kanonier Stuckmeister ist der erste auf dem Exerzierplatz, er erscheint mit einem Marktnetz voll Kanonenkugeln und einem Kanonenwischer unter dem Arm.

STUCKMEISTER San de andern no gar net da – naa – ja was is des – und i bin so langsam ganga, drum sag i immer, man kann net langsam gnug gehn. Wenn i jetzt schnell ganga war, war i jetzt no eher da gwen. Ja, so gehts! Der Mohringer Franz is aa no net da, wo doch der so schnell geht – da sieht mas, daß aufs schnelle Gehen aa net okimmt.

STANGL *Regimentstambour, kommt als zweiter auf die Bühne, ne, pfeiferauchend* Grüaß di Gott, Stuckmeister!

STUCKMEISTER Grüaß di Gott, Stangl, bist da?!

STANGL Ja, du aa?

STUCKMEISTER Jaaa.

STANGL Ja – ja.

STUCKMEISTER I bin ja scho lang da.

STANGL Ja?

STUCKMEISTER Ja – ja – der Lampl is no net da?

STANGL Naaa!

STUCKMEISTER Ja, heut kommt scheints oaner nach dem andern.

HAUPTMANN *kommt mit allen Soldaten, sie stellen sich auf.* Obacht, der General kommt! – Still gestanden! – Präsentiert das Gewehr! – Fahnenmarsch!

GENERAL *kommt* Seids alle da?

ALLE Jaaaaa!

GENERAL Also, paßts auf! – *Singt*
    Als General der Bürgerwehr
    verkünde ich euch jetzt die Mähr:
    In unserer Stadt, das ist gemein,
    da soll a Räuberbande sein.
    Auf, auf zum Kampf, das Schwert zur Hand!
    Zwar ist es Sache unserer Polizei,
    doch ist die Geschichte nicht so einerlei.
    A Räuberbande, wie ihr wißt,
    nicht gar so leicht zu fangen ist,
    das gibt gar oft a große Hetzerei.
    Mit der Polizei nun Hand in Hand
    zerreißen wir das Räuberband,
    denn vor dem strengen Militär,
    da fürchten sich die Räuber sehr.
    Soldaten seid nun auf der Hut,
    wir fangen diese Räuberbrut!

HAUPTMANN *singt*

Herr General, spitzen Sie bitte Ihr Ohr,
stellns Ihna de Sach net gar so einfach vor!
Von de Räuber hat jeder a gladenes Gwehr,
und schießen wir hin, dann schießen de her!

ALLE SOLDATEN *singen*

      Ja, der Herr Hauptmann, der hat recht
      und nicht der General,
      das ist a Gschäft für unsre Polizei,
      für uns auf keinen Fall!

GENERAL *singt*

Und ich befehls, es bleibt dabei, zu schonen unsre Stadt!
Warum verliert ihr die Courage, für was seid ihr Soldat!
Die schlechte Räuberbande, die kriegt noch ihren Lohn,
und wird es ganz gefährlich, rückt aus mit der Kanon!

ALLE Ja, das ist was andres mit der Kanona, des geht, aber mit
de Gwehr und Säbeln alloa darf man sich nicht traun, weil die
Räuber viel hinterlistiger sind als wie a Feind. Wia oft hams
an Polizeidiener scho an Säbel gstohln, wenn er gschlafn hat,
aber die Kanona, de sollns uns stehln, des werdn sie sich überlegn! Und wenns uns die Kanona stehln taten, dann könntens
allweil no net schießen damit, weils koane Kanonakugeln
ham.

GENERAL Paß auf, i reit glei selber nüber mit der Mannschaft
und hol d' Kanona selber. Es zwoa bleibts derweil da, daß de
Kugeln net gstohln werdn. *Alle ab.*

STUCKMEISTER Siegst, Stangl, uns zwoa lassens wieder stehn wia
zwoa alte Regenschirm.

Duett

Wir ham a Kanona, de hat fei vui kost,
an dera da feit ebbs, de is stark verrost.
Amal beim Manöver, nachmittags um ara drei,
da hats halt net kracht, war des a Viecherei!
Da Schlosser is kemma und hats untersucht,
er hat halt nix gfundn, Herrgott, ham mir gflucht!
Da Zündschwamm war abbrennt, 's war alles in Stand,
aber bumbert hats net, Herrgott, ham mir uns gschamt!
Was moanst, was gfehlt hat, mir ham net vui glacht,
's Laden ham ma vergessen ghabt! – drum hats aa net kracht.

Sie lachen.

STUCKMEISTER Jetzt kommas ja daher mit dem Luada.

HAUPTMANN Aufstellung!

STUCKMEISTER Wo ist denn der General, Stangl?

STANGL Der is hoamgrittn, weil er so Zahnweh hat. Den brauch ma net.

HAUPTMANN Also Leut, jetzt ist das Probescharfschießen, damit wir uns gut einschießen, wenn mir de Tag mit der Räuberbande zu tun ham. – An die Geschütze! *Der Stuckmeister tritt aus Versehen dem Hauptmann auf den Fuß.* Auweh! Siehst denn net guat, Rindviech saudumms, steig doch auf d e i n e Haxen umeinand!

Der Stuckmeister geht ab.

Die andern beschäftigen sich mit der Kanone. Einer nimmt aus dem Netz die Kanonenkugeln und staubt sie mit dem Federwischer ab.

HAUPTMANN Wischen! – Wischen! – Warum wischt der Stuckmeister das Kanonenloch nicht aus?

STANGL Der mag nicht mehr mittun, weilstn beleidigt hast, weilstn a saudumms Rindviech ghoaßen hast.

HAUPTMANN Des hab i doch net so gmeint. Wo ist er denn? Schau amal, daß d' ihn findst; sag, er soll komma, es war ja net bös gmoant.

HUBER Da drübn steht er am Gartenzaun und woant. Er mag nimmer, hat er gsagt.

HAUPTMANN Der muaß mögn, mir könna ja ohne ihn net schießen. Weint er fest?

HUBER Ja.

HAUPTMANN Hat von eich oaner a Stück Pergament und a Kohln? *Er legt das Papier vorne aufs Kanonenrohr und schreibt:* Lieber Stuckmeister, es ist dir alles verziehen, kehre wieder zu deinem Regiment zurück, dein dich liebender Hauptmann. – So, Huaber, jetzt bringst eahm des Blattl.

HUBER Is scho recht. *Geht ab.*

ALLE Woaßt, Hauptmann, des hätts aa net braucht, daß du ihn glei a Rindviech hoaßt!

STANGL Der Stuckmeister is koa Rindviech, des muaß doch i am besten wissen, wenn i doch allaweil mit eahm verkehr.

Der Stuckmeister kommt weinend auf seinen Platz zurück.

HAUPTMANN Rindviech saudumms, des hab i doch net so gmoant; bleib da und putz amal de Kanona aus!

STUCKMEISTER *kann den Wischer nicht ganz hineinbringen.*

HAUPTMANN Schneller, schneller!

STUCKMEISTER Geht ja net, das Loch ist verstopft.

HAUPTMANN Du bist aa verstopft! – Was soll denn an der Kanona verstopft sein! *Der Stuckmeister schaut in das Loch hinein.*

HAUPTMANN Gehst glei weg! – Wenns plötzlich losgang! – Aber du muaßt natürli dei Nasn in jedem Loch drin habn!

STUCKMEISTER Ah – junge Schwalberl san drin – wia de zwitschern könna!

HAUPTMANN Also, schaugts net lang. – An die Geräte! – Laden! – Zündschwammerl anstecken!

> *Duett*
> Ach es ist doch wirklich schwer
> bei der Münchner Bürgerwehr.
> Gar noch bei der Artillerie –
> mußt dich plagen wie a Vieh.
> Tarara Bum hallo –
> die Artillerie is do!
> Tarara Bum hallo –
> die Artillerie is do! *Schuß*
> Des woaß i im voraus schon –
> wenn die Räuber sehn d'Kanon.
> Nehmas uns d'Kanona weg –
> na stehn ma da und ham an Dreck!
> Tarara Bum hallo –
> die Artillerie is do!
> Tarara Bum hallo –
> die Artillerie is do! *Schuß*
> De Kanona is famos –
> bergauf schießts ganz tadellos.
> Doch bergab da ists a Graus –
> lauft uns allweil d'Kugel raus.
> Tarara Bum hallo –
> die Artillerie is do!
> Tarara Bum hallo –
> die Artillerie ist da! *Schuß*
> *Signal!*

HAUPTMANN An die Geschütze! – Einspannen! *Ein Pferd wird vor die Kanone gespannt, Kanonier sitzt auf.*

KANONIER Wohin gehts?

HAUPTMANN Nach Großhesselohe am Isarabhang!

Suche nach der Räuberhöhle. Die Soldaten kraxeln von oben über einen Felsblock herab, in welchem sich die Räuberhöhle befindet.

3. Szene: Vor der Höhle im Isartal

HAUPTMANN Ham mas schon! Ich hab die Räuberhöhle entdeckt!

STUCKMEISTER *sitzt oben am Felsen und schreit* Was hast entdeckt?

ALLE Das Loch!

STUCKMEISTER Wia! Zoags her!

HAUPTMANN Mir könna doch dir net das Loch zoagn! Kraxl halt runter, na siehst es selber. – Paßts auf, Männer! Daß die Räuber da drin san, da gibts koan Zweifel mehr! Es nützt uns aber nix, entweder müssen wir in die Höhle nei, oder de Räuber, wo drin san, müssen raus. Eins von den beiden! Jetzt brauchn ma nur a Lockmittel, daß de Räuber rausgenga.

STUCKMEISTER Sei doch froh, daß drin san.

HAUPTMANN Wieso?

STUCKMEISTER Na ham ma wenigstens nix zu toa mit der Gsellschaft! Die Hauptsach is, daß ma jetzt wissn, wos wohna, na verkehrn ma liaber schriftlich mit eahna.

HAUPTMANN O, du Hasenfuß verlierst jetzt scho wieder d'Courage! – – Also, wie könna mir jetzt die Räuber rauslocken? *Alle überlegen.*

STUCKMEISTER Schrei ma eahna halt beim Namen!

HAUPTMANN Dumms Gred! Mir wissen ja net, wias hoaßen.

STUCKMEISTER Schaun ma halt ins Adreßbuch nei!

HAUPTMANN A Räuber steht doch net im Adreßbuch.

STUCKMEISTER Oder stelln ma eahna an Teller voll Weißwürst hin vor die Höhle, dann riechens den feina Duft und krabbeln raus. – Na pack mas!

HAUPTMANN Was pack ma?

STUCKMEISTER D' Weißwürst, sunst fressens sie ja zam!

HAUPTMANN Das ist nichts. Wir müssen alle – Halt! – Horchts! – Jetzt kommas raus!

ALLE Ja, jetzt kommas! – Stad! – Alles zrück! – Versteckts eich hinter de Felsen! *Alle verstecken sich und lauern erschreckt. Sie beobachten, wie die Räuber langsam aus dem Loch herauskriechen.*

STUCKMEISTER Herrgott, san des Lackeln!

HAUPTMANN Bsssst!

Sobald alle Räuber die Höhle verlassen haben und verschwunden sind, treten die Soldaten wieder ängstlich in den Vordergrund.

STUCKMEISTER *sich in die Brust werfend* Herrgott, jetzt sans uns auskemma! Also, de Räuber san flink!

ALLE De derwisch ma nimmer!

HAUPTMANN Männer, mir könna jetzt nix Gscheiters toa, als wie ein Lockmittel ausstudiern, daß ma de Räuber wieder in de Höhln neilocken, und so lang heraußen Posten stehn, bis de da drin verhungert san.

STUCKMEISTER Ja, des geht net, ich muß auf d'Nacht in Kegelklub.

HAUPTMANN Dumma Teufi! Ihr werds doch alle drei Stund abglöst, da kannst scho a wengerl weggehn. Aber eine Vorsichtsmaßregel derf ma net übersehn, wir müssen zuerst die Höhle genau untersuchen, ob die Lumpen net von der andern Seitn aa no an Eingang habn. – Du, Stuckmeister, schlupf amal in die Höhln eini und schau, obst drübn außikommst!

STUCKMEISTER Des kannst dir denka! I kannt mi gar net bucka wegn mein Kreuzweh!

HAUPTMANN Na tean ma einfach Steckerlziehn, und wer das längere Steckerl hat, muaß einikriacha.

ALLE Jawohl, das mach ma!

HAUPTMANN *erwischt das längere Steckerl. Kriecht in die Höhle.* Herrgott, ists da eng herin und finster, net amal a Licht hams, de Saubande! *Sobald er drinnen ist, Gemurmel aus der Ferne.*

ALLE D' Räuber kemma, versteckts euch! *Alles versteckt sich wieder hinter den Felsen. Die Räuber schlupfen lautlos in die Höhle. – Nachdem alle drinnen sind*

STUCKMEISTER Jessas, unser Hauptmann is ja no in der Höhle drin! – Der muaß jetzt von uns gerettet werdn!

ALLE Jawohl, der muaß gerettet werdn!

STUCKMEISTER Gehts her, de Gschicht mach ma so. Jetzt nehma mir den großen Sack, den die Räuber grad verlorn ham, und diesen Sack hebn wir ausgspannt vors Loch hin, und ihr schießts dazu mit de Gwehr. Der Räuberhauptmann krabbelt ja doch gleich raus und schaut, was los ist, krabbelt in den Sack nei – mir binden den Sack glei zua, und der böse Räuberhauptmann ist gefangen!

ALLE *lachen* Ja, so werds gmacht!

STUCKMEISTER An Sack her! – So! – Du hebst da und du hebst da! – Jetzt schießts! *Schüsse* Kimmt scho – kimmt scho! Festhalten! Net auslassen und zuabinden! *Alle freuen sich.*

4. Szene: Beim Fürsten

Der Fürst sitzt auf seinem Thron und liest das Extrablatt vor, in dem steht, daß der Bürgerwehr-Hauptmann Hupfauf leider von den Räubern gefangen wurde, aber daß es dafür dem Kanonier Stuckmeister gelungen sei, durch List und Schlauheit den gefährlichen Räuberhauptmann zu fangen.

FÜRST Da hast as! – So ein Mordskerl! – Johann, geh amal her! –
Der Stuckmeister soll zu mir raufkomma wegen der Ordens-
verleihung.

JOHANN Zu Befehl, Euer Gnaden!

FÜRST *zu seiner Frau* Hast schon so was gsehn, Alte; der Kanonier Stuckmeister, des zaundürre Bürscherl, hat den gefährlichen Räuberhauptmann gfanga.

FÜRSTIN Was ist denn das gleich für einer, der Stuckmeister?

FÜRST No der – der Stuckmeister halt, der bei der Kindstauf
vom kloana Prinzen im Hof drunt mit der Kanona Salut
gschossen hat.

FÜRSTIN So, der ist es! – Das ist freilich ein schneidiger Kerl,
den darfst du gleich zum General befördern!

FÜRST Das tu ich schon! – Und an Orden kriegt er auch!

FÜRSTIN Laß ihn nur heraufkommen, der muß uns die ganze
Geschichte erzählen!

FÜRST Ich hab so schon gschickt nach ihm. Und die Regiments-
kapelle will i auch noch bstelln, der muaß großartig empfangen werdn!

JOHANN Melde gehorsamst – Kanonier Stuckmeister mit Mannschaft zur Stelle!

FÜRST Rein damit! *Sie treten ein.*

STUCKMEISTER Grüaß Gott beinand!

FÜRST Grüaß Gott aa! Mein lieber Stuckmeister, du bist ein
Prachtkerl! Seit 14 Tag ist die Stadt in heller Aufregung.
Unsere drei Polizeidiener san dera Räuberbande gegenüber
ohnmächtig gwesen, und so hab ich 10 Mann der Bürgergarde
ausrücken lassen, um diesem Gesindel das Handwerk zu legen.
– Nie hätte ich es gedacht, daß du mit einer solchen Kaltblütigkeit es fertig bringst, einen so gefährlichen Räuberhauptmann zu fangen, vor dem sich Gott und die Welt gefürchtet
hat. Im Namen meiner ganzen Bevölkerung danke ich dir
tausendmal für deine Tat! Mein persönlicher Dank sei dir
dadurch gezollt, daß ich dich ab heute zum Oberstuckmeister
der Bürgergarde ernenne! Außerdem verleihe ich dir noch den
Heiligen Sankt Andreas-Orden! *Er hängt ihm den Orden persönlich um und gratuliert ihm. Die Musik bläst einen Tusch.*
Nun, mein lieber Oberstuckmeister, und nun erzähle uns, wie
hast du diese kühne Tat vollbracht?

STUCKMEISTER Des war a so! – Wir waren kommandiert im
Isartal droben, um die Räuberbande auszuspionieren. Da haben wir endlich die Höhle gefunden, wo die Räuber drin

warn. Wir ham uns vorm Loch heraußn versteckt und ham gwart, bis die Räuber rauskriacha. Es hat auch gar net lang dauert, na is schon ein Räuber nach dem andern rauskrocha. Jeder hat an Mordstrumm Sack dabeighabt, weils wahrscheinlich wieder in d' Stadt hinein wollten, um wieder rauben und stehlen zu können. Mir san nachher vors Loch hin, und unser Hauptmann is neikrabbelt, weil er die Höhle untersuchen wollte, obs hinten auch noch an Ausgang hat. – Auf einmal ham ma Tritte ghört, und die Räuber san wieder zruck komma; mir ham uns schnell versteckt, und die Räuber san wieder alle in ihre Höhle nei. – Ich schlauer Kerl bin herganga, hab an ganz großn Sack nomma, bin schön stad an d' Höhln hingschlicha und hab den Sack vors Loch hinhaltn. Dann ham de andern gschossn, und schon hat es sich grührt in der Höhle; der Räuberhauptmann wollt natürlich schaun, wer da gschossen hat, und wollt aus der Höhle raus, hat aber net könna.

FÜRST Warum hat er net rauskönna?

STUCKMEISTER Weil mir an Sack vors Loch hinhalten ham. Da is er natürlich in den Sack neikrocha, und wia er drin war, ham ma zuabunden, und dann war er gfangen. Dann hab ich gschrien: »Rührn balst di tust, und oa Muckerl wennst machst, na werf ma di in d' Isar nei!« – Mäuserlstad war er im Sack drin, und hoamtragn hat er sich schön lassen wia a Sack voll Kartoffel.

ALLE Bravo!!! *Tusch.*

FÜRST Wo habtsn denn jetzt?

STUCKMEISTER Immer noch im Sack drinna!

FÜRST Und wo ist der Sack?

STUCKMEISTER Vor der Tür steht er drauß.

FÜRST Vor was für a Tür?

STUCKMEISTER Ja – da drauß!

FÜRSTIN Um Gottes willen!

STUCKMEISTER Ja, da braucht Ihr koa Angst ham, der rührt sich net, der fürcht die Isar.

FÜRST Dieser Schandfleck der Menschheit muß vor meinen Augen enthüllt werden. Rein mit dem Sack! *Zehn Mann mit geladenem Gewehr stehen bereit.* Achtung! – Front! – Feuerstellung! – Legt an! – Geladen! – Stuckmeister, mach du den Sack auf!

Der Stuckmeister bindet den Sack auf. Wer steht in Schweiß gebadet da? – Der Hauptmann von der Bürgerwehr! – Lautloses Schweigen. – Herzliches Gelächter der Anwesenden.

...daß ein Schuhmacher selbstgemachte Schuhe tragen kann, aber daß ein Schweinemetzger niemals selbstgemachte Würste ißt?

...daß mancher seine eigenen Fingernägel zum Fressen gern hat?

...daß Pfingsten vor Ostern kommt, wenn man den Kalender von hinten liest?

...daß Kartoffelsalat nicht als Gurgelwasser verwendet werden kann?

...daß niemand weiß, ob kein Nichtraucher, der nicht raucht, ein Raucher ist oder Nichtraucher?

...daß München heute 76 Kinos hat, gegen gar keine vor 100 Jahren?

...daß ein alter Professor nur mehr seinen Schirm stehen lassen kann?

...daß man ein weiches Ei nicht als Zahnstocher benützen soll?

ES GIBT KEINEN LANDDOKTOR MEHR.

WIR SIND ALLE SPEZIALISTEN, BLOSS DAMIT DIE BESTEN FREUNDE
SICH NICHT VERSTEHEN.

DEN KARL VALENTIN HABE ICH EINMAL AM TISCH IM „DONISL" –
ODER MEHR UNTER DEM TISCH – GEZEICHNET.

NACHHER HÖRTE ICH, ER WÄRE AUSSER SICH GEWESEN:

„SO EINE UNVERSCHÄMTHEIT MÜSSTE MAN SICH GEFALLEN LASSEN!"

UND ICH HATTE ES DOCH AUS WAHRER LIEBE GEMACHT.

FÜR DEN BERNHARD BLEEKER IST ER AUCH EINMAL GESESSEN.

VALENTIN SAGTE ZU IHM:

„WIE KÖNNEN SIE SICH SO UMSONST BEMÜHEN?

ICH WAR GESTERN BEI UNSEREM GIPSGIESSER – ER HAT MICH IN GIPS GEGOSSEN.

JEDE WARZE UND JEDES HAAR UND PINKERL HAARGENAU –

UND SO ÄHNLICH –

UND SIE SITZEN DA UND PLAGEN SICH FÜR DIE KATZ!"

4

Nein

Die letzten Jahre
(1940–1948)

In den folgenden Kriegsjahren und der ersten Nachkriegs-
zeit tritt Valentin nicht mehr auf. Der Krieg wandelt den
ohnehin zu Melancholie und Depression neigenden Valentin zu
einem verbitterten Misanthropen.

Seine finanzielle Lage wird zusehends schlechter. In seiner
Werkstatt, in der er früher die Requisiten für seine Stücke her-
stellte, fertigt er Haushaltsgegenstände an und verkauft sie in
seiner Nachbarschaft.

Erst wenige Wochen vor seinem Tod erinnert man sich seiner.
Ein paarmal noch tritt er in kleineren Kabaretts auf. Seine
Partnerin ist wieder Liesl Karlstadt. Im Bayerischen Rundfunk
entstehen zahlreiche Bandaufnahmen.

Anfang Februar 1948 zieht sich Valentin eine Erkältung zu.
Er stirbt am 9. Februar.

Wilhelm Hausenstein schildert den Eindruck, den er beim
Anblick des Toten hatte: »...das tote Gesicht war nicht nur
unabdingbare Tatsache, sondern dazu ein Bild des Leidens, ent-
schleierter Spiegel ungezählter Schmerzen aus der Verborgen-
heit. Keine Spur von Entspannung, Lösung, Erleichterung. Die
schmerzliche Strenge, die im Kellergewölbe dieser Seele daheim
gewesen war, hatte den Toten in den Sarg begleitet und herrschte
nun allein – stumm, endgültig, offenbar...

Allmählich hatten sich Menschen vor der Scheibe gesammelt.
Sie starrten mit uns hindurch, staunten über diese letzte Maske –
die keine mehr war.

Merkwürdig ruhte die schöne Bildung und reine Musikalität
des einen, sichtbaren Ohrs. Es war wie ein Stück feinster Wachs-
plastik (...) Da gingen langsam aber unerbittlich zwei hell-
olivgrüne Samtstücke hinter dem Glas mittwärts zusammen. Valentins letzter ›Vorhang‹...«

Kurt Horwitz
Erinnerung

Im Sommer 1933 habe ich Karl Valentin zum letztenmal
gesprochen. Es war einige Zeit nach dem Umsturz. Wir
trafen uns zufällig auf dem Hof des Schauspielhauses in der
Maximilianstraße, und Valentin, der gehört hatte, daß ich nach
Zürich übersiedeln werde, sagte zu mir:

So, so – nach Zürich gengan's. Dort habe ich mit der Liesl
einmal gastiert. (Pause.)

Schreckliche Stadt – vor 12 Uhr wer'n alle Lokale zugmacht!

(Wieder Pause.) Dann: No ja – Trambahn ist wenigstens weißblau!

Und plötzlich wurde Valentin ganz ernst, und er gab auf seine Weise ein Urteil über die Zeitsituation ab. Er sagte:

Zu Hause habe ich zwei Photographien an der Wand. Die eine ist vom Professor – er nannte einen jüdischen Namen, den ich vergessen habe –, den verehre ich, der hat mir's Leben g'rettet; die andere ist vom Lion Feuchtwanger – der hat a Buch g'schriebn, wo ich drin vorkomme – dees hat man mir erzählt – den kennt i derwürg'n!

Nun ist zu bedenken, daß Valentin viele Ärzte in München konsultiert hatte, da er ja ständig in vielen Ängsten lebte, und daß ihm der bewußte Professor wohl so wenig das Leben gerettet hatte wie andere Ärzte vor ihm. Und das Buch – es handelte sich um den »Erfolg« von Lion Feuchtwanger – hatte Valentin nicht gelesen. Die Schilderung Feuchtwangers ist auch weniger ablehnend als einfach nicht verstehend – wie auch andere Schlüsselfiguren des Romans, die uns bekannt waren, überzeichnet sind –, und es muß ein Valentin *Liebender* gewesen sein, der von Feuchtwangers Zeichnung verletzt war und das dem (sehr empfindlichen) Valentin erzählt hatte. Was aber wollte der eigentlich sagen: daß er, Karl Valentin, den einen Juden verehre und den andern hasse – wie andere Menschen auch. Das drückte Karl Valentin auf seine Weise aus. Es war ein zarter und sehr nobler Diskussionsbeitrag!

Als der Krieg zu Ende war, da erfuhr man bald, daß Karl Valentin und Liesl Karlstadt am Leben geblieben seien und daß es ihnen im Dritten Reich nicht besonders gut gegangen sei, obwohl Valentin die Möglichkeit gehabt hätte, die ursprüngliche Gunst Hitlers und der Münchner Parteigrößen auszunutzen. Er hat das nicht getan, weil er das einfach nicht wollte. Es kam ihm gar nicht in den Sinn. Diese Nachricht gelangte ins Ausland, und sie wurde der Ausgangspunkt für die natürlich mit Freude verbreitete Legende, daß Karl Valentin ein besonderer Mann des Widerstandes gewesen sei. Ein junger Schweizer Reporter besuchte Karl Valentin in Planegg – ich besitze diese »Zürcher Illustrierte« mit ihren ergreifenden Photographien vom alten Vale noch –, und nun will der gutmeinende Reporter von Valentin die Bestätigung, daß er ein »Held« war. Das Wort fällt nicht, aber aus dem Interview geht klar hervor, daß Valentin um keinen Preis ein Held gewesen sein will – obwohl ihm das in der damaligen Situation manche Vorteile gebracht hätte; aber daran dachte Valentin nicht. Schließlich fragt der Reporter: »Aber *wenn* sie, die Nazis, zu Ihnen gekommen wären, dann hätten Sie doch...?« »Sie *sind* aber nicht gekommen«, antwortete Valentin. Und dieses Frage- und Antwortspiel mit »*Wenn* sie gekommen wären...« und »Sie *sind* aber nicht gekommen« wiederholt sich dreimal. Wie in einem Stück von Valentin – und zugleich ein letztes Zeichen – wahrhaftig des Rühmens und des Ehrens wert!

Film blendet auf und zeigt das Dach eines alten Hauses mit Dachwohnung. An einem Dachfenster sitzt ein Kätzchen und putzt sich neben einigen Blumentöpfen (à la Spitzweg). Das Bild wird überblendet, und es erscheint das Innere der armseligen Wohnung der kinderreichen Familie Pfafferl. Frau Pfafferl mahlt eben Kaffee, fünf Kinder sitzen um einen alten Holztisch herum und nagen am Brot. Der Vater, Herr Pfafferl (Karl Valentin), zieht unbeholfen seinen Rock an, setzt seinen Hut auf und sagt zur Mutter

PFAFFERL Ich geh jetzt zum Herrn Kommerzienrat Winkler, und soll er mir die 100 Mark Darlehen nicht geben, dann – *schaut stier auf den Boden* – dann – *kleine Pause* – dann – *Mutter schaut ihn erschrocken an* – dann – *kleine Pause* – kann ich immer noch woanders hingehen.

MUTTER Ja, da hast du recht, also behüt dich Gott!

PFAFFERL *der schon halb zur Türe hinausgegangen ist, dreht sich nochmal um und sagt* Was meinst du?

MUTTER Ich hab gesagt: Behüt dich Gott!

PFAFFERL Ja, is schon recht! *Schlägt die Türe zu, daß alle erschrecken.*

Herrschaftshaus. Pfafferl steht vor der Wohnungstüre des Herrn Kommerzienrats Winkler. Im Stiegenhaus steht eine Venus, die von Herrn Pfafferl ehrfurchtsvoll gegrüßt wird. Er sucht eine Ziehglocke an der Türe, findet aber keine. Endlich entdeckt er den elektrischen Knopf und läutet. Dienstmädchen öffnet.

PFAFFERL Guten Tag, ist der Herr Kommerzienrat zu Hause?

DIENSTMÄDCHEN Wen darf ich melden?

PFAFFERL Herrn Anton Pfafferl, wenn ich bitten darf.

DIENSTMÄDCHEN Privat oder geschäftlich?

PFAFFERL Privat, wenn ich bitten darf.

DIENSTMÄDCHEN Bitte, treten Sie ein! *Öffnet eine zweite Tür, die in den Salon des Herrn Kommerzienrats führt. Der Kommerzienrat sitzt an einem prunkvollen Schreibtisch mit Telefon.*

PFAFFERL *tritt schüchtern in das prunkvolle Arbeitszimmer.* Guten Morgen, Herr Kommerzienrat!

KOMMERZIENRAT Guten Morgen! Was führt Sie zu mir? *Pfafferl steht vor dem Schreibtisch, vis-à-vis von dem Kommerzienrat, und läßt vor Aufregung seinen Schirm fallen, hebt denselben wieder auf und vermißt den Hakengriff am Schirm, weil er nun den Schirm verkehrt in der Hand hält.*

Hausmeisterseheleute gesucht*

* *Dieses Drehbuch wurde nicht verfilmt (A. d. H.)*

PFAFFERL Jetzt ist mir der Griff von meinem Schirm abgebrochen. *Sucht danach.*

KOMMERZIENRAT Da unten ist der Griff, Sie haben den Schirm verkehrt in der Hand.

PFAFFERL Stimmt! Bitte vielmals um Entschuldigung!

KOMMERZIENRAT Schon gut! – Also, was wünschen Sie von mir?

PFAFFERL Ja ... mein Name ist Pfafferl! Wir kennen uns doch, Herr Kommerzienrat?!

KOMMERZIENRAT Nicht daß ich wüßte!

PFAFFERL Doch! Sind Sie nicht einmal vor ungefähr sieben oder acht Jahren mit der elektrischen Straßenbahn durch die Bahnhofstraße gefahren?

KOMMERZIENRAT Nein! Ausgeschlossen, ich fahre nie mit der Straßenbahn, nur mit meinem eigenen Auto.

PFAFFERL So? Dann müssen wir uns irgendwo in einem Auto getroffen haben!

KOMMERZIENRAT *sieht den Pfafferl näher an.* Ja, richtig, jetzt erinnere ich mich, natürlich kenne ich Sie! Waren Sie nicht ungefähr vor 4 oder 5 Jahren ...

PFAFFERL Stimmt!!!

KOMMERZIENRAT Was stimmt?! – Lassen Sie mich doch zuerst ausreden. Waren Sie nicht vor 4 oder 5 Jahren bei meinem Freund Baron von Rembremerdeng angestellt als Gärtner?

PFAFFERL Stimmt!!! – Nein, Gärtner war ich nicht, ich war nur in seinem Garten beschäftigt.

KOMMERZIENRAT Nun ja, dann waren Sie doch als Gärtner beschäftigt?

PFAFFERL Nein, ich war Spritzbrunnenaufdreher.

KOMMERZIENRAT Was, Spritzbrunnenaufdreher? Ja, ist denn das auch ein Beruf?

PFAFFERL Beruf weniger; es war eigentlich so eine kleine Nebenbeschäftigung für mich, denn da habe ich das ganze Jahr nur 2 Mark verdient.

KOMMERZIENRAT Wie, im ganzen Jahr haben Sie nur 2 Mark verdient? Aber davon kann man doch nicht leben!?

PFAFFERL Ja, leben schon – aber wie!

KOMMERZIENRAT Das ist mir unverständlich – 2 Mark im Jahr!

PFAFFERL Ja! Ja! – *seufzt* – da heißts einteilen!

KOMMERZIENRAT Wie ist das möglich, daß Sie im ganzen Jahr nur 2 Mark verdient haben, das interessiert mich.

PFAFFERL Ja, das war so. Der Herr Baron von Rembremerdeng der hat nämlich in seinem Garten so eine Funk ... Funk ...

KOMMERZIENRAT Funkanlage.

PFAFFERL Nein, eine Funk ... wie heißt jetzt das gleich – eine Funk ... tttttt, fällt mir nicht ein!

KOMMERZIENRAT Ah, Sie meinen eine Funkstation?

PFAFFERL Ja! Nein! Sapprament, jetzt ist mir der Name entfallen! Eine Funk ... eine Funk ... Funktäne!

KOMMERZIENRAT Ach, eine Fontäne meinen Sie?!

PFAFFERL Fontäne, eine Fontäne, stimmt! Nun ja, wir bei uns zu Hause sagen halt Spritzbrunnen. Ja, und diesen Spritzbrunnen hab ich bei Herrn Baron von Rembremerdeng verwaltet; im Frühling hab ich denselben immer aufgedreht, dann hat er gespritzt bis im Herbst, so bis Ende Oktober, und da hab ich ihn dann wieder zugedreht; und da hab ich fürs Aufdrehen eine Mark bekommen und fürs Zudrehen auch eine Mark, das sind also im Jahr – *sich besinnend* – 2 Mark.

KOMMERZIENRAT So! Nun will ich Ihnen was sagen. Diese zwei kurzen Tätigkeiten sind eigentlich mit zwei Mark ganz gut bezahlt, nach meiner Ansicht!

PFAFFERL Natürlich ist das ganz gut bezahlt, nur zu wenig Beschäftigung fürs ganze Jahr.

KOMMERZIENRAT Wie meinen Sie das?

PFAFFERL Ich mein so: Wenn zum Beispiel der Herr Baron in seinem Garten tausend solche Spritzbrunnen hätte, die noch dazu jeden Tag auf- und zugedreht werden müßten, das wären – *sich besinnend* – pro Tag 2000 Mark, also pro Jahr ... siebenmalhundert und dreißigtausend Mark, das wär ein Geschäft!

KOMMERZIENRAT Aber ich bitte Sie, Herr Pfafferl, das ist ja Unsinn; wer kann sich heutzutage einen Luxus von tausend Spritzbrunnen leisten.

PFAFFERL Ja, niemand! Niemand!

KOMMERZIENRAT *sieht auf seine Armbanduhr.* Ja, sagen Sie, Herr Pfafferl, sind Sie zu mir gekommen, um sich mit mir über Spritzbrunnen zu unterhalten?

PFAFFERL Nein, gewiß nicht, Herr Kommerzienrat, der Grund meines Besuches ist ein ganz anderer. Ich komme betreffs Not zu Ihnen. Drei Monate Hauszins sind wir rückständig; der Hausherr will uns aus der Wohnung hinausschmeißen, meine Frau liegt krank darnieder, die hat, wie sich der Arzt ausgedrückt hat, vor 14 Tagen eine chronische Sommersprossenentzündung bekommen. Die fünf Kinder sind alle noch mündlich ...

KOMMERZIENRAT Mündig, wollen Sie sagen.

PFAFFERL Ja, die Kinder gehen teilweise in die Schule, es ist zum Verzweifeln, und ich treibe absolut keine Arbeit auf! Jahrelang geh ich schon zum Stempeln, ich bin das Stempeln schon so gewöhnt, daß ichs fast nicht mehr lassen kann, es ist mir schon zum Laster geworden. – Ich bitte Sie, Herr Kommerzienrat, greifen Sie mir unter die Arme.

KOMMERZIENRAT Das kann ich schon machen. *Greift ihm unter die Arme.*

PFAFFERL Nein, ich meine mit 100 Mark, dann wäre mir geholfen!

KOMMERZIENRAT Nun ja, ich tue so viel für die Armen – *schaut in die Brieftasche* – ich habs leider nicht da, ich schicke Ihnen das Geld in die Wohnung.

PFAFFERL *weint vor Freude, bedankt sich vielmals und geht rückwärts, wirft aber vor lauter Verbeugungen eine auf einem Sockel stehende teure chinesische Vase um, welche klirrend am Boden zerbricht.*
Weg des Pfafferls vom Kommerzienrat in seine Wohnung. Er geht ins Wirtshaus, führt am Tisch ein Selbstgespräch, poussiert mit der Kellnerin und dergleichen – am Heimweg schaut er in ein paar Schaufenster.

KOMMERZIENRAT *gibt Chauffeur Geld in einem Kuvert.* Wenn Sie mit dem Wagenwaschen fertig sind, bringen Sie das Geld in die Müllerstr. 17/4 zu Pfafferl.

Frau Pfafferl mit ihren fünf Kindern zu Hause beim Essen, es klopft an der Türe. Frau Pfafferl öffnet die Türe, ein Bettler steht draußen und bittet um ein Almosen. Frau Pfafferl gibt trotz eigener Not aus der Geldbörse eine Kleinigkeit.

BETTLER *(Karl Valentin)* Dankschön Frau, vergelts Gott.

FRAU PFAFFERL Segns Gott! *Setzt sich wieder zu ihren Kindern. Es klopft wieder. Ein anscheinend besserer Herr tritt ebenfalls in die Wohnung ein und stellt sich als stellenloser Kunstmaler vor.*

KUNSTMALER Gnädige Frau, ich bin Schnellmaler. Ich bin in Not geraten; ich bitte, lassen Sie mich etwas verdienen, lassen Sie von sich ein Ölgemälde malen, ich garantiere für eine exakte Ähnlichkeit. *Zeigt Vorlagen.* 50 Mark ein Ölporträt, Anzahlung 20 Mark.

FRAU PFAFFERL Wir haben kein übriges Geld zu solchen Sachen. Vor einer Stunde erst ist mein Mann fortgegangen zum Herrn Kommerzienrat Winkler um ein Darlehen von 100 Mark. *Der*

Kunstmaler stutzt. Wenn er nichts bekommt, können wir nicht mal den Zins bezahlen, den wir schon drei Monate schuldig sind. Es ist schrecklich, wenn man keinen Pfennig Geld im Hause hat!

HERRSCHAFTS-CHAUFFEUR Eine Empfehlung von Herrn Kommerzienrat Winkler, und er schickt Ihnen hier die versprochenen 100 Mark.

FRAU PFAFFERL Danke schön, danke schön – eine recht schöne Empfehlung an Herrn Gemeinderat – ah Kommerzienrat!

KUNSTMALER Nun haben Sie ja Geld, sehen Sie, wo die Not am größten, ist Gottes Hilfe am nächsten.

FRAU PFAFFERL Ja, jetzt können wir wenigstens unsere Schulden zahlen damit. O Herr, ich danke dir für deine Hilfe!

KUNSTMALER Sehen Sie, nun hat der Himmel Ihnen geholfen, jetzt können Sie auch mir helfen. Lassen Sie sich malen, dann verdiene ich auch etwas. Setzen Sie sich bitte auf diesen Sessel, mit dem Kopf gegen den Kasten. *Die Kinder belästigen den Kunstmaler, machen ein furchtbares Geschrei, drücken die Farben aus und beschmieren sich damit.*

FRAU PFAFFERL Kinder, seid doch nicht gar so ungezogen; geht einstweilen in den Hof hinunter, bis ich gemalen bin.

KINDER Ist schon recht! *Rennen alle davon bis auf ein Kind.*

KUNSTMALER *nimmt einen Zettel, legt ihn auf den Tisch, drückt der Frau einen Füllfederhalter in die Hand und spricht* Bitte, gnädige Frau, unterschreiben Sie die Bestellung, es ist nur der Ordnung halber.

FRAU PFAFFERL *unterschreibt.*

KUNSTMALER So, gnädige Frau, jetzt kann Ihnen nichts mehr passieren! *Er malt die Frau.*
Der Hausherr klopft.

FRAU PFAFFERL Herein! *Sie bleibt ruhig sitzen.*

HAUSHERR *öffnet* Warum machen Sie nicht auf? *Er ist baff.*

FRAU PFAFFERL Entschuldigens, daß ich sitzen bleib, ich werde nämlich in Öl gemalen.

HAUSHERR Das ist der Gipfel der Höhe! Drei Monate den Zins schuldig sein, und da lassen Sie sich noch in Öl malen! Sagen Sie zu Ihrem Mann, wenn Sie bis heute abend die rückständige Miete nicht bezahlt haben, beantrage ich sofortige Zwangsräumung. *Schlägt die Tür zu – wütend ab.*

KUNSTMALER Wer ist heute nicht die Miete schuldig! Nehmen Sie sich ein Beispiel an mir – ich habe die Skizze soweit fertig, ausarbeiten tu ich die Sache zu Hause, und in acht Tagen erhalten Sie das fertige Bild. Darf ich um die Anzahlung von 20 Mark bitten?

FRAU PFAFFERL Ich hab doch nur den 100-Mark-Schein. Können Sie vielleicht 80 Mark zurückgeben?

KUNSTMALER Leider nicht! Kommen Sie her, ich laß schnell wechseln.

FRAU PFAFFERL Ja, bittschön, ich kann so vom Kind nicht weg.

KUNSTMALER *ab mit 100-Mark-Schein. – Kommt nicht mehr.*
Zwischenbild. Kinder spielen im Hof.

MANN *kommt zurück* Ich war beim Kommerzienrat, er hat mir versprochen, daß er heute noch die 100 Mark schickt.

FRAU Sind schon gekommen!

MANN Wo ist das Geld?

FRAU Kaum war das Geld da – ist ein Bettler kommen...

MANN Und dem hast Du 100 Mark geschenkt?

FRAU Nein, einen Pfennig...

MANN Und die 100 Mark?

FRAU Gleich drauf ist ein Kunstmaler kommen und hat mich gemalen – das kost 20 Mark Anzahlung; jetzt ist er nunter und laßt wechseln, der kommt gleich rauf mit den 80 Mark.

MANN *schimpft. Sie warten auf den Kunstmaler.* Dem werd ich aber meine Meinung sagen! Unsereiner kann sich das nicht leisten, die eigene Frau in Öl malen zu lassen, da tuts eine Photographie auch!

HAUSHERR *kommt* So! – Euch Bande werf ich naus! – Morgen früh um 8 Uhr muß die Wohnung geräumt sein!!! *Ab.*
Am nächsten Morgen Auszug mit Handkarren, obdachlos. Mann und Frau suchen Anschläge von Zimmern, finden ein Plakat: Kleine, sehr billige Wohnung per sofort zu vermieten.

FRAU Die nehmen wir sofort! *Laden gleich vor der neuen Wohnung die Möbel ab, stellen alles auf die Straße. Gehen in das Haus, suchen Hausmeisterin, die mit ihnen in den 4. Stock geht und die Wohnung herzeigt, währenddessen die Möbeltransporteure, die im Nebenhaus einen Umzug machen, sämtliche Möbel, die auf der Straße stehen, also auch Pfafferls Möbel, einladen und wegfahren. – Beide mieten die Wohnung, wollen gleich ihre Möbel holen; als sie auf der Straße sind, ist nichts mehr da. Sie weinen. Hausmeisterin sieht das und bedauert es.*
Sie suchen ein möbliertes Zimmer, finden Zettel: Möbliertes Zimmer äußerst billig zu vermieten. Sie gehen hin. Frau Maier öffnet.

MANN Ist hier das möblierte Zimmer zu vermieten?

FRAU MAIER Ja, ich vermiete nur an Artisten, weil neben uns ein
Zirkus ist. – Sind Sie Künstler?

MANN Ja, Hungerkünstler!

FRAU MAIER So, das ist recht. – Sehen Sie, das Zimmer ist an
einen Riesen vermietet – das ist an Schlangenmenschen immer
vermietet – das können Sie haben für ein paar Tage, bis Sie
eine andere Wohnung gefunden haben.

*Sie nehmen das Zimmer. Herr und Frau Pfafferl ziehen am
Abend um 9 Uhr in das Zimmer ein. Es ereignen sich allerlei
komische Dinge. Die Kinder werden auf den Boden gelegt,
ein Kind auf das Kanapee. Herr und Frau Pfafferl legen sich
nun in die gewellten Bettstellen. Am darauffolgenden Morgen
erwachen beide. Der Mann hat von dieser schrecklichen Liege-
rei einen Hexenschuß bekommen, und seine Frau führt ihn am
Vormittag zu einem Arzt. Sie kommen ins Wartezimmer, welches von allerlei Personen besetzt ist. Stummes Spiel – immer,
wenn die Türe aufgeht, wollen beide hinein zum Arzt, werden
aber von den Vorherdagewesenen beschimpft und zurückge-
wiesen. Endlich kommen beide dran und gehen zum Arzt
hinein.*

FRAU PFAFFERL Guten Tag, Herr Arzt!

ARZT Guten Tag – Sie heißen?

FRAU PFAFFERL Babette Pfafferl.

ARZT Sind Sie Ortskrankenkassen-Mitglied?

FRAU PFAFFERL Jawohl!

Herr Pfafferl steht hilflos daneben und schweigt.

ARZT Zeigen Sie Ihre Zunge.

FRAU PFAFFERL *zeigt ihre Zunge.*

ARZT Haben Sie guten Appetit?

FRAU PFAFFERL Ja.

ARZT Können Sie gut schlafen?

FRAU PFAFFERL Jawohl!

ARZT Wie steht es mit dem Stuhl?

FRAU PFAFFERL Jawohl!

ARZT Ja, dann sind Sie ja gesund! Was wollen Sie dann bei mir?

FRAU PFAFFERL Ja, mein Mann hat einen Hexenschuß – der hat
in einem Schlangenbett gelegen.

ARZT Ach so, der Mann – Hexenschuß? Sofort Kugelmassage.
*Massiert ihm mit einer riesigen Kugel den Rücken, daß er zit-
tert wie Espenlaub. (Trickaufnahme.) Der Hexenschuß ist verschwunden; beide gehen. Er bekommt noch eine Salbe zum*

Einreiben; er reibt sich aber nicht ein, sondern drückt die Salbe aus der Tube und frißt dieselbe. Beide gehen nun vom Arzt weg in ihre Wohnung zu den Kindern. Frau Maier gibt den beiden einen Brief vom Arbeitsamt. Sie öffnen ihn freudig – endlich, nach 3 Jahren, gibts Arbeit. Sie erhalten eine Stellung als Hausmeisters-Eheleute bei Generaldirektor Steinbeiß, Lindenallee 5. Grundbedingungen: 1) kinderlos, 2) Eintritt muß sofort erfolgen. Vergütung: Monatliches Gehalt 150 Mark und freie möblierte Wohnung. Sie schauen ihre Kinder an.

MANN O diese Kinder!

Sie verheimlichen die Kinder, stecken sie in Säcke, Taschen, Pakete, Rucksack – gehen in die Villa (hochherrschaftliche Villa). Das älteste Kind bekommt Vollbart, wird als Großvater, der schwerhörig und taubstumm ist, vorgestellt und muß schnell, wenn die Gnädige kommt, jedesmal wieder den Vollbart umhängen.

GNÄDIGE Guten Tag, also Sie können hier bleiben als Hausmeisters-Eheleute, vorausgesetzt, daß Sie keine Kinder haben – wir lieben die Ruhe. *Die Pakete rühren sich.* Hier ist Ihr neues Heim, Ihre neue Arbeitsstätte. Die Räumlichkeiten, mit denen Sie zu tun haben, wird Ihnen der Diener zeigen, auch alle Anweisungen über Ihre Tätigkeit finden Sie hier auf diesem Zettel. *Gnädige ab.*

Sie sind nun als Hausmeistereheleute engagiert. Bei dieser Tätigkeit ereignen sich solche Pannen, daß ihnen wieder gekündigt wird. Was die Kinder in der Villa alles anstellen, spottet jeder Beschreibung. – Der Mann soll auf Befehl des Villenbesitzers das Gras mähen im Park, er aber mäht sämtliche Blumen und Rosen in den Beeten mit ab. Und als er zum Schluß das feine Herrschaftsauto waschen soll, verwechselt er den Wasserschlauch mit dem Benzinschlauch, überspritzt das ganze Auto mit Benzin, stopft seine Pfeife, zündet sie an, und die Garage fliegt in die Luft samt dem Auto. – Es wird ihnen gekündigt, sie werden auf der Stelle hinausgejagt, und man sieht die beiden eine lange Landstraße dahinwandern.

Das Glück war ihnen nicht hold.

Musik: Muß i denn zum Städtle hinaus ...

Ende

Lange vor dem Umschein einer verkrümten Nacht, saßen sie zusammen. Wolkenlos ballten sich weiße Nebelschwaden zuhauf. Es kargte an diesem und jenem. – So aber ist es. – Wenn der Mensch sich selbst abgibt, dann wird sein Sein betrübt durch seine gewollte Selbstbejahung. – Aber laßt sie alle elendidieren und laßt diese Kopflosen alle wieder behaupten. Eines Nachts werden die Hexen nicht zum Ziele kommen, sondern das Ziel kommt zu ihnen.

Und wenn Aefa und Ufa sich zürnend und tobend in die Augenmuscheln schreien, liegt Aeufa auf dem satten Rasen und raucht die Friedenspfeife.

Filmszene

VALENTIN Ah, eine gute Bekannte, die Frau ... no, jetzt weiß ich Ihren Namen nicht mehr.

KARLSTADT Das sieht Ihnen wieder ähnlich, wir haben aber doch so lange in einem Haus gewohnt, in der Dingstraße ...

VALENTIN Ja stimmt, freilich freilich, die Frau Schweighofer sind Sie.

KARLSTADT Nein, nein, im Gegenteil, ein ganz kurzer Name.

VALENTIN Jetzt hab ichs, die Frau Lang.

KARLSTADT Nein, nein, ein kurzer Name ist es doch ...ich könntn Ihnen schon sagen.

VALENTIN Frau Mayerhofer.

KARLSTADT Jaaa, ganz richtig, und Sie sind Herr Hofmayer.

VALENTIN Ja stimmt, wissen Sie noch, wie wir die beiden Namen immer am Anfang verwechselt haben.

VALENTIN Ja, ja, Frau Mayerhofer, es ist gut, daß ich Sie eben treffe, ich wollte Ihnen etwas Wichtiges sagen und jetzt weiß ich momentan nicht was – – ddddd – – was war denn das?

KARLSTADT Ja, das geht mir auch oft so.

VALENTIN Ddddd – – was war das nur – – hm, hm, hm, es ist zum Kotzen.

KARLSTADT War es was Geschäftliches?

VALENTIN Nein, nein, es war – weil ich mir auch noch dachte, das muß ich Ihnen sagen, wenn ich Sie treffe.

KARLSTADT Ja lieber Gott, man wird eben älter und damit auch vergeßlicher.

VALENTIN Das stimmt – was wollt ich nur sagen – – fällt mir nicht mehr ein – –

KARLSTADT Mir gehts auch so, ich war gestern in – – no – – no – – no, wo war das gleich – – in d d d –

VALENTIN Daheim?

KARLSTADT Nein nein – – in daheim war ich nicht, in – – no – – sagns mas doch – – in – –

VALENTIN Ich hab keine Ahnung, wo Sie waren.

KARLSTADT Ja, das glaube ich schon, daß Sie das nicht wissen, ich weiß ja selber nicht – – in – – nun ja, es ist ja Nebensache, und da habe ich geschäftlich zu tun gehabt, da sollte ich, da sollte ich – –

VALENTIN Genauso gehts mir auch immer, da lauf ich oft daheim ins andere Zimmer hinüber, und wenn ich drüben bin, weiß ich nimmer, was ich wollte.

KARLSTADT Ich bin einmal zu einem Arzt gegangen, wegen meiner Vergeßlichkeit, und wie ich beim Arzt war und der fragte mich, was mir fehlt, meinen Sie, mir wärs noch eingefallen – da hab ich ganz vergessen, daß ich wegen meiner Vergeßlichkeit zu ihm gegangen bin.

VALENTIN Man soll sich alles aufschreiben, dann vergißt mans nicht.

KARLSTADT Das hab ich auch schon probiert – das kann ich nicht.

VALENTIN Warum nicht?

KARLSTADT Weil ich immer vergeß, daß ich einen Bleistift mitnehm und a Papier.

VALENTIN Einmal hab ich etwas nicht vergessen. Da hab ich

mir was Wichtiges merken wollen, dann hab ich mir gesagt: Ach, des hat gar keinen Wert, wenn ich mir des merken will – denn das vergeß ich ja doch, und was meinen Sie, ich habe mirs gemerkt!

KARLSTADT Ja, und was war das?

VALENTIN Jetzt weiß ichs nimmer.

Meine lieben Mitglieder des Vereins Die Katzenfreunde! Als Schriftführerin des Vereins Die Katzenfreunde habe ich Ihnen bei der heutigen Generalversammlung Folgendes zu berichten:

Die Mitgliederzahl hat sich bis zum heutigen Tag auf 26 Mitglieder erhöht. Es sind dies: die Frau Generaldirektor Buchner, Frau Kanzleisekretär Brandt, Frau Oberpostrat Kamberger, Frau Konsistorialrat Ammerland, Frau Bezirkskommissär Hoffmann, Frau Oberinspektor Sallinger, Frau Gerichtsassessor Strohmeier, Frau Magistratsfunktionär Eisemann, Frau Straßenbahnkontrolleur Stangl, Frau Aufsichtsrat Lochpichler, Frau Polizeiwachtmeister Nennhuber, Frau Gewerberat Schättler, Frau Reichsbahnexpeditor Ebentaler, Frau Geheimrat Löffelberger, Frau Kapitän Bernreitner, Frau Hauptzollamtsverwaltungsgattin Meininger, Frau Bahnadjunkt Wallner, Frau Finanzminister Sollfrank, Frau Akademieprofessor Oberstädter, Frau Generalmajor Gallinger, Frau Oberregierungsrat Scheinweilner, Frau Baumeister Troppt, Frau Oberbaurat Lechner, Frau Revierförstersgattin Kleinmeier, Frau Kommerzienrat Spitzinger und Frau Realitätenbesitzersgattin Randelkofer.

An alle diese Genannten haben wir Einladungen zu unserer heutigen Generalversammlung geschickt. Leider haben sich heute nur folgende Mitglieder eingefunden: die Frau Bahnadjunkt Wallner, Frau Finanzminister Sollfrank, Frau Akademieprofessor Oberstädter, Frau Generalmajor Gallinger, Frau Oberregierungsrat Scheinweilner, Frau Baumeister Troppt, Frau Oberbaurat Lechner, Frau Revierförstersgattin Kleinmeier, Frau Kommerzienrat Spitzinger und Frau Realitätenbesitzersgattin Randelkofer.

Wenn aber die heute fehlenden Mitglieder, nämlich, die Frau Generaldirektor Buchner, Frau Kanzleisekretär Brandt, Frau Oberpostrat Kamberger, Frau Konsistorialrat Ammerland, Frau

Verein
der Katzenfreunde
*gesprochen
von Liesl Karlstadt*

Bezirkskommissär Hoffmann, Frau Oberinspektor Sallinger, Frau Gerichtsassessor Strohmeier, Frau Magistratsfunktionär Eisemann, Frau Straßenbahnkontrolleur Stangl, Frau Aufsichtsrat Lochpichler, Frau Polizeiwachtmeister Nennhuber, Frau Gewerberat Schättler und Frau Reichsbahnexpeditor Ebentaler meinen, sie können ohne Entschuldigung der Generalversammlung fernbleiben, so ist unser Vorstand, Herr Gewerberatinspektor Weber, genötigt, das Fernbleiben der Mitglieder, und zwar der Frau Generaldirektor Buchner, Frau Kanzleisekretär Brandt, Frau Oberpostrat Kamberger, Frau Konsistorialrat Ammerland, Frau Bezirkskommissär Hoffmann, Frau Oberinspektor Sallinger, Frau Gerichtsassessor Strohmeier, Frau Magistratsfunktionär Eisemann, Frau Straßenbahnkontrolleur Stangl, Frau Aufsichtsrat Lochpichler, Frau Polizeiwachtmeister Nennhuber, Frau Gewerberat Schättler und Frau Reichsbahnexpeditor Ebentaler, zu rügen.

Wenn die zuletzt hier angeführten Damen glauben, unsere Vorstandschaft schickt die Einladungen an die Mitgliedschaft nur deshalb, daß die eingeladenen Mitglieder kommen wollen, wann es ihnen gefällig ist zu kommen, oder es zu sein, so täuschen sich die eingeladenen Mitglieder schwer.

An folgende Mitglieder, Frau Generaldirektor Buchner, Frau Kanzleisekretär Brandt, Frau Oberpostrat Kamberger, Frau Konsistorialrat Ammerland, Frau Bezirkskommissär Hoffmann, Frau Oberinspektor Sallinger, Frau Gerichtsassessor Strohmeier, Frau Magistratsfunktionär Eisemann, Frau Straßenbahnkontrolleur Stangl, Frau Aufsichtsrat Lochpichler, Frau Polizeiwachtmeister Nennhuber, Frau Gewerberat Schättler und Frau Reichsbahnexpeditor Ebentaler ergeht nun eine ernstliche Mahnung. Sollten die Mitglieder bei der nächsten Generalversammlung wieder nicht erscheinen, so werden die Mitglieder, die Frau Generaldirektor Buchner, Frau Kanzleisekretär Brandt, Frau Oberpostrat Kamberger, Frau Konsistorialrat Ammerland, Frau Bezirkskommissär Hoffmann, Frau Oberinspektor Sallinger, Frau Gerichtsassessor Strohmeier, Frau Magistratsfunktionär Eisemann, Frau Straßenbahnkontrolleur Stangl, Frau Aufsichtsrat Lochpichler, Frau Polizeiwachtmeister Nennhuber, Frau Gewerberat Schättler und Frau Reichsbahnexpeditor Ebentaler aus unserem Verein Die Katzenfreunde einfach ausgeschlossen.

KARLSTADT Wir haben in der letzten Unterrichtsstunde über die Kleidung des Menschen gesprochen, und zwar über das Hemd. Wer von euch kann mir nun einen Reim auf Hemd sagen?

VALENTIN Auf Hemd reimt sich fremd!

KARLSTADT Gut – und wie heißt die Mehrzahl von fremd?

VALENTIN Die Fremden.

KARLSTADT Jawohl, die Fremden. – Und aus was bestehen die Fremden?

VALENTIN Aus frem und aus den.

KARLSTADT Gut – und was ist ein Fremder?

VALENTIN Fleisch, Gemüse, Obst, Mehlspeisen und so weiter.

KARLSTADT Nein, nein, nicht w a s er ißt, will ich wissen, sondern w i e er ist.

VALENTIN Ja, ein Fremder ist nicht immer ein Fremder.

KARLSTADT Wieso?

VALENTIN Fremd ist der Fremde nur in der Fremde.

KARLSTADT Das ist nicht unrichtig. – Und warum fühlt sich ein Fremder nur in der Fremde fremd?

VALENTIN Weil jeder Fremde, der sich fremd fühlt, ein Fremder ist, und zwar so lange, bis er sich nicht mehr fremd fühlt, dann ist er kein Fremder mehr.

KARLSTADT Sehr richtig! – Wenn aber ein Fremder schon lange in der Fremde ist, bleibt er dann immer ein Fremder?

VALENTIN Nein. Das ist nur so lange ein Fremder, bis er alles kennt und gesehen hat, denn dann ist ihm nichts mehr fremd.

KARLSTADT Es kann aber auch einem Einheimischen etwas fremd sein!

VALENTIN Gewiß, manchem Münchner zum Beispiel ist das Hofbräuhaus nicht fremd, während ihm in der gleichen Stadt das Deutsche Museum, die Glyptothek, die Pinakothek und so weiter fremd sind.

KARLSTADT Damit wollen Sie also sagen, daß der Einheimische in mancher Hinsicht in seiner eigenen Vaterstadt zugleich noch ein Fremder sein kann. – Was sind aber Fremde unter Fremden?

VALENTIN Fremde unter Fremden sind: Wenn Fremde über eine Brücke fahren, und unter der Brücke fährt ein Eisenbahnzug mit Fremden durch, so sind die durchfahrenden Fremden Fremde unter Fremden, was Sie, Herr Lehrer, vielleicht so schnell gar nicht begreifen werden.

KARLSTADT Oho! – Und was sind Einheimische?

VALENTIN Dem Einheimischen sind eigentlich die fremdesten

Fremden nicht fremd. Der Einheimische kennt zwar den Fremden nicht, kennt aber am ersten Blick, daß es sich um einen Fremden handelt.

KARLSTADT Wenn aber ein Fremder von einem Fremden eine Auskunft will?

VALENTIN Sehr einfach: Frägt ein Fremder in einer fremden Stadt einen Fremden um irgend etwas, was ihm fremd ist, so sagt der Fremde zu dem Fremden, das ist mir leider fremd, ich bin hier nämlich selbst fremd.

KARLSTADT Das Gegenteil von fremd wäre also – unfremd?

VALENTIN Wenn ein Fremder einen Bekannten hat, so kann ihm dieser Bekannte zuerst fremd gewesen sein, aber durch das gegenseitige Bekanntwerden sind sich die beiden nicht mehr fremd. Wenn aber die zwei mitsammen in eine fremde Stadt reisen, so sind diese beiden Bekannten jetzt in der fremden Stadt wieder Fremde geworden. Die beiden sind also – das ist zwar paradox – fremde Bekannte zueinander geworden.

Karl Valentin
mit Frau, Tochter
und Enkelin

DER BUCHBINDERMEISTER WANNINGER *geht in seiner Werkstätte*
ans Telefon und wählt eine Nummer.

PORTIER Hier Baufirma Meisel & Compagnie.

BUCHBINDERMEISTER Ja, hier ist der Buchbinder Wanninger. Ich
möcht nur der Firma Meisel mitteilen, daß ich jetzt die Bücher,
wos bstellt ham, fertig habe und ob ich die Bücher hinschik-
ken soll und ob ich die Rechnung auch mitschicken darf.

PORTIER Einen Moment, bitte.

BUCHBINDERMEISTER Jawohl.

SEKRETARIAT Hier Meisel & Compagnie, Sekretariat.

BUCHBINDERMEISTER Ja, hier ist der Buchbinder Wanninger. Ich
möcht Ihnen nur mitteilen, daß ich die, die Bücher da wo, daß
ich die fertig hab und ob ich die, die Ding da, die Bücher, hinschicken soll und ob ich die Rechnung auch dann mit- gleich
hinschicken soll – bitte.

SEKRETARIAT Einen Moment, bitte.

BUCHBINDERMEISTER Ja, ist schon recht.

DIREKTION Direktion der Firma Meisel & Co.

BUCHBINDERMEISTER Ä, hier ist der, der Buchbinder Wa-Wan-
ninger. Ich möcht Ihnen nur und der Firma Meisel des mitteilen, daß ich die Ding, die Bücher jetzt fertig hab und ob ich
dann die Bücher hinschicken soll zu Ihnen und ob ich die
Rechnung dann auch gleich mit hinschicken soll – bitte.

DIREKTION Ich verbinde Sie mit der Verwaltung, einen Moment,
bitte, gell.

BUCHBINDERMEISTER Ja, ist schon recht.

VERWALTUNG Hier Baufirma Meisel & Co., Verwaltung.

BUCHBINDERMEISTER Ha? Jawohl, hier ist der Buchbinder Wanninger. Ich möcht Ihnen nur mitteilen, daß ich die Bücher
jetzt fertiggmacht hab und daß ichs jetzt hinschick oder daß
ichs hinschicken soll oder ob ich die Rechnung auch dann
gleich mit hingeben soll.

VERWALTUNG Rufen Sie doch bitte Nebenstelle 33 an. Sie können gleich weiterwählen.

BUCHBINDERMEISTER So, da muaß i glei – jawohl, ist schon recht,
danke, bitte. *Geräusch der Wählscheibe.* Bin i neigieri.

NEBENSTELLE 33 Hier Baufirma Meisel & Compagnie.

BUCHBINDERMEISTER Ja, der Ding ist hier, hier ist der – wer ist
dort?

NEBENSTELLE 33 Hier Baufirma Meisel & Compagnie.

BUCHBINDERMEISTER Ja, ich habs dene andern jetzt scho a paarmal gsagt, ich möcht Ihnen nur des jetzt mitteilen Fräulein,

daß ich die Ding, die Bücher jetzt fertig habe und ob ich die Bücher zu Ihnen hinbringen soll oder hintrage und die Rechnung soll ich dann vielleicht eventuell auch gleich mitschicken, wenn Sies erlauben.

NEBENSTELLE 33 Ja, einen Moment mal, ich verbinde Sie mit Herrn Ingenieur Plascheck.

BUCHBINDERMEISTER Wie?

PLASCHECK Hier Ingenieur Plascheck.

BUCHBINDERMEISTER Ja, hier ist die Bau-, hier ist der – wer ist dort? Hier ist der Buchbinder Wanninger. Ich möcht Ihnen nur und der Firma mitteilen, daß ich jetzt die Bücher da fertig gmacht hab, die zwölf Stück, und ob die Bücher dann alle zu Ihnen hinkommen sollen, daß ichs hintrag und ob ich d'Rechnung auch, auch hinoffe-offerieren sollte, bitte, zu Ihnen.

PLASCHECK Ja, da weiß ich nichts davon.

BUCHBINDERMEISTER So!

PLASCHECK Fragen Sie doch mal bei Herrn Architekt Klotz an. Einen Moment mal, bittschön.

BUCHBINDERMEISTER Wia hoaßt der? Was hat denn der für a Nummera? He! – Herrgottsakrament!

KLOTZ Architekt Klotz.

BUCHBINDERMEISTER Wanninger, Wanninger, ich hab, ich hab a, ich möcht dem Herrn Ingenieur nur das jetzt mitteilen, daß ich die Bücher schon fertigmacht hab und die – und ob ich die Bücher jetzt nachher hinschicken soll zu Ihnen, weil ich die Rechnung auch gleich mit dabei hab und die würd ich dann auch gleich – daß ichs dazu geb vielleicht.

KLOTZ Ja, da fragen Sie am besten Herrn Direktor selbst, der ist aber jetzt nicht in der Fabrik.

BUCHBINDERMEISTER Wo is er nacha?

KLOTZ Ich verbinde Sie gleich mit der Wohnung.

BUCHBINDERMEISTER Naa, naa, passens auf, hallo!

DIREKTOR Ja, hier ist Direktor Hartmann.

BUCHBINDERMEISTER Ja, der Ding is hier, der Buchbinder Wanninger. Ich möcht nur anfragen, ob ich jetzt Ihnen des mitteilen soll wegen de Bücher, weil ich – die hab ich jetzt fertiggmacht in der Werkstatt und jetzt ham mas fertig und ob ichs Ihnen nachher mit der Rechnung auch hin- mitschicken soll, wenn ich – ich hätt jetzt Zeit.

DIREKTOR Ja, ich kümmere mich nich um diese Sachen. Vielleicht weiß die Abteilung III Bescheid; ich schalte zurück in die Firma.

BUCHBINDERMEISTER Wer ist, wo soll i hingehn? – Herrgott-sakrament.

ABTEILUNG III Baufirma Meisel, Abteilung III.

BUCHBINDERMEISTER Ja, der Ding ist hier, der Buchbinder Wan-ninger, ich habs jetzt dene andern scho so oft gsagt, ich möcht nur an Herrn Direktor fragn, daß ich die Bücher – fragen, daß ich die Bücher jetzt fertig hab und ob ichs nausschicka soll zu Ihna und d'Rechnung hätt ich auch gschrieb, ob ich die auch gleich mit de Bücher, zamt de Bücher mit zum Herrn – Ihnen hinschicken soll, dann.

ABTEILUNG III Einen Moment, bitte, ich verbinde mit der Buch-haltung.

BUCHHALTUNG Firma Meisel & Compagnie, Buchhaltung.

BUCHBINDERMEISTER Hallo, wie? Ja, der – ich möchte nur der Firma mitteilen, daß ich die Bücher jetzt fertig hab, net, und ich dadats, dats jetzt Ihnen hin-hin-hinoweschicken, hinauf-schicken in eichere Fabrik und da möcht ich nur fragen, ob ich auch die Rechnung hin- hinbeigeben, beilegen soll, auch.

BUCHHALTUNG So, so sind die Bücher nun endlich fertig, hören Sie, dann können Sie mir ja dieselben morgen vormittag gleich – ach, rufen Sie doch morgen wieder an, wir haben jetzt Büro-schluß.

BUCHBINDERMEISTER Wos? Jawohl, ja so, danke – entschuldi-gens vielmals!

Er hängt ein. Saubande, dreckade!

Die Musiker stimmen ihre Instrumente.

VALENTIN Also, spiel ma wieder oan, daß d'Zeit vergeht.

ERSTER MUSIKER Habt ihr die Noten schon ausgeteilt?

ZWEITER MUSIKER Freilich!

VALENTIN Also los! Laßt die Klänge klingen! *Jeder der vier Mu-sikanten bläst nun ein anderes Stück. Nach einigen Takten hören sie wieder auf.* Ja, was is denn des für ein Verhau! Da spielt ja jeder was anders, des is jas reinste vielharmonische Orchester. I sags ja, seit wir keinen Notenwart mehr habn, klappts bei uns nimmer; schad, daß er nicht mehr bei uns is, der ... no, wia hat denn unser Notenwart ghoaßen? No, der ... jetzt fallt mir sein Name nicht mehr ein.

ERSTER MUSIKER Der Gallinger Schorschl.

VALENTIN Gallinger hat er net ghoaßen, der Gallinger war ja so ein Großer, der Dings war ja nicht groß.

ERSTER MUSIKER Wer?

VALENTIN Na ja, den wo ich meine.

ERSTER MUSIKER Ich weiß ja nicht, wen du meinst.

VALENTIN Um das handelt es sich doch, weil wir nicht wissen, wie der heißt.

ERSTER MUSIKER Ja, ich weiß doch nicht, wie der heißt!

VALENTIN Ja, des weiß ich schon, daß du das nicht weißt, wir wissens ja auch net!

ERSTER MUSIKER Ja, wie könnt ma jetzt des wissen, wie der heißt?

VALENTIN Am sichersten wirds er selbst wissen, wie er heißt. Wißt ihr was? Wir schreiben ihm eine Postkarte!

ALLE Ja, des tun wir!

VALENTIN Ja aber ... wenn wir nicht wissen, wie er heißt, können wir ihm doch net schreiben!

ZWEITER MUSIKER *besinnt sich.* Hat er net Ott gheißen?

VALENTIN Naa, naa, Ott hat er nicht gheißen; soviel ich mich erinnere, war es ein ganz kurzer Name.

ERSTER MUSIKER Ott ist doch ein kurzer Name!

VALENTIN Ott ist zu kurz. Unser Notenwart hat so ähnlich gheißen wie unser früherer Posaunist, der ... jetzt weiß ich dem sein Namen auch nicht mehr!

ERSTER MUSIKER Eisele!

VALENTIN Naa, naa, so hat unser Posaunist nicht gheißen, das war kein so ein metalliger Name wie Eisele, im Gegenteil, so ein hölzerner Name.

ALLE Holzinger!

VALENTIN Gott sei Dank, daß wir wenigstens dem sein Namen wissen! Aber wie der Notenwart gheißen hat, ob uns des noch einfallt!?

WIRT *ruft von hinten* Macht doch eine Musik, ich zahl euch doch net fürs saudumme Daherreden!

VALENTIN *zum Wirt* Es handelt sich um den Namen von unserem früheren Notenwart. Der Name fällt uns nicht mehr ein, net ums Verrecka!

WIRT Das ist doch wurscht, wie der gheißen hat!

VALENTIN Ja Ihnen schon, aber uns ists nicht wurscht! Ihnen is schließlich auch net wurscht, ob Sie Magdalena oder Blasius heißen!

WIRT Das Publikum will nicht euer Geschnatter hören, sondern ein Konzert!

VALENTIN Also, fang ma an! *Der Von-der-Tann-Marsch wird geblasen. Valentin hört plötzlich auf.* Aufhören! – Jetzt is mirs eingfallen, wie unser Notenwart gheißen hat. Pfaffinger hat er gheißen!

ALLE Stimmt! Ja, Pfaffinger hat er gheißen. *Sie spielen weiter.*

VALENTIN *als der Marsch zu Ende ist, besinnt er sich einige Sekunden.* Naa, naa. Da hab ich mich getäuscht. Pfaffinger hat er auch net gheißen!

ALLE Jawohl, Pfaffinger hat er gheißen, das wissen wir ganz bestimmt!

VALENTIN Sein Bruder hat Pfaffinger gheißen. *Alle lachen.*

ERSTER MUSIKER Rindviech, wenn sein Bruder Pfaffinger gheißen hat, dann heißt doch er auch Pfaffinger!

VALENTIN Naa! Des war ja sein Stiefbruder!

ALLE A sooo.

*Weihnachtsfeier
Das einzig bekannte
Foto, auf dem
Valentin wirklich
lacht*

Schülerin läutet an der Wohnungstüre des Musikprofessors.

FRAU PROFESSOR *öffnet* Ah! Fräulein Lieselotte – wie geht es, haben Sie fleißig geübt seit der letzten Unterrichtsstunde?

LIESELOTTE Gewiß, Frau Professor!

FRAU PROFESSOR Nun, das läßt sich hören! Da wird sich am meisten der Herr Professor freuen, wenn Sie recht gute Fortschritte machen – der arme Mann ist seit gestern wieder so nervös – zum Zerspringen!

LIESELOTTE Um Gottes willen – noch nervöser als in der letzten Stunde, da geh ich gleich wieder – und komm ein anderes Mal!

FRAU PROFESSOR Um Himmels willen, bleiben Sie da. Das würde ihn ja noch mehr erregen, wenn er Sie zum Unterricht erwartet und Sie kämen nicht! Denn an seiner ganzen Nervosität sind ja nur die Schüler und Schülerinnen schuld, weil niemand zu Hause übt – sie sagen alle ja – und wenn sie ihm dann in der Musikstunde die Aufgaben vorspielen, können sie nichts. Und das macht den Herrn Professor noch ganz konfus! *Es klingelt.* Das ist er! Machen Sie Ihre Sache gut, Fräulein Lieselotte!

PROFESSOR Lieselotte – verzeihen Sie meine kleine Verspätung – aber wir können sofort beginnen – haben Sie zu Hause fleißig geübt?

LIESELOTTE *sehr zögernd und leise* Ja, die Übungen waren sehr schwer, Herr Professor!

PROFESSOR Die leichten Übungen auch?

LIESELOTTE Auch sogar – – aber die schwereren waren noch schwerer.

PROFESSOR Nun spielen Sie gleich die Übung von hier an...

LIESELOTTE *spielt so leise und zögernd, daß man kaum etwas hört, 6 Takte.*

PROFESSOR Ich sehe zwar an Ihren Händen, daß Sie spielen, aber hören tue ich nichts! Darf ich um etwas mehr forte bitten! Auf deutsch – mehr Lauterkeit.

LIESELOTTE Ich trau mir nicht lauter spielen.

PROFESSOR Warum nicht, mein liebes Kind?

LIESELOTTE Weil Sie sonst eventuell auch die Fehler hören würden, Herr Professor.

PROFESSOR Das Wort eventuell hasse ich genauso wie einen bereits bestehenden Fehler – aber ich erkenne schon an Ihrer ängstlichen Tasterei, daß Sie nicht geübt haben – – das Lügen fällt Ihnen leichter als das Üben – gut, dann übergehen wir diese Übung – und Sie lernen mir dieselbe bis zur nächsten Unterrichtsstunde.

LIESELOTTE Jawohl, Herr Professor.

PROFESSOR Was sagen Sie? Jawohl? Sie lügen ja schon wieder für den nächsten Unterricht – wir gehen nun weiter, und zwar nehmen wir hier diese sehr leichte, aber wundervolle Übung von Mozart durch –– ich spiele Ihnen die Übung vor. *Spielt irgendeine ganz seriöse lyrische Mozartsache, vielleicht 12 Takte.* Wiederholen Sie, bitte, was ich Ihnen vorgespielt habe – aber ganz zart, das sagt schon der Name Mo – – – zart!

LIESELOTTE *schlägt aber statt pianissimo die ersten Töne der Mozartübung kräftig an, obwohl der Herr Professor soeben an »zart« erinnert hat.*

PROFESSOR *gerät darüber in Wut.* So, Fräulein, spielen Sie die Übung nur kräftig und laut. *Lieselotte nimmt das ernst und spielt noch lauter.* Noch lauter, Fräulein –– können Sie denn nicht noch lauter spielen? Nehmen Sie doch die Fäuste dazu. Kommen Sie her, ich helfe mit – – so, die Ellenbogen sollen auch beschäftigt sein – – so ist es recht – – fortissimo – fortissimo – furioso. *Höllenlärm.* Mit dem Klavierhocker kann man auch noch spielen, das verstärkt die Musik.

FRAU PROFESSOR *kommt erschrocken ins Zimmer und schreit* Um Gottes willen, was ist denn das für ein Riesenskandal, was bedeutet denn dieser Höllenlärm. Da fliegen ja die Klaviertasten im Zimmer herum. Was hat denn das alles zu bedeuten?

PROFESSOR Meine teure Gattin! Meine Schülerin kann dir darüber Auskunft erteilen!

FRAU PROFESSOR *vorwurfsvoll* Ja, Fräulein Lieselotte, was ist denn hier vorgefallen? Mein Mann ist ja ganz außer Band und Rand!

LIESELOTTE *ganz verstört und halb weinerlich* Dem Herrn Professor kann man absolut nichts mehr recht machen. Die erste Übung habe ich ihm zu leise gespielt – da hat er mich geschimpft.

FRAU PROFESSOR Ja, dann hätten Sie halt lauter gespielt, wenn er es schon haben wollte!

LIESELOTTE Das habe ich ja auch gemacht, er wollte es aber immer noch lauter haben, und dann hat er die ganzen Tasten mit dem Klavierhocker zerschlagen.

FRAU PROFESSOR Ja, du bist ja ein Narr – du weißt ja nicht mehr, was du willst – – dir kann es ja niemand mehr recht machen. Auf diese Art verlierst du ja deine ganzen Schüler und Schülerinnen. Da schau hin – – das Fräulein Lieselotte zieht sich an und geht! *Türschlag.*

PROFESSOR Stell dir vor, diese junge Gans spielt Mozart mit hartem Anschlag, statt mit dem leisesten Pianissimo schlägt sie forte.

FRAU PROFESSOR Aber du als Lehrer hast doch schließlich das Recht, ihr zu sagen: Spielen Sie zart.

PROFESSOR Das habe ich ihr gesagt – ich habe es ihr sogar vorgespielt.

FRAU PROFESSOR Mit den Schülern muß man eben Geduld haben, und man muß sie immer wieder und wieder auf ihre Fehler aufmerksam machen.

PROFESSOR Nein! – Die Geduld habe ich nicht mehr! Im Gegenteil – – ich habe gesagt: Spielen Sie noch lauter – – und noch lauter – – hauen Sie mit den Fäusten in das Klavier, daß die Fetzen fliegen – – dann habe ich sogar mit dem Klavierhocker noch mitgespielt, aber die Tasten haben dem gewaltigen fortissimo-furioso nicht mehr standgehalten – tastiaturo – instrumenti – marodi – – defekte – repareturo – –

FRAU PROFESSOR So – und du bist schuld. Hättest du deine Schülerin mit Ruhe und Geduld behandelt – so …

PROFESSOR Mit meinen Nerven ist mir das nicht möglich.

FRAU PROFESSOR Aber den teuern Flügel zu demolieren, das war dir möglich!

PROFESSOR Jawohl!!! – Das bin ich Mozart schuldig!

Wissen Sie schon ..?   … daß mancher nicht weiß, was er wissen soll, obwohl er schon viel weiß und es selbst unbewußt nicht gewußt hat?

… daß man aus 3 Liter Wasserstoff keine »Windhose« machen kann?

… daß das Aussteigen aus dem Zeppelin-Luftschiff während der Fahrt verboten ist?

… daß die Brillenschlange die gefährlichste, dagegen die Luftschlange die harmloseste Schlange der Welt ist?

… daß die Haustüre nicht zu den Haustieren gehört?

LANG So so, Sie sind Pessimist?

VALENTIN Und Sie? – Optimist!

LANG Ja.

VALENTIN Sie sehn also alles rosig.

LANG Jawohl – alles!

VALENTIN Die Rosen auch?

LANG Na – die werden Sie doch auch rosig sehen!

VALENTIN Die schon – aber das ist auch das einzige, was ich rosig sehe!

LANG Wie sehen Sie denn die Welt?

VALENTIN Nur unrosig! – Wenn es auch in einem alten Lied heißt: Ja, die Welt ist schön ...

LANG Warum? – Finden Sie die Welt nicht schön?

VALENTIN Nein! – Was soll denn da schön sein? – Das Unschöne geht doch schon mit der Geburt an. – Oder ist vielleicht die Geburt etwas Schönes? Fragen Sie mal darüber eine Hebamme oder einen Geburtshelfer.

LANG Na gut – schön ist das nicht, aber – es i s t halt mal so.

VALENTIN Ja, das Es ist halt mal so – ist ja schon nicht schön! Schön wäre nach meiner Ansicht, wenn es nicht so wäre.

LANG Na – wenn es nicht so wäre, dann wären Sie ja nicht auf der Welt.

VALENTIN Ja, das wäre doch schön!

LANG Wenn aber alle so denken würden wie Sie, dann wäre doch niemand auf der Welt.

VALENTIN Ich sage Ihnen doch – dann wäre es doch schön.

LANG Für wen?

VALENTIN Für die Menschen, welche nicht auf der Welt sein müßten!

LANG Menschen, die noch nicht auf der Welt waren, können doch nicht unterscheiden, ob es auf der Welt schön ist oder nicht.

VALENTIN Das ist doch das Schöne, daß diese Menschen noch nicht auf der Welt waren.

LANG Wie meinen Sie das?

VALENTIN Ein Beispiel: Haben Sie schon etwas gehört vom Dreißigjährigen Krieg?

LANG Gewiß!

VALENTIN Was haben die Menschen, die zu dieser Zeit gelebt haben, alles mitgemacht! Können Sie sich das vorstellen?

LANG Ja, diese Menschen haben Furchtbares erlebt! Alle Schrecken des Krieges – dazu noch Hungersnot und Pestilenzen.

VALENTIN Na also – hätten Sie zu dieser Zeit auf der Welt sein wollen?

LANG Nein! Gewiß nicht!

VALENTIN Sehen Sie – war das nicht schön, daß Sie zu dieser Zeit nicht gelebt haben?

LANG Stimmt!

VALENTIN Also, daraus ersehen Sie doch, daß es für einen Menschen schön sein kann, selbst wenn er noch nicht gelebt hat – und genauso schön ist es für den Menschen, wenn er nach seinem Erdendasein nicht mehr lebt.

LANG Ja – aber das Leben selbst haben Sie ja ganz übersprungen in Ihrer philosophischen Schilderung.

VALENTIN Einen Moment! Es gibt allerlei Leben – es gibt z. B. ein kurzes Leben – ein Kind wird geboren und nach einer Stunde schon stirbt es. War das ein schönes Leben?

LANG Nein! Aber es gibt doch auch ein langes Leben – es gibt doch Menschen, die über 100 Jahre lang leben. Und noch wünschen, länger zu leben.

VALENTIN Gewiß, solche Fälle gibt es, aber was hat so ein alter Mensch noch von seinem Leben, insofern man dieses noch Leben nennen kann; völlig verkalkt, schon fast versteinert liegt er da – eine halbe Mumie könnte man sagen – zu nichts mehr fähig als zum Sterben.

LANG Zu nichts mehr fähig, sagen Sie? Lesen Sie die Bibel – Abraham wurde 700 Jahre alt und hatte 500 Kinder.

VALENTIN Na, na, na, na – Sie übertreiben – 400 Kinder soll er nur gehabt haben.

Alte Volksliedertexte – wieder zeitgemäß

Es ist doch lustig, wenn heute (1943) der verliebte Erich oder Egon sein Lottchen ansingt mit dem alten Schlagerlied:
Liebchen, ich kaufe Dir ein Automobil...
Was hat sie schon davon, wenn er ihr eins kauft? Sie darf ja nicht fahren! Sie kann sich nur hineinsetzen und saudumm dreinschauen.

Ein altes Lied heißt:
Im tiefen Keller sitz ich hier...
Heute? Dieses Lied kann uns heute wirklich nicht mehr begeistern.

Oh! Du lieber Augustin, alles ist hin…
Dieses Lied hat man stets gern gehört; heute hat es einen weiteren Sinn bekommen, genauso wie das Rheinlied:
Nur am Rhein, da möcht ich leben, nur am Rhein…

Hamburg ist ein schönes Städtchen, siehste wohl…
Es war einmal…

Wenn die Schwalben wieder kommen, die wern schaugn, die wern schaugn…
All diese alten verstaubten Liedertexte wirken heute gradezu frisch, aber tragikomisch!
Man vergleiche zum Beispiel den Text eines uralten Liedes mit der heutigen Zeit:
So leb denn wohl – du stilles Haus
Wir ziehn betrübt – von dir hinaus.
Wir ziehn betrübt – und traurig fort
Doch unbestimmt – an welchen Ort.
Noch drastischer und aktueller wirkt jedoch das Lied aus dem Rattenfänger von Hameln, das da heißt:
Wandern ach wandern – von Ort zu Ort
in einem fort.
Weiter ach eilen – von Land zu Land
Nirgends verweilen – von niemand gekannt.

Weh, daß wir scheiden müssen…

Nach der Heimat möcht ich wieder…

Verlassen, verlassen, verlassen bin i…

Wer weiß, ob wir uns wiedersehn…
Alle diese Volkslieder und viele andere mehr haben in der Jetztzeit einen bitteren Nachgeschmack erhalten!
Vater, Mutter, Schwestern, Brüder
Hab ich auf der Welt nicht mehr…

Um die Jahrhundertwende komponierte und dichtete ein bekannter Wiener Volkssänger das Lied:
Mondnacht is'…
War dieser Dichter nicht auch zugleich ein glänzender Prophet, als er seinem Lied den Refrain anknüpfte:

Wenn der Mond in seiner Pracht – so vom Himmel runterlacht,
Da geschieht gar manches oft – ganz unverhofft…

Was kommt dort von der Höh – was kommt dort von der Höh?
Was kommt dort von der Höh – juhe…
Der Freudenlaut »juhe« kann heute als überflüssig betrachtet werden.

So leben wir, so leben wir, so leben wir alle Tage…
Auch diesem alten Scherzlied könnte man ruhig heute den alten Sang entgegensetzen:
Glücklich ist – wer vergißt,
Was nicht mehr – zu ändern ist…

Auch Paul Linckes Marschlied:
Laßt den Kopf nicht hängen…
wirkt momentan sehr aufmunternd.

Es gibt sogar einen Liedertext, der lautet:
Ja, die Welt ist schön…

Oh schöne Zeit – oh selige Zeit,
Wie liegst Du fern – wie liegst Du weit…
(Geht zurück bis auf das Jahr 1914)

Aber trösten wir uns mit dem alten netten Volkslied, das da lautet:
Alles neu – macht der Mai…

Und zum Schluß die Münchner Nationalhymne:
Solang der alte Peter – am Petersbergl steht,
Solang die grüne Isar – durch d'Münchner Stadt no geht,
Solang da drunt am Platzl – noch steht das Hofbräuhaus,
Solang stirbt die Gemütlichkeit – der Münchner niemals aus.

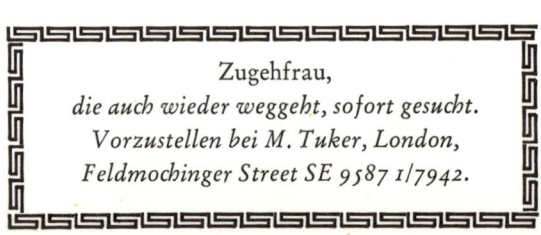

Zugehfrau,
die auch wieder weggeht, sofort gesucht.
Vorzustellen bei M. Tuker, London,
Feldmochinger Street SE 9587 1/7942.

Eine bürgerliche Stube in einer Kleinstadt.

VATER *zur Afra* Ja, ja, daß so kommt, des hätt niemand geahnt!

AFRA Vater! Deine Schuld wars net! Du hast net anders handeln können. Wenn Mutter sich a klein wenig drum angnommen hätt, hätte der Heinrich einfach nix macha können. Sei stad, der Heinrich kommt.

HEINRICH Grüß Gott.

VATER und AFRA Grüß Gott!

HEINRICH Der Josef is scho da.

VATER und AFRA Wann is er denn komma?

HEINRICH D' Mutter hat gsagt, daß er schon zwei Tag da is.

AFRA Wie is gsagt hab, aber ihr habts ja net glaubt.

VATER Er tuat aber gar nix dergleichen!

HEINRICH Da hat er aa recht! Der mischt sie halt in so was net drein.

VATER Da hat er net recht; mit dem Alter denkt man schon weiter.

AFRA Wie du dir bettest, so wirst du liegen; des is a Sprichwort.

HEINRICH Des stimmt, aber hie und da is des Sprichwort halt nicht am Platz.

MUTTER *kommt herein. Zum Vater* So! Was sagst denn du jetzt dazu? Jetzt is's soweit. So hats kommen müssen.

VATER Naa! Naa, Muatta, so hätts net kommen müssen.

AFRA Ja, was soll denn jetzt der Heinrich tun?

HEINRICH Was i tu? Des brauch i mir net lang überlegn – i geh zum Bürgermeister nüber, und wenn der sagt: Laß die Sach ruhen – dann laß ichs ruhen, und wenn er sagt: Nimms in d' Hand – na weiß ich auch, was i z'tun hab.

AFRA Heinrich! Überleg dir das reiflich! Du machst unsere ganze Familie unglücklich!

VATER Ha ha! Unsere Familie, daß i net lach! Da müaßt schon wer anders kommen als wie der Herr Bürgermeister.

MUTTER *zum Vater* Du redst aa vui daher, wenn der Tag lang is. Der Bürgermeister is doch der, von dem wir alles erfahrn habn.

HEINRICH *haut erregt auf den Tisch.* Des is net wahr! Des is a Verleumdung! Man soll net über einen Menschen urteilen, wenn man nicht in die Sache eingeweiht is.

AFRA Zu dir gsagt – aber ich kenn ihn vielleicht besser als du und ihr alle miteinand, und jetzt kann ich euch noch was verraten. Der Bürgermeister hätt ja gar nix gwußt, wenn ihm net d' Muatta – unser eigne Muatta – des gsagt hätt.

HEINRICH und VATER *bestürzt* Muatta, is des wahr?

Die Mutter sitzt weinend am Tisch, die Hände vor das Gesicht gehalten.

HEINRICH *steht auf* Pfüat euch Gott.

VATER und AFRA Muatta! Der Heinrich geht.

VATER *befehlend* Heinrich! Du bleibst da! Und zwar sofort.

HEINRICH Ich geh.

VATER Du bleibst – eher jag i de – *deutet auf die Mutter* – ausm Haus.

HEINRICH und AFRA Aber Vater! Unser Muatta – um Gottes willen!

AFRA Unser Muatta bleibt da. Aber der, der am Freitag beim Bürgermeister drübn war – und hat uns die Suppn eibrockt – *deutet auf Heinrich* – der ghört naus statt der Muatta.

MUTTER Naa! Der Heinrich bleibt da. Lieber geh i persönlich. Und jetzt werd i reinen Tisch machen – net ich und net der Heinrich, sondern der Josef hat an Bürgermeister alles klapp und klipp, ah – klipp und klapp erzählt.

HEINRICH, AFRA, VATER *erheben sich erstaunt und reißen die Augen auf.* Der Josef? *Sie setzen sich wieder.*

VATER Ja, seit wann is denn der Josef wieder hier?

MUTTER *weinend* Seit vierzehn Tag.

Afra weint, Vater und Mutter trösten sie.

VATER und MUTTER Wein net, Afra, des is alles reglrechte Bestimmung.

HEINRICH *zu Afra* Des is a Überraschung. Da Josef is wieder da!

AFRA Weiß des da Josef schon?

HEINRICH Da Josef selber wirds doch wissen, daß er wieder da is.

AFRA Aber von wem woaß denn er, des möcht i wissn.

MUTTER Vater! Was is denn, red! Is dir net guat? Vater! Holts schnell an Dokter oder an Sanitätsrat.

VATER Naa, naa, Muatta, es geht mir scho wieder a bessl bisser, ah – beim Biesln besser, ah – bissl besser.

AFRA Des kann der Josef net verantworten. Sehr einfach, er hat koa Elternliab und kriagt aa koane mehr.

HEINRICH Laßts mir nur grad an Josef aus dem Spiel – sunst...

VATER *steht auf und schreit ihn an* Was sunst?? Du werst doch net sagn, daß der Josef...

HEINRICH Naa, der Josef net. Aber einer is da, der alls weiß: unser Herrgott. Und wenn der Josef noch a Herz auf der Brust hat, dann werd er wissen, was er z'tun hat.

AFRA *schreit hysterisch* Du Schuft, du elendiger! Wenn i aa bloß
a gwöhnliches Weib bin, aber so weit laß i die Sach net kumma – i und koa andrer kunnts euch sagn, aber d' Liab zu meine
Eltern preßt mir die Lippen zsamm.

VATER *schreit noch besser* Raus mit der Sprach! Du brauchst
koa Rücksicht nehma auf mi und auf dei weibliche Muatter.

HEINRICH *schreit noch besser* Tua die Afra nicht noch höher ins
Unglück stürzen, als sie sowieso schon drunten is – denn sie –
und koa anderer hat doch nur unser Bestes wolln.

AFRA *ganz gelassen* Naa, in dem Haus hab i nix mehr verlorn. I
geh. *Ab.*

HEINRICH Die Afra geht – na geh i aa. *Ab.*

VATER Wenn de zwoa gehn, na geh i aa. *Ab.*

MUTTER *schreit weinend dem Vater nach* Vater! Du gehst auch?
Dann – hab ich da herin auch nix mehr zu suchen. *Ab.*
Bühne leer. Vorhang zu.

*Als Frosch
in der Fledermaus*

Sie weiß nicht, was sie will

An einem Schalter des Arbeitsamtes

BEAMTER *zu einem Dienstmädchen* Nun haben Sie mir Ihr Anliegen schon dreimal erklärt, und ich bin noch nicht im Bilde, was Sie eigentlich wollen. Sie haben, wenn ich Sie recht verstehe, 3 Arbeitsplätze als Zugeherin und wollen nun dafür eine Stelle annehmen in einem Altersheim.

DIENSTMÄDCHEN Nein, ich bin gegenwärtig schon in Stellung, aber die Stellung im Altersheim, in die ich erst kommen möchte, da bin ich noch nicht, weil die Frau Lorenz, bei der ich schon nicht ganz fünf Jahre bin, die sagt auch, wenn Sie beim Arbeitsamt noch nicht waren, dann könnens immer noch die Stellung, wenn die Frau Assessor, wo ich auch einen Zugehplatz habe, damit einverstanden ist, annehmen.

BEAMTER Sie wollen also statt drei Arbeitsplätzen eine Stellung haben in einem Altersheim.

DIENSTMÄDCHEN Nein, das muß nicht sein, weil ich mich nicht so schnell entschließen kann, denn die Frau, wo ich wohne, hat gesagt, überlegens Ihnen das reiflich. So ein Schritt ist sehr riskant, der ihr Mann ist auch beim Magistrat und kennt die Fälle, und der meint, wenn Sie sich verbessern können, warum nicht?

BEAMTER Und? Was hat da der Magistrat damit zu tun, dafür ist doch das Arbeitsamt da. Aber Sie stehen doch in Arbeit, und einen Stellungswechsel müssen Sie bei mir anmelden, aber ich versteh noch nicht recht. Wollen Sie am 1. dieses Monats in drei Arbeitsplätzen kündigen?

DIENSTMÄDCHEN Nein, das muß nicht sein, weil ich vorderhand noch bleib. Ein Platz wäre mir halt bedeutend lieber als 3 Arbeitsplätze.

BEAMTER Ja, zum Donnerwetter, wenns nicht sein muß, was wollen Sie dann hier am Arbeitsamt.

DIENSTMÄDCHEN Die Frau Pfeiffer hat aber zu mir gesagt, da müssen Sie Ihnen ans Arbeitsamt wenden.

BEAMTER Ja, was wollen Sie denn eigentlich wissen?

DIENSTMÄDCHEN Die Frau Pfeiffer hat gesagt, am Arbeitsamt kriegt man jederzeit Auskunft.

BEAMTER Ich kann Ihnen doch nur eine Auskunft erteilen, wenn ich weiß, um was es sich handelt. Sie wissen aber, scheint es, selber nicht, was Sie eigentlich wollen.

DIENSTMÄDCHEN Jawohl!

BEAMTER Was, jawohl?

DIENSTMÄDCHEN Ich weiß nur nicht, ob ich kündigen soll.

BEAMTER Na, wenn Sie die Stellung im Altersheim annehmen,

dann müssen Sie die anderen Plätze kündigen, ohne Kündigung können Sie nicht einfach davonlaufen.

DIENSTMÄDCHEN Ich kündige ungern. Schließlich ist das im Altersheim nicht das Richtige für mich, und wenn ich aber gekündigt habe, dann muß ich die Stellung annehmen, ob ich will oder nicht.

BEAMTER Aber Sie sagten doch vorhin, Sie wollen lieber einen Platz als drei Arbeitsstellen.

DIENSTMÄDCHEN Wenns ein guter Platz ist, dann schon. Außerdem bleibe ich lieber wo ich bin, weil das sehr nette Leute sind, und wenn ich da kündigen tu, dann verklagen die mich, und so was laß ich mir nicht bieten.

BEAMTER Na, wenn das nette Leute sind, die Sie nicht weglassen wollen, dann sind doch die Leute mit Ihnen zufrieden.

DIENSTMÄDCHEN Das schon. Ich will mich nur mit den Leuten nicht verfeinden.

BEAMTER Na, dann bleiben Sie doch, wo Sie sind.

DIENSTMÄDCHEN Die Frau Pfeiffer hat aber gemeint, ich soll mir das reiflich überlegen, denn Arbeit gibts überall, weil wenn mein Bräutigam, der mich vielleicht heiratet, der hat zur Frau Finkenzeller gsagt, wenn wir verheiratet sind, dann brauch ich überhaupt nimmer in Stellung gehn.

BEAMTER Na also! – Dann heiraten Sie doch!

DIENSTMÄDCHEN Heiratn? Nein. Da denk ich noch gar nicht dran; schließlich passen wir gar nicht zsamm, dann muß ich doch wieder in Stellung gehn. – Da bleib ich schon lieber allein.

BEAMTER Na, dann bleibns allein, und wenn Sie heiraten wolln, dann müssens aufs Standesamt gehn und nicht ins Arbeitsamt.

DIENSTMÄDCHEN Mein Bräutigam will aber absolut heiraten!

BEAMTER Na gut! Dann heiraten Sie ihn halt absolut.

DIENSTMÄDCHEN Heiraten tu ich auf jeden Fall, weil ich mir sag, lieber ein eigenes Heim als bei fremden Leuten schuften.

BEAMTER Mein liebes Fräulein, nun aber zur Sache! Wir kommen da von einem Quatsch in den andern; was wollens denn eigentlich?

DIENSTMÄDCHEN Im Altersheim hab ich mich schon vorgstellt, und da hat die Frau Oberin gsagt, daß es sehr viel Arbeit gibt, aber mir is keine Arbeit zu viel, und ich kann, wenn ich gekündigt habe, schon am 1. anfangen; aber das fällt mir ja gar nicht ein. Ich bin doch nicht aufs Hirn gefalln.

BEAMTER Nun sagen Sie wieder, Sie wolln n i c h t ins Altersheim?

DIENSTMÄDCHEN Schon – aber binden lasse ich mich nicht.

BEAMTER Das wird ja immer schwieriger mit Ihnen!

DIENSTMÄDCHEN Die Frau Pfeiffer hat auch gesagt, das Altersheim ist städtisch. Wer drin is, der is drin, der kommt so schnell
nimmer raus.

BEAMTER Sinds doch froh, wenns wo drin sind; mir ist es ja egal,
obs drin sind oder heraußen; jetzt sagns mir amal endlich,
was Sie wolln.

DIENSTMÄDCHEN Ich will die Bescheinigung vom Arbeitsamt.

BEAMTER Ja, was wolln Sie denn für eine Bescheinigung? Eine
Bestätigung meinen Sie vielleicht.

DIENSTMÄDCHEN Ob ich die Stelle annehmen muß, wenn ich
kündigen tu.

BEAMTER Sie brauchen doch erst zu kündigen, wenn Sie sich ent-
schlossen haben, daß Sie einen Stellungswechsel vorhaben; be-
greifens denn das nicht?

DIENSTMÄDCHEN Bis wann soll ich das vornehmen?

BEAMTER Bis wann? – Das weiß doch ich nicht – das müssen
doch Sie wissen.

DIENSTMÄDCHEN So schnell will ich mich noch nicht entschließen, weil ich nicht weiß, obs meinm Bräutigam recht ist, weil,
wenn der sagt, ich soll die Stellung unbedingt annehmen im
Altersheim, dann kann ich immer noch tun, was ich will.

BEAMTER Jetzt wirds allmählich Zeit, daß Sie zu einem Ent-
schluß kommen, denn ich hab ja schließlich auch noch was
anderes zu tun.

DIENSTMÄDCHEN Muß ich denn der Frau Pfeiffer sagn, daß ich
am Arbeitsamt war?

BEAMTER *schreit sie an* Ja! Sagn Sies ihr!!!

DIENSTMÄDCHEN Ich überleg mirs halt jetzt nochmal, was ich
tun soll, und dann komm ich wieder zu Ihnen.

BEAMTER Um Gottes willen!!! – Dann überlegn Sies Ihnen lieber
nicht.

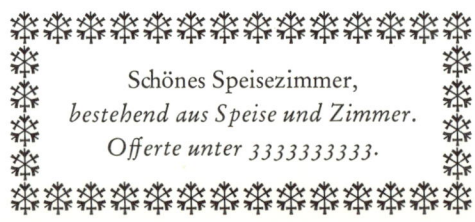

Schönes Speisezimmer,
bestehend aus Speise und Zimmer.
Offerte unter 3333333333.

Ein Problem, das mich sehr interessiert, ist das Jenseits, oder besser gesagt, ein Weiterleben nach dem Tode. Gedanken über das Jenseits kann man natürlich nur im Diesseits haben. Im Jenseits über das Diesseits nachzudenken, ist schon zweifelhaft – vielleicht ausgeschlossen. Wenn der Mensch gestorben ist, ist er tot, – das ist sicher, also totsicher, wie man so sagt. Scheint es nur so, als wäre er tot, so ist er scheintot und kann in seltenen Fällen wieder lebendig werden und später noch mal sterben. Ist ein Mensch wirklich tot, so ist natürlich nur der Körper gemeint, denn die Seele lebt weiter – aber diese ist unsichtbar, das ist wissenschaftlich einwandfrei bewiesen, da bei Röntgenaufnahmen, die alle inneren Organe des menschlichen Körpers zeigen, noch nie die Seele sichtbar gewesen ist. Die Seele flieht also unsichtbar aus dem menschlichen Körper. Aber wohin? Das wird die Seele schon selbst wissen. Ins Jenseits – und da entweder in den Himmel oder in die Hölle. Die Seele muß also allein wissen, wo sie hinflieht.

Nehmen wir zum Beispiel an, die Seele des verstorbenen braven Bäckermeister Meier schwirrt ins Jenseits. Dem Herrn Meier ist seine liebe, unvergeßliche Frau vor vielen Jahren im Tode schon vorausgegangen, befindet sich also schon im Jenseits. Im Diesseits heißt es aber wie bekannt: Im Jenseits gibts ein Wiedersehen. Wie kann nun die im Jenseits angekommene unsichtbare Seele des verstorbenen Herrn Meier die ebenfalls unsichtbare Seele der schon im Jenseits umherfliegenden Frau wiedersehen? Nun, sei es wie es sei. Diese beiden wollten sich ja wiedersehen.

Wie ist es aber mit der Kehrseite? Hat einer eine böse Schwiegermutter, so ein Ehemann getraut sich ja gar nicht zu sterben, aus Angst vor einem Wiedersehen im Jenseits. Sein einziger Trost ist vielleicht der, daß die böse Schwiegermutter nicht in den Himmel kommt, sondern in die Hölle. Überhaupt, wenn man mit all denen, die man im Diesseits schon nicht riechen kann, im Jenseits wieder zusammenkommen sollte, ist das allein schon ein schrecklicher Gedanke. Man denke an große Persönlichkeiten, so zum Beispiel an Karl den Großen mit Napoleon – die Päpste mit Dr. Martin Luther usw. oder an die Kollegen im Berufsleben. Besonders vom Theater! Droben im Jenseits gibt es keinen Haß und Neid, das hält doch die Seele eines Kollegen nie aus!

Nun machen sich aber viele Menschen wieder ein anderes Bild vom Jenseitshimmel. Die Engel! Wo kommen denn die her? Die sind doch nicht unsichtbar, die haben goldenes Lockenhaar, haben zwei große Flügel und sind nackend, wenigstens die kleineren, die Amoretten. Die Engel waren aber doch früher auch einmal Menschen, deren Seelen ins Jenseits geflüchtet sind. Dort haben sie Flügel bekommen. Das wird aber nur die weiblichen Wesen betreffen, vom ersten bis dreißigsten Lebensjahr. Ich könnte mir nämlich den oben benannten Herrn Bäckermeister Meier nicht so himmlisch vorstellen, wenn er nackend mit zwei großen Flügeln in den Wolken herumflattert – dann lieber unsichtbar! Die Meinungen gehen also hier sehr auseinander. Nun hat aber dieses angenommene Weiterleben nach dem Tode noch eine andre Seite. Auf Erden lebt der Mensch durchschnittlich 60 bis 70 Jahre. Das Leben ist aber mannigfaltig und bringt durch Arbeit, Freude, Sorgen, Leid usw. Abwechslung in die Bude. Wie ist das nun im Jenseits? Hier besteht keine Altersgrenze, sondern Ewigkeit. Also in Ewigkeit nur im Jenseits umherfliegen und als einzige Beschäftigung, wie uns aus der Bibel bekannt, nur Hosianna singen, das kann die ersten acht Tage ganz unterhaltlich sein, aber, man denke sich das ewig – das muß unbedingt langweilig werden.

Nun steht wieder eine Frage offen: Werden die Seelen – oder die Engel im Jenseits auch älter, so wie dies im Diesseits der Fall ist? Wenn ja, dann muß also der erste Mensch, der selige Adam, der 7000 Jahre alt geworden ist, der erste Mensch gewesen sein, der im Paradies bei der Eröffnung des Jenseits Zutritt hatte. Der erste Mensch, der im Jenseits angekommen ist, kann aber der Adam doch nicht gewesen sein, da ihm seinerzeit der heilige Petrus mit dem Himmelsschlüssel die Pforte zum Jenseits geöffnet hat. Demzufolge muß der Petrus schon vor dem Adam im Jenseits gewesen sein. Er war sozusagen der himmlische Hausmeister, der heute noch auf seinem sicheren Posten steht und keinen hineinläßt, der im Diesseits böse war. Und doch stimmt das auch nicht! Petrus lebte doch erst lange Zeit nach der Paradiesgeschichte als Apostel auf der Welt, wurde später heiliggesprochen, und nach seinem Tode kam er erst ins Jenseits. Der Adam kam also anscheinend ohne Kontrolle ins Jenseits, weil eben der Petrus noch gar nicht da war. Weiter nachgedacht, kann aber Petrus nicht als Seele allein die Welt verlassen haben, denn die unsichtbare Seele kann doch keinen Schlüssel in die Hand nehmen, und wo kommt denn der Schlüssel her? Im Gegensatz zu allen anderen Jenseitsbewohnern, die müßig umherfliegen, wird dem Petrus als einzigem nicht langweilig werden, denn viele Jahrtausende das Himmelstor auf- und zusperren ist ausreichende Beschäftigung.

Wenn Wissenschaftler befragt werden um obige Angelegenheit des Weiterlebens, so ändert sich die Sache wiederum. Diese behaupten nämlich, daß es schon seit vielen Millionen von Jahren Menschen gibt, die inzwischen längst gestorben sind und jetzt das Jenseits bevölkern. Wieviele unzählige Trillionen Seelen im Jenseits schon weiterleben, ist niemals zu bemessen. Dabei geht das immer so weiter in aller Ewigkeit oder wenigstens so lange, als die Welt besteht. Es ist ein ewiges Kommen und Gehen und Seligwerden – also ein Fortleben nach dem Tode. Aber warum sollen wir Menschen uns darüber den Kopf zerbrechen. Wir werden es niemals ergründen. Aber, daß ein Mensch, der bereits das Diesseits verlassen hat, nicht nur im Jenseits, sondern auch im Diesseits und nicht nur seelisch, sondern genau wie er gelebt hat, weiterlebt, habe ich erst im Kino in einem älteren Film gesehen, in welchem ein vor Jahren verstorbener Filmschauspieler seine Rolle heute noch spielt. Es gibt also in unserer Gegenwart zwei Weiterleben nach dem Tode: eines im Jenseits, und eines im Kino.

v Kennen Sie meinen Schwager?   Nein

b Nein.

v Den kennen Sie nicht?

b Nein.

v So. Ich hab geglaubt, Sie kennen ihn?

b Nein.

v Überhaupt nicht?

b Nein.

v Gesehen haben Sie ihn auch nicht?

b Nein.

v Aber Sie wissen doch, daß ich einen Schwager hab?

b Nein.

v Ja, was is des!

b Nein.

v Was, nein – möchten Sie meinen Schwager kennenlernen?

b Nein.

v Meine Schwägerin auch nicht?

b Nein.

v Haben Sie auch einen Schwager?

b Nein.

v Schwägerin auch nicht?

B Nein.

v Geschwister auch nicht?

B Nein.

v Zwillinge?

B Nein, nein.

v Haben Sie Kinder?

B Nein.

v Wie viele?

B Nein.

v Sie haben ja gar nichts.

B Nein.

v Kein Haus auch nicht?

B Nein.

v Haben Sie kein Geld auch nicht?

B Nein.

v Wenns kein Geld nicht haben, dann haben Sie ja eins!

B Nein.

v Sagen Sie zu allem nein?

B Nein.

v Ja sagen Sie überhaupt nicht?

B Nein.

v Aber, daß der Krieg aus ist, freut Sie schon?

B Nein.

v Was? Dann sind Sie ja ein Kriegsgewinnler!

B Nein.

v Des sans aa net?

B Nein.

v Ja, irgendwas müssens doch sein!

B Nein.

v Ein Neinsager sind Sie doch auf jeden Fall!

B Nein.

v Ein Mensch, der zu allem ja sagt, sind Sie aber auch nicht?

B Nein.

v Ja, dann sind Sie ja ein Depp!

B Nein.

v Aa net?

B Nein.

v Jetzt wird mir Ihre Neinsagerei zu dumm. — Einmal müssen
   Sie ja sagen. Nun stell ich an Sie noch zwei Fragen: Sind Sie
   PG?

B Nein.

v Haben Sie alle Ihre Fragebögen gewissenhaft ausgefüllt?

B Selbstverständlich!

v Moana Sie, der hätt ja gesagt?! Auf Wiedersehn hat er gsagt
und is ganga.

Es läutet an der Wohnungstür.

FRAU Jessas na! – Wer werd denn des wieder sei?

MANN Grüaß Gott, Frau!

FRAU Ah? Des is ja der Herr ...

MANN Da Zimmermann bin i.

FRAU Zimmermann? – Nachm Nama nach kenn i Eahna eigentlich weniger.

MANN Nachm Nama nach hoaß i net Zimmermann – i bin a
Zimmermann.

FRAU Ah! Sie san a Zimmermann?

MANN Ja – Sie ham doch nach mir gschickt – was is denn los?

FRAU Jessas ... zammgramt hab i heut no gar net – ausschaun
tuts bei mir ... des is schrecklich – gengas nur rein zu mir.

MANN Frau! I hab net vui Zeit. – Sie ham vor acht Tag Eahnan
Buam zu mir gschickt, i soll kemma. Wo fehlts denn? I hab
sovui Arbat, a jede Minutn muß i ma wegstehln – alle Augenblick kemma d' Leut mit so Kloanigkeiten daher, und bei jedem pressierts. – Kürzlich war i a bei oan, habs eahm glei
gmacht, weil er a so gwinslt hot – er muaß's heit no habn –
seit 6 Wochn liegt des Glump heut no bei mir in der Werkstatt – heut hat ers no net gholt.

FRAU Ja, ja, solchene Leut gibts – i bin grads Gegenteil. – Meine
Hausschuah hab i gestern zum Schuasta tragn. In a paar Tag,
hat er gsagt, sans fertig. – I bin aba gleich am andern Tag
scho nüba – mei, hat mi der zammagstaucht! – Moanas i
konn hexn – hat er gsagt. Bald hätt er mi aus seiner Werkstatt
aussigschmissn.

MANN Des hätt i aa do.

FRAU Was sagns?

MANN I hätt Eahna aa nausgschmissn aus meiner Werkstatt.

FRAU Aus Eahna Werkstatt? – Ja, in Eahnans Werkstatt war i
ja noch gar nia drin – des war ja beim Schuasta.

MANN Frau, erzählns ma jetz nix, sondern sagns ma, was bei
Eahna z'macha is – i hab net vui Zeit.

FRAU Freili hab i zu Eahna nübagschickt, Sie solln zu mir rüber kemma – aber des war ja scho vor acht Tag. Moanas mir fallats jetzt ei, was i von Eahna wolln hab?

MANN Ja Kreuz Himmi Sakra, was buidns denn Eahna eigentlich ein. I lass d' Arbat dahoam steh, lauf bis zu Eahna rüba, versäum an Haufa Zeit und jetzt, wenn i da bin, wissns net, was von mir wolln. Des is ma doch aa no net passiert. – Was schickns denn oan nüba, daß i kemma soll?

FRAU Ja, i bin Eahna ja dankbar, daß Sie herkemma san.

MANN Für was wollns ma denn dankbar sei, wenn i no gar nix gmacht hab?

FRAU So? Des is ja recht nett von Eahna – mir machas jetzt an Krach. Wärns glei kemma vor acht Tag, wia i nübagschickt hab, na hätt ichs gwußt. Nach so langer Zeit schleichas jetzt auf oamal schö stad daher wia a Gütazug. Moana Sie vielleicht, i hab an nix anders z'denka als wia an des Glump, des Sie mir repariern soll? Kann i vielleicht was dafür, daß mir durchn Krieg so dappi worn san? Sie kemma ma grad recht! Wenns koa Geduld ham, solang bis ma eingfalln is, dann gebns Eahna Gschäft auf! I muaß mi aa stundenlang vorn Milliladn hinstelln und wartn, bis i a Milli kriag.

MANN I hab koa Milligschäft – i bin a Zimmermann, merkens Eahna des. Und wenns jetzt net glei sagn, was wolln vo mir, dann geh i wieda.

FRAU Ja mei, mir fallts halt jetzt momentan net ein und wenns ma an Kopf runterreißn.

MANN Naa, den brauch i net! So an saudumma Kopf hab i selba.

FRAU Gell – a Fenster kenna Sie net einglasn?

MANN Naa! I bin koa Glasa – i bin a Zimmamo!

FRAU Naa, in meine Zimma is alles in Ordnung.

MANN Bis auf d' Ordnung, wia i grad sieg.

FRAU Was sagns?

MANN Bis auf den Saustall, wenns des bessa verstehn.

FRAU Jessas, jetzt fallts ma grad ein, weils vom Saustall redn, jetzt woaß i, warum daß i Eahna holn hab lassn, wegn unsern Hasnstall im Gartn drauß – da is da Bodn dafeit, und da ghöratn a paar neue Bretta hingnagelt.

MANN Und wega dem altn Hasnstall sprenga Sie mich zu Eahna her?

FRAU Ja, i kann doch mein Hasnstall mit de Hasn net zu Eahna in d' Werkstatt nübafahrn, noch dazua, wo ma no junge Hasn dazua kriagt ham.

MANN Ja, Sie blöds Frauenzimmer – konn i vielleicht an den Hasnstall an neuen Bodn neimacha, wenn d' Hasn no drin san?

FRAU Sie braucha mi gar koa blöds Frauenzimma hoaßn – die paar Brettln ko mei Mo aa hinnageln, da braucht ma schließlich koan Fachmann dazua. – Es kommt scho wieda a Zeit, wo d' Gschäftsleut auf uns angwiesn san.

MANN Ja, ja, des müaß ma leida jetzt oft hörn, und des stimmt aa – de Zeit kummt sicha wieda, wo mir auf d' Kundn angwiesn san – aber net auf solche Kundschaftn, wia Sie oane san. – Und jetzt kenna Sie mi – des hoaßt »mir mein Hobl ausblasn«, schöne Frau. Pfüad Eahna Gott.

SOHN *zehn Jahre alt* Du, Vata, gell, der Krieg is was Gefährliches?

Vater und Sohn über den Krieg

VATER Freili, des is das Gefährlichste, was es gibt!

SOHN Warum wird dann immer wieder Krieg gführt, wenn er so gefährlich is?

VATER Ja mei! Es heißt halt, solange es Menschen gibt, gibt es Kriege.

SOHN Gell, Vata, wenn a König oder a Kaiser an König oder an Kaiser von einem anderen Land beleidigt, kummt a Krieg?

VATER Naa, naa – so einfach is des net. Da müssen schon die Kriegsminister und der Kriegsrat gefragt werdn.

SOHN Wenn dann der Herr Kriegsrat den Krieg will, dann kommt a Krieg?

VATER Nein – dann wird erst vorher noch der Reichstag einberufen, und die Parteien entscheiden dann über Krieg oder Frieden!

SOHN Sind das solche Parteien, wie die bei uns im Haus wohnen?

VATER Hah! Dummer Bua – das sind politische Parteien, die vom Volk gewählt wurden!

SOHN Wird dann das Volk auch gefragt, ob wir an Krieg wolln oder nicht?

VATER Nein! 's Volk wird nicht gfragt, denn das Volk sind ja die Parteien, weil das Sechzig-Millionen-Volk im Reichstagsgebäude keinen Platz hätte – deshalb hat das Volk seine Vertreter!

SOHN An Hämmerle Maxe sei Vata is aa a Vertreter!

VATER Naa, Bua – das is ja nur a Vertreter von einer Zigaretten-
fabrik.

SOHN Kriagst von dem koane Zigaretten?

VATER Naa! In Kriegszeiten braucht man keinen Vertreter, weil
die Waren knapp sind!

SOHN Du, Vata, werdn die Soldaten auch gfragt, obs an Krieg
wolln?

VATER Naa! Die Soldaten werden nicht gfragt, die müssen in den
Krieg ziehn, sobald er erklärt ist – mit Ausnahme der Freiwilligen.

SOHN Müssen die Freiwilligen auch schießen im Krieg?

VATER Nein – ein Freiwilliger muß nicht, der schießt halt, weil
im Krieg geschossen werden muß.

SOHN Dann müssens ja doch!

VATER Aber nur freiwillig muß er!

SOHN Gell, Vata, die Gewehre, die Kanonen, die Fliegerbomben
und alle die Kriegswerkzeuge, die laßt alle der Kaiser machen?

VATER Natürlich.

SOHN Die sind teuer, gell, Vata?

VATER Die sind freilich teuer, die kosten viele, viele Milliar-
den.

SOHN Der Kaiser kanns aber leicht zahln, weil er reich is.

VATER Der is freili reich, der Kaiser is der reichste Mann im
ganzen Land.

SOHN Von was is denn der Kaiser so reich worn, Vata?

VATER Durch sein Volk – durch die vielen Steuern.

SOHN Aber dem Kaiser sei Volk is net reich.

VATER Nein, das nicht, aber das macht die Masse. Wenn zum
Beispiel von den sechzig Millionen Menschen nur jeder eine
Mark Steuer im Jahr zahlt, sind es schon sechzig Millionen
Mark.

SOHN Ghörn die sechzig Millionen dann dem Kaiser?

VATER Nein, die ghörn dem Staat, und vom Staat kriagt der
Kaiser dann auch etwas, aber vielleicht nur fünf Millionen,
so viel, daß er halt mit seiner Familie gut auskommt.

SOHN A paar Millionen? Gell, Vata, so viel verdienst du als Arbeiter nicht?

VATER Nein – i verdien im Jahr net ganz zweitausend Mark.

SOHN Aber als Rüstungsarbeiter hast scho mehra verdient?

VATER Ja, das war aber nur während dem Krieg!

SOHN Gell, Vata – wegen dem Verdienst wär der Krieg scho
recht?

VATER Eigentlich schon – – aber –

SOHN Was: aber?

VATER Lieber weniger verdienen und im Frieden leben wär halt
doch schöner.

SOHN Ja, Vata, wennst du und deine Arbeitskameraden nie in
einer Rüstungsfabrik arbeiten tatn, dann gäb es doch keine
Waffen – dann wär doch immer Frieden, weil man ohne Waffen keinen Krieg führen kann.

VATER Ja, ja, da hast du scho recht – aber das müssen alle Arbeiter auf der ganzen Welt beherzigen.

SOHN Warum tuans das nicht?

VATER Mei, Bua – du bist noch so jung – das verstehst noch
nicht, wenn ich dir das auch erklär – die Arbeiter werden von
den Kapitalisten überlistet.

SOHN Was ist des – überlistet?

VATER Überlistet? Es wird künstlich eine Arbeitslosigkeit er-
zeugt – wenn die Arbeitslosigkeit nach einigen Jahren den
Höhepunkt erreicht hat, steht schon im Hintergrund der
Krieg.

SOHN Was is nacha?

VATER Dann werden wieder Arbeiter gesucht.

SOHN Dann werden die Arbeiter wieder froh sein, wenns a Arbeit kriegen.

VATER Viele Millionen Arbeiter arbeiten dann wieder in Fabri-
ken und machen die Teile für fünf Millionen Nähmaschinen.

SOHN Nähmaschinen? Du, Vata, zu was braucht man denn im
Krieg Nähmaschinen?

VATER Des wird den Arbeitern nur vorgetäuscht – in Wirklichkeit werden es lauter Maschinengewehre.

SOHN Glauben des die Arbeiter? Wie is des dann bei den Rie-
sen-Kanonenrohren?

VATER Da wird den Arbeitern vorgetäuscht, das werden lauter
Fernrohre für die Sternwarte.

SOHN Geh, Vata, so einen plumpen Schwindel kann man doch
keinem Arbeiter vormachen.

VATER Freilich ist das nicht faßbar – aber die Kanonenrohre
sind da, also habens die Arbeiter doch gemacht!

SOHN Hast du auch den Schwindel geglaubt?

VATER Ha ha – ich hab sofort gemerkt, daß das Waffen werden
für den Krieg.

SOHN Warum hast du dann nicht gestreikt?

VATER Ich allein kann doch nicht streiken – wenn schon, dann müssen alle Arbeiter der ganzen Welt sofort in den Streik treten und keine Waffen mehr machen, dann wäre gleich Schluß mit den unseligen Kriegen.

SOHN Warum tun das dann die Arbeiter nicht?

VATER Mei, Bua, redst du dumm daher. Wenn i damals nach der großen Arbeitslosigkeit net in der Rüstungsfabrik gearbeitet hätt, wären wir, ich, die Mutter und du verhungert und die anderen Arbeiter auch.

SOHN Ja, du hast ja doch gearbeitet, und trotzdem müssen wir heute auch bald verhungern.

VATER Naa, naa – so schlimm wirds nicht werden.

SOHN Wenn aber wieder a Krieg kommt, tätst du dann auch wieder für die Rüstung arbeiten?

VATER Ja mei, wenns uns wieder überlisten, dann gehts uns wieder so wie beim letzten Krieg.

SOHN Aber Vata, wenn das so ist, wie du mir das alles erklärst, gibt es ja niemals einen ewigen Frieden auf der Welt.

VATER Niemals – deshalb heißt es ja doch: Solange es Menschen gibt, gibt es Kriege.

SOHN Menschen? Nein, Vata – in dem Fall müßte es heißen: Solange es Arbeiter gibt, gibt es Kriege.

VATER Nein, es muß heißen, solange es solche Schwindler gibt, die die Arbeiter immer wieder anschwindeln, solange gibt es Kriege.

SOHN Dann ist ja der Schwindel schuld an den Kriegen.

VATER Ja, so ist es – und diesen Schwindel heißt man internationalen Kapitalismus.

SOHN Kann man den denn ausrotten?

VATER Nein! Höchstens mit Atombomben, die die ganze Welt vernichten!

SOHN Gell, Vata – aber der wunde Punkt ist halt der: Wer macht zum Schluß diese Atombomben?

VATER Natürlich auch wieder die Arbeiter.

SOHN Wenn sich aber die ganzen Arbeiter auf der Welt einig wären, gäbs dann auch noch an Krieg?

VATER Nein – dann nicht mehr – das wäre der ewige Friede.

SOHN Aber gell, Vata – die werden nie einig.

VATER Nie!

	Zeittafel
Am 4. Juni wird Valentin Ludwig Fey in der Münchner Vorstadt Au geboren. Am 10. Juni wird er evangelisch getauft	1882
Schulzeit	1888–1896
Valentin beendet seine dreijährige Schreinerlehre	1899
Besuch einer Münchner Varietéschule. Gastspiel im Varieté Zeughaus in Nürnberg. – 7. Oktober: Tod des Vaters. Valentin führt mit seiner Mutter die Speditionsfirma Falk & Fey	1902
Valentin beginnt einen Musikapparat zu bauen	1903
Geburt der ersten Tochter (Gisela) am 19. Oktober	1905
Die Firma Falk & Fey wird verkauft. Valentin stellt seinen Musikapparat fertig	1906
Unter dem Pseudonym Charles Fey geht Valentin mit dem Apparat auf Tournee. Völlig erfolglos kehrt er nach einigen Monaten wieder nach München zurück	1907
Beim Baderwirt trägt Valentin zum erstenmal selbstverfaßte Couplets und Monologe vor und hat unerwarteten Erfolg. Valentin wird vom Singspielhallenbesitzer des Frankfurter Hof engagiert	1908
Geburt der zweiten Tochter (Berta) am 21. September	1910
Valentin lernt im Frankfurter Hof Liesl Karlstadt kennen, die erst seine Schülerin, dann seine Partnerin wird. Am 31. Juli heiratet er Gisela Royes, die 1899 im Hause Fey als Dienstmädchen angestellt worden war	1911
Valentin und Liesl Karlstadt treten zum erstenmal gemeinsam auf	1913
Valentin gastiert in allen bekannten Münchner Kabaretts. – Die ersten Fassungen von *Tingeltangel* entstehen	Ab 1915
1. Juli: *Das Christbaumbrettl;* 9. Dezember: *Der Firmling.* Beide im Germaniabrettl	1922
Gastspielreisen nach Wien (chat noir), Zürich (Bonbonniere) und Berlin (Theater am Schiffbauerdamm). – 24. Januar: Tod der Mutter	1923
4. April: *Die Raubritter vor München* in den Kammerspielen. Im September neues Gastspiel in Berlin, im Kabarett der Komiker, wo er dann auch alle seine künftigen Berliner Vorstellungen gab	1924
1. Januar: *Der Bittsteller*	1925
5. Mai: *Brillantfeuerwerk* im Schauspielhaus	1926
7. Juni: *Im Photoatelier* im Apollotheater	1927
14. Januar bis ca. 21. März: Gastspiel Berlin. – Auf dem Programm steht, wie bei fast allen seinen Gastspielen, *Die Orchesterprobe* (= *Tingeltangel, Theater in der Vorstadt* etc.)	1928

1929	November: Gastspiel Berlin (*Im Photoatelier*)
1930	Im Frühjahr wieder in Berlin. 3. November: *An Bord* im Kolosseum
1931	Valentin wird der Goethesaal in der Leopoldstraße zur Verfügung gestellt. Er hat nun ein eigenes Theater, das er am 2. März eröffnet, aber schon am 24. April wegen Schwierigkeiten mit den Behörden wieder schließen muß. Ab 16. Mai tritt er wieder im Kolosseum auf
1934	Am 21. Oktober eröffnet Valentin in den Kellerräumen des Hotels Wagner sein Panoptikum, einen Kuriositäten- und Schauerkeller. In dieses Projekt hatte Valentin sein und Liesl Karlstadts gesamtes Vermögen investiert
1935	Das Panoptikum wird wegen Unrentabilität geschlossen. Dezember: Gastspiel Berlin
1938	1. Mai: *Der Umzug* im Apollotheater. Dezember: Letztes Gastspiel in Berlin
1939	Im Färbergraben 33 betreibt Valentin seine Ritterspelunke, eine Verbindung von Panoptikum, Kellerkneipe und Kabarett. Zahlreiche Aufführungen des *Ritter Unkenstein*. Valentins Partnerin ist nunmehr die junge Schauspielerin Annemarie Fischer
1941–1946	Valentin tritt nicht mehr auf. Er verfaßt noch zahlreiche Szenen, Monologe und Couplets
1947	11.–15. Dezember: Gastspiel im Bunten Würfel
1948	Bis 15. Januar Gastspiel im Simpl. Bei diesen letzten Auftritten ist Liesl Karlstadt wieder Valentins Partnerin. Anfang Februar zieht er sich eine Erkältung zu, der er am 9. Februar erliegt. Zwei Tage später wird er auf dem Waldfriedhof in Planegg beigesetzt

Altes Adreßbuch
1884 ist wegen Neuanschaffung eines solchen billig abzugeben.
Tausch mit einem Kostkind nicht ausgeschlossen.
Schweizerkäs-Institut Bebrahm und Co.

Für die kommende Reisesaison! Große Auswahl: Reiskoffern, Reissnägel, Reispuder, Reispudding, Reisszeuge, Reiskuchen, Reisbesen, Reissbretter, Abreisskalender usw.
Riess & Reiss, München, Reisingerstr. $2^1/_9$.

Verloren wurde am Freitag, dem 26. März 1713, ein Geldbeutel mit 70 Kreuzer Inhalt. Sollte derselbe noch gefunden oder ausgegraben werden, bitte denselben im Deutschen Museum (Abteilung Münzensammlung) abzugeben.

✦✦✦

Altdeutscher Schrank
aus dem Jahre 1926 zu kaufen gesucht.
Vorzustellen täglich Gärtnertheater 3. Rang links.

✦✦✦

Stiegen-Geländer auf Samt gearbeitet
Nähe d. Perlacher Forstes ist wegen Abreise zu verkaufen.
Flaschenbier-Gärtnerei Ispinn & LA.

✦✦✦

Ein stehendes Messer,
welches jedenfalls jetzt irgendwo liegt, ging verloren.
Vor dem ehrlichen Finder wird gewarnt!!

✦✦✦

Seltene Gelegenheit für Zigarren-Raucher!!
Eine Astra-Zigarette Nr. 6 mit Mundstück
wegen Platzmangel zu verkaufen.
Wird auch einzeln abgegeben.

✦✦✦

Verloren wurde Dienstagabend
zwischen Karlsplatz und $1/2$ 7 Uhr ein
silberner Spazierstock
(längere Fasson). Abzugeben, womöglich brieflich, an die
Exped. der M.N.N.

✦✦✦

Besseres Mädchen
(von kinderlosen Eltern) sucht Stellung als Empfangsdame
in einer Hufschmiede.
Sieht mehr auf hohen Lohn als auf schlechte Behandlung.

✦✦✦

Wenn Frau Otto Gerber
die bei mir hinterlegten 2 Essiggürkerln
nicht binnen 14 Tagen abholt, wird darüber verfügt.
Frau C. Huber.

✦✦✦

Gebildete Dame (sprachkundig) sucht Schlosserei zu kaufen.

Am verflossenen Freitag wurde Ecke Marienplatz eine Havanna-
Zigarre verloren.
Abzugeben bei E. Weiß, Schwarzstraße 0/4.
Vorsicht!! Nicht einstecken – brennt noch!

Alleinstehende Frau, welche sich endlich einmal niedersetzen
will, sucht Sessel oder Stuhl zu kaufen. Foto erwünscht. Niedel-
geigenstr. 1/8.

In schönster Lage Münchens ist ein
gebrauchtes Tafelklavier
zu verkaufen. Offerte unter 217893 53817 6258.

Mondfinsternis: Bei der letzten Mondfinsternis war der Andrang
zur Bogenhauser Sternwarte so groß, daß sich die Direktion genötigt sah, die Mondfinsternis einige Nächte zu verlängern!

Oberbayer. Kanalbau- und Laubsägeholz-Manufaktur (Abteilung für Nichtraucher) übernimmt sämtliche Aufträge im Auf-
und Abtragen von Aufträgen aller Art. Bester Stiefelabsatzer-
satz. Eigene Stiegenhausbeleuchtung. Bei schlechtem Wetter keine
Preiserhöhung! Auf Wunsch werden Böllerschüsse und Neujahrs-
gratulationen ins Haus geliefert.
Mit bestem Gruß und Kuß
Aktiengesellschaft Die Damischen. K. V.

Marmor-Gießerei übernimmt sämtliche Aufträge in Stiegenput-
zen, Preiselbeereinmachen, eig. Fliegenleimdestillation, Einstu-
dieren von Chorgesängen, Kaminausbrennen.
A. Meier mit Frau & Comp. G.m.b.H., St. Anna-Fußweg – Tram-
bahn-Haltestelle Eglfing.

Ein herrliches Auto um 5000 Mark. Teilzahlung gestattet. Anzahlung 4498 Mark. Rest in wöchentlichen Raten von 1 Mark.
Auto-Fabrik.

Schuhwarenhaus »Salamander« Weinstraße 4. Älteste Schuhfabrik der Erde, gegründet im Jahre 200 vor Christi Geburt. Erster Schuhlieferant der Familie Adam und Eva. Spezialität: Ballschuhe und Wasserstiefeln, Kavalier- und Fleckerlschuhe, einzelne Stiefel nach Maß stets vorrätig. Wunderbares Aroma! Schlittschuhe aus prima Kalbleder für jede Eisbahn passend. Damenschuhabsätze bis zu 3 Meter Höhe auf Lager. *Unsere durchsichtigen Schaufenster sind für den allgemeinen Besuch geöffnet – von morgens früh bis Schluß des Geschäftes. Kaufzwang erwünscht!*

Gummiabsätze – Zahnbürsten – Christbaumkonfekt – alte Ostereier – gebrauchte Stiegenhäuser – Nordhäuser – alte Gebisse – übriggebliebenen Kartoffelsalat kauft stets zu höchsten Preisen H. Glump, Tändler.

Wer leiht einem jungen Sänger ein altes Lied zum Singen?

Großes Haustor,
2flügelig (massiv Eichenholz), mit dem daran befindlichen
4stöckigen Haus zu verkaufen.

Europäische
»Mittwoch-Zeitung«
erscheint ab Montag nur mehr Dienstag und Freitag mit Ausnahme von Ascher-Mittwoch.
Die Rehdagdion.

Gutes
Johannisbrot,
leicht beschädigt, jedes Quantum abzugeben. Solange der Vorrat reicht, werden auch Schlittschuhe vernickelt.

100 000 Mark demjenigen, der mir eine Stelle
als Ausgeher oder dergl. verschafft.
Offerten an die Exp.

Teligadessen-Geschäft Dallmeier empfiehlt: Täglich warme Streichwurst vom Faß, Ölsardinen lebend in Originalpackung, alle Arten von Ost-West-Nord- und Südfrüchten, fränkische Wurstwaren aus eigener Konditorei, Christbaumkonfekt zu jeder Jahreszeit, Wickelschinken nach Pfarrer Kneipp, Nervenzucker-waren, Herzschlag-rahm, Limburger Käse mit Prachtgestank. Dienerstr. 188/4.

〰〰〰

Münchener Zoologischer Garten. Inhalt: Raubtiere, Autobrillen-Schlangen, Gallenstein Adler, Kenger Ruhe, Vanille-Eisbären, Stachelbeer-Schweine, Mir wars »Gnu«, Öle Fanten, Reichstag Walrösser. 1930. Freier Eintritt 50 Pfg.

〰〰〰

Opel-Limousine, fast neu, nur einmal an einen Baum gefahren, wegen Geistesaufgabe des Besitzers billig zu verkaufen. Frau N. Pech, Autobesitzerswitwe.

〰〰〰

Reiche Auswahl in Stoffen ohne Punkte (wird nur in Flaschen geliefert), Wasserstoff, Stickstoff etc. Chemische Fabrik Buchner u. Co., München.

〰〰〰

Haltet Euere Zimmeröfen sauber!! Heizt nicht ein!!!

〰〰〰

Heißen Dampf zur Füllung von Dampfheizungen kauft jedes Quantum J. Frierimmer, Winterstraße 0.

〰〰〰

Tüchtige Verbrecher werden ständig gesucht. Staatsanwaltschaft München.

Ludwig Thoma

Gesammelte Werke in 6 Bänden

Erweiterte Neuausgabe. Zusammen 3966 S. Ln., Hld., Ld.

Ausgewählte Werke in 3 Bänden

M. e. Vorwort von Eugen Roth. Zusammen 1393 S. Ln.

Ausgewählte Werke in einem Band

M. e. Geleitwort von Eugen Roth. 79. Tsd. 647 S. Ln.

So war's einmal

Der ausgewählten Werke anderer Teil. 509 S. Ln.

Ein Leben in Briefen

(1875–1921). 503 S. u. 26 Fotos. Ln.

sowie zahlreiche Einzelausgaben